让我们 甲骨文 一起追寻

THE SPY AND THE TRAITOR By BEN MACINTYRE

BEN MACINTYRE

〔英〕本·麦金泰尔 著

袁鑫 译

THE SPY AND THE TRAITOR

间谍与叛徒

The Greatest Espionage Story of the Cold War

改变历史的英苏谍战

社会科学文献出版社
SOCIAL SCIENCES ACADEMIC PRESS (CHINA)

谨以此纪念

乔安娜·麦金泰尔（1934—2015）

他过着一种两面人生：一种是为所有乐于知道的人所见及所知的公开生活……另一种是不为人知的隐秘生活。

——安东·契诃夫，《带小狗的女人》

目　录

第一部分

第二部分

第三部分

尾　声

插图目录

第一部分

15. 阿恩·特雷霍尔特和克格勃负责人根纳迪·蒂托夫
16. 斯蒂格·贝里林
17. 1977 年被捕后的贡沃尔·加尔通·霍维克
18. 刚进入中情局的奥德里奇·埃姆斯
19. 埃姆斯给克格勃负责人的一张手写纸条
20. 埃姆斯和他的第二任妻子玛丽娅·德·罗萨里奥·卡斯·杜普伊
21. 苏联军控专家谢尔盖·丘瓦欣
22. 维克多·切尔卡申上校
23. 弗拉基米尔·克留奇科夫
24. 尤里·安德罗波夫
25. 戈尔季耶夫斯基的直接领导尼古拉·格里宾
26. 反情报部门 K 局上校维克多·布达诺夫
27. 维克多·格鲁什科
28. 暗号点
29. 戈尔季耶夫斯基的第二任妻子莱拉·阿丽耶娃

第二部分

30. 1982 年抵达伦敦后不久，莱拉和两个女儿
31. 位于肯辛顿宫花园 13 号的苏联使馆
32. 戈尔季耶夫斯基的两个女儿，玛利亚和安娜
33. 迈克尔·贝塔尼
34. 伊丽莎·曼宁汉姆－布勒

插图致谢

（说明：数字为插图所在页码；图档由外方出版社授权使用）

第一部分 1－3：private collection；4 *top left*，*top right*：private collection；4 *bottom*：Avalon；5：private collection；6：World History Archive/Alamy Stock Photo；7－8：private collection；9 *top*：private collection；9 *bottom*：Ritzau Scanpix/Topfoto；10 *top*：Bettmann Archive/Getty Images；10 *bottom*：Ritzau Scanpix/Topfoto；11 *top left*：Time Life Pictures/FBI/The LIFE Picture Collection/Getty Images；11 *top right*：Jeffrey Markowitz/Sygma/Getty Images；12 *top*：Jeffrey Markowitz/Sygma/Getty Images；13 *bottom*：TASS/TopFoto/Getty Images；14 *top*：private collection；14 *bottom left*，*bottom right*：EAST2WEST；16：private collection.

第二部分 1 *top*：private collection；1 *bottom*：*The Times*；2：private collection；3 *bottom*：Topfoto；4 *top*：Tom Stoddart Archive/Hulton Archive/Getty Images，4 *bottom left*，*bottom right*：PA Images；5 *top left*：Popperfoto/Getty Images；5 *top right*：PA Images；5 *bottom*：Stewart Ferguson/Forth Press；6 *top*：PA Images/TASS；6 *bottom*：Peter Jordan/The LIFE Images Collection/Getty Images；7 *top*：EAST2WEST；7 *bottom*：*The Times*；8：private collection；9 *top*：PA Images/TASS/Getty Images；9 *middle*：News Group Newspapers Ltd；9 *bottom*：Robert Opie archive；10：private collection；11：private collection；12 *top*：Sputnik/TopFoto；12 *bottom*：private collection；13 *top*：Courtesy of John Hallisey/FBI/The LIFE Picture Collection/Getty Images；13 *bottom*：Jeffrey Markowitz/Sygma/Getty Images；14 *top*：private collection；14 *bottom*：Neville Marriner/ANL/REX/Shutterstock；15 *top left*：Courtesy Ronald Reagan Library；15 *top right*：Diana Walker/The LIFE Images Collection/Getty Images；15 *bottom*：PA Images；16：llpo Musto/REX/Shutterstock.

前　言
1985 年 5 月 18 日

对克格勃反情报部门 K 局而言，这只不过是一项日常的窃听工作。 1

他们花了不到一分钟的时间，就打开了位于列宁斯基大街（Leninsky Prospekt）103 号八层公寓的门锁。这是位于莫斯科的一栋供克格勃军官及其家人居住的公寓楼。在两个戴着手套、身穿工作服的人开始搜查房间的同时，两名技术员迅速在壁纸和壁脚板后面安装了窃听设备，在电话话筒里安插了实时窃听器，并在客厅、卧室和厨房的灯具中安装了摄像头。它们从外表根本看不出来。一个小时后，安装工作完毕，现在房间里的各个角落几乎都处于克格勃的监视与监听之下。最后，他们戴上面罩，在衣柜里的衣服和鞋子上喷撒了放射性灰尘，浓度不高以避免中毒，但剂量足够克格勃利用盖革计量器（Geiger counter）跟踪穿戴者的活动。之后他们离开了公寓，小心地锁上了前门。

几个小时后，一名高级苏联情报官员乘坐的由伦敦出发的苏联民航总局（Aeroflot）班机，抵达莫斯科的机场。

克格勃上校奥列格·安东耶维奇·戈尔季耶夫斯基（Oleg Antonyevich Gordievsky）正处在事业的巅峰。作为苏联情报机构的一名优秀人才，他工作勤勉，先后在斯堪的纳维亚国家、莫斯科和英国任职，几乎没有任何污点。现在，46 岁的他被晋升为克格勃伦敦情报站站长，这是抢手的职位，此番他回莫斯科就是为了接受克格勃主席的正式任命。作为一名职业间谍，戈尔季耶夫斯基即将进入这一控制全苏联的庞大、冷酷的安全情报网络的最高层。

戈尔季耶夫斯基个子不高但很健壮，他满怀自信地在机场
2 的人群中阔步穿行。但他的内心深处有着一丝不安。因为戈尔季耶夫斯基，这位资深的克格勃特工、苏联忠诚的秘密公仆，其实是一名英国间谍。

这名代号“诺克顿”的特工，在十二年前被英国对外情报机构军情六处发展，是史上最有价值的间谍之一。他反馈给英国负责人的大量情报改变了冷战的进程，打击了苏联间谍网络，帮助避免了核战争，并在国际形势极端危险的时期，为西方提供了关于苏联领导人想法的独特洞见。罗纳德·里根和玛格丽特·撒切尔都看过这名苏联间谍提供的大量机密情报，尽管美国总统和英国首相当时都不知道他的真实身份。甚至就连戈尔季耶夫斯基年轻的妻子，对他的两面人生也浑然不知。

戈尔季耶夫斯基被任命为克格勃的情报站站长（俄语里，情报站被称作 rezidentura），这让军情六处的少数相关人员大感喜悦。作为在英国级别最高的苏联特工，戈尔季耶夫斯基今后可以接触到有关苏联间谍活动的核心机密：他可以在克格勃行动之前，就将他们的计划通知西方；克格勃在英国的活动将不足为惧。但戈尔季耶夫斯基被突然召回莫斯科，引起了“诺克顿”小组的不安。有人觉得这是一个圈套。在伦敦的一处安全屋里匆匆召开了一次会议，军情六处负责人告诉戈尔季耶夫斯基，他可以选择叛逃，从此和家人一起留在英国。与会

的每个人都知道这个抉择的意义有多么重大：如果他能作为克格勃伦敦情报站站长得到正式任命，并安全回到英国，军情六处、中情局和其他西方盟友就捡了一个大便宜，但如果戈尔季耶夫斯基落入圈套，他将失去一切，包括生命。他苦苦思索了良久，最终决定："我要回去。"

军情六处官员再次梳理了一遍代号"皮姆利科"的戈尔季耶夫斯基紧急逃跑计划，该计划在七年前制订，大家都希望不会真的派上用场。军情六处此前从未将任何人偷偷带出苏联，更不要说一名克格勃官员了。逃跑计划复杂而危险，只有在万不得已时才会启动。

戈尔季耶夫斯基善于识别危险。走出莫斯科机场时，他的 3
神经非常紧张，发现到处都是危险的迹象。海关官员似乎看了他的文件好久，才将他放行。接他的人在哪里，这不是一名从海外回国的克格勃上校所应享有的最起码的待遇吗？机场一般少不了监视，但今天在周围闲逛的男男女女似乎比以往更多。戈尔季耶夫斯基进了一辆出租车，并告诉自己，如果克格勃知道真相，他在踏上俄罗斯土地的那一刻就已经被捕了，现在已经在去往克格勃牢房的路上，那时等待着他的将是审问与拷打，以及处决。

据他观察，在进入列宁斯基大街的公寓楼、再乘电梯到八层期间，没有人跟踪他。自从1月以来，他还没有进过家门。

他很快打开了前门的前两道锁，但门没有开。门上的第三道锁是一把在公寓楼刚建好时安装的老式闩锁，已经被人锁上了。

然而，戈尔季耶夫斯基从未用过第三道锁。实际上，他也没有这把锁的钥匙。这肯定意味着有人用万能钥匙进过屋，离开时不小心把三道锁都锁上了。这肯定是克格勃干的。

过去一周的恐惧瞬间涌上心头，他在一种彻骨的绝望中意识到，已经有人进过他的房间，进行了搜查，还可能装了窃听器。他被怀疑了。有人出卖了他。克格勃在监视他。这名间谍被他的同事们盯上了。

第一部分

1 克格勃

奥列格·戈尔季耶夫斯基天生就是当克格勃特工的料；克 7
格勃培养了他，钟爱他，但他也被其所扭曲、贬损，并且差点被克格勃毁了。这个苏联间谍机构已经渗入他的血脉。他的父亲毕生为情报机构工作，每天都会穿着克格勃的制服，包括周末。戈尔季耶夫斯基一家和其他克格勃人员住在国家分配的公寓楼里，吃的是专门为情报官员准备的特供食品，在闲暇时会和其他间谍家庭一起进行社交活动。戈尔季耶夫斯基就是一个克格勃的孩子。

克格勃全称苏联国家安全委员会（Komitet Gosudarstvennoy Bezopasnosti），是有史以来最复杂且最有影响力的情报机构。作为斯大林时代情报机构的直接继承者，克格勃既是一个国际国内情报搜集机构，也是政治警察及国家安全机构。它神秘且无处不在，触角伸入并控制了苏联人生活的方方面面。为对敌国开展间谍及反情报行动，克格勃在全球招募代理人并安插间谍，广泛地搜集、收买和窃取军事、政治与科技机密。鼎盛时期的克格勃拥有一百多万名情报官员、代理人和线人，没有哪个组织能像克格勃一样深刻地塑造了苏联社会。

对西方而言，克格勃的字母缩写 KGB 简直就是国内恐怖、对外侵略与政权颠覆行动的代名词。但在那些生活在其严苛统治下的人眼中，克格勃却并非如此。当然，它带来了恐惧与顺从，但它也被誉为苏维埃的近卫军，是抵御西方帝国主义与资本主义侵略的坚固堡垒和共产主义的守护者。克格勃的精英身份和特权势力让他的成员们备受仰慕，并颇感
8 自豪。那些加入克格勃的人将毕生为这个组织工作。“根本没有前克格勃人员这种说法。”前克格勃情报官员弗拉基米尔·普京曾这样说过。这是一个高级俱乐部，成员一旦加入就无法离开。对拥有足够才干与雄心的人而言，加入克格勃意味着荣耀与责任。

奥列格·戈尔季耶夫斯基从来没有认真考虑过从事其他工作。

他的父亲名叫安东·叶夫根耶维奇·戈尔季耶夫斯基（Anton lavrentyevich Gordievsky），是一名铁路工人的儿子，曾是一名教师，直到 1917 年的十月革命将他转化为一名坚定的共产主义者，一名意识形态教条的严格执行者。“苏联共产党就是上帝。”奥列格·戈尔季耶夫斯基后来如此指出。他的父亲从未动摇自己的信仰，即使这种信仰要求他参与无法言喻的罪行。1932 年，他参与实施了对哈萨克斯坦的“苏维埃化”，有组织地征收农民的食物，以供给苏联军队和城市。成千上万人死于因此导致的饥荒。安东近距离目睹了这场由国家意志引起的灾难。同年，他加入了国家安全部，后来又加入苏联内务人民委员部（NKVD，斯大林时代的秘密警察机构，也是克格勃的前身）。作为政治指导处的一名官员，他负责政治纪律与思想宣导。安东娶了奥尔加·尼古拉耶夫娜·戈尔诺娃（Olga Nikolayevna Gornova），一名 24 岁的统计员，夫妻二人搬到了莫斯科专供情报系统精英居住的一栋公寓。他们的长子瓦西里于 1932 年呱呱落地。戈尔季耶夫斯基一家在斯大林体制下飞黄腾达。

当斯大林同志表示革命面临来自内部的致命威胁时，安东·戈尔季耶夫斯基做好了清除叛徒的准备。大批“国家敌人”在1936～1938年的“大清洗”中被处决，包括具有嫌疑的第五纵队分子和隐藏的托派分子、恐怖分子和破坏分子、反革命间谍、党和政府官员、农民、犹太人、教师、将军、知识分子、波兰人和红军士兵等，其中大多数人是全然无辜的。在斯大林时代偏执多疑的警察国家体制下，确保生存的最安全方式就是揭发他人。内务人民委员部首脑尼古拉·叶若夫曾说，“宁可让十个无辜的人遭罪，也不能放过一个真正的间谍”；“当你砍树时，碎屑自然会飞溅出来”。但如同所有其他革命一样，革命者自己不可避免地会成为被革命的对象。内务人民 9
委员部内部也展开了调查与清洗。在大清洗的高潮时刻，戈尔季耶夫斯基所住的公寓楼在六个月内被搜查了十多次。逮捕在晚上进行：家里的男人首先被带走，之后是其他人。

在这一时期，安东·戈尔季耶夫斯基有可能将一些人指认为国家公敌。他说：“内务人民委员部总是对的。”这一结论既可以理解，又完全错误。

安东·戈尔季耶夫斯基的次子奥列格·戈尔季耶夫斯基出生于1938年10月，此时“大恐怖”逐渐平息，战争的阴云日渐迫近。对朋友和邻居来说，戈尔季耶夫斯基一家似乎是苏联公民的完美范本：他们意识形态纯正，忠于党和国家，现在又有了两个健壮的儿子。奥列格出生七年后，小女儿玛丽娜（Marina）诞生了。戈尔季耶夫斯基一家人过着安稳富足的特权生活。

但仔细观察就会发现，戈尔季耶夫斯基家美好的表象之下存在着深深的裂痕，隐藏着各种骗局。安东·戈尔季耶夫斯基从不会谈论他在饥荒、大清洗及恐怖统治时期的所作所为。老戈尔季耶夫斯基是一名典型的“苏维埃人”，一个顺从的国家公务员。但在内心深处，他感到恐惧和害怕，也许还因内疚而不安。奥列格后来发现父亲是一个“战战兢兢之人”。

相比之下，奥列格的母亲奥尔加·戈尔季耶夫斯卡娅似乎没有那么驯服。她从未入党，也不相信内务人民委员部毫无瑕疵。她父亲的水磨曾被强行没收；她的兄弟因为批评集体农庄政策，被流放至东西伯利亚的古拉格劳改营；她目睹了很多朋友在夜晚从家中被人带走。出于一个农民根深蒂固的常识观念，她深知这种国家机器拥有反复无常与恶意报复的习性，但她保持了缄默。

奥列格和瓦西里年龄上相差六岁，他们都在战争中长大。小戈尔季耶夫斯基童年最早的记忆之一就是看到成排的邋遢不堪的德军战俘在莫斯科街道游街示众，“他们被绑了起来，像动物一样受到看管”。父亲安东经常长时间不在家，在部队中宣讲党的意识形态。

奥列格·戈尔季耶夫斯基认真地学习共产主义的正统思
想：他就读于130学校，在那里，他的历史和语言天赋初露端
10 倪；他也学习了国内外共产主义英雄人物的事迹。尽管对西方
的真实情况所知甚少，他还是对外国很感兴趣。六岁时，他就
开始看《不列颠盟国》（*British Ally*）了，这是英国大使馆为了
增进英苏之间的理解而发布的一份俄语宣传册。他还自学了德
语。和所有苏联青年被期盼的一样，他加入了共产主义青年团。

父亲带回家三份官方报纸，对其中的政治宣传内容大表赞扬。内务人民委员部改组为克格勃，安东·戈尔季耶夫斯基服从了组织的安排。奥列格的母亲只会偶尔在低声细语的抱怨中

悄声表达不满。在苏联，宗教信仰是非法的，两个男孩从小就是无神论者，但他们的外婆偷偷地让瓦西里受洗皈依了东正教；如果不是被大惊失色的父亲发现并劝阻，奥列格也会受洗成为基督徒。

奥列格·戈尔季耶夫斯基在一个充满欺骗却亲密友爱的家庭中长大。安东·戈尔季耶夫斯基尊重党，以一名无畏的共产主义拥护者自居，但在内心深处，他是一个目睹了恐怖事件的怯懦之人。奥尔加·戈尔季耶夫斯卡娅是完美的克格勃特工之妻，但在暗中鄙弃苏联体制。奥列格的外婆违背国家法律规定，偷偷地敬奉上帝。家里的大人们都没有在彼此之间或向任何外人表露过自己的真情实感。斯大林治下的苏联强调令人窒息的一致性，一个人偷偷地持有不同信仰是可能的，但对此开诚布公就太危险了，即便对自己的家人也是如此。奥列格从小就发现，一个人可以过一种双面生活：在爱身边人的同时，隐藏真实的内在自我；在外部世界面前是一种人，内心却截然不同。

奥列格·戈尔季耶夫斯基从学校毕业时获得了一枚银质奖章，当上了共青团的负责人，他能干、聪明、体魄健壮，唯命是从、不标新立异，完全是苏联体制的产物。但他也学会了对具体问题具体分析。尽管表现不同，但他的父亲、母亲和外婆都戴着面具生活。年轻的戈尔季耶夫斯基从小就在各种秘密中长大。

1953 年，斯大林逝世。在三年后的苏共二十大上，斯大林的接班人尼基塔·赫鲁晓夫对他进行了批判。安东·戈尔季耶夫斯基对此大吃一惊。他的儿子相信，对斯大林的官方批判“强有力地消解了自己的意识形态与哲学理念”。安东不喜欢这样的变化，但他的儿子奥列格却为此感到高兴。

“赫鲁晓夫解冻”（Khrushchev Thaw）的持续时间不长，也有很多局限性，却是一个真正的解放时期。这个时期苏联的审查制度变得宽松，数千名政治犯得到释放。对苏联人而言，这是一段充满朝气与希望的好时光。

17岁时，奥列格考取了著名的莫斯科国立国际关系学院。在这里，令人振奋的新环境促使他与同学就如何缔造一种“更人性的社会主义”展开了热烈讨论。他没有适可而止。母亲的一些离经叛道的思想开始在他身上体现出来。一天，他写了一篇文章，用稚嫩的笔法捍卫自由与民主，而这些概念是他根本不了解的。他将文章内容录制到语音教室，并播放给一些同学听。同学们十分震惊。“你必须马上毁掉这份材料，奥列格，以后也别再提这些事了。”奥列格突然感到恐惧，但与此同时，他也怀疑是否有同学向当局揭发了他的“激进”思想。克格勃在国际关系学院里也安插了间谍。

1956年，苏联坦克开进匈牙利，镇压遍及该国全境的反苏暴动。这一残酷的事实体现了赫鲁晓夫改革思想的局限性。尽管苏联的审查制度和宣传机构号称海纳百川，但镇压暴动的新闻报道还是经过了过滤。奥列格想起了接踵而至的高压举措，“所有的暖意都消失了，寒冬已经来临”。

莫斯科国立国际关系学院是苏联最优秀的大学之一，被亨利·基辛格称作“俄国的哈佛”。该院校直属于苏联外交部，是苏联外交官、科学家、经济学家、政治家和间谍的摇篮。在极具意识形态色彩的视角下，戈尔季耶夫斯基学习了历史学、地理学、经济学和国际关系学。学院能够教授多达56门语言，比世界上其他任何大学都多。语言技能有助于学员进入克格勃工作和到情报工作目标国完成任务。戈尔季耶夫斯基的德语已

很流利，他本想学习英语，但学习英语的学员过多，报不上 12
名。“学瑞典语吧，”已经加入克格勃的哥哥建议道，“这是进入其他斯堪的纳维亚国家的敲门砖。”戈尔季耶夫斯基接受了哥哥的建议。

学院图书馆收藏了一些外国报纸与期刊，尽管内容被大量删减，还是能够提供关于外部世界的一些情况。戈尔季耶夫斯基开始小心翼翼地阅读这些材料，因为对西方国家的情况公开显露兴趣会引起苏联当局的怀疑。有时，戈尔季耶夫斯基会在夜里偷偷收听英国广播公司国际频道或美国之音的节目，尽管苏联的审查机构实施了无线电干扰，让国内听众只能收听到“最基础、最模糊的一抹事实真相”。

和所有人一样，晚年的戈尔季耶夫斯基倾向于通过自身经历审视过往，认为自己内心早已偷偷种下了反抗的种子，相信自己的性格注定了自己的命运。但事实并非如此。在学生时代，他是一名忠诚的共产主义者，热切地希望像父亲和哥哥那样进入克格勃，为苏维埃政权服务。匈牙利暴动打破了他对未来的设想，但还不是颠覆性的。“我还是体制内的一分子，但我的幻灭感与日俱增。”在这一点上，他和同时代的很多同学并无二致。

19 岁时，戈尔季耶夫斯基参加了一次越野跑活动。这项运动的孤独感吸引了他，长时间的剧烈节奏感以及和自己身体的竞争，都是对个人极限的一种考验。奥列格本应善于交际，对女性和轻佻之辈具有吸引力。他的相貌非常英俊，头发茂密，性格开朗，非常温柔。休息时，他表情严肃，但当具有黑色幽默色彩的画面进入他的眼帘，他也会露出笑容。和大家一起时，他通常显得随和友好，但他的内心深处也藏有强硬而隐秘之处。他并不孤独，也不是什么独行侠，但他在独处时感到很舒服。他很少表露自己的感情。出于自我完善的渴望，奥列格相信越野跑是一种“人格建设”。他能沉浸在自己的世界里，在莫斯科的街道和公园中独自跑上数小时。

斯坦尼斯拉夫·卡普兰（Stanislaw Kaplan）是少数与他走得比较近的同学之一。“斯坦达”（昵称）·卡普兰是奥列格在大学田径队的队友，来自捷克斯洛伐克，当他作为来自苏东集团的数百名优秀学员之一来到莫斯科国立国际关系学院时，他已经获得了布拉格查理大学（Charles University in Prague）
13 的学位。和其他来自苏东阵营新成员国的人一样，卡普兰的“个性并未被扼杀”，戈尔季耶夫斯基多年后如此写道。卡普兰比奥列格大一岁，受训成为一名军事翻译员。两个年轻人发现，他们拥有共同的理想和相似的看法。戈尔季耶夫斯基在回忆录中写道：“卡普兰拥有自由派思想，对官方路线怀有很深的疑虑。”戈尔季耶夫斯基对卡普兰的直率主张感到兴奋，但也有些恐慌。凭借较深的肤色和英俊的外貌，斯坦达很受女性欢迎。两人成了至交，他们一起跑步，一起追女孩，一起在高尔基公园附近的一家捷克餐厅用餐。

被奥列格奉为偶像的哥哥瓦西里也对他产生了同样重要的影响。当时，瓦西里正在接受训练，以成为一名“非法特工”，即苏联在全球范围内部署的无数深度卧底特工的一员。

克格勃海外间谍包括两种类型。第一种在正式身份的掩护下从事间谍活动，可以是苏联外交或领事人员、文化参赞或军事武官、特派新闻记者或贸易代表。外交保护意味着如果他们的间谍活动被发现，这些“合法”的间谍不会因从事间谍活动而受到起诉，只能被宣布为“不受欢迎之人”，驱逐出驻在国。与之相对，还有一种“非法”间谍（俄语为 Nelegal）没有官方身份，通常使用假护照和化名执行海外任务，悄无声息地渗入其所指派的任何国家。（在西方，此种间谍被称作 NOC，即没有外交身份掩护的情报人员。）克格勃在全球安插此类间谍，他们假扮为普通公民，隐姓埋名且极具破坏性。和“合法”间谍一样，他们搜集情报，招募线人，实施各种间谍活动。有时，他们会作为“休眠者”长期潜伏，在有需要时才从事间谍活动。他们也是潜在的第五纵队人员，随时准备在东西方开战之际投入战斗。“非法特工”的活动在官方监管之外，因此无法通过可被追查的方式获得资助，也无法通过安全的外交渠道进行情报交流。但和特派到使馆的间谍不同，他们很少留下可供反情报调查人员跟踪的痕迹。每一个苏联驻外使 14
馆都常设一个克格勃小组，其中安插了多名伪装成各种官方身份的克格勃人员，他们都听命于一位负责人（相当于军情六处的工作站站长或中情局站长）。西方反情报机构面临的一项任务就是分辨出哪些苏联官员是真正的外交官，而哪些人其实是间谍。至于追查那些“非法特工”就困难得多了。

第一总局（the First Chief Directorate）是克格勃负责对外情报的部门。其中，S 局（S 意为“特别”）负责培训、委派和管理非法特工。1960 年，瓦西里 · 戈尔季耶夫斯基被正式招募进入 S 局工作。

克格勃在国际关系学院设立了一间办公室，驻有两名官员，负责物色潜在的招募对象。瓦西里曾对 S 局的上级提起过自己的弟弟，说他熟悉多种语言，可能会对克格勃的工作感兴趣。

1961 年初，奥列格 · 戈尔季耶夫斯基被邀请到克格勃内部进行了一次谈话，之后被告知到捷尔任斯基广场克格勃总部附近的一栋大楼去。在那里，一名中年女性用德语礼貌地对他进行了一轮面试，并称赞了他的德语水平。从那一刻起，他就成了克格勃系统的一员。戈尔季耶夫斯基没有寻求加入克格勃；这不是一个可以申请加入的俱乐部。只有它能选择你。

当戈尔季耶夫斯基被派往东柏林进行为期六个月的工作实习，在苏联大使馆当翻译时，他的大学时光已经接近尾声。第一次出国的经历让戈尔季耶夫斯基感到非常兴奋，受召到 S 局就东德的情况作简单汇报，更让他激动不已。虽然民主德国是苏联的卫星国，但它并没有因此逃脱克格勃的关注。哥哥瓦西里已经作为特工居住在那里。奥列格欣然同意与哥哥联系，并为新的非官方雇主完成几项“小任务”。1961 年 8 月 12 日，戈尔季耶夫斯基抵达东柏林，前往卡尔斯霍斯特郊区受克格勃管辖的一处学生旅社。

1961 年的前几个月里，大批东德人通过西柏林涌入西方。截至 1961 年，共有 350 万东德人逃离，约占东德总人口的百分之二十。

15 戈尔季耶夫斯基一天早上醒来，发现东柏林出现了大批推土机。东德政府在莫斯科的指示下，开始采取极端手段阻止人口逃离：他们修建了柏林墙（Berlin Wall），通过这一物理屏障将东柏林和东德其他地区与西柏林阻隔开来。150 多英里长的柏林墙由混凝土建造，布满了铁丝网、地堡、反载具战壕和围栏，是铁幕的实体象征。

戈尔季耶夫斯基惊恐地发现，东德工人毁坏了边境沿线的街道路面，使车辆无法通行，军队随后铺开了数英里长的带刺铁丝网。一些东德人意识到他们的逃跑之路即将关闭，为了自由拼死一搏，试图爬过路障或游过边界的运河。警卫沿着边界排成一排，奉命向任何试图越界跑到西德的人射击。这座新修建的墙深深震撼了22岁的戈尔季耶夫斯基：“只有一座真正的屏障，加上瞭望塔里荷枪实弹的警卫，才能让东德人待在他们的社会主义天堂里，不让他们逃往西方。”

戈尔季耶夫斯基虽然对突然开始修建的柏林墙感到震惊，但这并未阻止他忠诚地执行克格勃的命令。对威权的恐惧是一种本能，服从的习惯早已养成。S局向他提供了一名德国女性的名字，她曾是一名克格勃线人；戈尔季耶夫斯基的任务是摸清她的底细，搞清她是否准备继续提供情报。奥列格通过当地警察局找到了她的地址。为他开门的中年女性似乎对一位手捧鲜花的小伙子的突然造访并不感到意外。不到一杯茶的工夫，她就明确表示，自己准备继续和克格勃合作。戈尔季耶夫斯基很快完成了第一份克格勃工作报告。仅仅几个月后，他就搞清楚到底发生了什么：“当时接受忠诚测试的人是我，而不是那个德国女人。”

1961年圣诞节，他和哥哥瓦西里取得了联系，瓦西里当 16
时正以伪造的身份居住在莱比锡。奥列格没有向瓦西里透露他对修建柏林墙感到的恐惧。哥哥已经是一名职业克格勃情报官员，不会容忍这种思想立场的动摇。正如他们的母亲没有向丈夫透露自己的真实情感一样，兄弟二人也互相保有自己的秘密：奥列格不知道瓦西里到底在东德做什么，瓦西里也没有察觉到奥列格的真实想法。二人观看了一场圣诞清唱剧演出，奥列格因此“大受震动”。相比之下，俄罗斯似乎是一片“精神荒漠”，那里只能演奏得到官方认可的作曲家的作品。像这部巴赫作品一样处于“阶级敌对”立场的宗教音乐遭到严禁，因为它代表了堕落的资产阶级趣味。

在东德的几个月对戈尔季耶夫斯基产生了很大影响：他目睹了敌对意识形态给欧洲带来的具体和象征性差异，品尝了在莫斯科遭到禁止的文化硕果，还正式开始从事间谍工作。“当时我初次体验了自己在加入克格勃之后可能从事的工作，这令我感到兴奋。”

事实上，他已经是克格勃的一员了。

回到莫斯科后，戈尔季耶夫斯基被告知于 1962 年 7 月 31 日到克格勃进行述职报告。为什么他要加入一个其所秉持的意识形态已经开始受到他质疑的组织呢？克格勃的工作内容充满魅力，并承诺提供出国的机会。地下工作的隐秘性自有其诱人之处，而奥列格自己也充满雄心。他认为，克格勃可能会发生变化，他自己也会改变，苏联也可能产生变革。此外，这份工作报酬丰厚，能让他享受特权。

当奥尔加·戈尔季耶夫斯卡娅得知自己的二儿子也要加入情报机构，走上父亲和哥哥的老路时，她感到沮丧。有一次，她公开表达了对政府及执行高压政策的机构的愤怒之情。奥列格指出，他不会为负责国内工作的克格勃组织工作，而是到驻外部门第一总局，这是一个由讲外语的知识分子组成的精英组织，从事对技能和受教育程度要求很高的高端工作。“这有点不像传统的克格勃，”他对母亲说，“这是真正的情报和外交工作。”奥尔加转身离开了房间。父亲安东·戈尔季耶夫斯基沉默不语。奥列格觉得父亲并没有因此而感到骄傲。多年后，当他对斯大林的政策有了一个全面认识时，戈尔季耶夫斯基觉
17 得当时快要退休的父亲对“克格勃的所作所为感到羞愧，害怕和自己的儿子谈论克格勃的工作”。此外，作为克格勃的骨干，

安东·戈尔季耶夫斯基当时或许正努力想要维持自己的两面人生，所以他心中充满恐惧，没有提醒儿子为未来做好准备。

在作为苏联普通公民的最后一个夏天里，戈尔季耶夫斯基和斯坦达·卡普兰一起参加了学校在黑海边举行的假日野营。卡普兰决定暂缓一个月回国加入捷克斯洛伐克令人生畏的情报机构——国家安全局（StB）。两位友人很快就会成为同事，苏东集团情报战线的盟友。在一个月里，他们松树下宿营，每天跑步，游泳，晒太阳，谈论女人、音乐和政治。卡普兰对苏联的制度愈发不满。戈尔季耶夫斯基对卡普兰对自己这种危险的信任感到受宠若惊："我们之间存在一种默契，一种信任。"

回到捷克斯洛伐克后不久，卡普兰给戈尔季耶夫斯基写了一封信。除了谈论自己遇到的那些女孩的绯闻以及两人团聚时将享受的欢乐时光外（"我们会喝光布拉格所有酒吧和酒窖里的酒"），卡普兰提出了一个重要请求："奥列格，你能弄一份刊载叶夫图申科所写关于斯大林的诗歌的《真理报》吗？"这首饱受争议的诗是叶夫根尼·叶夫图申科（Yevgeni Yevtushenko）所写的《斯大林的继承者们》，这首诗是这位极为大胆且极有影响力的苏联诗人对斯大林主义的正面抨击。诗文主旨在于请求苏联政府确保斯大林永远"不会复活"，向一些领导人对斯大林时代的怀念之情发出了警告："谈到过去，我指的是无视人民的福祉、栽赃陷害和监禁无罪之人……'干吗在意这些？'有人会问，但我不能无动于衷。/因为斯大林的后继者阴魂不散。"这篇诗文在苏共官方报纸刊登，引起了一阵轰动，在捷克斯洛伐克也得到刊行。"该诗对我们一些人冲击很大，他们都带着某种不满情绪。"卡普兰在给戈尔季耶夫斯基的信中如此写道。他说想要将该诗的捷克语译本与俄

语原版进行比较。但实际上，卡普兰在写给朋友的信中另有所
18 指，两人都对叶夫图申科所表达的情感感同身受，和诗人一样，他们不会对斯大林遗留影响的肆虐坐视不管。

克格勃“红旗”精英培训学院位于莫斯科北面50英里外的密林深处，代号101学校，具有讽刺意味的是，这一代号与乔治·奥威尔《1984》中的101房间重名（这纯属无意的巧合）。在101房间的地下审讯室，犯人们置身于最悲惨的噩梦之中，之后只能乖乖地放弃抵抗。

在这里，戈尔季耶夫斯基和另外120名接受培训的克格勃军官将掌握苏联谍报手段的最高机密：情报与反情报、招募与使用间谍、有官方身份掩护的间谍和非法间谍、特工与双面特工、武器的使用、徒手格斗与侦察，以及这门神秘行当里的种种本领和行话。101学校最重要的培训内容是如何识别并摆脱监视，即所谓“干洗”（克格勃术语称作proverka，意为查验）：这种技巧包括如何确认自己被跟踪了，并以一种看似巧合而非故意的方式来躲避监视，因为一名明显“意识到自己被监视”的目标对象很可能是一名受过训练的情报密探。“情报人员的一举一动不应引起他人的怀疑，”克格勃教官强调，“如果监视机构发现一名外国人明目张胆地摆脱盯梢，这只会刺激他们更加隐秘、更加耐心且更别出心裁地开展监视工作。”

在不被察觉的情况下（即便自己已受到监视）和间谍取得联系，是每一项秘密行动的关键所在。在西方间谍界，执行隐秘任务的情报官员或特工开展的就是所谓“黑色行动”。在反复测试后，克格勃学员将会在一个特定地点与特定人员取得联系，投放或接收情报，确认自己是否遭到跟踪，并在确定被跟踪时以看似不经意的方式甩掉尾巴，安全抵达指定地点。克

格勃第七局负责监控。在跟踪嫌疑人方面训练有素的专业监控人员会参与到训练中。每天训练结束后，受训学员和监控小组都会交换意见。“干洗”是一项令人疲惫不堪、充满竞争、耗费时间且劳心费神的工作，但戈尔季耶夫斯基发现自己精于此道。

奥列格学会了如何设置一个“标志性指示”，即在公共场 19
所留下秘密暗号——比如路灯杆上的粉笔印——漫不经心的观察者不会留意这些标记，但间谍会明白这表示在某一时间地点碰头；如何做到“擦肩而过”，将信息或物品交给他人而不被发现；如何“间接传递”，即不直接接触，而是将信息或现金置于某一特定地点，让对方拾取。奥列格还学习了密码加密和解码、识别信号、秘密书写、微点照片的事前准备、拍摄和伪装技术。学院还教授经济学与政治学知识，并对年轻特工进行意识形态教育，以巩固他们的政治信念。奥列格的一名同学对此评价道：“这些陈腐的准则和理论就像仪式咒语一样，无异于时刻表示自己的忠诚。”已经到国外执行过任务的资深克格勃情报官员会对学员教授西方文化和相关礼仪，以让新学员更好地认识贪图享受的资本主义生活，做好与其斗争的准备。

戈尔季耶夫斯基开始使用第一个化名。苏联和西方情报机构在选择假名时使用同样的方法——它应与真名相近，使用一样的首字母，因为这样的话，如果有人使用你的真名给你寄信，那些只知道你化名的人很可能会以为是自己听错了。戈尔季耶夫斯基使用的假名是“戈迪耶捷夫”（Guardiyetsev）。

和其他学员一样，戈尔季耶夫斯基宣誓永远忠于克格勃：“我承诺愿为捍卫国家流尽最后一滴血，保守国家秘密。”他在宣誓时毫无迟疑。他还加入了苏联共产党，这是加入克格勃的前提条件。他可能心存疑虑——很多人都会如此——但这并未阻止他诚心诚意地加入克格勃和苏联共产党。另外，克格勃的工作令人兴奋不已。因此，与奥威尔笔下的噩梦截然不同，在 101 学校为期一年的培训，是戈尔季耶夫斯基年轻时最愉悦的一段时光，充满了兴奋与期待。他和他的同学们因为才智过人和对官方路线的忠诚服从，以及情报人员普遍具备的冒险精神，被克格勃选中。“我们选择了克格勃，因为它明确提供了
20 未来行动的前景。”保密性将他们紧紧黏合在一起。即使奥列格的父母对他所在何处或从事何种工作也所知甚少。“进入外国情报处（FCD）服役是国家安全部门大多数年轻情报员隐藏而又公开的梦想，但只有少数人配得上这一荣誉，”和奥列格差不多同一时间进入 101 学校，后来成为克格勃将军的列昂尼德·舍巴尔申（Leonid Shebarshin）说，“这份……工作以其自身的传统、纪律、惯例及特殊的职业语言，形成了一种独特的同志情谊，把情报官员们团结起来。”到 1963 年夏天，戈尔季耶夫斯基已经完全融入了克格勃这一大家庭。他衷心发誓为捍卫祖国战斗到生命最后一刻，保守最后的秘密。

瓦西里·戈尔季耶夫斯基为外国情报处主管“非法特工”的 S 局努力工作。他开始染上酗酒的习惯——在成功完成任务后喝伏特加喝到酩酊大醉，不一定是什么坏事。作为一名没有官方身份掩护的特工，他居无定所，使用不同的化名为地下情报网络服务，并向其他隐藏的特工传递信息和资金。瓦西里从未告诉弟弟自己的工作内容，但他会隐晦地提到一些异域地名，比如莫桑比克、越南、瑞典和南非。

奥列格希望像哥哥那样在激动人心的海外地下情报界施展拳脚。然而事与愿违，他奉命到莫斯科的 S 局报到，负责给其

他“非法特工”准备文件材料。为了掩盖自己的失望情绪，1963 年 8 月 20 日，戈尔季耶夫斯基穿上了最好的一套西装，去克格勃总部报到履职。建筑群坐落在克里姆林宫（Kremlin）附近，既包括监狱，也有档案馆，更是苏联情报机构繁忙的神经中枢。在克格勃总部的中心位置坐落着阴森的卢比扬卡（Lubyanka），这座新巴洛克式建筑最初是全俄保险公司（All-Russia Insurance Company）的办公地点，现在卢比扬卡的地下室已成为克格勃的刑讯室。克格勃官员将控制中心称作修道院（The Monastery），或只称其为“中心”。

去迷人的海外国家执行秘密任务的希望落空后，戈尔季耶夫斯基不得不深陷于处理文件的杂务之中，成了一名负责填写各种表格的“苦役”文书。每名非法特工都需要一个伪装人格，一个令人信服的背景故事，一个具备完整个人档案和伪造文书的新身份。上级需要对每名非法特工进行供给、指导和资助，对暗号标记点、秘密投递点及擦身而过传递便条进行一系列复杂的安排。英国被认为是安插非法特工的天堂，因为英国 21
没有身份证制度，没有中央人口登记局。西德、美国、澳大利亚、加拿大和新西兰都是谍报工作的重要目标。奥列格负责对德业务，每一天的工作内容就是凭空捏造根本不存在的人。在两年时间里，他过着一种两面人生，一方面向国外派遣伪造身份的间谍，一方面和回国人员碰面。

在克格勃的“中心”游荡着一些幽灵般的人物，他们都是已至迟暮之年的苏联谍报英雄。在 S 局的走廊上，戈尔季耶夫斯基认识了化名为戈登·朗斯代尔（Gordon Lonsdale）的科农·特罗菲莫维奇·莫洛迪（Konon Trofimovich Molody），他是历史上最成功的无官方身份特工之一。1943 年，克格勃盗用了一个名叫戈登·阿诺德·朗斯代尔（Gordon Arnold Lonsdale）的死去的加拿大孩子的身份，给在北美长大、能说一口流利英语的莫洛迪使用。冒用朗斯代尔身份的莫洛迪从1954年开始定居在伦敦，他的公开身份是一个风趣的商人，贩卖自动点唱机和泡泡糖机，但他在暗中组建了所谓的“波特兰间谍网”（Portland Spy Ring），一个搜集英国海军机密的线人网络。（离开莫斯科之前，一名克格勃牙医在他牙齿上钻了几个不必要的洞，莫洛迪只需张嘴指指克格勃钻的窟窿，就能向其他苏联间谍表明自己的身份。）一名中情局“鼹鼠”的告密导致莫洛迪的间谍活动曝光并因此被捕，当英国法庭对他进行审判时，仍无法确定他的真实姓名。戈尔季耶夫斯基此次见到他时，恰逢他与一名被控在莫斯科从事间谍活动的英国商人进行交换后重回莫斯科。类似的传奇人物还有化名为鲁道夫·阿贝尔（Rudolf Abel）的维利亚姆·捷瑞科维奇·费舍尔（Vilyam Genrikhovich Fisher），他因在美国从事间谍活动被判处三十年监禁，后来被美国放回苏联，以交换被俘的U－2侦察机驾驶员加里·鲍尔斯（Gary Powers）。

但在处于半退休状态的苏联间谍中，最著名的是一个英国人。金·菲尔比（Kim Philby）1933年被内务人民委员部策反，在军情六处一路升迁的他向克格勃提供了大量情报，最终在1963年1月叛逃苏联，令英国政府大为尴尬。他现居住在莫斯科一栋舒适的公寓中，并受人照顾。“他是一个地道的英国人”，一名克格勃官员说，他会浏览《泰晤士报》（*The Times*）旧版面上的板球比赛比分，吃牛津果酱，常常喝得不
22 省人事。菲尔比在克格勃内部被尊为传奇人物，他现在仍继续为苏联情报机构打零工，包括对使用英语的情报人员进行培

训，分析特殊案例，甚至为苏联冰球队打气。

和莫洛迪、费舍尔一样，菲尔比也给那些崇拜英雄的年轻特工们上课。但克格勃间谍生涯结束后的现实生活远谈不上幸福。莫洛迪开始酗酒，并在一次外出采摘蘑菇的旅途中离奇死亡。费舍尔变得充满幻灭感。菲尔比曾试图自杀。三人最终都将在苏联邮票上得到纪念。

只要仔细观察（很少有苏联人能做到）就不难发现，克格勃神话与现实之间的反差是不言自明的。“中心”是一个一尘不染、灯火通明、与道德绝缘的官僚机构，当克格勃官员一丝不苟地策划在海外实施犯罪的细节时，这里会立刻变得无情、谨慎且极端严格。从一开始，苏联情报机构在开展行动时就毫无道德约束。除了搜集和分析情报外，克格勃还组织策划政治战、操纵媒体、发布虚假信息、伪造证物，并进行恐吓、绑架和谋杀等活动。克格勃第十三部又名特种任务局（Directorate for Special Tasks），专门负责破坏和暗杀。同性恋在苏联是非法的，但克格勃会招募同性恋者去引诱外国同性恋者，以便在之后对他们进行勒索。克格勃在打破原则时毫不犹豫，不过，这里也是一个观点陈腐、伪善和道德说教之处。它禁止员工在工作时间饮酒，尽管很多人下班后会喝得烂醉如泥。克格勃的很多办公室里都会流传关于员工私生活的流言蜚语，不同之处在于，在“中心”，绯闻和蜚语可能会毁了一名员工的职业生涯乃至生命。克格勃对雇员的家庭状况十分关注，因为在苏联不存在个人隐私。员工应该结婚、生子，维持婚姻关系。这样做是出于控制员工的考虑：一名已婚的克格勃雇员在国外不太可能叛变，因为如果变节的话，他的妻子和家人都会沦为人质。

加入 S 局两年后，戈尔季耶夫斯基意识到，自己不会像哥

23 哥那样成为一名派驻国外的密探。但瓦西里本身可能就是奥列格无法执行密探任务的主要原因：根据克格勃的逻辑，多名家庭成员在国外，尤其是在一个国家派驻两人，可能会诱发变节行为。

工作让戈尔季耶夫斯基感到厌倦和沮丧。一份许诺冒险和刺激的工作却变得极端单调。他在西方报纸上看到的世界，似乎变得可望而不可即。因此他决定结婚。“我希望尽早出国，但克格勃从不会派未婚的人出国。我急于找到一名妻子。”一名会讲德语的女性将是最理想的，因为这样一来，夫妻二人可以一起派往德国。

叶莲娜·阿科皮安（Yelena Akopian）当时正在接受培训，以成为一名德语教师。她 21 岁，有一半亚美尼亚血统，人很聪明，长着一双黑眼睛，非常风趣。她是个一句话就能把人驳得哑口无言的机灵女孩，有一段时间，奥列格觉得她诱人而有吸引力。两人在一位共同的朋友家里见了面。在他们之间擦出火花的不是激情，而是共同的抱负。和奥列格一样，叶莲娜也渴望出国，梦想摆脱和父母及五个兄弟姐妹一起住在拥挤公寓里的生活。戈尔季耶夫斯基此前的少数几次恋爱经历都很短暂且不尽如人意。叶莲娜似乎提供了一个现代苏联女性的理想典范，不像他以前遇到的女同学那样作风传统，而是有一种不可预测的幽默感。她自称女权主义者，尽管在二十世纪六十年代的苏联，这一思想受到严格的限制。戈尔季耶夫斯基向她坦白了自己的爱意。他们开始交往，根据戈尔季耶夫斯基后来的回忆，“我们当时都没有进行多少真正的思考或自我审视”。几个月后，二人低调完婚，理由并不那么浪漫：与叶莲娜成婚能增加奥列格的晋升机会，奥列格则可以帮助叶莲娜离开莫斯科。这是典型的克格勃式功利婚姻，尽管双方都不承认这一点。

1965年末，戈尔季耶夫斯基终于等来了机会。克格勃创立了一个在丹麦运作的非法特工岗位。表面上，他是一名负责处理签证与遗产继承的领事官员；实际上，他将为“N线”（意为nelegalniy或非法特工）工作，负责S局的现场作业。 24

戈尔季耶夫斯基的工作是管理克格勃在丹麦的地下间谍网络。他欣然接受了这项任命。他当时的想法和金·菲尔比1933年被克格勃招募后的感受一样：“我没有任何犹豫。当一支精英部队向你表示招揽之意，你不会有丝毫顾虑。”

2 戈尔姆森叔叔

25 奥列格和叶莲娜·戈尔季耶夫斯基在 1966 年 1 月的一个雾天抵达哥本哈根，并由此进入了一个童话般的世界。

如同一名军情六处官员此后评价的那样：“如果你必须选择一座城市来证明西方世界相对苏联的优越性，没有比哥本哈根更合适的了。”

丹麦的首都哥本哈根美丽、干净、现代且富裕，这里在一对刚摆脱苏联单调而压抑生活的夫妻眼中，无疑是非常诱人的。这里到处是时髦的轿车、鲜亮的办公楼、设计精妙的家具和牙齿整齐、笑容可掬的北欧人。这里到处都是咖啡厅和供应异域美食的敞亮餐厅，以及销售各色商品的商店。在戈尔季耶夫斯基贫瘠的眼里，丹麦人不仅更加阳光、充满活力，在文化上也很充实。当他第一次走进图书馆时，那里的书籍种类之多令他深感震惊，更令人惊讶的是，读者想借多少书都行，还可以把书装到塑料袋里带走。街上似乎也很少看到警察。

位于哥本哈根北部克里斯蒂安尼亚盖德（Kristianiagade）的苏联大使馆由三栋外壁涂有灰泥的别墅组成，这里建有整洁干净的花园、运动中心和社交俱乐部，更像是一座设有门禁的大酒店，而不是一片苏联领土。戈尔季耶夫斯基夫妇搬进了一间新公寓，房间的天花板很高，地上铺着木地板，还配有设备齐全的厨房。克格勃为戈尔季耶夫斯基配了一部大众甲壳虫汽车，每月还会预支250克朗现金作为活动经费。音乐在哥本哈根似乎无处不在：巴赫、亨德尔、海顿、泰勒曼，这些作曲家的音乐在苏联被禁止演奏，在这里却全然不受限制。戈尔季耶夫斯基想，禁止普通苏联公民出国的政策是很有道理的，因为除了信仰坚定的克格勃情报员外，谁还能在品尝了如此之多的自由后，不流连忘返呢？

苏联大使馆的20名官员中，只有6人是真正的外交官，其余的人都在为克格勃或苏联军事情报总局格鲁乌（GRU）效力。驻哥本哈根大使馆情报站站长列奥尼德·扎伊采夫 26
（Leonid Zaitsev）是一个富有魅力、认真负责的官员，似乎没有察觉到他的大多数属下无能、懒惰或偷奸耍滑。与实际的谍报工作相比，他们反而在虚报开销上花费了更多的精力。克格勃小组的大致工作内容是培养丹麦联络人、招募线人和物色潜在的特工。戈尔季耶夫斯基很快意识到，这简直就是“受邀去贪腐”，因为多数官员会编造和丹麦人的互动情况，虚报账单，编造报告并私吞经费。莫斯科“中心”似乎没有注意到驻哥本哈根情报人员的反常现象：很少有人能说一口流利的丹麦语，有些人甚至根本不懂这种语言。

戈尔季耶夫斯基决心表明自己和其他人不同。已经流利掌握瑞典语的他开始学习丹麦语。在上午，他通常在使馆处理签证申请业务，这与他名义上的工作内容吻合；间谍活动通常从午餐时间开始。

克格勃在斯堪的纳维亚的谍报网络不成气候。戈尔季耶夫斯基的大多数工作是行政上的例行公事：在秘密传递点留下现金或便条，监控暗号留存点，与密探进行秘密联系，对于其中大多数人他未曾亲眼见过，也不知道名字。如果一个密探在某座公园的长凳下放了一块橘子皮，这就意味着“我遇到了危险”，而一个苹果核则表示“我明天要出国”。这些复杂的暗号有时会沦为一场闹剧。有一次在一个暗号留存点，奥列格在一处公共厕所的窗台上放了一枚弯钉子，以此告知密探，他应该在此前约定的秘密传递点拾取现金。密探表明已收到此信息的回复暗号，是在同一地点放一枚啤酒瓶盖。回住所的路上，奥列格发现这个瓶盖来自一瓶姜汁啤酒。在间谍的暗号里，姜汁啤酒和普通啤酒一样吗？还是代表什么别的意思？在和情报站同事进行了彻夜的激烈讨论后，他最终认定，密探根本没有注意到不同瓶盖间的差别。

在丹麦，新教教会会登记出生和死亡情况，手抄记录在大本档案里。在一名来自莫斯科的熟练伪造者的帮助下，任何新
27 身份都可以通过修改教会档案，从源头进行伪造。戈尔季耶夫斯基开始训练牧师去获取登记表，并在多所教堂组织了多起盗窃。他后来说：“我开辟了一片新天地。”丹麦的教会登记册里包含了不少奥列格·戈尔季耶夫斯基凭空捏造的丹麦人。

与此同时，奥列格还着手招募线人、密探和密使。扎伊采夫告诉他：“这是我们工作的主要目标。”经过几个月的努力，他使用“戈尔诺夫”（他母亲的婚前姓）的化名，说服了一名学校教师和他的妻子充当“活信箱”，与特工收发信息。他结交了一个丹麦警察朋友，但几次会面后，他开始对是否争取此人感到犹豫。

在哥本哈根不到一年，戈尔季耶夫斯基结识了一名与众不同的克格勃情报官。米哈伊尔·彼得洛维奇·柳比莫夫（Mikhail Petrovich Lyubimov）是一个充满激情与活力、非常聪明的乌克兰人，他的父亲曾在布尔什维克秘密警察机构契

卡（Cheka）工作。柳比莫夫比戈尔季耶夫斯基早四年从莫斯科国立国际关系学院毕业，之后给克格勃写了一篇题为《英国人的国民性格与其在实际工作中的运用》的论文。1957年，根据克格勃的命令，他在莫斯科世界青年大会（World Youth Festival）上勾引了一个美国女孩。四年后，他作为一名苏联新闻参赞被派往英国，在工会、学生团体和英国机构中招募线人。他的英语带有纯正的上层阶级口音，满口老派的标准英国腔（用“What ho!”问候，用“pip pip!”道别），让他听起来就像一个俄罗斯的伯蒂·伍斯特（Bertie Wooster）[1]。柳比莫夫对所有和英国有关的东西都感兴趣，或者更准确地说，热衷于他所喜欢的那些英国文化元素：威士忌、雪茄、板球、绅士俱乐部、裁剪考究的粗花呢服装、台球和绯闻。英国情报机构给他起了一个“笑脸迈克”（Smiley Mike）的绰号。英国人是他的敌人，但他崇拜他们。1965年，他试图争取一名英国密码员但未获成功，此后英国情报机构立即试图策反他。在拒绝为英国情报机构服务后，他便被宣布为不受欢迎之人并被遣返回莫斯科——这一经历丝毫没有减弱他浓厚的崇英情结。

1966年底，柳比莫夫被派往哥本哈根，担任政治情报负 28
责人（克格勃术语称之为“PR线”）。

戈尔季耶夫斯基很快喜欢上了柳比莫夫。“重要的不是结果，而是行动的过程。”柳比莫夫一边喝着格兰威特（Glenlivet），一边在有护墙板的聚会室里讲着他招募间谍的故事，他在英国的传奇经历让年轻几岁的戈尔季耶夫斯基大饱耳

---

① 英国系列小说《吉福斯》中迷迷糊糊的老派绅士主角。

福。柳比莫夫将戈尔季耶夫斯基视作自己的门徒，这样评价这位比自己年轻几岁的年轻人："他渊博的历史知识给我留下了深刻印象。他喜欢巴赫和海顿，这令我肃然起敬，尤其是与那些只知道钓鱼、购物、尽可能囤积物质财富的在丹苏联人相比。"

和柳比莫夫爱上英国一样，戈尔季耶夫斯基发现自己也被丹麦这个国家所吸引，他喜欢这里的人民、公园、音乐和自由，包括被丹麦人视作理所当然的性自由。丹麦人对性持开放态度，即便以欧洲标准而言也相当大胆。一天，奥列格去了哥本哈根的红灯区，一时兴起进了一家卖色情杂志、性玩具和其他色情产品的商店。他买了三本同性恋色情杂志，带回家给叶莲娜看。"我就是很好奇。我当时不知道同性恋者如何发生性关系。"他把杂志放到了壁炉架上，公开展示了一种在苏联荡然无存的自由。

"我的人性在那里大大地张扬了，"奥列格写道，"丹麦有很多美妙的地方，比如生机勃勃的音乐、高水平的学校、高度的开放性和快乐的普通人；与之相比，苏联简直是如地狱般巨大且毫无生气。"他开始打羽毛球，发现自己很喜欢这项运动，尤其是欣赏它所具有的欺骗性。"羽毛球在飞行的最后几秒会减慢速度，这给选手以机会，让他们思考如何在最后一刻改变击球落点。"后来他把在最后时刻改变击球落点的技术练得十分纯熟。他还去听古典音乐会，到图书馆读书，走遍了丹麦的每个角落，有时是执行间谍任务，但大多数时候纯粹只是享受这样做的乐趣。

平生第一次，戈尔季耶夫斯基感觉自己没有受到监视。但事实并非如此。

29 丹麦安全与情报局（the Politiets Efterretningstjeneste，简写

为 PET）规模不大但非常高效，其公开职责是“预防、查明和打击危及丹麦社会自由、民主和安全的威胁”。PET 高度怀疑奥列格·戈尔季耶夫斯基构成了此类威胁，从这个懂得欣赏古典音乐的年轻苏联外交官抵达哥本哈根的那一刻起，PET 就开始留意他了。

丹麦人定期监控苏联大使馆人员，但缺乏全时监控的手段。大使馆的一些电话上安装了窃听器。同时，克格勃技术人员成功打入了丹麦情报部门的电台网络，苏联大使馆内的监听人员会定期侦搜丹麦监控小组之间传递的信息。叶莲娜·戈尔季耶夫斯基和丈夫一起为克格勃工作，监听这些信息，并将其翻译成俄语。因此，克格勃可以搞清丹麦情报部门监听车的位置，并确认何时其人员没有受到监控。每名受怀疑的克格勃官员都有一个代号：戈尔季耶夫斯基在丹麦安全与情报局电台中被称作戈尔姆森叔叔（Uncle Gormsson），这个名字源自一位外号“蓝牙”，名为哈罗德·戈尔姆森（Harald “Bluetooth” Gormsson）的十世纪丹麦国王。

丹麦安全机构认定戈尔季耶夫斯基（化名戈尔诺夫、戈德耶特赛夫、戈尔姆森叔叔）是一名以外交身份为掩护的克格勃间谍。

一天晚上，那位警察朋友和他的妻子邀请奥列格和叶莲娜去吃晚餐。他们出门后，丹麦情报人员进了他们的房间，安装了窃听设备。戈尔季耶夫斯基觉得丹麦夫妇的邀请有点可疑，因此，根据自己在 101 学校的培训经验，他出发前采取了防范措施，在门框涂抹了一些胶水。当他们结束就餐返回家中时，发现那些肉眼无法识别的胶水印遭到了破坏。从那以后，戈尔季耶夫斯基在家说话都很小心。

克格勃和丹麦安全与情报局之间的彼此窥探总是断断续续，缺乏连贯性。受过“干洗”培训的克格勃官员经常能摆脱丹麦人的盯梢。但是，正如经常发生的那样，戈尔季耶夫斯基和他的同事们误以为自己成功地隐藏了行踪。

30 戈尔季耶夫斯基进入性用品店并购买同性恋色情杂志的行为之所以被发现，有可能是因为丹麦情报部门对哥本哈根的红灯区进行了监控，或者丹麦人跟踪了他。一个已婚苏联情报人员对同性恋色情感兴趣并不是好事，因为一个有秘密的男人有可能遭到勒索。丹麦安全机构对此进行了仔细的标记，将这条有趣的爆料信息告知了一些盟友。在西方情报机构的档案中，戈尔季耶夫斯基的名字旁第一次被打了一个问号。

奥列格·戈尔季耶夫斯基逐渐成长为一名最高效的克格勃人员。柳比莫夫对此写道：“受益于良好的教育、对知识的渴望、喜欢读书和像列宁一样常去公共图书馆的好习惯，他毫无争议地在同僚中脱颖而出。”

影响他前途的唯一阴云就是他的婚姻，在文化与精神生活日益繁盛的同时，他的婚姻关系却每况愈下。两人的婚姻一开始就没有多少温馨可言，现在则愈发冷淡。戈尔季耶夫斯基想要孩子；叶莲娜却坚决不同意。来哥本哈根任职一年后，他的妻子透露道，离开莫斯科之前，她曾在没和他商量的情况下，堕了一次胎。奥列格感觉自己受到了欺骗，非常愤怒。在丹麦，叶莲娜本应充满活力，但奥列格却发现年轻的妻子生活态度消极、对周遭的新事物不闻不问。他开始感到自己的婚姻“就是一纸协议而非爱情”，他的“空虚感”与日俱增。戈尔季耶夫斯基认为自己对女性的态度是“尊重的”。实际上，和许多苏联男性一样，他秉持着一种陈旧的婚姻观，希望妻子能任劳任怨地打理家务。而作为一名出色的克格勃翻译员，叶莲娜坚持认为“女人不应该做家务”。奥列格可能对西方社会的很多新思潮持开放态度，但他对女性解放却有所保留；他说叶莲娜具有“反家庭倾向”，只能徒增自己与日俱增的沮丧感。他上了烹饪课，希望能让叶莲娜感到羞愧，以后多去做饭；叶莲娜要么对此没有注意，要么根本不在乎。她犀利而机智的言辞曾让奥列格赞赏不已，现在只会让他生气。一旦觉得自己是对的，戈尔季耶夫斯基就会固执己见、不思变通。为了摆脱这种沮丧感，他每天都会在哥本哈根的各大公园独自跑上几个小 31
时，回到家已经精疲力竭，没有力气吵架了。

在奥列格的婚姻生活出现裂痕的同时，苏东集团内部也发生了剧变。

1968 年 1 月，具有改革派思想的捷克斯洛伐克共产党第一书记亚历山大·杜布切克（Alexander Dubcek）开始实施自由化政策，放松对出国、言论自由及审查制度的管控，试图摆脱苏联的束缚。杜布切克倡导的“人道的社会主义”承诺限制秘密警察的权力，改善与西方的关系，并最终实现自由选举。

戈尔季耶夫斯基兴奋地关注着事态发展。如果捷克斯洛伐克可以挣脱苏联的枷锁，其他苏联卫星国也会争相效仿。克格勃驻哥本哈根情报站对捷克斯洛伐克改革问题的观点两极分化。一些人认为莫斯科会像 1956 年匈牙利事件那样，对捷克斯洛伐克进行军事干预。但包括戈尔季耶夫斯基和柳比莫夫在内的另一些人，却笃定捷克斯洛伐克的改革会取得成功。“奥列格和我都认为苏联坦克不会开进布拉格，”柳比莫夫写道，“我们为此赌了一箱乐堡啤酒（Tuborg）。”就连通常对政治不感兴趣的叶莲娜似乎也为捷克斯洛伐克的事态感到鼓舞。“我们将捷克斯洛伐克视作自由未来的一种希望，”戈尔季耶夫斯基写道，“这不仅是为了捷克斯洛伐克的未来，也是为了苏联的未来。”

在莫斯科“中心”，克格勃将捷克斯洛伐克的改革试验视作对共产主义的现实威胁，有可能打破冷战的势力平衡，不利于莫斯科。苏联军队开始在捷克斯洛伐克边境集结。克格勃不等克里姆林宫下达指示，就派遣了一支间谍小队去打击捷克斯洛伐克的“反革命”行为。这些间谍中就包括瓦西里·戈尔季耶夫斯基。

兄弟二人中，一个怀着满腔热情希望“布拉格之春”取得成功，另一人却奉命将其扼杀在摇篮之中。

1968 年初，30 多名克格勃特工潜入捷克斯洛伐克，执行克格勃负责人尤里·安德罗波夫（Yuri Andropov）的命令，破坏捷克斯洛伐克的改革运动，打入“反动”知识分子圈子，绑架“布拉格之春”的重要支持者。多数特工假扮成西方游客，因为克格勃认为，捷克斯洛伐克“煽动者”更可能对明
32 显持同情态度的外国人透露他们的计划。行动目标包括知识分子、学者、记者、学生和作家，其中包括米兰·昆德拉（Milan Kundera）和瓦茨拉夫·哈维尔（Vaclav Havel）。这是克格勃历史上对华约盟友开展的最大规模的情报行动。

瓦西里·戈尔季耶夫斯基使用一本名叫格罗莫夫（Gromov）的假西德护照来到捷克斯洛伐克。奥列格的哥哥已经证明了其作为一名克格勃绑架者的能力。叶夫根尼·乌沙科夫（Yevgeni Ushakov）作为特工在瑞典执行了几年任务，绘制了该国的地图，并发展了下线特工网，以为苏联可能的入侵做

先期准备。但在1968年，“中心”认为这名代号“浮士德”(FAUST)的特工得了受迫害妄想症，必须处理掉。1968年4月，瓦西里·戈尔季耶夫斯基给乌沙科夫下了麻醉药，成功途经芬兰将他带回莫斯科，克格勃把他安置在一所精神病院里，然后将他释放并开除。瓦西里因“出色完成任务”获得了一枚克格勃奖章。

接下来的一个月里，瓦西里和一名克格勃同事准备绑架捷克斯洛伐克改革运动的两名流亡领袖：瓦茨拉夫·塞尔尼(Vaclav Cerny)和扬·普罗查斯卡(Jan Prochazka)。塞尔尼教授是一位著名的文学史研究者，因捍卫学术自由的言论被政府从查理大学开除。普罗查斯卡是一位作家和电影制片人，曾公开谴责官方的审查制度，并呼吁“艺术表达的自由”。两人当时都居住在西德。克格勃（错误地）认定他们领导了一个“非法的反政府”组织，企图“颠覆捷克斯洛伐克的社会主义制度”，因此必须从肉体上加以消灭。计划很简单：瓦西里·戈尔季耶夫斯基将结交塞尔尼和普罗查斯卡，让他们相信自己正面临被苏联杀手暗杀的迫切危险，并表示自己愿意为他们提供一个“临时的藏身之地”。如果他们拒绝前往，瓦西里就使用“特殊材料”将他们制服，然后转交给克格勃特别行动部的特工，将他们放到一辆挂有外交牌照汽车的后备厢中，驱车越过边境进入东德——根据外交惯例，挂有外交牌照的汽车一般不会遭到搜查。计划并未成功。尽管戈尔季耶夫斯基力劝，
塞尔尼就是不相信“自己面临着不同寻常的危险”；普罗查斯 33
卡身边有保镖陪同，他自己只讲瓦西里·戈尔季耶夫斯基根本听不懂的捷克语。在反复尝试劝说这位捷克异见人士长达两周之后，瓦西里·戈尔季耶夫斯基最终放弃了绑架计划。

此后，化名格罗莫夫的瓦西里·戈尔季耶夫斯基越过边境进入捷克斯洛伐克，加入了一个规模不大的组织，该组织由假扮成游客的精锐苏联特工和破坏分子组成。他们的任务是实施一系列“挑衅行动”，制造捷克斯洛伐克即将爆发反革命暴动的假象。他们散布虚假信息，暗示由西方情报机构支持的捷克斯洛伐克“右派分子”正在策动暴力政变。他们伪造了号召推翻现行制度的煽动性标语，并安放了在包装上印有“美国制造”的私藏武器，这些武器后来被“发现”，成了叛乱即将爆发的证据。苏联当局甚至声称在捷克斯洛伐克发现了一起企图推翻政府并扶植帝国主义走狗的“美国秘密计划”。

瓦西里·戈尔季耶夫斯基战斗在克格勃诋毁与破坏“布拉格之春”的最前线；和父亲一样，他从未对自己行为的正当性产生过怀疑。

奥列格不知道自己的哥哥在捷克斯洛伐克，更别提他干的那些欺骗勾当了。兄弟二人从未就此进行过交流。瓦西里保守着自己的秘密，奥列格对自己的秘密也愈发守口如瓶。随着夏天到来，一个全新的捷克斯洛伐克眼看就要呼之欲出，奥列格坚持认为莫斯科不会进行军事干预。“他们不会入侵的，”他肯定地说，“他们不敢。”

1968 年 8 月 20 日夜晚，在苏联主导和其他华约国家协同之下，一支拥有 2000 辆坦克和 20 多万人的部队越过边境侵入捷克斯洛伐克。鉴于捷克斯洛伐克根本无力抵抗苏联强大的军事力量，杜布切克呼吁民众不要抵抗。到第二天早上，捷克斯洛伐克已被占领。苏联重申了“勃列日涅夫主义”（Brezhnev Doctrine）：任何华约国家企图否定或变革正统共产主义的行为都是不可允许的，苏联必须使用武力加以纠正。“布拉格之春”结束了，新的苏式严冬降临。

苏联的武装干涉令奥列格·戈尔季耶夫斯基感到震惊和厌恶。当丹麦人在苏联驻哥本哈根大使馆外抗议，谴责苏联的侵略行为时，他羞愧难当。目睹柏林墙的建立已经给他带来了很大的冲击，但入侵捷克斯洛伐克使他更清楚地认识到自己所效忠的政权的真实面目。他对苏联制度的态度迅速由疏远转变为憎恨：“对无辜人民的野蛮攻击，让我对它产生了强烈的憎恨。”

奥列格用大使馆走廊角落里的电话联系上了在家的叶莲娜，对苏联镇压“布拉格之春”的行为进行了潮水般的咒骂与抨击。“他们竟然真这么做了。让人难以相信。”他难过得快要哭了。“我的灵魂感到痛苦。”他后来回忆道，但他的内心是坚定的。

戈尔季耶夫斯基传递了一个信号。他知道大使馆的电话正在被丹麦安全机构监听。丹麦安全与情报局也对他家里的电话进行了窃听，他们肯定会听到他和妻子进行的这次惊人的谈话，注意到“戈尔姆森叔叔”并非克格勃机器上看似毫不松动的一颗螺丝钉。这一通电话并非向对方传递的明确信息。相反，这是一种暗示，一次情感接触，一次让丹麦人和他们的西方情报界盟友察觉到自己感受的尝试。他后来写道，这是“自己第一次故意向西方发出信号”。

然而，西方没有注意到这一信号。戈尔季耶夫斯基进行了试探，但没有人留意。在丹麦安全机构截获和掌握的大量信息中，这一看似微小却意义重大的暗示没有被人察觉。

来自捷克斯洛伐克的坏消息接踵而至。戈尔季耶夫斯基开始想到斯坦尼斯拉夫·卡普兰，他大学时那位性情直率的朋友。当苏联坦克开进他的国家，斯坦达会做何感想？

此时的卡普兰非常愤怒。在离开苏联后，加入捷克斯洛伐克国家情报机构——国家安全局之前，卡普兰曾在位于布拉格的捷克斯洛伐克内务部工作了一段时间。他尽量隐藏了对不同
35 政见者的同情，虽然对 1968 年的事件感到极度沮丧，但他保持了缄默。镇压“布拉格之春”导致了一波移民潮，面对苏联的侵略，大约 30 万人准备逃离捷克斯洛伐克。卡普兰开始搜集秘密，打算加入他们。

一份来自莫斯科的电报宣告戈尔季耶夫斯基的丹麦任期即将结束：“停止开展活动。进行情报分析但不要再采取行动。”莫斯科“中心”认为，丹麦人对戈尔季耶夫斯基同志表现出异乎寻常的兴趣，他们可能已经确定他是一名克格勃情报人员。截获的电台消息表明，自从奥列格抵达丹麦，他平均每隔一天就被跟踪一次，频率高于苏联大使馆的任何人。莫斯科不想引发外交事件，因此在哥本哈根任期的最后几个月里，戈尔季耶夫斯基的任务就是研究克格勃的丹麦工作手册。

戈尔季耶夫斯基的职业生涯与良知正处于十字路口。他对捷克斯洛伐克事件充满愤怒，但他还未下定决心。离开克格勃是不可想象的（或许也是不可能的），但他在思考自己是否可以调离运作非法特工的岗位，加入柳比莫夫的政治情报部门，从事更加有趣也不那么肮脏的工作。

戈尔季耶夫斯基开始在工作上和生活上陷入僵局：他完成领事工作，和叶莲娜争吵，心中暗藏着对苏联体制的厌恶，又对西方文化如饥似渴。在一个西德外交官家中举行的聚会上，他和一个年轻的丹麦人攀谈起来，这个丹麦人十分友好，似乎已经喝醉了。他似乎懂得不少古典音乐的知识，还向戈尔季耶

夫斯基提议一起去酒吧。戈尔季耶夫斯基礼貌地回绝了，解释说自己还要回家。

这个年轻人是丹麦情报机构的一名特工。两人在聚会上的攀谈是一个未遂同性恋陷阱的第一步。奥列格对同性恋色情刊物表现出的兴趣促使丹麦人设下了一个桃色陷阱，用间谍行为中最古老、最卑鄙但也最有效的技巧之一诱使他上钩。他们不太清楚计划为什么会失败。是这种勾引被训练有素的克格勃特工识破了吗？或者只是因为陷阱中的诱饵不合他的口味？真实 36
原因其实很简单：戈尔季耶夫斯基不是同性恋。他根本没有意识到有人故意和他搭讪。

和小说中的描写不同，间谍行动很少完全按照计划进行。受“布拉格之春”失败的刺激，戈尔季耶夫斯基向西方情报机构释放了一则暗示，但没有被察觉。丹麦情报机构基于错误的假设试图引诱他上钩，最终谬以千里。双方都进行了尝试，但没有取得成功。现在戈尔季耶夫斯基要回国了。

1970 年 1 月，戈尔季耶夫斯基回到了苏联，此时国内的政治环境比他三年前离开时更加压抑。勃列日涅夫时代的教条主义思想似乎榨干了苏联社会的所有色彩与想象力。国家的现状让戈尔季耶夫斯基感到不舒服：“一切都显得破败不堪。”排队的人群、污垢、让人窒息的官僚体系、恐惧和腐败，与多姿多彩的丹麦形成了强烈的反差。政治宣传无孔不入，官员们卑躬屈膝、粗鲁不堪，人们互相监视；莫斯科到处弥漫着煮熟的卷心菜和堵塞的排水管的臭味。一切都不在正轨。人们脸上没有笑容。和外国人的正常接触会立即引起猜疑。音乐让戈尔季耶夫斯基最受折磨，扬声器播放的爱国主义音乐响彻每条街道，内容无外乎官方政治宣传，枯燥、低沉、无孔不入的斯大林之音。戈尔季耶夫斯基感到自己每天都在被“意识形态的刺耳之音”攻击。

他重返 S 局工作，叶莲娜则在克格勃第十二局任职，负责窃听外国外交官。她被安排到监听斯堪的纳维亚国家驻苏大使馆和外交人员的岗位，并被晋升为中尉。两人的婚姻现在更多体现为一种“工作关系”，尽管在莫斯科东部那间阴森的公寓里，他们从不谈论工作，也很少谈论其他话题。

接下来的两年，按奥列格的话说，“是一段进退两难、微不足道的时光”。尽管他得到了晋升，报酬也更高了，但他的工作内容和三年前离开时没什么两样，仍旧是为非法特工准备身份证明。他开始学习英语，希望能去美国、英国或
37 某个英联邦国家任职，但上级告诉他这是不可能的，因为丹麦人显然已经认出了他的克格勃身份，因此他不可能再被派往西方国家。不过，摩洛哥是一个可能的选项，所以他开始硬着头皮学习法语。莫斯科毫无生气的单调氛围让戈尔季耶夫斯基深受文化断瘾症的困扰。他变得焦躁不安、心怀愤懑，愈发孤独和无助。

1970 年春，一位年轻的英国情报人员正在翻阅一份来自加拿大的“个人档案”。他名叫杰弗里·古斯科特（Geoffrey Guscott），身材瘦小，戴着眼镜，懂多种语言，非常聪明且很有毅力。此时的他已经有了一种慈祥的大学导师的气质，比起詹姆斯·邦德（James Bond）更像乔治·史迈利（George Smiley）。但外表具有欺骗性。一位同事称，古斯科特“可能是历史上给苏联情报机构造成最多伤害的一个人”。

古斯科特在伦敦东南部长大，父亲是一个 14 岁辍学的印

刷工人，他的工人阶级背景使他不同于军情六处的大多数官员。他获得了德威学校（Dulwich College）的助学金，后来在剑桥大学学习俄语和捷克语。1961 年毕业时，一封信件不期而至，邀请他去伦敦进行一次会面。在那里，他见到了一位神采奕奕的英国情报机构老兵，自称战时曾在维也纳和马德里从事间谍工作。古斯科特回忆道："我渴望出国，而且这正是我想要做的事。"24 岁时，他加入了英国对外情报机构，即秘密情报局（Secret Intelligence Service），这一机构的正式名称简写作 SIS，在外界则以军情六处之名为人所知。

1965 年，古斯科特被派往改革萌芽初现的捷克斯洛伐克。在三年时间里，他一直和捷克斯洛伐克情报机构内部一个代号为"被解放者"（FREED）的人保持联系，1968 年"布拉格之春"运动开始时，他已回到伦敦，负责招募捷克斯洛伐克境内外的情报人员。苏联的入侵导致捷克斯洛伐克方面的情报需求大幅增加。"我们必须抓住每一个机会。"

古斯科特桌上摆放的代号为"丹尼切克"（DANICEK）的 38
卷宗，是关于最近变节的一位名叫斯坦尼斯拉夫·卡普兰的捷克斯洛伐克情报机构年轻官员的。

"布拉格之春"事件后不久，卡普兰去保加利亚度假。在保加利亚，他隐匿行踪前往法国，正式投靠了法国情报机构。卡普兰解释说，他希望能去加拿大定居。加拿大情报机构与军情六处关系密切，一名来自伦敦的官员亲自去法国询问了卡普兰的情况。加拿大人肯定向美国中情局通报了卡普兰的变节。这位年轻的捷克人也表现出了强烈的合作意愿：当这份代号"丹尼切克"的卷宗落到古斯科特手上时，它已经厚达几英寸了。

卡普兰给人留下了聪明和直率的印象，"一个喜欢越野跑和异性的人”。他提供了关于捷克斯洛伐克情报工作的一些有价值的细节，并谈到了他作为学生在莫斯科的岁月。按照惯例，西方情报机构要求变节者提供潜在的关注对象。卡普兰的档案里包括了约一百个人，大多数是捷克斯洛伐克人。然而卡普兰还列举了五个苏联“人员”，其中一人吸引了古斯科特的注意。

卡普兰描述了自己与奥列格·戈尔季耶夫斯基的友谊，形容戈尔季耶夫斯基是一个喜欢越野跑、注定要成为克格勃的人，还曾“清楚地表现出政治幻灭感”。在赫鲁晓夫解冻时期，两人曾讨论过苏联制度的不足之处：“奥列格不是一个封闭的人，他是一个对过往经历保持清醒的思考者，和卡普兰自己颇为相似。”

在查阅了其他文件之后，古斯科特发现一个叫奥列格·戈尔季耶夫斯基的人曾在 1966 年作为领事官员被派往哥本哈根。军情六处和丹麦安全与情报局的关系密切，后者关于戈尔季耶夫斯基的档案指出，他很可能是一名克格勃情报人员，给苏联的非法特工提供支持。丹麦情报人员没有抓住他的任何直接把柄，但他能屡次摆脱盯梢，证明他受过专业训练。他和一名警察以及几名牧师有过可疑的接触。安插在他公寓的窃听器表明，他的婚姻生活陷入了危机。他去性用品商店和购买同性恋色情杂志的行为，曾诱使丹麦情报机构执行了一次“无果而
39 终的笨拙勒索行动”。1970 年 1 月，戈尔季耶夫斯基回到莫斯科，消失在克格勃“中心”的深渊之中，音讯全无。

古斯科特对戈尔季耶夫斯基的档案进行了标注，指出如果这位抱有自由思想，能力出众，难以捉摸还有可能是同性恋的克格勃官员再次出现在西方国家，西方情报机构应尝试与他进

行接触。奥列格被“标记”为“值得注意的人”，并被起了一个名叫“阳光”（SUNBEAM）的代号。

与此同时，英国还要应对近在咫尺的克格勃间谍。

1971 年 9 月 24 日，英国政府驱逐了 105 名苏联情报人员，这是史上规模最大的间谍驱逐事件。这场代号“脚”（FOOT）的大规模驱逐行动酝酿已久。和丹麦人一样，英国人也对苏联委派的外交官、记者和贸易代表实施严密监控，十分清楚哪些人是真正的外交官，哪些人是间谍。克格勃的间谍活动愈发胆大妄为，英国国家安全部门（the British Security Service）即军情五处（MI5）不得不展开反击。这场行动的导火索是假扮为苏联针织品工业代表的克格勃特工奥列格·利亚林（Oleg Lyalin）的变节。利亚林表面上负责销售羊毛衫，实际上是克格勃第十三局的高级代表，该机构负责制订与西方爆发战争时的紧急行动计划。军情五处给利亚林起了一个名叫“金翅雀”（GOLDFINCH）的代号，他也知情必报，透露了克格勃水淹伦敦地铁、暗杀英国知名公众人物，以及派遣一支破坏小分队在约克郡海岸登陆的计划。被揭露的这些信息给军情五处提供了等待许久的机会。英方掌握的每一名苏联间谍都被驱逐出境。一夜之间，全球最大的克格勃驻外情报站之一化为乌有。克格勃要再花上二十年的时间，才能让这一站点恢复到行动之前的水平。

“脚”行动让莫斯科措手不及，并引发了克格勃第一总局内部的恐慌。第一总局位于亚先涅沃（Yasenevo）的总部靠近莫斯科外环公路，这个负责对外情报的部门在勃列日涅夫时期迅速扩张，由 1960 年代的三千人猛增至一万多人。这起大规 40
模驱逐事件被视作一次严重的失败。负责英国和斯堪的纳维亚事务的部门负责人被解职（出于历史原因，上述两个地区和澳大利亚、新西兰一起划归克格勃同一部门管理），由德米特里·雅库辛（Dmitri Yakushin）接替。

以“灰衣主教”的外号闻名的雅库辛拥有贵族血统，却追随布尔什维克的政治路线，他是一名坚定的共产主义者，却有一副贵族气派，说话声音像风钻一样震耳欲聋。他在二战期间服役于一个坦克团，后在苏联农业部下辖的养猪场工作，此后被调至克格勃，升任对美业务部门的二把手。和多数克格勃高层人物不同，雅库辛是一个喜欢收藏稀有书籍的文雅之人，但他讲话非常大声。戈尔季耶夫斯基与这位灰衣主教的第一次冲突让他心有余悸。

一天晚上，戈尔季耶夫斯基在偷听英国广播公司世界新闻报道时获悉，“脚”行动产生了连锁反应，他的三名拥有外交身份掩护的前同事也被丹麦驱逐了。第二天早上，他将这一消息告诉了丹麦部门的一个朋友。五分钟后，他的电话响了，对面传来一阵刺耳的声音：“戈尔季耶夫斯基同志，如果你继续在克格勃散布丹麦驱逐我方人员的谣言，你一定会受到严惩！”那是雅库辛打来的电话。

奥列格害怕自己被解雇。不过，几天后，英国广播公司的报道得到了确认，灰衣主教把他叫到办公室，用近一百分贝的声音开门见山地说：“我需要派人去哥本哈根。我们必须重建我们在那里的力量。你会讲丹麦语……来我的部门工作怎么样？”戈尔季耶夫斯基目瞪口呆，这再好不过了。“交给我来办吧！”雅库辛吼道。

但出于提防其他部门挖墙脚的传统狭隘心态，S局的负责人不愿意放人。

事情因此悬而未决，令戈尔季耶夫斯基颇为沮丧。直到当初带他进入克格勃的哥哥瓦西里·戈尔季耶夫斯基突然死亡的消息传来，事情才有了转机。

瓦西里多年来一直酗酒。他在东南亚感染了肝炎，医生建 41
议他从此戒酒。但他继续我行我素，很快因酗酒死亡，年仅39岁。克格勃为他举行了隆重的军事葬礼。三名克格勃情报官员手持自动武器鸣枪致敬，覆盖党旗的灵柩被安放于莫斯科火葬场，戈尔季耶夫斯基此时回想，自己其实对这个被称作“瓦席尔科”（Vasilko）的哥哥知之甚少。互相搀扶的母亲和妹妹非常悲痛，也对克格勃高官的到场感到惊讶，但她们比自己更不了解瓦西里。父亲穿上了克格勃的制服，告诉在场的所有人，他对儿子为祖国做出的贡献感到骄傲。

奥列格有一点害怕他这个神秘的哥哥。他对瓦西里在捷克斯洛伐克的间谍活动仍一无所知。兄弟二人表面看起来很亲密，但实际上一条巨大的秘密鸿沟将两人隔离开来。瓦西里是一名功勋克格勃烈士，因此奥列格的价值也水涨船高，具备了一个小小的“道义优势”，更容易离开S局，跳槽到雅库辛负责的英国－斯堪的纳维亚业务部了。“既然我的哥哥已经为S局殉职，那上级就很难再拒绝我的请求了。”万般无奈之下，原单位最终同意了他的调动。苏联人为戈尔季耶夫斯基申请了一份丹麦签证，解释说他将作为苏联大使馆的二等秘书重返哥本哈根；事实上，他现在是克格勃第一总局的一名政治情报官，即此前米哈伊尔·柳比莫夫所担任的职务。

丹麦人本可以因奥列格有克格勃情报人员的嫌疑拒发这一签证。不过，丹麦方面决定允许他回来，并对他严加监控。他们把这一消息通报给了伦敦。

奥列格的性取向问题再次受到关注。戈尔季耶夫斯基似乎没有向克格勃汇报两年前丹麦方面对自己进行同性色诱的事情。军情六处推测，如果他汇报过这件事，那他很可能不会再被派出国了，因为按照克格勃的思维方式，任何被西方情报机构盯上的目标都会立即成为怀疑对象。军情六处推断奥列格隐瞒了此事，但实际上，他只是在事发时根本没有觉察到而已。一名军情六处官员写道：“我们的猜测是他没有将此事告诉别人。”如果戈尔季耶夫斯基向上级隐瞒了一个令他感到自责的
42 秘密，如果斯坦达·卡普兰有关他政治倾向的表述是准确的，那么再与这个苏联人进行接触就有其价值。

军情六处和丹麦安全与情报局为奥列格准备了一场欢迎仪式。

3 “阳光”

理查德·布罗姆黑德（Richard Bromhead）是英国情报系统在哥本哈根的“自己人”（Our Man），他并不介意别人知道这一点。 43

这位军情六处丹麦情报站的负责人是一个受过高端公学教育的老派英国人，也是一个热情欢快的家伙，他把自己喜欢的人称作“真正的宝贝”，对不喜欢的人则叫他们“鬼东西”。布罗姆黑德天生就有诗人和冒险家的基因。他出身高贵但家境贫寒，毕业于马尔伯勒公学（Marlborough College），曾在德国战场服过兵役，在一座此前关押英国战俘的集中营负责管理250名德国战俘。（“之前管理这里的德国指挥官是一个参加过奥运会的划艇选手。是个很棒的伙计。我们相处得很愉快。”）后来他去剑桥大学学习俄语，自称毕业时把所学的俄语忘光了。他去外交部求职被拒，在面包店也没找到工作，于是决定做一名艺术家，在伦敦的一间破旧公寓里一边靠吃洋葱为生，一边画着阿尔伯特纪念碑（Albert Memorial）。后来一个朋友建议他去殖民地部（Colonial Office）求职。（他们想要我去尼科西亚。我说：“太好了。它在哪？”）在塞浦路斯，他担任总督休·富特（Hugh Foot）的私人秘书。（“真有意思。花园里住着一个军情六处的人，很不错的一个家伙，他发展了我。”）被吸收进“公司”（The Firm）后，他首先作为密探被派往日内瓦的联合国机构，然后去了雅典。（“我一到那儿就爆发革命了，哈哈。”）最后，在1970年，42岁的他被任命为军情六处哥本哈根情报站的负责人。（“我本以为要去伊拉克的。不太清楚到底怎么回事。”）

布罗姆黑德身材高大，相貌英俊，穿着讲究，喜欢讲笑话和喝酒，很快就在哥本哈根的外交圈为人所熟知。他将自己的秘密情报工作称为“胡闹”。

理查德·布罗姆黑德是那种花很大精力将自己表现得很愚
44 蠢的英国人。实际上，他是一个令人生畏的情报人员。

从抵达哥本哈根的一刻起，布罗姆黑德就以让苏联对手感到痛苦为目标。在此过程中，他与丹麦安全与情报局副手进行了合作。合作人是一个名叫让·布鲁恩（Jørn Bruun）的充满幽默感的律师，他“喜欢骚扰东方阵营的国家——尤其是苏联的外交官和其他人员，采取的方法不花分文，而且几乎无迹可查”。为了协助完成布罗姆黑德所说的“挑逗行动”，布鲁恩派给了他两名精英，延斯·埃里克森（Jens Eriksen）和温特·克劳森（Winter Clausen）。“延斯个子不高，留着整齐的长胡须。温特体型壮硕，差不多和一扇大门一样。我叫他们阿斯泰利克斯（Asterix）和奥贝利克斯（Obelix）[①]。我们相处得极其融洽。”

他们选择的目标之一是一个名叫拜特索夫（Bratsov）、特工身份已被确认的克格勃官员。每次跟踪他进入哥本哈根的任意一家商店时，克劳森都会使用商店的扩音器广播：“请克格

---

① 法国漫画《阿斯泰利克斯历险记》的两名主角，阿斯泰利克斯身材矮小蓄有胡须，奥贝利克斯身材高大且体格健硕。

勃公司的拜特索夫先生到服务台。"广播三次后，克格勃将拜特索夫召回了莫斯科。另一名受害者是克格勃哥本哈根站的一名热心的年轻情报人员，他试图争取一名丹麦宪兵，这名宪兵立刻向情报部门做了报告。"这名宪兵居住在一座距哥本哈根两小时车程的城镇。我们会找到他，让他给那个俄国人打电话说：'马上过来，我有非常重要的消息要告诉你。'那个俄国人之后会驱车赶往宪兵家中，而宪兵会让他喝伏特加直到烂醉，再告诉他一些毫无价值的废话。之后俄罗斯人会开车回家，醉醺醺地给克格勃写一份长篇报告，早上六点才上床睡觉。之后宪兵会在上午九点打来电话说：'马上过来，我有非常重要的消息要告诉你。'这个俄国人最终精神崩溃，不得不放弃。哈哈，丹麦人真是好样的。"

戈尔季耶夫斯基的签证终于批下来了。军情六处指示布罗姆黑德去接近这位新客人，并在时机成熟时试探他的口风。事态进展将会向丹麦方面通报，但双方同意将这件事交由在丹麦的军情六处人员运作。

1972 年 10 月 11 日，奥列格和叶莲娜·戈尔季耶夫斯基重返哥本哈根，感觉就像回家一样。体型壮硕、外号"奥贝利克斯"的丹麦密探小心翼翼地跟踪他们走出入境大厅。 45

作为一名政治情报官，戈尔季耶夫斯基不必运作非法特工，但他需要积极搜集秘密情报，并努力颠覆西方制度。实际工作中，这意味着寻找、培养、发展并控制间谍、接头人和线人。这些人可能是丹麦政府官员、民选政客、工会官员、外交官、商人、记者或任何能够为苏联提供有用情报的人。理想情况下，他们甚至可以是丹麦的情报人员。和其他西方国家一样，少数丹麦人是忠诚的共产主义者，时刻准备执行莫斯科的命令；还有些人愿意为金钱出卖情报（这是很多间谍行为的动因），或易受其他形式的劝说、胁迫或引诱的影响。此外，负责政治活动（PR 线）的官员还要采取“积极举措”去影响民意，在必要时散布虚假信息，培植同情莫斯科的舆论影响者，并在媒体发布正面报道苏联的文章。克格勃长期以来一直深谙制造“假新闻”的黑色艺术。按照克格勃的分类，外国联络人依据重要性进行了区分：位于顶层的是“特工”，指通常出于意识形态或经济原因，有意为克格勃工作的这类人；下一层是“秘密联络人”，他们同情苏联的事业，愿意秘密提供帮助，但很可能没有意识到苏联大使馆的友好人士为克格勃工作。再下一层是无数的公开联络人，以二等秘书身份作为掩护的戈尔季耶夫斯基可以在工作中与他们接触。仅仅易于接近和持同情态度的秘密联络人，与准备背叛自己祖国的间谍之间，存在着巨大的鸿沟，但将秘密联络人发展成间谍，并非绝无可能。

戈尔季耶夫斯基很快就重新适应了丹麦的生活与文化。米哈伊尔·柳比莫夫返回莫斯科，担任英国－斯堪的纳维亚业务部的高层领导，戈尔季耶夫斯基接替了他之前的位置。这一全新的情报工作令人兴奋但也充满沮丧；丹麦人过于友善而不太可能成为间谍，过于诚实而不会颠覆国家，过于礼貌而让人无
46 法与他们谈论如此敏感的事项。每次发展丹麦人的尝试，最终都会撞上坚不可摧的礼节之墙。即便最忠诚的丹麦共产主义者也很难做出叛国行为。

不过，凡事都有例外。赫特·彼得森（Gert Petersen）就是其中之一。他是丹麦社会主义人民党（Denmark’s Socialist People’s Party）的党主席，后来当选为欧洲议会议员。代号

“宙斯”（ZEUS）的彼得森被克格勃归类为“秘密联络人”，负责为苏联传递从丹麦对外政策委员会那里搜集的秘密军事情报。他消息灵通，非常贪婪。戈尔季耶夫斯基对他利用克格勃资金所消费的啤酒和杜松子酒数量感到惊讶，甚至有些佩服。

克格勃哥本哈根情报站负责人阿尔弗雷德·莫吉列夫奇克（Alfred Mogilevchik）任命戈尔季耶夫斯基为他的副手。“你很聪明，精力充沛，善于和人打交道，”莫吉列夫奇克告诉他，“而且，你了解丹麦，会说丹麦语。我还能要求什么呢？”戈尔季耶夫斯基被晋升为少校。

工作上，戈尔季耶夫斯基稳步晋升，在克格勃内部的职级越来越高；但在内心里，他感到十分混乱。在莫斯科的两年经历加深了他对苏联的疏离感，重返丹麦则让他对苏联体制下的庸俗主义、腐败与伪善更感失望。他开始更加广泛地阅读，收集那些在苏联根本无法读到的书籍，包括亚历山大·索尔仁尼琴、弗拉基米尔·马克西莫夫和乔治·奥威尔的作品，以及批评斯大林主义的西方历史书籍。卡普兰叛逃至加拿大的消息走漏了风声：他的这位朋友因泄露国家机密被捷克斯洛伐克军事法庭缺席审判，并判处有期徒刑 12 年。这让戈尔季耶夫斯基感到震惊，他不知道西方是否注意到了“布拉格之春”后自己抗议的呼声。如果注意到了，为什么还没有回复？如果西方情报机构试图试探他的口风，他应该接受还是拒绝呢？戈尔季耶夫斯基后来表示，他已经做好了准备，等待对方拍他的肩膀，但现实总是远比主观想象复杂。

回到丹麦外交圈，戈尔季耶夫斯基经常能看到那个高大、友善的英国人布罗姆黑德。

理查德·布罗姆黑德有两张戈尔季耶夫斯基的照片，都是 47

由丹麦方面提供的。一张偷偷拍摄于他上次任职期间，另一张是他最新的申请签证照片。

“我发现这是一张严肃的脸庞，但并不快乐。他看起来坚韧不拔，十分强硬，即便伦敦方面的报告中有过描述，我也无法想象怎么会有人认为他是同性恋。无论如何，他看起来都不像是一个西方情报人员能够轻易接近的人。”和与他同一时代、同一阶级的其他人一样，布罗姆黑德相信所有同性恋者都有一种共通的行为方式，让他们一眼就能被辨认出来。

两人之间的第一次直接接触发生在哥本哈根市政厅（Radhus）的红砖建筑里，当时他们出席了一场展览会的开幕式。布罗姆黑德知道苏联代表团会参加。作为“外交午餐会”（真正的外交官和间谍混杂其中）上的一名常客，布罗姆黑德认识了几名苏联官员。“我和一名来自伊尔库茨克的小个子相处得很好，他真是一个可怜的家伙。”布罗姆黑德在包括戈尔季耶夫斯基在内的苏联外交官队伍中认出了那个矮小的伊尔库茨克人，慢慢走了过去。“我和包括奥列格在内的所有人礼节性地打了招呼，努力不表现出任何刻意的关心。我没有问他的名字，他也没有自我介绍。”

两人就艺术进行了一次试探性的谈话。“奥列格只要一讲话，严肃的表情就会消失，”布罗姆黑德写道，“他笑得很自信，有一种其他克格勃官员所缺乏的真正的幽默感。这个新来的家伙似乎很自然，懂得享受生活。我很喜欢他。”

布罗姆黑德给伦敦写了报告，告知自己已与目标人物取得接触。主要的问题在于交流。布罗姆黑德几乎已经忘光了俄语，对丹麦语略知一二，能讲很少的德语——但这门他过去用来差遣德国战俘的语言，现在明显已不堪使用。戈尔季耶夫斯基的德语和丹麦语很流利，但不懂英语。布罗姆黑德说：“我们只在很肤浅的层面进行了交流。”

苏联、英国和美国大使馆比邻而居，构成了一个奇特的外交三角形，只有一片墓地将三者分隔开来。尽管身处冷战冰冷的大氛围之中，但苏联外交官与西方外交官之间还是有着密切 48
的社交互动，在接下来的几周时间里，布罗姆黑德设法参加了几场戈尔季耶夫斯基出席的宴会。“我们在几个外交招待会上互相点头致意。”

发展敌方阵营的情报官员就像一场微妙的双人对舞，太明显的接触会把戈尔季耶夫斯基吓跑，但过于隐秘的暗示又会让对方无法察觉。军情六处需要搞清布罗姆黑德是否能恰到好处地拿捏分寸。“他很爱交际，但有点莽撞，而且苏联使馆的人都认识他，知道他是军情六处的人。”果不其然，布罗姆黑德决定举办一场聚会，邀请戈尔季耶夫斯基和其他苏联官员。“PET 找来了一名女性羽毛球选手。之所以这样做是考虑到她和戈尔季耶夫斯基有着共同的兴趣爱好。”丽娜·科彭（Lene Køppen）是一名牙科学生，后来赢得了羽毛球女子单打比赛的世界冠军。她长得非常漂亮，完全没有意识到自己成了诱饵。该行动“并不一定是以性诱惑为目的”，一名参与此次行动的军情六处官员回忆道。但如果戈尔季耶夫斯基是异性恋，这个打羽毛球的女人能和他上床的话，那就再好不过了。事情并未按计划发展。戈尔季耶夫斯基喝了两杯酒，漫不经心地和科彭简单聊了两句，就离开了。正如布罗姆黑德预料的那样，这个俄罗斯人很友好，但在社交上、运动上和两性关系上难以接近。

回到伦敦，杰弗里·古斯科特现在负责对苏业务。他和麦克·斯托克斯（Mike Stokes）就“阳光”一事进行了谈论，斯托克斯是负责奥列格·潘科夫斯基（Oleg Penkovsky）一案的高级官员，后者是迄今西方策反的最成功的苏联间谍。潘科夫斯基是一名格鲁乌上校，该机构是与克格勃级别相当的苏联军方情报部门。从1960年开始的两年时间中，他同时为军情六处和中央情报局服务，向位于莫斯科的“管理者”提供科技和军事情报，包括苏联导弹在古巴的部署情况——这一情报使得约翰·F. 肯尼迪总统在“古巴导弹危机”中占得先机。1962年10月，潘科夫斯基暴露被捕，克格勃对其进行了审问，并于1963年5月将他处决。斯托克斯在发展和运作苏联间谍方面“很有说服力”。此刻，他和古斯科特一起制订了一个雄心勃勃的计划：一次对戈尔季耶夫斯基真实态度的“决定性检验”。

49 1973年11月2日晚，奥列格和叶莲娜（在忧郁且几乎全然沉默的氛围中）吃完晚饭，突然听到有人大声敲门。戈尔季耶夫斯基开门一看，他大学时期的好朋友、捷克斯洛伐克人斯坦达·卡普兰微笑着站在门口。

戈尔季耶夫斯基十分惊讶，突然感觉非常害怕。

“我的上帝！天哪。斯坦达！你怎么来了？”

两人握了握手，戈尔季耶夫斯基让卡普兰进了屋，知道自己这样做将带来不可挽回的结果。卡普兰是一个变节者。如果戈尔季耶夫斯基的克格勃邻居看到他进屋，单凭这一点就会引起怀疑。还有叶莲娜。即便他们的婚姻还算稳定，但作为一名忠诚的克格勃人员，她可能会觉得自己有必要就丈夫和一名叛徒碰面的事向上级报告。

戈尔季耶夫斯基给老朋友倒了一杯威士忌，并向叶莲娜做了介绍。卡普兰说他现在为一家加拿大保险公司工作。他这次来哥本哈根是看自己的丹麦女朋友的，当他发现奥列格在外交人员名单上，就心血来潮地决定来看看他。卡普兰似乎没什么变化，依旧性情开朗、无忧无虑。但奥列格察觉到他拿威士忌酒杯的手在轻微颤抖着，知道他在撒谎。卡普兰是西方情报机构派来的。这是一次非常危险的考验。这是对他五年前“布拉格之春”被镇压后打的那通电话久等未至的回应吗？如果是这样，那卡普兰现在为谁工作？中情局？军情六处？还是丹麦安全与情报局？

双方都很紧张，谈话断断续续。卡普兰描述了他从捷克斯洛伐克叛逃，经过法国到达加拿大的经历。戈尔季耶夫斯基对此不置可否。叶莲娜看起来焦虑不安。几分钟后，卡普兰喝完了酒，起身准备离开。“今天打扰了。我们明天一起吃午饭，好好谈谈吧。”卡普兰推荐了市中心的一家小餐厅。

送走卡普兰后，戈尔季耶夫斯基转向叶莲娜，说卡普兰突然出现真是奇怪。叶莲娜一言不发。他接着说：“他能来哥本哈根真是一个有趣的巧合。”叶莲娜的表情让人琢磨不透，但略带一丝不安。

第二天午餐时分，戈尔季耶夫斯基故意迟到，欣慰地发现 50
自己没有被跟踪。他几乎一夜未睡。卡普兰坐在靠窗户的一张餐桌前等他。他看起来似乎很轻松。他们聊起了旧日时光。马路对面的一家咖啡厅里，一名体型健壮的游客正在阅读一本导游手册。麦克·斯托克斯正在监视他们。

英国方面对卡普兰的拜访进行了周密的筹划和预演。“我们需要一个合理的理由让卡普兰去接触他，”古斯科特说，“另一方面，我们希望奥列格能意识到自己被监听了。”

卡普兰的任务是与奥列格谈论他的叛逃，在西方生活的新乐趣以及“布拉格之春”，然后评估戈尔季耶夫斯基的反应。

戈尔季耶夫斯基知道自己正在接受评估。当卡普兰回忆起1968年捷克斯洛伐克的动荡岁月时，他的肩膀开始紧绷起来。戈尔季耶夫斯基仅仅表示他对苏联的入侵感到震惊。“我需要格外小心。我正在万丈深渊边行走。”当卡普兰讲到他叛逃的细节和在加拿大的幸福新生活时，戈尔季耶夫斯基略带鼓舞地点头赞许，表现得十分克制。“我认为释放出正面的信号是必要的，但我不应该失去对局面的掌控。”他不知道是谁派卡普兰来测试他的，也不打算问。

在每一段追求过程中，不要表现得过于渴望都是很重要的。但是戈尔季耶夫斯基的谨慎不仅仅是一种交际手段。尽管他对西方情报机构在他对1968年捷克斯洛伐克事件进行宣泄后与他进行接触抱有期待，他仍不确定自己是否真的想被引诱，也不知道是谁在争取自己。

午餐结束时，两位老朋友握了握手，斯坦达·卡普兰随后消失在人群之中。奥列格没有做出明确的表态。他没有给出什么声明或许诺。但一条隐形的边界已被打破。戈尔季耶夫斯基认为：“我知道自己已经做出了足够的让步，卡普兰会在报告中把我列为争取对象。”

斯托克斯在哥本哈根一家酒店的房间里向卡普兰了解了情况，然后坐飞机回到伦敦，向杰弗里·古斯科特报告结果：戈尔季耶夫斯基对卡普兰的突然出现感到惊讶，但并不感到恐惧或愤怒；他似乎对卡普兰的经历很感兴趣并表示同情，并对苏
51 联入侵捷克斯洛伐克感到震惊。此外，最重要的是，戈尔季耶夫斯基没有暗示自己会就与这个已被定罪的叛国者意外会面一

事向克格勃提出报告。"这太棒了。这正是我们想要听到的。戈尔季耶夫斯基表现得非常谨慎，但如果他没有报告这件事，那他就迈出了第一步，很大的一步。我们需要稍显含蓄地表明立场，即我们准备进行交易。我们需要策划一次偶遇。"

理查德·布罗姆黑德"整个人都给冻坏了"。现在是清晨七点，昨夜下了雪，气温降至零下六度。青灰色的黎明逐渐降临哥本哈根，"阳光"的代号与这样的天气极不协调。连续三天早上，在这个"该死的时辰"，这名军情六处特工都坐在他妻子的那辆空间狭小、没有暖气的车里，在北部郊区僻静的林荫道旁透过满是雾气的挡风玻璃，监视着一栋大型混凝土大楼。他甚至怀疑自己已经被冻伤了。

丹麦监控人员已经确认，奥列格·戈尔季耶夫斯基每天早上都会在一座市郊运动俱乐部和一个名叫安娜的年轻女子打羽毛球，安娜是一名学生，也是丹麦青年共产主义者组织（Danish Young Communists）的成员。布罗姆黑德找到了这个地方，决定开妻子那辆不显眼的蓝色奥斯汀汽车前去，而非自己挂有外交牌照的福特汽车。他把车停在能直接看到俱乐部大门的地方，但熄了火，以防尾气引起别人注意。前两天早上，"大约七点半，奥列格和那个女孩终于出现，他们互相握了握手，就各自开车离开了。女孩很年轻，留着黑色短发，身材健美、苗条，但不是特别漂亮。他们看起来不像恋人，但我不能确定。他们可能只是在公共场合比较谨慎"。

在零度以下的气温进行监视的第三个早上，布罗姆黑德认定自己不能再这样等下去了。"我的脚趾头都冻僵了。"在戈尔季耶夫斯基球差不多打完的时候，他通过没锁的前门进了俱

乐部。服务台没有人。这栋建筑物里除了奥列格和他的搭档之
52 外几乎没有人。他事后回忆，如果自己发现他们正在羽毛球馆行苟且之事，那就太有意思了。

当那位英国间谍进入眼帘时，戈尔季耶夫斯基正在局间休息。他一眼就认出了布罗姆黑德。他的粗花呢西装和厚重的大衣让他在空荡的体育馆里显得极为突兀，一眼就能看出是一个英国人。戈尔季耶夫斯基举了举球拍向他致意，然后就又去打球了。

对于在这里和自己见面，那个俄国人并不感到意外。“或许他在等我到来？”布罗姆黑德心想，“这样一名经验丰富、观察敏锐的特工，前两天应该早就注意到我的车了。戈尔季耶夫斯基再次投来友善的微笑。之后又全神贯注于比赛之中。”

实际上，当布罗姆黑德在一旁的观众席上观看他打球时，戈尔季耶夫斯基的内心开始波动。每件事都可以得到完美解释：卡普兰的出现，在布罗姆黑德家中的聚会，以及过去三个月他每次参加社交活动，这位亲切的英国官员都会出现。克格勃认为布罗姆黑德可能是情报人员，以“行事外向”闻名，“他无论是否受邀，都会参加大使馆的宴会”。这个英国人在清晨的这一时刻出现在偏僻的羽毛球馆，只能意味着一件事：军情六处试图争取他。

打完球后，安娜去洗澡，戈尔季耶夫斯基向布罗姆黑德慢慢走过来，脖子上搭着一条毛巾，伸出了手。两名情报人员对彼此进行了评估。“奥列格并不紧张。”布罗姆黑德写道。戈尔季耶夫斯基注意到，这个平时总是“洋溢着自信”的英国人一下子变得非常严肃。他们用俄语、德语和丹麦语进行交

谈，有时布罗姆黑德还会突然说上几句法语。

“我们能私下谈谈吗？我希望能在一个不会被窃听的地方，和你进行一次私人谈话。”

“我愿意。”戈尔季耶夫斯基说。

“对我来说，和你这样的人进行这类谈话会非常有趣。我觉得你是为数不多可以对我开诚布公的人。”

又是一个突破：布罗姆黑德透露他知道戈尔季耶夫斯基是 53
克格勃的人。

“我们能共进午餐吗？”布罗姆黑德继续问道。

“当然可以。”

“碰头对你来说似乎更困难一些，你来选一家对你比较方便的餐厅好吗？”

布罗姆黑德本以为戈尔季耶夫斯基会谨慎选择一个不为人熟知的碰面地点。令他意想不到的是，奥列格建议三天后在苏联大使馆马路对面的东门酒店（Østerport Hotel）见面。

驾驶着妻子的破旧汽车离去时，布罗姆黑德感到很高兴，但也有些不安。戈尔季耶夫斯基似乎出奇地镇定，他对这次接近显然并不感到意外。他挑选的餐厅离苏联大使馆这么近，马路对面的监听者完全可以安置窃听器偷听他们的谈话。经常光顾这一酒店的苏联官员可能会认出他们。布罗姆黑德第一次感到，他可能成了一次发展间谍行动的目标，而不是发起人。“奥列格的举动和所选择的餐厅让我高度怀疑，我在自己设计的游戏中被人操弄了。一切似乎都太容易了。我感觉不太对劲。”

回到大使馆后，布罗姆黑德迅速给军情六处总部发了一封电报：“天哪，我感觉是他在企图发展我！”

不过戈尔季耶夫斯基仅仅是在寻求掩护。他回到使馆后也向负责人莫吉列夫奇克做了汇报：“英国使馆的这个家伙邀请我共进午餐。我该怎么办？我该接受邀请吗？”问题交给了莫斯科，灰衣主教德米特里·雅库辛立即给予了非常肯定的答复：“当然！你应该咄咄逼人，不能在情报人员面前扭扭捏捏。干吗不见？采取主动！英国是一个我们高度感兴趣的国家。”这下戈尔季耶夫斯基就放心了。得到采取行动的官方许可后，他就可以与军情六处进行“获准的接触”，不必担心克格勃怀疑他的忠诚。

“诱饵”（the dangle）是情报领域最古老的把戏之一，是指一方在曝光真实身份或意图前，千方百计地争取对方，诱使他成为同谋，获取其信任。

54 布罗姆黑德怀疑自己成了克格勃诱饵计谋的目标。如果不是这样，戈尔季耶夫斯基真的打算争取他吗？他应该装作感兴趣，看看苏联下一步打算怎么做吗？对戈尔季耶夫斯基而言，他所面临的利害取舍更为重大。卡普兰的到访和布罗姆黑德随后的接近，可能都是一场精心设计的密谋的一部分，他一旦落入圈套，身份就会被曝光。雅库辛的担保提供了一些庇护，但这还不够。如果他不幸沦为军情六处诱饵策略的猎物，他的克格勃生涯就完蛋了。他会被召回莫斯科，并受到怀疑。因为按照克格勃的逻辑，对方企图争取的任何对象，都会首先被视作嫌疑人。

著名的偏执狂、战后美国中情局反情报机构负责人詹姆斯·耶萨斯·安格尔顿（James Jesus Angleton）将间谍工作形容为“镜之荒原”（wilderness of mirrors）。戈尔季耶夫斯基的案例以一种奇特的方式为这一现象提供了写照。尽管分属于冷战的不同阵营，怀疑自己成了对方的争取对象，布罗姆黑德仍打算安排与这位情报同行见一次面。尽管怀疑军情六处可能密谋陷害他，戈尔季耶夫斯基还是向上级谎称这是英国情报机构的暗箭伤人，一次发展成午餐的偶遇。

三天后，布罗姆黑德穿过使馆后的墓地和繁华的达格·哈马舍尔德大道（Dag Hammarskjölds Allé），进入东门酒店。他找了一个背靠窗户的座位，在这里可以“看清餐厅入口的任何动静”。英国方面将这次午餐的情况通知了丹麦情报部门，但布罗姆黑德坚持认为不应进行现场监视，以防被戈尔季耶夫斯基发现，让他临阵退缩。

“我仔细检查了一遍餐厅的所有人，看看是否能发现苏联使馆的其他人员，而他们的照片在我的办公室都进行了归档。每个人看上去都像是不知情的丹麦人，或者只是游客。我坐到座位上，琢磨着奥列格会不会来。”

戈尔季耶夫斯基准时进入餐厅。

布罗姆黑德发现“他并没有显得过于紧张，尽管他天生就较为拘谨，时刻准备采取行动。他马上就发现了我。他已经
知道我订了哪张桌子吗？我思索着，迅速进入了那种间谍常有 55
的紧张状态。奥列格友善地冲我微笑着，走了过来”。

当他们开始享用东门酒店美味的斯堪的纳维亚风格自助餐时，布罗姆黑德“从一开始就感受到了一种友好的气氛”。谈话涉及宗教、哲学和音乐。奥列格注意到对方事先做了功课，也“努力试图和我谈论一些让我感兴趣的话题”。当布罗姆黑德对克格勃在海外部署的人员之多表示奇怪时，戈尔季耶夫斯基的答复却“不置可否”。俄国人主要说丹麦语；布罗姆黑德则用混杂的丹麦语、德语和俄语交谈，语言的大杂烩让戈尔季耶夫斯基觉得好笑，尽管这种态度“并不带有任何恶意”。

“他似乎非常放松，并且明显意识到我们都是情报人员。”

咖啡和杜松子酒上桌后，布罗姆黑德问了一个关键问题。“你会就这次会面向上级报告吗?”

奥列格的回答意味深长：“可能会吧，但我会写一份非常中立的报告。”

他终于给出了达成默契的暗示，尽管表达得极为委婉。

即便如此，布罗姆黑德在吃完午餐离开时还是感到“无比困惑”。戈尔季耶夫斯基暗示他对克格勃隐瞒了部分事实。但他仍表现得像是一个猎人，而非猎物。布罗姆黑德给军情六处总部发了一份备忘录：“我要强调对事态发展过于顺利的担忧，我强烈认为他对我如此友善是因为他想争取我。”

戈尔季耶夫斯基也对上级进行了汇报；他写了一篇冗长而枯燥的报告，得出了会面“很有价值”的结论，但故意错误地强调了“采取主动姿态的显著重要性”。灰衣主教对此感到非常满意。

此后发生了非常奇特的事情：一切风平浪静。

戈尔季耶夫斯基一事石沉大海。军情六处在长达八个月的时间里没有和他联系。为什么会这样仍是一个未解之谜。

56 按杰弗里·古斯科特的话说：“现在回头看，你会觉得‘太糟了，这件事几个月无人问津’。我们等着丹麦人做出报告，等着布罗姆黑德回来报告消息。但什么也没有发生。布罗姆黑德又去忙其他事了——他开始争取另外两三个人，但这是一次风险很大的赌注，以后不应再发生了。”也许布罗姆黑德的怀疑导致这件事的进展比他预期的要慢。“如果你逼得太紧太快，就会出差错，”古斯科特说，“当事情进展顺利时，通常是因为你在顺势而为。”在戈尔季耶夫斯基这件事上，军情六处根本没有主动作为：“整件事简直就是一团糟。”

但从长远来看，这种一团糟反而奏效了。几周过去后，布罗姆黑德没有再和他联系，这让戈尔季耶夫斯基感到担心，随着时间的推移，他甚至感到失望、愤怒，但最后反而安心了。这段间歇期给了他思考的时间。如果这真是一个诱饵，军情六处应该行动得更加迅速。但他现在可以等待，让克格勃随着时间推移，忘掉这次和布罗姆黑德的接触。从事间谍活动和谈情说爱一样，少许的距离感与不确定性，以及其中一方看似冷却的态度，都能激发出更大的欲望。在东门酒店午餐后令人沮丧的八个月里，戈尔季耶夫斯基的热情日益高涨。

1974 年 10 月 1 日，那个高个子英国人在清晨时分又一次来到羽毛球馆，向戈尔季耶夫斯基建议再找地方碰头一次。之所以重新进行接触是因为他即将作为密探被派往北爱尔兰，执行打击爱尔兰共和军（IRA）的行动。他几个月以后就要走了。“时间不多了。因此我决定，不再浪费时间。”布罗姆黑德后来写道。他敏锐地意识到自己一直在浪费时间。两人约定在北欧航空酒店（SAS hotel）碰头，这是一家由北欧航空公司运营的新酒店，苏联官员很少光顾。

奥列格进来时，布罗姆黑德正坐在酒吧区角落的一张桌子等他。两名稍早到达的 PET 探员“阿斯泰里斯”和“奥贝利克斯”正坐在酒吧对面一颗盆栽棕榈树后面，以免引起注意。

“奥列格在一点整到达，和从前一样准时如钟表一般。角落的光线有些昏暗，奥列格环顾了一下四周。为了避免他过于
关注监控人员，我迅速起身。他径直走了过来，脸上带着那令 57
人熟悉的微笑。”

气氛骤然一变。“我觉得是时候主动出击了，”戈尔季耶

夫斯基后来回忆道，“我充满期待。他察觉到了这一点，也有同样的感受。”布罗姆黑德首先采取行动。军情六处授权他大胆行事：“酒水上桌后，我就直接开门见山了。”

“你是克格勃。我们知道你效力于第一总局 N 线，这是你们机构中最神秘的部门，负责运作全世界的非法特工。”

戈尔季耶夫斯基表现得很惊讶。

“你准备告诉我们你所知道的情况吗？”

戈尔季耶夫斯基没有说话。

布罗姆黑德继续施压。“告诉我，你们部门中 PR 线的副手，负责政治情报搜集和运作特工的人是谁？”

戈尔季耶夫斯基停顿了一下，随后坦然一笑。

“是我。”

现在轮到布罗姆黑德感到吃惊了。

“我动过谈论世界和平之类的念头，但我对奥列格的直觉告诉我不要说这些花言巧语。一切都太顺利了。我的疑心让我无法一下子接受他。我的直觉告诉我，他是一个非常友善的人，我可以相信他。但另一方面，我所受到的训练和与克格勃打交道的经验却提醒我要保持谨慎。”

这是又一次突破，双方都对此心知肚明。“转瞬之间我们几乎成了同事，”戈尔季耶夫斯基写道，“最后我们开始用朴素的语言进行交谈。”

布罗姆黑德打算对他进行一次“决定性考验”。

“你打算和我在一个安全地点私下碰头吗？”

俄罗斯人点头同意了。

之后奥列格的表态让其或明或暗的态度终于明朗起来。“没有人知道我和你见面了。”

此前的第一次见面后，奥列格通报了上级，并写了一份报
告。但这次的见面未经许可。如果克格勃发现他和布罗姆黑德
进行了接触并秘而不宣，那他就完蛋了。通过告知军情六处自 58
己没有将此次会面告诉任何人，他已经清楚地转变了自己的效
忠对象，将自身安危置于英国人的手中。他已经背叛了苏联。

“这是一个巨大的进展，”古斯科特后来回忆道，“这就像通奸者说‘我妻子不知道我在这里’一样。”戈尔季耶夫斯基瞬间感到一种压力的释放，以及肾上腺素的飙升。他们约定三周后在城市边缘的一家酒吧再次碰头。戈尔季耶夫斯基先走了。布罗姆黑德在几分钟后也起身离开。最后，两名丹麦密探也从一株盆栽植物后离去。

“挑逗”已经结束：克格勃少校戈尔季耶夫斯基现在为军情六处工作。“阳光”计划正式开始运作。

在哥本哈根酒店角落里那令人舒畅的一刻，奥列格长久以来所积累的不满情绪终于汇聚到一起：他对父亲不为人知的罪行的愤怒，他对母亲的默默抵抗和外婆秘密的宗教信仰的理解；他对自己从小到大所身处的国家的厌恶，以及他对自己所发现的西方自由生活的热爱；他一直以来隐忍于心的对苏联干涉匈牙利和捷克斯洛伐克及修建柏林墙等事件的愤怒；他对自身戏剧性命运和优越教养的感知，以及对建设一个更美好的俄国的乐观信念。从现在起，奥列格·戈尔季耶夫斯基将过上两种泾渭分明且互不相交的生活，每一种都不能公开，二者间水火不容。在一种特殊力量驱使他做出承诺的那一刻，他的品格发挥了重要作用：一种认定自己的所作所为绝对正确的坚定不移、毫不动摇的信念，一种将彻底改变他人生的全心全意的道德责任感，一种对正义性背叛的执着。

收到布罗姆黑德的报告后，军情六处召集高级官员在位于蒙克顿堡（Fort Monckton）的秘密培训基地召开会议，基地靠近英格兰南部海岸朴次茅斯（Portsmouth），是一座拿破仑时代的城堡。晚上 10 点，一个小组人员一起研究布罗姆黑德的报告，确定了行动方针。杰弗里·古斯科特说：“我们对戈尔季耶夫斯基的行为是不是挑衅的问题再次进行了讨论。”一名高级克格勃官员真的愿意冒生命危险秘密会见一名军情六处特工吗？另一方面，克格勃有让己方人员充当诱饵的胆量吗？一
59 番激烈的争论后，大家就继续推进计划达成了共识。“阳光”计划看起来过于完美，让人感觉不像是真的；但它也过于完美，让人不忍放弃。

三周后，布罗姆黑德和戈尔季耶夫斯基在一家灯光昏暗、几乎空无一人的酒吧里见了面：两人在来的路上都确保了无人盯梢——他们都“摸黑”抵达。两人间的谈话内容是事务性的，但断断续续。双方缺乏共同的交流语言，这构成了严重的障碍：至少在无法完全理解对方在说什么这一点上，他们达成了共识。布罗姆黑德解释说他很快就要离开哥本哈根，以后安排见面的事将转交给他的一名同事负责，此人是军情六处的高级情报官员，能讲一口流利的德语，因此和戈尔季耶夫斯基的谈话会更加容易些。布罗姆黑德将挑选一间方便的安全屋，让戈尔季耶夫斯基和他见面，介绍两人认识，然后将此事彻底进行移交。

军情六处丹麦站的秘书住在夏洛腾隆（Charlottenlund）住宅区的一间公寓，这里的地铁交通颇为便利，秘书会在合适的时间自行离开。布罗姆黑德建议三周后那天晚上七点在公寓附近的一家肉店门口见面。“门口的廊道能遮挡明亮的路灯。而且，门口附近很难安插能够融入周围环境的监视人员。每天的

这一时刻，这里便无人问津，丹麦人都会待在家中温馨而慵懒地看着电视。”

七点，戈尔季耶夫斯基准时到达。稍晚些时候，布罗姆黑德也来了。两人沉默地握了握手，英国人说：“来吧，我给你带路。”安全屋，或间谍术语中的“OCP”，即秘密行动场所（Operational Clandestine Premises），距离他们见面的地方仅200码，但布罗姆黑德绕了一圈路，以防有人跟踪。“那天晚上天气很冷，飘着雪花”，两人都裹着大衣。戈尔季耶夫斯基沉默不语，陷入沉思：“我不害怕被绑架，但我知道现在事情很严肃：这是行动的真正起点。我第一次踏入了敌人的地盘。”

布罗姆黑德打开了房间的门，让戈尔季耶夫斯基进来，给两人都倒上了烈性威士忌和苏打水。

“你来到这里花了多长时间？”布罗姆黑德问道。 60

“大概半个小时吧。”

“对于你能来，我很惊讶。在这种场合见我，你是不是冒了很大风险？”

戈尔季耶夫斯基停顿了一下，接着以一种“非常慎重的方式”回答道：“可能会很危险，但此刻我觉得还不至于如此。”

布罗姆黑德用蹩脚的语言小心地解释道，自己明天早上要坐飞机回伦敦，然后去贝尔法斯特。不过他三周后会回来，在肉店门口和戈尔季耶夫斯基见面，带他来这间屋子，向他介绍新的负责人。丹麦情报部门有少数人知道这件事，但军情六处对此全权负责。考虑到戈尔季耶夫斯基的安全，布罗姆黑德向他担保，英国情报机构内只有极少数人知道他的存在，这其中的大多数人甚至不会知道他的真名。情报术语中，献身于某项秘密行动的人被称作“被洗脑者”；与之相关的洗脑者的数量应尽可能地少，并应在最严格的安全机制下展开工作，因为PET或军情六处内部可能有向莫斯科报告的苏联间谍。就连英国的最亲密盟友——美国中央情报局，也应被视为“局外人”。“只有具备这些有利因素，我们才能继续发展我们的关系，并开始进行严肃的合作。”

和戈尔季耶夫斯基告别后，布罗姆黑德想到他其实对这个满脸微笑、非常沉着的苏联克格勃官员所知甚少，而这个人似乎准备冒生命危险和军情六处合作。他们没有谈过金钱的问题，也没有讨论奥列格自身和他家人的安危，以及他是否打算叛逃。他们主要探讨文化和音乐，没有谈论政治、意识形态和在苏联的生活。他们没有讨论过戈尔季耶夫斯基的真实动机。“我从未问过他为什么这样做。现在还不是时候。”

第二天早上，布罗姆黑德回到军情六处伦敦总部后，这些问题仍困扰着他，但军情六处的苏东集团部门负责人对此却并不担心。“他对克格勃事务非常有经验，总会保持适度的谨
61 慎，但表示这是一个特殊案例，需要仔细研究。这是第一次有克格勃官员对英国的‘暗中’试探做出正面回应。”他说，苏联人过于偏执，不敢让真正知道秘密的人去当诱饵。“他们从不会将现役的克格勃军官拱手相送……他们不相信自己人在和西方情报人员接触时不会叛变。”

军情六处负责人对此感到乐观。“阳光”计划可能是一个突破。戈尔季耶夫斯基的态度似乎是诚恳的，但布罗姆黑德对此并不确定。这位苏联情报人员还没有带来一条有价值的情报，更别说对自己的行为做出解释了。

将自己负责的一名特工移交给其他人，是一个复杂且有时令人担忧的过程，对新发展的特工而言尤为如此。1975年1月，

离开哥本哈根三周后，布罗姆黑德“悄无声息地潜回丹麦”：他飞赴瑞典哥德堡（Gothenburg），和丹麦情报官员温特·克劳森见了面。他和这位身形巨大、满脸笑容的“奥贝利克斯”一起挤在一辆大众汽车里，越过边境进入丹麦，在哥本哈根灵比（Lyngby）购物中心的一家“普通而偏僻的”酒店下榻。

新负责人菲利普·霍金斯使用假护照从伦敦飞到哥本哈根。“你会喜欢他的。”布罗姆黑德如此告诉戈尔季耶夫斯基。但他自己对此并不完全确定：“我肯定不喜欢他。我觉得他糟透了。”布罗姆黑德的评价既不准确也不公道。霍金斯本来的职业是一名律师，为人一丝不苟，与布罗姆黑德截然不同。

在约定的肉店见到戈尔季耶夫斯基之后，布罗姆黑德陪同他去了安全屋，霍金斯在那里等着他。戈尔季耶夫斯基终于见到了自己的新负责人。“他个子很高，身体强壮，我立即感到和他相处很不自在。”霍金斯讲一口正式而生硬的德语，似乎用“一种带有敌意，近乎威胁性的态度”打量着这位新特工。

布罗姆黑德用力地和戈尔季耶夫斯基握了握手，对他的付出表示感谢，并祝他好运。开车走后，布罗姆黑德百感交集：一方面感到遗憾，因为他喜欢并欣赏这个俄国人，同时也感到担忧，害怕这是克格勃的一个阴谋；但他最后感到彻底的解 62
脱，因为对他来说，这件事已经结束了。

“我对自己的任务结束感到很高兴，”布罗姆黑德写道，“我不由得想象自己可能制造了一个深不见底的‘赫法隆陷阱’（heffalump trap）①，我的职业生涯无疑注定要沿着它一路走下去。”

---

① 指作茧自缚的行为。

4 绿色墨水与缩微胶卷

63 为什么有人从事间谍活动？为什么有人会不顾家人的安危，置朋友和一份固定的工作于不顾，投身于危险且见不得光的隐秘世界？更有甚者，为什么有人会起初加入一个情报组织，后来却变节投敌？

和戈尔季耶夫斯基秘密背叛克格勃的行为最为相似的是金·菲尔比的变节。这个受教于剑桥大学的英国人走的是方向相反的同一条道路，他是一名暗中为克格勃工作的军情六处官员。和菲尔比一样，戈尔季耶夫斯基也经历了深刻的意识形态转变，只不过前者是被共产主义所吸引。菲尔比在 1940 年进入军情六处之前，就已经明显表露出为克格勃工作以对抗西方资本主义的意图；但戈尔季耶夫斯基作为一个忠诚的苏联公民加入克格勃，从未想象过自己有一天会背叛国家。

世上的间谍各种各样。有些人被意识形态、政治或爱国主义所驱使。相当一部分人成为间谍是出于贪欲，因为从事间谍活动带来的经济报酬是诱人的。还有些人因性、勒索、傲慢、报复心理、失望或者秘密带来的声名鹊起与同志情谊的可能性而从事间谍活动。有些人勇敢且坚守原则，有些人则贪婪、懦弱。

斯大林手下负责间谍事务的帕维尔·苏多普拉托夫（Pavel Sudoplatov）曾对在西方国家发展间谍的部下提出了这

样的建议："寻找那些被命运和天性所伤害的人——那些深受自卑心态困扰，渴望权势但屡遭不利境遇打击的丑陋之人……通过与我们合作，他们都会得到一种特殊的补偿。加入一个显赫组织的归属意识，会让他们产生一种凌驾于身边那些英俊和成功的人之上的优越感。"多年以来，克格勃一直使用首字母缩略语 MICE 来指代间谍活动的四种主要动力，即金钱（Money）、意识形态（Ideology）、胁迫（Coercion）及自我价值感（Ego）。

但也有人被间谍工作的传奇色彩所吸引，想要过第二种不 64
为人知的生活。一些间谍就是幻想家。前军情六处官员、记者马尔科姆·马格里奇（Malcolm Muggeridge）写道："依我的经验看，情报特工是比新闻记者更大的骗子。"间谍活动吸引了很多受过伤害、孤独或怪异的人。但所有的间谍都渴望秘密感带来的那种不易察觉的影响力：他们可以无情地施展私人权力。大多数间谍都或多或少带有一种知识分子的势利姿态，享受那种知晓寻常路人所不知道的重要信息的神秘感。从某种角度上看，间谍活动是一种充满想象力的行为。

一个人之所以决定对祖国开展间谍活动、让他方受利，通常是因为外部世界（往往通过理性得到认知）与自己的内心世界（往往连间谍自己也意识不到）发生了碰撞。菲尔比将自己定义为一个纯粹的意识形态特工，一名献身于共产主义事业的忠诚的秘密战士；但他不得不承认，自恋、缺乏信心、父亲的影响以及欺骗身边人的冲动也都刺激了他。二战时期的著名骗子，代号"锯齿"（ZIGZAG）的双面特工埃迪·查普曼（Eddie Chapman）认为自己是一个爱国英雄（他也确实如此），但他也是一个贪婪、见风使舵且反复无常的人，正如他的外号一样。在古巴导弹危机期间向西方提供了关键情报的苏联间谍奥列格·潘科夫斯基希望阻止核战争，但他也要求将妓女和巧克力送到他在伦敦的酒店房间，并要求见一见英国女王。

促使奥列格·戈尔季耶夫斯基投入军情六处怀抱的外部因素主要来自政治和意识形态层面：柏林墙的建立和“布拉格之春”的失败对他造成了深刻的影响，并让他日渐与东方阵营疏离；他读了很多西方文学作品，对自己国家的真实历史足够了解，也充分领略了民主自由，知道国内宣传中反映的美好图景是一个天大的谎言。他在一个绝对服从于教条的世界里长大。一旦拒绝了原来的意识形态，他就会坚定地运用新信仰去攻击旧思想，像父亲、哥哥和同辈人全身心地效忠于它那样，强烈而彻底地反对它。作为这一制度的产物，他对克格勃的冷
65 酷无情有着切身体会。除了政治压制外，还有文化庸俗主义：品味低劣的苏联音乐以及苏联体制对西方古典音乐杰作的审查都令这位音乐爱好者大为愤慨。他想要一种截然不同、品质更高的生活。

驱使奥列格变节的内在因素就更加隐晦了。他喜欢浪漫和冒险。他肯定希望挑战那个对克格勃唯命是从、充满负罪感的应声虫父亲。暗中保有宗教信仰的外婆，沉默而叛逆的母亲，以及为克格勃工作、在 39 岁那年离世的哥哥，可能都在潜意识里对他产生了影响，导致他走上变节之路。他看不起自己的大多数同僚，那些在克格勃整天混日子的人无知、懒惰、爱贪小便宜，似乎仅靠政治运作和谄媚才得到晋升。他比身边大多数人都要聪明，他自己也意识到了这一点。戈尔季耶夫斯基的婚姻关系此时已非常冷淡；他发现自己很难交到好朋友。他在寻求复仇的机会，希望实现自我价值，但也在寻找爱。

所有的间谍都需要感受到爱。间谍和情报工作最强大的力量之一（也是核心神话之一）就是间谍和上级、特工与负责人之间的情感纽带。间谍们想让自己不可或缺，成为秘密团体的一分子，受到奖赏、信任与珍视。埃迪·查普曼与英国和德国的情报负责人都建立了密切的关系。菲尔比是阿诺德·道奇（Arnold Deutsch）发展的特工，而道奇是一位以个人魅力著称的克格勃人才发掘者，菲尔比形容他是“一个出色的人……他看着你，让你感觉你是他生命中最重要的人，似乎只有在和他说话那一刻，你才真正活着”。利用并控制好对爱与肯定的渴望，是一名特工管理者应具备的最重要技能之一。任何成功的间谍都会感到，自己与负责人之间的关系远比一桩基于权宜、政治或利益的婚姻更为坚固：这是在充斥谎言与欺骗的环境中，一份真实、持久的融洽关系。

戈尔季耶夫斯基感受到了他的新英国负责人菲利普·霍金斯所释放出的一些情感；但两人之间还谈不上什么感情。

性情古怪且热情洋溢的理查德·布罗姆黑德对戈尔季耶夫斯基很有吸引力，他觉得布罗姆黑德“太像英国人了”。他正是柳比莫夫所形容的那种充满激情的地道英国人。霍金斯是苏格兰人，某种程度上更冷淡一些。他正直，做事干脆而生硬，像 66
燕麦饼一样呆板而尖刻。他的一名同事说：“他觉得自己有责任避免笑容可掬与和善的姿态，而应从律师的角度看待眼前的任务。”

霍金斯战时曾负责审问德国战俘，后来又负责过几年的捷克斯洛伐克和苏联情报业务，和一些变节者打过交道。最重要的是，他在应对克格勃内部间谍方面具备一手经验。1967 年，当时居住在维也纳的一名英国妇女向英国大使馆报告称自己接待了一名很有趣的新租客，他是一名乐于接受西方思想并对国内形势颇为不满的年轻苏联外交官。当时她正在教他滑雪，而且两人很可能已经上床了。军情六处给这个外交官起了一个名为“渗透”（PENETRABLE）的代号，开始对他进行询问，发现西德的联邦情报局（BND）“也在积极争取他”，和这名克格勃实习生进行了接触，并得到了他肯定的答复。英国和西德决定联合管理这名代号“渗透”的间谍。当时英国方面的负责人就是菲利普·霍金斯。

“菲利普非常了解克格勃，”他的一个同事说，“保持怀疑态度是他的职责。他是管理戈尔季耶夫斯基的不二人选，会讲德语，随叫随到。”他还会保持紧张，用一种咄咄逼人的姿态掩盖他的焦虑。他认为自己的任务是确定奥列格没有撒谎，弄清他准备透露多少信息，以及要求什么回报。

霍金斯让戈尔季耶夫斯基坐下，开始进行法庭式的盘问。

“你的负责人是谁？哥本哈根站点有多少克格勃人员？”

戈尔季耶夫斯基本以为霍金斯会对他做出的重要抉择表示欢迎、称赞和祝贺。相反，他像一名俘虏一样受到威逼和审问，一点也不像是刚开始和军情六处合作的新情报员。

“那场询问持续了一段时间，对此我一点也不喜欢。”

当时的戈尔季耶夫斯基曾如此想道：“这并没有体现出英国情报机构的真正精神。”

盘问暂停了一会。戈尔季耶夫斯基举起手，发布了一项声
67 明：他将为英国情报机构服务，但英方必须满足他三个条件。

“第一，我不希望克格勃站点的任何同事遭到伤害。第二，我不想被秘密拍照或录音。第三，我不要钱。我出于意识形态信仰为西方工作，不是为了获利。”

现在是霍金斯感觉自己受到了冒犯。在他的精神法庭上，

被盘问的证人是无权制定规则的。戈尔季耶夫斯基的第二个条件则毫无意义。如果军情六处决定对他进行录音，他根本不会发现，因为录音肯定是秘密进行的。而他事先拒绝接受经济补偿，就更令人担忧了。线人应接受礼物或金钱作为奖赏，是间谍行业的规矩——但要保持适当的数额，以免诱使他们进行引人怀疑的奢靡开销。金钱能够让一名间谍感到自己具有价值，并建立起用服务换取报酬的交易机制，必要时也可作为工具使用。而且，为什么戈尔季耶夫斯基希望保护他的苏联同事？他还忠于克格勃吗？事实上，戈尔季耶夫斯基这样做也是为了保护自己：如果丹麦着手驱逐克格勃人员，莫斯科中心就可能开始寻找内鬼，最终锁定到他头上。

霍金斯提醒道："现在我们知道了你在情报站的职务，我们或我们的盟国在决定驱逐任何人之前，都会慎重考虑的。"但戈尔季耶夫斯基态度坚决：他不会指认他的克格勃同事和他们负责的特工及非法特工，他们应保持安全无虞。"这些人无足轻重。他们名义上是特工，但没有造成任何损害。我不想他们遇到麻烦。"

霍金斯勉强同意向军情六处上报戈尔季耶夫斯基提出的条件，并向他告知了今后的行动方式。霍金斯每个月会来哥本哈根一次，在此过一个长周末，其间他们可以见面两次，时长至少两个小时。见面地点位于另外一间安全屋内（由丹麦方面提供，戈尔季耶夫斯基对此并不知情）。安全屋位于巴勒鲁普（Ballerup）市郊北部地铁线终点的一处静谧地带，远离苏联大使馆。戈尔季耶夫斯基可以坐火车前往，或者开车过去，但要把车停得稍远一些。在那里，他几乎不可能被使馆的同事跟踪，如果苏联在附近部署了监控人员，他基本也可以知道。丹 68

麦方面的监控是个麻烦。戈尔季耶夫斯基过去是一个被丹麦方面监控，有克格勃特工嫌疑的人。如果发现他前往郊区的一个秘密地点，丹麦方面会予以高度关注。丹麦情报部门只有极少数人知道军情六处正在发展一个苏联特工，知道戈尔季耶夫斯基名字的人就更少了。丹麦安全与情报局反情报机构负责人让·布鲁恩是其中之一，他是布罗姆黑德的老朋友。布鲁恩保证他的人不会在戈尔季耶夫斯基和英国负责人见面时进行跟踪。最后，霍金斯交给了戈尔季耶夫斯基一个紧急电话号码、显隐墨水和一个位于伦敦的联系地址，便于他在不见面时传递紧急信息。

两人在离开时都感到失望。间谍和负责人之间的第一次接触并不愉快。

但在某些方面，生硬且严肃的霍金斯把这项任务完成得还算不错。他和戈尔季耶夫斯基都是职业间谍，作为后者的负责人，他十分严肃地对待自己的工作和这个俄国人的安危。用布罗姆黑德最喜欢的话说，霍金斯没有胡闹。

在这之后，在巴勒鲁普一栋普通的公寓楼三层一居室的房间内，双方开始每个月碰头一次。安全屋装修简朴，摆放了丹麦家具。厨房设施齐全。租金由英国和丹麦情报机构共同支付。在新安全屋第一次碰头前几天，两名 PET 技术员伪装成电气公司工人在顶灯和电源开关安装了窃听器，在壁脚板后布了一根连接线，一直通到卧室，在床上方的嵌板后安装了一台录音机。戈尔季耶夫斯基的第二个条件已经被打破了。

会面的气氛起初颇为紧张，后来才逐渐轻松，两人之间最终取得了丰硕的成果。一开始令人不悦的怀疑氛围逐渐发展为一种高效的关系，尽管这并不是以感情为基础，而是源自勉强的相互尊重。双方之间虽没有深厚的感情，但戈尔季耶夫斯基的职业素养得到了霍金斯的肯定。

测试一个人是否撒谎的最好方式就是问一个你已经知道答案的问题。霍金斯非常熟悉克格勃的组织架构。戈尔季耶夫斯 69
基以一种惊人的准确性描述了“莫斯科中心”内各个局、部门及分支部门繁杂的组织情况。有些情况霍金斯已经掌握，但他也有很多不知道的事情，比如人员姓名、部门功能、工作手段、培训方法，甚至还有钩心斗角和内部争端，以及升职与降级情况。戈尔季耶夫斯基透露的细节之多证明他没有撒谎：没有“诱饵”敢透露这么多的内情。他从没向霍金斯问过军情六处的情况，或做出过任何双面间谍在试图渗透进敌方内部时可能采取的举动。

军情六处总部负责人很快相信了戈尔季耶夫斯基的诚意。“阳光计划是可靠的，”古斯科特断言，“戈尔季耶夫斯基的行为无懈可击。”

当戈尔季耶夫斯基开始讲述 S 局的活动细节时，他的表现再次证实了英国方面对他的信任。S 局负责管理非法特工，戈尔季耶夫斯基在被调至政治部门前曾在那里工作了十年：他讲述了莫斯科如何在全世界安插间谍并把他们伪装成普通公民，包括“一场复杂而庞大的身份造假行动”和各种伪造档案、篡改人口登记记录、隐藏“鼹鼠”的手段，还透露了克格勃用来联系、控制、资助众多特工的复杂方法。

每次见面前，霍金斯都会打开卧室内的面板，安放一盘新的磁带，并按下录音机开关。他会亲自做笔记，然后仔细抄录每一段谈话录音，将其从德语翻译成英语。一个小时的录音要花三或四倍的时间进行处理。最终报告被交给了英国大使馆内军情六处的一名下级官员，他将磁带放入外交邮袋寄回伦敦，以保证不被搜查。军情六处总部焦急地等待着报告。英国情报机构从未如此深入地接触一名克格勃间谍。作为一名训练有素的情报官员，戈尔季耶夫斯基清楚地知道军情六处想要什么。在 101 学校，他学会了如何记住大量的信息。他拥有惊人的记忆力。

70 特工和负责人之间的关系逐渐改善。他们会在一张大咖啡桌旁连续坐上几个小时。戈尔季耶夫斯基喝浓茶，偶尔喝点啤酒。霍金斯则什么也不喝。两人聊天时没有什么障碍。戈尔季耶夫斯基觉得自己很难喜欢上这个带着“严厉的长老会牧师”气息的拘谨苏格兰人，但他尊重霍金斯。“他不是一个能随便开玩笑的人，但他工作努力，总会进行记录，时刻保持状态并会提出很好的问题。”英国负责人经常带着一大堆问题来见戈尔季耶夫斯基，他必须记住这些问题，并在下次见面前努力找到答案。一天，霍金斯让戈尔季耶夫斯基阅读一份德语报告，内容是对奥列格所描述的特工体系的全面评述。俄国人对此印象深刻；很明显，霍金斯是一个德语速记专家，没有遗漏任何细节。后来戈尔季耶夫斯基才明白：军情六处肯定对他进行了窃听。奥列格决定不对违背承诺一事小题大做，因为假如换作他，他也会这样做。

“我思想上轻松了许多，”戈尔季耶夫斯基写道，“我的新角色赋予了我存在的意义。”他相信，这一新角色的任务无外乎打击苏联的体制，开展一场摩尼教（Manichean）式的正邪斗争①，最终让俄国人民可以自由地生活，阅读他们想要阅读

① 公元 3 世纪创立于波斯的一种宗教，继承了琐罗亚斯德教将世界分为光明、黑暗两股力量的善恶二元论宇宙观。

的任何书籍，并欣赏巴赫的音乐。为克格勃开展日常工作时，他继续与丹麦人接触，为有亲苏倾向的记者撰写文章，维护哥本哈根站点不成体系的情报搜集机制。他看起来越精力充沛，得到晋升的概率就越大，接触重要信息也就更加方便。他身处一种奇怪的境地：既试图向克格勃证明自己的才干，又不能伤害丹麦人的利益；一边组织间谍活动，一边向霍金斯通报每一个行动步骤从而破坏它；时刻留意有用的信息和传闻，但避免表现得过于好奇。

叶莲娜对丈夫的所作所为一无所知。戈尔季耶夫斯基后来写道："一名间谍甚至要欺骗自己最亲近的人。"但叶莲娜已不再亲近他了。实际上，戈尔季耶夫斯基确信，如果这位忠实的克格勃人员发现了真相，她肯定会告发自己。戈尔季耶夫斯 71
基知道克格勃怎样对待叛徒。完全无视丹麦法律或国际法的克格勃特别行动处特工会抓住他，下药将他迷倒，为了掩盖他的身份，会用绑带把他缠起来绑到担架上送回莫斯科，进行审问、拷打，最后处决。在俄语中，死刑立即执行的委婉语为"最高标准"（vyshaya mera）：把叛徒带进一间房间，让他下跪，然后朝他的脑后开枪。有时克格勃的处刑方式会更具想象力。据说，潘科夫斯基是被活活烧死的，他的死亡过程还被拍摄下来，以警告那些可能的变节者。

尽管过着一种两面人生，每天都面临风险，戈尔季耶夫斯基还是感到很满足，孤独地进行着反抗苏联的斗争。不久之后，他坠入了爱河。

莱拉·阿丽耶娃（Leila Aliyeva）在位于哥本哈根的世界卫生组织办事处担任打字员。她的母亲是俄罗斯人，父亲来自阿塞拜疆，她身材高挑、相貌出众，留着一头黑色长发，长了一双深褐色的眼睛，睫毛很长。和叶莲娜不同，她非常害羞且不谙世故，但在放松时的笑声很大且极具感染力。她喜欢唱歌。和奥列格一样，莱拉也来自克格勃家庭：她的父亲阿里最终官至克格勃阿塞拜疆分部少将，退休后来到莫斯科。莱拉从小就是穆斯林，在童年时代得到了家人的高度保护。她为数不多可以约会的男朋友都经过了父母的精挑细选。她一开始在一家设计公司担任打字员，随后在共产主义青年联盟报从事记者工作，最后通过卫生部申请了一份世界卫生组织的文秘工作。和每一个寻求到海外机构工作的苏联公民一样，莱拉在获准去哥本哈根之前，接受了意识形态可靠性的全面审查。来到丹麦后不久，莱拉受大使夫人之邀参加了一个招待会，被问及在莫斯科所从事的工作。

“我是一名记者，”莱拉回答道，“我想写一些关于丹麦的东西。”

“那你一定要见见大使馆的新闻参赞戈尔季耶夫斯基先生。”

此后奥列格·戈尔季耶夫斯基和莱拉·阿丽耶娃开始一起
72 工作，为共产主义青年杂志撰写一篇关于哥本哈根贫民窟的文章。这篇文章没有得到发表，但两人的关系快速升温。“她很合群、有趣、想法新颖、聪明并且渴望被爱。我对她一见钟情，我们的感情很快一发不可收拾。”不再受制于父母严密的监督，莱拉开始恣意地投入这段感情中。

“第一眼看到奥列格会觉得他似乎很灰暗，”莱拉回忆道，“他走在大街上，肯定不会引起你的注意。但一和他交谈，我却感到吃惊。他的知识面太广了。他非常有趣，很有幽默感。我慢慢地爱上了他。”

对戈尔季耶夫斯基来说，莱拉性格温柔，天真可爱，似乎对叶莲娜那泼妇般的刻薄态度构成了一种补偿。他早已习惯于估量自己的人际关系，总是在评估自己和别人的言行；但与此相反，莱拉自然、外向且不谙世故：奥列格平生第一次感到有人崇拜他。戈尔季耶夫斯基将年轻的情人带进了一个文学新世界，让她接触那些在俄罗斯被禁绝的思想与真相。在他的鼓励下，莱拉阅读了索尔仁尼琴的《古拉格群岛》（*Gulag Archipelago*）和《第一圈》（*The First Circle*），这两部作品都描述了斯大林主义的黑暗。“他从图书馆借书给我看。我认真记住了书中的内容，了解了很多真相。他教育了我。”无须他人指出，莱拉一开始就知道戈尔季耶夫斯基是一名克格勃，但她从未想过他对这类书籍的兴趣可能隐藏了更多的不满。幽会时，他们对未来做过大胆的设想。他们想象着以后生几个孩子。克格勃厌恶通奸，更排斥离婚。“我们只能秘密约会。任何照片都能成为通奸的证据，并会对他不利，他会因此受到严惩，还会在24小时内被召离丹麦。”他们必须耐心等待。不过，戈尔季耶夫斯基逐渐适应了这段慢节奏的秘密感情。

戈尔季耶夫斯基在为克格勃和军情六处工作时都很卖力。他经常打羽毛球。莱拉和两名室友住在一起，叶莲娜经常在家，因此他和莱拉只能秘密约会，掩人耳目且非常刺激。但现在他进行了另一种欺骗，并对此感到担忧：他在工作和家庭上都背叛了叶莲娜，无论哪一边被揭发都会导致灾难。他小心翼
翼地掩盖着自己的双重不忠行为。每隔几天，他就会给莱拉发 73
送一条经过伪装的消息，每次都会在哥本哈根不同的酒店行苟且之事；每四周，他会到位于枯燥的丹麦市郊的一间不起眼的房间，进行叛国行为。在一年的时间里，他形成了一种躲避机

制，避开了苏联的监控和妻子的怀疑。他和莱拉以及军情六处的关系都愈发稳固。他觉得自己是安全的。但事实并非如此。

一个冬天的晚上，一名年轻的丹麦情报人员在开车赶往巴勒鲁普家中的路上，发现在远离使馆区的路边停了一辆挂有外交牌照的汽车。年轻人对此很好奇。他也受过专业培训，充满工作热情。仔细观察后，他发现这是一辆苏联使馆的车。一名苏联外交官周末晚上七点出现在荒凉的郊区，到底是想干什么？

此时的地面上积着一层薄薄的雪，留下了一串新鲜的鞋印。这名丹麦情报人员跟着脚印走了大约200码，来到一处公寓。他走近时，一对丹麦夫妻正要离开，热情地给他打开了前门。大理石地板上的一串湿鞋印一直通往楼梯。他跟着鞋印来到了二层一个房间的门口。里面传来一阵低语声，讲的是外语。他记下了地址和门牌号。

第二天早上，一份报告放到了丹麦反情报机构负责人让·布鲁恩的办公桌上：一名涉嫌为克格勃工作的苏联外交官被发现去了巴勒鲁普一栋公寓，并被偷听到使用某种语言（可能是德语）和某（些）人交谈。“这存在可疑之处，”报告指出，“我们对此不能无动于衷。”

但在丹麦方面启动侦查机器前，让·布鲁恩却叫停了进一步的调查。报告被从档案中删除。那位过于热情的年轻官员因高度的敏锐性受到了表扬，至于为何不再深究此事，上级用一个模棱两可的理由“搪塞”了过去。一个过于勤奋的安全机构差点毁掉一场正在顺利进行的间谍行动，这种例子屡见不鲜。

当戈尔季耶夫斯基得知自己差点露馅时，他感到非常震惊。“这一灾难所带来的副作用给我造成了长期冲击。”此后，他每次都坐地铁去巴勒鲁普。

几个月过去，他拒绝指认同僚的态度不再那么坚决。实际上，他也没有多少人可以指认。他透露，苏联在丹麦的特工和 74
线人网规模很小。贪婪的政客赫特·彼得森是其中之一；丹麦移民部门还有一位胖警察，会时不时传递一些零碎消息；还有一些非法特工安插在丹麦各地，等待第三次世界大战爆发。奥列格解释说，哥本哈根的克格勃人员会花更多精力去捏造联络人以解释他们的经济开支，很少进行真正的间谍活动。这一可靠的情报被通报给了丹麦情报部门。丹麦人很谨慎，决定不对戈尔季耶夫斯基指认的为数不多的间谍一网打尽，因为这将立即暴露克格勃内部的线人。相反，他们决定密切关注这些克格勃在丹麦的联络人，并静候时机。

如果说克格勃在丹麦没有什么有价值的间谍，那么在丹麦的斯堪的纳维亚邻国，情况却并非如此。

贡沃尔·加尔通·霍维克（Gunvor Galtung Haavik）是挪威外交部一名不起眼的雇员，她以前当过护士，现在作为秘书和口译员在外交部工作，马上要退休了。她个子不高、性格温柔，还很害羞。她也是一名情报老手，三十年来得到了丰厚的报酬，并因“增进国际理解”而被秘密授予了苏联友谊勋章（Soviet Order of Friendship）——多年来，她已经向克格勃传递了数千份机密文件。

霍维克的故事是克格勃操控术的典型案例。二战临近尾声时，挪威仍处在纳粹占领下，当时在博德（Bodø）的一家军事医院工作的霍维克爱上了一个名叫弗拉基米尔·科兹洛夫（Vladimir Kozlov）的苏联战俘。科兹洛夫没有告诉霍维克他已经结婚，家人在莫斯科。她帮助他逃到了瑞典。战后，由于能说一口流利的俄语，她被挪威外交部雇用并派往莫斯科，担任挪威驻苏大使的秘书。在莫斯科，她与科兹洛夫重燃旧情。克格勃获悉了这一非法关系，并提供了一间公寓供两人见面。之后，克格勃提出威胁，要求霍维克答应从事间谍活动，否则就把这段奸情向挪威曝光，并把科兹洛夫流放到西伯利亚。接下来的八年里，她传递了大量绝密情报，在被调回位于奥斯陆
75 的外交部后仍未停止。挪威位于北约防御体系的北端，与苏联有着一条 120 英里长的北极边境线，被克格勃视作“通往北方的钥匙”。在这一冰天雪地的战场，冷战从未停息。代号“格雷塔”（GRETA）的霍维克先后见过 8 个不同的克格勃负责人至少 270 次。她继续接收来自莫斯科的现金及来自科兹洛夫（或伪装成她的俄国情人的克格勃特工）的消息。就这样，一位容易上当且极度悲伤的老年未婚女性被迫与克格勃合作，而她甚至都不是一名共产主义者。

和霍维克不同，阿恩·特雷霍尔特（Arne Treholt）惹人注目并且充满魅力。他是挪威一名颇有人气的内阁大臣的儿子，也是出色的记者及具有影响力的挪威工党党员，他为人高调，相貌英俊，对自己的左翼主张直言不讳。特雷霍尔特很快取得了成功。他娶了挪威电视明星卡瑞·斯托瑞克（Kari Storækre），进一步增加了自己的名人气息。《纽约时报》形容他是“挪威公共领域的青年才俊之一”。有人甚至认为他最终能当上挪威首相。

但在 1967 年，特雷霍尔特坚决反对越南战争的立场引起了克格勃的注意。一位名叫叶夫根尼·贝利亚耶夫（Yevgeny Belyayev）的情报官员以苏联使馆领事官员的身份找到了他。特雷霍尔特后来告诉警方（更久以后他收回了这一描述），在

奥斯陆一场狂欢之后，克格勃通过“性勒索”的方式发展了他。贝利亚耶夫怂恿特雷霍尔特接受金钱作为提供情报的补偿。1971 年，在赫尔辛基的寇克奥尔（Coq d’Or）餐厅，贝利亚耶夫将克格勃奥斯陆站的新负责人根纳迪·费奥多罗维奇·蒂托夫（Gennadi Fyodorovich Titov）介绍给特雷霍尔特认识。蒂托夫的冷酷无情为他赢得了“鳄鱼”的绰号，尽管他的一副大圆框眼镜和蹒跚步态让他看起来更像一只不怀好意的猫头鹰。蒂托夫“号称是第一总局最成功的阿谀奉承者”，而特雷霍尔特也喜欢被人奉承。当然，他也喜欢免费的午餐：接下来的十年里，他和蒂托夫一起吃了 59 次饭，全都是克格勃买单。“我们享用了丰盛的午餐，”特雷霍尔特多年后回忆道，“就餐时我们会讨论挪威事务与国际政治。”

挪威不在戈尔季耶夫斯基的职权范围内，但克格勃对斯堪的纳维亚国家通盘考虑，设在那些国家的站点或多或少都了解彼此的活动。1974 年，一位名叫瓦迪姆·切尔尼（Vadim Cherny）的新任克格勃官员从莫斯科派往丹麦，此前他一直在第一总局英国－斯堪的纳维亚业务部工作。他是一名平庸的官 76
员，喜欢传播流言。有一天，他无意中透露克格勃在挪威外交部门内发展了一名代号“格雷塔”的女性特工。几周后，他又提到克格勃在挪威政府内发展了一名“更重要的”特工，“此人是一名新闻工作者”。

戈尔季耶夫斯基将这一消息告知了霍金斯，霍金斯将它报告给了军情六处和丹麦安全与情报局。

挪威反情报机构获悉了这两条有价值的线索。但消息源非常令人困惑：挪威方面被告知消息是可靠的，却不知道是谁透露的，也不知道消息来自何处。“这不是奥列格在正常工作中应该掌握的信息，而是他不经意间获悉的——因此我们决定不向挪威方面暴露情报的来源。”挪威方面对此很感激，也感到非常害怕。外交部那位拘谨的高级秘书贡沃尔·霍维克在过去也曾受到怀疑，而戈尔季耶夫斯基的警告提供了关键的证据。时髦青年阿恩·特雷霍尔特在被发现和一名克格勃特工在一起后，也成了怀疑对象。现在两人都受到了严密监控。

挪威事件给戈尔季耶夫斯基的间谍活动带来了重大挑战，也暴露了开展间谍活动面临的一个普遍难题：如何利用优质情报而不暴露情报来源。身处敌方阵营的特工可能会暴露己方阵营中的间谍，但如果你实施抓捕并将他们全部除掉，也就等于提醒对方注意自己内部的间谍，从而将己方的情报来源置于危险境地。英国情报机构如何才能利用好戈尔季耶夫斯基透露的情报而不暴露他呢？

从一开始，军情六处就决定放长线钓大鱼。戈尔季耶夫斯基还很年轻。他提供的情报质量很高，随着时间的推移和他的职务晋升，只会越来越好。急于求成只会事与愿违，也会毁了戈尔季耶夫斯基。安全是第一位的。菲尔比造成的灾难让英国学会了提防内部的叛徒。军情六处里知道这件事的一小部分人只获悉了他们需要知道的信息。而在 PET 中，知道戈尔季耶
77 夫斯基存在的人就更少了。英国将他提供的情报有所保留地传递给盟国，有时会使用中间人或进行“处理”，确保这些情报看上去来自其他地方。戈尔季耶夫斯基用手传递秘密，但军情六处对纸张进行了处理，以保证上面不会留下他的指纹。

中情局对“阳光”计划并不知情。所谓的英美“特殊关系”在情报领域体现得尤为明显，但双方对“需要知情者才可知情”这一原则心知肚明。英美双方都认为，对于英国不

向其通报而在克格勃内部安插了一名重要间谍一事，中情局当然“不需要”知情。

情报机构不喜欢把他们的官员长期部署在同一个地方，因为这样会让他们过于安逸；同样地，间谍负责人也会进行轮换，以确保他们保持客观，不在某一项间谍活动或某位间谍身上投入过多。

根据这一原则，克格勃哥本哈根站点负责人莫吉列夫奇克将如期由戈尔季耶夫斯基的老朋友米哈伊尔·柳比莫夫接替。温和的柳比莫夫崇拜英国，热爱苏格兰威士忌和裁剪考究的粗花呢服装。两人很快重拾友谊。柳比莫夫有了第二段婚姻。和第一任妻子的离婚对他的克格勃职业生涯造成了冲击，但他现在东山再起了。戈尔季耶夫斯基很欣赏这个“和蔼、让人感到轻松的家伙”，他经常流露出一种饱经世故、狡黠的表情。他们常常整晚待在一起，聊天喝酒，讨论文学、艺术、音乐和间谍活动。

柳比莫夫觉得这位朋友兼后辈的前途不可限量。他认为戈尔季耶夫斯基“很有能力且博学多才”，对自己的工作得心应手。“奥列格表现得完美无瑕，”柳比莫夫写道，“他没有卷入任何内斗之中，总能给我想要的任何东西，像一名真正的共产主义者一样谦逊，不醉心于升迁……使馆里有些人不喜欢他，他们形容他‘傲慢’，还‘卖弄小聪明’。但我不觉得这些是缺点。大多数人不都认为自己很聪明吗？”只有事后回忆的时候，柳比莫夫才想起了一些暗示戈尔季耶夫斯基已经变节的蛛丝马迹。戈尔季耶夫斯基几乎不再参加外交场合的聚会，除了柳比莫夫之外，他也很少和其他克格勃同事交往。他潜心于异见文学之中。“在他的房间里，到处都是在苏联国内被查禁的

78 书籍。作为他的上级，我建议他把这些书收起来。”戈尔季耶夫斯基夫妇经常和柳比莫夫夫妇一起用餐，席间戈尔季耶夫斯基会讲一些笑话，喝得微醉，表现出婚姻幸福的样子。叶莲娜的一句话给柳比莫夫留下了深刻印象。“他根本不是一个性格外向的人，”她说，“别以为他会对你坦诚相待。”柳比莫夫知道他们的婚姻面临严重危机，但对叶莲娜的提醒并未在意。

1977 年 1 月的一天晚上，戈尔季耶夫斯基像往常一样抵达安全屋，发现菲利普·霍金斯正和一个戴着眼镜、比他年轻的人一起等他。霍金斯把这个名叫尼克·维纳布尔斯（Nick Venables）的人介绍给他认识。霍金斯解释说，他很快就要去海外担任新的职务，这个人将接替他作为负责人。

这位新负责人就是杰弗里·古斯科特，他是一个有抱负的人，正是他在七年前阅读了卡普兰的档案，并将戈尔季耶夫斯基列为潜在的发展对象。古斯科特之前一直担任霍金斯的事务员，因此熟悉戈尔季耶夫斯基一事的所有细节。但古斯科特感到很紧张。“我觉得自己足够了解情况，能应付此事，但我还太年轻了。军情六处说：‘你能行。’但我对此不太确定。”

戈尔季耶夫斯基和古斯科特很快就对对方产生了好感。这位英国情报官员能说一口流利的俄语，并且一开始他们就使用了熟人之间的称呼。两人都喜欢长跑。但是，更重要的是，与霍金斯不同，古斯科特似乎更尊重戈尔季耶夫斯基的人格，而不只是把他当成一个情报来源。“他做事充满干劲，总是表现得很高兴，对自己所犯的任何错误都表示真诚的歉意。”古斯科特与戈尔季耶夫斯基志同道合，他现在在高度保密的情况下，全身心投入戈尔季耶夫斯基一事中。在军情六处内部，只有他的秘书和直属上司知道他负责的工作内容。阳光计划现在提速了。

军情六处提议为戈尔季耶夫斯基提供一部微型相机。有了它，戈尔季耶夫斯基可以在克格勃情报站内对文件进行拍照，然后将未冲洗的胶片交给军情六处。但奥列格拒绝了。这样做被抓住的风险太高了：“只要有人在半开的门旁瞥一眼，一切就全完了。”持有一部英国造的迷你相机简直就是现成的通敌铁证。但奥列格还可使用其他办法把文件带出克格勃站点。

莫斯科通过长卷的缩微胶卷传达消息与指示，并使用苏联的“外交邮袋”运送这些胶卷（使用“外交邮袋”安全地和 79
使馆进行信息传递而不被敌国所干涉，是被普遍接受的国际法准则）。克格勃站长会将胶卷切成条（由密码员直接进行这项操作的情况更常见），分发至相关的部门或“线”：特工（N线）、政治（PR线）、反情报（KR线）、技术（X线），等等。每一部分胶卷都可能包括很多信函、备忘录或其他文件。戈尔季耶夫斯基可以利用午餐时间将缩微胶卷带偷偷带出使馆交给古斯科特，在拷贝完之后再送回去。整个过程花不了半个小时。

古斯科特对位于汉斯洛普公园（Hanslope Park）的军情六处技术部门提出了一个请求，那是位于白金汉郡（Buckinghamshire）的一座乡间别墅，周围是布满落叶的绿地以及由带刺铁丝网和警卫组成的警戒线。汉斯洛普当时是（现在依然是）英国情报机构最神秘且守卫最为森严的分部之一。二战期间，汉斯洛普的技术专家制造出了一系列令人称奇的装备，包括安全电台、显隐墨水乃至大蒜味的巧克力——这种巧克力被配发给空降到法国德占区的间谍，以保证他们口中带有地道的法国味。如果 007 系列电影中的技术大师 Q 先生真的存在，那他也肯定在汉斯洛普公园工作。

古斯科特的要求很简单也很有挑战性：他需要一部可以秘密而迅速地拷贝缩微胶卷的小型便携装备。

圣安妮广场（Sankt Ann Plads）是一座位于哥本哈根市中心的公共广场，那里绿树成荫，离王宫不远。每天午餐时分，尤其是天气好的时候，广场上都挤满了人。1977 年春天的某日，一位体格健壮、身穿西装的男性走进公园角落的电话亭，当他正在拨号的时候，一个背着背包的游客停下来向他问路，然后就走了。在那一刻，戈尔季耶夫斯基把一卷缩微胶卷放进了古斯科特的夹克口袋。让·布鲁恩确保了当时没有丹麦安全与情报局的人盯梢。军情六处的一名下级情报官就在附近的一张长凳旁放哨。

接下来，古斯科特急忙奔至丹麦情报部门在附近的一处安全屋，走进楼上的卧室，将门反锁，从背包里拿出一双丝质手套和一个小扁盒，盒子有六英寸长、三英寸宽，大约是一个口
80 袋日记本的尺寸。他拉上了窗帘，关了灯，打开缩微胶卷带，将一端插入小盒子中，并将胶卷展开。

“这真是一项让人手心冒汗的工作，我要在黑暗中摸索。我知道如果不能及时完成，我就必须放弃。如果我损坏了缩微胶卷，那问题就严重了。”

第一次擦肩而过后整整三十五分钟，两人又在公园的另一个角落里再次碰头，除了训练有素的侦察人员外，一般人根本察觉不到异常。就这样，胶卷又回到了戈尔季耶夫斯基的口袋里。

通过这一过程，秘密文件开始源源不断地从克格勃站点流向军情六处手中：一开始只是戈尔季耶夫斯基自己从莫斯科中

心接到的 PR 线指示，后来逐步拓展到发给其他官员的缩微胶卷，他们常常在午餐时间把东西放在办公桌上或公文包里。

这项任务的报酬很丰厚，但风险同样很高。每次移交偷来的材料，戈尔季耶夫斯基都知道自己在冒生命危险。别的克格勃情报官可能在午饭时意外归来，发现通过缩微胶卷传达下来的指示不翼而飞，或者戈尔季耶夫斯基自己被发现偷了他不应该看的材料。如果有人发现他把缩微胶卷带出使馆，那他就完蛋了。古斯科特轻描淡写地将每次擦肩而过时的感受形容为“高度紧张”。

戈尔季耶夫斯基很害怕，但也很坚定。每次行动都让他感到一种赌徒成功开局一般的冲动，但他不知道自己的好运能持续多久。即便在最冷的日子里，他在回到情报站时都会因恐惧和兴奋而浑身冒汗，希望他的同事没有注意到他颤抖的双手。军情六处刻意不在固定的地点进行接头：公园、医院、酒店卫生间、车站。古斯科特会在附近停一辆车，以便必要时在车内使用不透光的编织袋进行拷贝。

尽管处处谨慎，意外还是有可能发生。有一次，古斯科特安排和戈尔季耶夫斯基在城北的一个火车站碰头。他坐在火车站咖啡厅靠窗的位置，一边喝咖啡一边等戈尔季耶夫斯基出现，根据此前的约定，戈尔季耶夫斯基会将一卷缩微胶卷放在附近电话亭的架子下面。奥列格准时出现，把东西放在指定地 81
点后走开了，古斯科特正要去电话亭，突然一个男人抢先一步进了电话亭，开始打电话。他打电话的时间很长。时间过得很快，这个男人若无其事地聊着，投入了一枚又一枚硬币。从拿到胶卷、进行拷贝再到把胶卷放到别处的第二碰头点退回只有三十分钟的时间，而最后时限很快就要到了。古斯科特在电话亭外来回踱步，显得非常焦急。打电话的男人则对他不予理睬。古斯科特正准备冲进电话亭抓起胶卷时，那个人终于打完了电话。当古斯科特最终赶到第二个地点时，时间只剩不到一分钟。

作为柳比莫夫的副手与心腹，戈尔季耶夫斯基能接触到很多缩微胶卷，“数量非常可观”。数十份乃至数百份的文件遭到提取和拷贝，内容包括间谍代号、行动、方针，甚至包括一份苏联使馆编纂的厚达 150 页的机密评估报告，该报告全面呈现了苏联对丹麦的外交方针。军情六处对情报进行了精心的伪装，然后打包发回伦敦，再逐条进行分发：涉及国家安全的内容发往军情五处，如果信息足够重要的话，偶尔也会发给外交部。在英国的盟友之中，只有丹麦收到了来自“阳光”档案的直接情报。一些材料——特别是关于苏联在北极开展的间谍行动的情报——会呈送给外交大臣大卫·欧文（David Owen）和首相詹姆斯·卡拉汉（James Callaghan）。没有人知道情报来源。

古斯科特开始更加频繁地奔赴丹麦，待的时间也越来越长，他有时会在巴勒鲁普连续待上三天。两名间谍会在每周五午餐时间传递缩微胶卷，之后于周六晚上和周日早上在安全屋见面。和莱拉的幽会以及和古斯科特开展的间谍行动意味着他不在家的时间越来越长。他告诉叶莲娜自己正忙于与她无关的克格勃秘密工作。叶莲娜对此半信半疑。

戈尔季耶夫斯基对继续合作提出的条件逐渐降低，最终不
82 复存在。这个俄国人知道他的谈话被录了音。他不再拒绝暴露姓名，并指认了所有的克格勃官员、特工和情报源。最终，他同意接受金钱报酬。古斯科特告诉他，“每隔一段时间”，军

情六处就会在伦敦的一家银行给他存入一些英镑，以备不时之需，并表达英国对他的感激，这种做法还隐含着一种潜台词，即他最终会叛逃至英国。戈尔季耶夫斯基可能根本无法花到他间谍活动所得的报酬，但他看重这一姿态，并开始接受报酬。

戈尔季耶夫斯基本人远比提供给他的那笔金钱更有价值，还有一种更具象征意义的做法能体现这一点：军情六处负责人的一封亲笔致谢信。

莫里斯·欧菲尔德（Maurice Oldfield）是英国级别最高的间谍，他用绿色墨水署名“C”，这一做法由军情六处创始人曼斯菲尔德·卡明（Mansfield Cumming）首创——他借鉴了皇家海军的做法，因为皇家海军的舰长们习惯用绿色墨水写字。在他之后，军情六处的历任负责人都延续了这一传统。古斯科特在厚厚的乳白色信纸上替欧菲尔德打了一封给戈尔季耶夫斯基的英文贺信，接着欧菲尔德用绿色墨水在信上签了名。古斯科特将内容翻译成俄语，并在下一次见面的时候给戈尔季耶夫斯基看了原版信件和译本。奥列格读到感谢信时面露喜色。两人分开时，古斯科特带走了信件。英国情报机构负责人用绿色墨水签名的个人信函，不是戈尔季耶夫斯基可以随便拥有的纪念品。“这样做能让奥列格确信我们正在认真对待他，并告诉他我们之间的个人联系得到了官方认可，他确实正在和英国情报机构打交道。这能让他感到更加安心，也标志着这件事已经走向成熟。”下次会面时，戈尔季耶夫斯基给欧菲尔德写了一封回信。“阳光”与“C”之间的往来信函保存在军情六处的档案中，它们充分证明了个人情感对成功开展间谍活动的重要性。

戈尔季耶夫斯基的回信简直就是他的一篇个人证词：

> 我必须强调，我的决定并非源于自己性格上的不负责任或不成熟。在这之前我经历了长期的思想斗争，感情上
> 83 非常痛苦，对自己国家现状的深重失望和我的自身经历都让我相信，民主以及由此带来的对人性的宽容，是我祖国未来应走的唯一道路，而我的祖国无论如何都是一个欧洲国家。当今的苏联政府与民主水火不容，西方人对此无法真正理解。如果一个人意识到了这一点，他就必须鼓起信仰的勇气，自己亲手去阻止奴役进一步侵蚀自由的领地。

☆

按照安排，贡沃尔·霍维克将在 1977 年 1 月 27 日晚与他的克格勃负责人亚历山大·普林奇帕洛夫（Aleksandr Printsipalov）碰面。当她抵达位于奥斯陆郊区一条昏暗街道上的接头点时，苏方人员正在那里等她。同时等候在那里的还有挪威安全部门的三个人，他们突然扑了上来。一番“激烈的反抗”后，这名苏联情报官员最终束手就擒，挪威情报人员从他的口袋里搜出了大约 2000 克朗，这是他准备付给“格雷塔”的报酬。霍维克没有抵抗。起初，她只承认自己与俄国人科兹洛夫有恋情，但她最终还是招供：“我现在可以告诉你到底怎么回事。我当了差不多三十年的俄国间谍。”霍维克因间谍罪和叛国罪遭到起诉。六个月后，她因突发心脏病死于狱中，没有接受审判。

受此事影响，克格勃挪威站负责人根纳迪·蒂托夫被从奥斯陆驱逐出境。一名重要特工在挪威被捕的消息迅速传到了克格勃丹麦站点，引发了大家的猜测，让人“不寒而栗”。戈尔

季耶夫斯基认为是他的告密直接导致了霍维克的被捕。接触过此事的所有人都将受到询问。如果健谈的切尔尼想起自己几个月前和戈尔季耶夫斯基闲聊时谈到过“格雷塔”，并敢于向上级报告此事的话，克格勃猎手可能会就此展开追查。几周过去了，他没有引起怀疑，戈尔季耶夫斯基逐渐放松下来，但这一事件也对他提出了一个严重警告：如果他传递的情报导致了过于明显的行动，他就大难临头了。

叶莲娜·戈尔季耶夫斯基不是傻瓜。她的丈夫肯定有什么
秘密。他在外面过夜的次数越来越多，周末常不在家，解释自 84
己为什么在外逗留时也只是含糊其词。叶莲娜一眼就看出来自己的丈夫有了外遇。她会生气地指责他，但戈尔季耶夫斯基会用不太可信的口吻予以否认。一幕幕“令人不快的场景”在公寓上演，他们的克格勃邻居们肯定听到了两人大声吵架的声音。争吵之后，就是一阵愤怒而无语的沉默。双方的婚姻关系已经名存实亡，但两人都有苦衷。和戈尔季耶夫斯基一样，叶莲娜不希望丑闻毁了她的克格勃生涯，她也想继续待在丹麦。离婚会导致两人马上被送回莫斯科。他们结婚是为了符合克格勃的规定，并且至少在名义上不能离婚，对两人来说都是如此。但两人的婚姻生活一片黑暗。

一天，古斯科特问戈尔季耶夫斯基是否面临一些“不必要的压力”。很明显，丹麦的窃听人员无意中听到了他家中的动静，并向军情六处做了报告。戈尔季耶夫斯基向他的负责人保证，尽管他的婚姻可能问题重重，但这对他影响不大。这再次证明了他正受到监视，即便监听者现在是他的盟友。

莱拉是戈尔季耶夫斯基的情感避风港。与他对失败的婚姻所做的令人生厌的妥协相比，他和莱拉东奔西跑、在各个酒店

一起度过的亲密时光显得格外美好。他写道："我们打算等我脱身之后就结婚。"叶莲娜态度强硬且充满怒意，而身材苗条且一头黑发的莱拉性格温柔、友善、风趣。莱拉在一个克格勃家庭长大。他的父亲阿里二十岁出头就在位于阿塞拜疆西北的家乡沙基（Shaki）被克格勃招募。她的母亲来自一个贫穷的莫斯科家庭，家中共有七个孩子；她也是一名克格勃，战后不久，在莫斯科的一堂培训课上认识了未来的丈夫。但是，和自己的妻子不同，戈尔季耶夫斯基从未觉得莱拉监视、审视过自己。她的天真烂漫是缓和他复杂生活的一剂良方。他以前从未像这样爱过一个人。但他同时也在与军情六处合作从事着一场扑朔迷离的秘密活动。他的情感欲望和间谍生涯之间有了严重的冲突。离婚和再婚不仅会毁了他的克格勃生涯，也会影响他为军情六处获得更多有价值情报的前景。爱情通常始于赤裸真
85 相的迸发，及一种直击灵魂深处的激情。莱拉年轻且值得信赖，她完全信任这个英俊、体贴的情人。"我从未认为是我把他从叶莲娜那里偷了过来。他们的婚姻已经结束了。我崇敬他。我把他当作偶像来崇拜。他是完美的。"但莱拉所不知道的是，奥列格从未全身心投入。"我有一半的身体和思想必须保密，"他不禁思忖，"我能得到自己所渴望的那种温馨的亲密关系吗？"

戈尔季耶夫斯基最终向米哈伊尔·柳比莫夫承认，他和世界卫生组织的一名年轻秘书有了婚外情，并想和她结婚。作为朋友兼上级，柳比莫夫对戈尔季耶夫斯基表示了同情，但他做出的回应也很现实。亲身经历告诉他，一旦克格勃的那些道德教条主义者发现了这一情况，这位后辈的前途肯定会受到打击。自己的婚姻破裂后，柳比莫夫遭到降职，在几年时间里无

人问津。“奥列格一旦离婚，就只能从事枯燥的幕后工作。”他如此写道。柳比莫夫答应在上级面前多替他美言几句。

戈尔季耶夫斯基和柳比莫夫的关系变得更加密切。1977年夏天，他们一起去丹麦海滩周末度假。一天下午在海滩上，柳比莫夫讲述了六十年代在伦敦，自己作为一名年轻的克格勃情报官培植了很多左翼人物，包括性情暴躁的工党议员迈克尔·富特（Michael Foot），莫斯科认为他是一名潜在的“有影响力的线人”，可以向他灌输亲苏思想，然后让他将这些思想体现在文章和讲话中。迈克尔·富特其人对戈尔季耶夫斯基并不重要。

柳比莫夫可能是“一辈子的朋友”，但也是绝佳的情报来源。戈尔季耶夫斯基从柳比莫夫那里搜集的全部材料都交给了军情六处，包括由代号“科林”（KORIN）的柳比莫夫亲启的文件。友谊也是一种背叛。柳比莫夫后来回忆道：“奥列格·戈尔季耶夫斯基将我玩弄于股掌之间。”

每次和戈尔季耶夫斯基见面后，古斯科特都会亲自向欧菲尔德报告。在一次情况介绍会上，古斯科特提到柳比莫夫被军情六处哥本哈根新任负责人搭讪，并表现出友好态度。“‘阳光’最终会离开哥本哈根，因此我们应该寻找一个替代目标。还有谁比柳比莫夫更合适呢？他非常崇拜英国，并且已经被试 86
探过一次。你会喜欢他的。他还很势利，如果找一名高级官员和他接触，效果应该会不错。”一个大胆的想法诞生了。军情六处负责人莫里斯·欧菲尔德将飞赴哥本哈根，亲自争取那位克格勃站点的领导者。反情报总监对此表示反对：“C”不能冒险去实施一次主动行动，如果出现任何差错，克格勃的注意力就会被吸引到戈尔季耶夫斯基身上。“谢天谢地，这个计划最后被砍掉了，”一名情报官员说，“这个想法简直疯了。”

戈尔季耶夫斯基写道：“我不再是一个为专制政府工作的虚伪之人，我对此感到欣慰和愉悦。”但这种诚实的代价却是情感上的欺骗，对高尚事业的隐瞒，以及为神圣的目的口是心非。他将自己能够获取的所有秘密都告诉了军情六处，却对同事和上级、家人、最好的朋友、关系日渐疏远的妻子和新恋人撒了谎。

5 塑料袋与玛氏棒

在兰贝斯（Lambeth）的威斯敏斯特大桥路边，距离滑铁 87
卢车站不远的地方，坐落着世纪大厦（Century House），这是一座玻璃和混凝土构造的办公楼，庞大而丑陋，高二十二层。这栋建筑的外观全然没有惹眼之处，进进出出的男女和城里的其他上班族没什么两样。但一名好奇的观察者可能会注意到大厅里的保安更加强壮，警觉性也更高；他可能也会对每天的空闲时间里停放在楼外的许多电话工程车感到好奇。他还有可能发现，工作人员的工作时间并不固定，地下停车场的出入口前设有大型电子路桩。但如果这名好奇的观察者在附近逗留过久，他就会被抓起来。

世纪大厦是军情六处总部所在地，也是伦敦最神秘的场所。官方记录中，这一地点和军情六处都不存在。这里的低调与刻意保持的平凡形象，让刚开始参加工作的人怀疑自己是不是来错了地方。“就连那些进入这一机构的人，”一名前军情六处工作人员写道，“直到完成一两周的工作后，才意识到自己到底在干什么。”公众对这一栋不起眼的建筑的真正用途一无所知，少数知道真相的官员和记者也对此缄口不言。

世纪大楼的整个十二层都是军情六处苏东局的办公室。一个角落里的几张办公桌属于 P5 组，该小组负责运作对苏行动和特工网络，并与军情六处驻莫斯科情报站进行联络。只有三个人知道戈尔季耶夫斯基的事。维罗妮卡·普赖斯（Veronica Price）是其中之一。

1978 年，普赖斯四十八岁且未婚，她在工作时殚精竭虑，作风干练务实，是一个典型的英国女性，讨厌男人对自己指手
88 画脚。她的父亲是一名律师，第一次世界大战中受过重伤（“此后他的身体里一直有小块弹片”），她从小就有一种强烈的爱国主义情感，但也遗传了母亲（曾是一名演员）的表演天分。“我不想当律师。我想出国。”由于速记水平不过关，她没能进入外交部，最终在军情六处当了一名秘书。她在波兰、约旦、伊拉克和墨西哥工作过，但军情六处花了差不多二十年才意识到，维罗妮卡·普赖斯的能力远不止打字和整理档案这么简单。1972 年，她通过了一项测试，成为英国情报机构的首批女性情报官之一。五年后，她被任命为 P5 组的副手。每天，她在世纪大厦和位于伦敦附近的住所之间通勤，她与孀居的母亲和姐姐简一起生活，养了几只猫，收藏了很多骨瓷器皿。普赖斯做事一丝不苟。她非常理性，一名同事评价她“完全是一根筋”。她喜欢解决问题。1978 年春天，维罗妮卡·普赖斯开始参与戈尔季耶夫斯基专案，并因此发现她面临着一个军情六处此前从未遇到过的难题：将一名间谍从苏联偷渡出境。

几周前，疲惫而忧心忡忡的戈尔季耶夫斯基来到了安全屋。

“尼克，我需要考虑我的安全问题了。三年来我没有考虑过这一问题，但我很快就要回莫斯科了。万一我受到怀疑，你能想办法让我逃出苏联吗？如果我回去的话，还能不能离开？”

令人不安的谣言开始传播：莫斯科中心怀疑克格勃内部出了奸细。谣言并未暗示泄密来自丹麦或某个斯堪的纳维亚国家，但一想到克格勃正在进行内部调查，就足够令人感到恐惧

了。如果军情六处被苏联渗透怎么办？有没有另一个菲尔比正潜伏在英国情报机构，准备告发戈尔季耶夫斯基？他无法保证自己最终还能到国外任职，特别是考虑到他一旦离婚，就有可能永远被困在苏联。戈尔季耶夫斯基想知道如果有需要的话，自己是否有机会离开苏联。

将一名苏联间谍偷偷带出丹麦非常简单，只需要他给应急
号码打个电话，在安全屋待上一晚，以及一本假护照和一张去 89
伦敦的机票。但让一名间谍在受到克格勃怀疑的情况下逃离莫斯科就另当别论了，这几乎是不可能的。

古斯科特的回答很冷静："我们无法做出任何承诺，我们不能百分之百地保证你能逃走。"

戈尔季耶夫斯基知道成功的可能性比古斯科特所说的还要低。"当然，"他回答道，"这是显而易见的。只要有这种可能性就好，只是以防万一。"

整个苏联可以说都处于戒备森严的状态，一百多万克格勃人员和线人时刻保持着高效运作。就算是克格勃本身，也受到了严密的监视：第七局负责本机构的内部监控，仅在莫斯科就部署了1500人。列昂尼德·勃列日涅夫僵化的政策与偏执心态和斯大林时期几无二致。苏联入侵阿富汗及由此导致的国际关系紧张强化了克格勃的内部监察。"白天对谎言制度装出一副热情的姿态，晚上感到恐惧，这就是苏联公民生活的常态。"罗伯特·康奎斯特（Robert Conquest）如此写道。

在苏联进行间谍渗透、发展线人并与他们保持联系非常困难。存在或被安插于铁幕对面的少数特工可能会毫无征兆或原因地消失。在一个始终对间谍活动保持高度戒备的社会，秘密工作者的预期寿命通常很短。克格勃一旦收网，做事就干净利

索。不过，作为克格勃现役官员的戈尔季耶夫斯基可能会事先察觉到对自身安全迫在眉睫的威胁，并为自己留下充足的时间以进行紧急逃脱。

这正是维罗妮卡·普赖斯渴望迎接的挑战，在秘密潜逃出
90 境方面，她已经是一名专家了。二十世纪七十年代中期，她策划了“隐形行动”（Operation INVISIBLE），偷偷将一对捷克斯洛伐克科学家夫妇越境带到奥地利。她还将一名代号为“扰乱”（DISARRANGE）的捷克斯洛伐克情报官员弄出了匈牙利。“但捷克人和匈牙利人没有克格勃，”她说，“俄国人更难对付。”此外，在苏联境内，到达安全地点之前的逃亡距离更远。除了可能损失特工之外，逃脱失败还将给苏联的宣传机构提供绝佳的把柄。

护送特工离开苏联的一种可能性是从海上逃走。普赖斯开始调查一名逃亡者是否可以使用伪造的证件从苏联的某处港口乘商业游轮或商船离开。但码头与港口像边境和机场一样戒备森严，而且造假几乎是不可能的，因为苏联的官方证件上设有水印，像钞票一样，无法复制。摩托艇可以通过黑海将一名逃亡的间谍送至土耳其，或通过里海送至伊朗，但很可能被苏联巡逻艇拦截并击沉。土耳其和伊朗与苏联的陆上边境线距离莫斯科数百英里，沿线布满了警卫、地雷、电网和铁丝网。

外交包裹可以通过边境运输敏感物资，主要是文件，但也包括药品、武器和人。严格来说，打开一个外交包裹进行搜查违反了《维也纳公约》（*Vienna Convention*）。利比亚恐怖分子就曾通过这种方式将枪支带进英国。苏联人自己也曾试图扩大对外交包裹的定义，声称一辆满载木箱开往瑞士的九吨卡车不应受到搜查，但瑞士人没有同意。1984 年在伦敦，一名流亡

的外交官，即刚刚被罢黜的尼日利亚总统的妹夫，在被下药迷倒、蒙住双眼后，被放入了一个标有“额外货物”字样的木箱内，准备运往位于尼日利亚首都拉各斯的尼日利亚外交部。他在斯坦斯特德（Stansted）机场被海关官员发现并得到释放。如果在莫斯科的英国使馆出现了一个真人大小的外交包裹，这肯定会引起注意。

最终，每个选项都被排除，要么是因为不可行，要么就是风险太大。

但还有一条国际外交传统可供戈尔季耶夫斯基利用。 91

根据长期以来的惯例，使馆人员乘坐的挂有外交牌照的车辆，在穿过国境时通常不用接受检查——这是外交豁免权的一种延伸，为外交官提供了安全通道与保护，让他们免于被驻在国依法起诉。但这只是一种惯例，不是法律规定，而且苏联的边境士兵在搜查可疑车辆时不会有任何顾忌。不过，这依然是环绕苏联的密不透风之墙上的一个小缝隙：藏身于外交车辆中的间谍可以透过这一缝隙逃出铁幕。

苏联与芬兰的边界是距离莫斯科最近的东西方边境线，但仍有 12 小时的车程。西方外交官经常去芬兰度假、娱乐、购物或就医。他们通常开车前往，苏联边境的士兵习惯了让这些车辆顺利通过检查站。

不过，如何把一个逃亡者带入车中成了一个难题。英国使馆、领事馆和所有外交场所都被身穿制服的克格勃人员看守。任何试图进入的苏联人都会被拦住，遭到搜查并被仔细盘问。而且，英国使馆车辆无论去哪里，都会被克格勃监视人员所跟踪，更何况外交车辆由克格勃方面提供，很可能秘密安装了窃听和跟踪设备。

在从各个角度进行了长达数周的评估之后，维罗妮卡·普赖斯制订了一项计划，但其中包含了一系列前提条件：戈尔季耶夫斯基能够让军情六处驻莫斯科情报站获悉他需要逃跑；他能够自己想办法赶往芬兰边界附近的接头点且不被跟踪；军情六处人员驾驶的外交车辆能够在接戈尔季耶夫斯基上车的这段时间里摆脱克格勃的跟踪；戈尔季耶夫斯基能够安全地藏身于车内；苏联边境士兵能够遵守外交惯例，不进行搜查，让他们通过……这样一来，戈尔季耶夫斯基就能逃到芬兰。（在芬兰，他仍有可能被芬兰当局抓住并送回苏联。）

92 这是一场风险极大的赌博。但这已经是维罗妮卡·普赖斯能够想到的最佳方案了。这也是最可行的方案。

军情六处莫斯科情报站负责人奉命在靠近芬兰边界处寻找一个合适的接头地点，以便接逃亡者上车。他以购物为由从列宁格勒驾车去芬兰，途中找到了一个可以接戈尔季耶夫斯基上车的停车点，离苏芬边界约 36 英里，靠近一处标有“836 公里处”（表示从莫斯科至此的距离）的路标。10 英里外的民兵哨所（即 GAI 哨所，GAI 为苏联国家车辆检查局的简称）监视所有的来往车辆，尤其是外国车辆。停车点距路标和哨所的距离大致相当。如果军情六处的车在此处停留几分钟，且没被克格勃跟踪的话，下一处民兵哨所应该不会察觉到异常。该地区树木茂密，一条向右延伸的弧形道路形成了一个宽阔的半圆，有一排树木一直延伸到与高速公路交汇处，可供遮挡。一块伦敦联排房大小的巨石标志着通往停车点的入口。这名军情六处官员通过车窗拍了一些照片，然后就向南驶回莫斯科了。如果他被发现，克格勃肯定会好奇为什么一名英国外交官要在荒无人烟的地方拍摄一块巨石。

维罗妮卡·普赖斯的计划还需要一个“暗号点”，一个供戈尔季耶夫斯基表明他何时想要传递消息或需要逃跑的地点。

莫斯科的很多英国外交官，包括军情六处情报站的两名官员和秘书，都住在被称作库茨（Kutz）的库图佐夫斯基大街（Kutuzovsky Prospekt）的同一栋楼里，这是一条宽阔的大街，西边就是莫斯科河。大街的另一边，在苏维埃哥特式风格的乌克兰酒店（the Hotel Ukraine）大楼脚下有一家面包店，旁边放置了一组宣传栏，贴有公共汽车时刻表、音乐会演出安排和《真理报》。此处通常满是读报纸的人，对面戒备森严的大楼里的外国人也经常光顾此地。

设想的计划是这样的：戈尔季耶夫斯基回到莫斯科的每个周二晚上七点半，军情六处情报站会派一个人“巡查”暗号
点。他们可以从楼上的某一角度看见该地点；一名军情六处官 93
员会以买面包的名义出门，或者在下班路上于七点半准时经过此地。

潜逃计划只有在一种情况下才能启动：戈尔季耶夫斯基必须手拿一个西夫韦（Safeway）超市的塑料袋，在七点半到达面包店。西夫韦的塑料袋印有一个大大的红色 S 商标，在莫斯科单调的环境里十分醒目。戈尔季耶夫斯基在西方工作和生活过，他手拿这样的东西并不会让人感到过于意外。塑料袋在苏联很贵，外国塑料袋尤其如此。作为额外的识别标志，戈尔季耶夫斯基还应该戴一顶最近买的灰色皮帽，穿一条灰色裤子。当军情六处官员发现戈尔季耶夫斯基拿着西夫韦塑料袋在面包店等候时，他（或她）会从戈尔季耶夫斯基身旁走过，对逃跑信号进行确认：手持一个哈罗德百货商场（Harrods）的塑料袋，嘴里吃着奇巧（Kitkat）或玛氏巧克力

棒（Mars bar），一名军情六处官员形容这是“字面意义上的‘糊口手段’（hand-to-mouth expedient）”。这个吃东西的人还会身着灰色衣物——可能是灰色的裤子、裙子或围巾——并和戈尔季耶夫斯基进行短暂的眼神交流，但不会停下来。“灰色是一种低调的颜色，能够避免引起监视人员的注意。这一低调的颜色在莫斯科漫长昏暗的冬天里太不起眼了。”

一旦逃跑信号得到确认，第二阶段的计划将全面展开。三天后的周五下午，戈尔季耶夫斯基将连夜搭乘火车去列宁格勒。没有迹象表明叶莲娜也会前往。抵达这座苏联第二大城市后，他会乘坐出租车去芬兰车站（1917 年，列宁正是在这里走下火车，发动了著名的十月革命），然后乘坐第一班火车去波罗的海沿岸的泽列诺格拉茨克（Zelenogorsk）。从那里，他将搭乘公共汽车前往芬兰边境，在接头点或附近下车，此处在边境城市维堡（Vyborg）以南约 16 英里，距边境 26 英里。他会躲在停车点的树丛中等待。

与此同时，两名军情六处官员会驾驶一部外交车辆从莫斯科出发，并在列宁格勒过夜。苏联方面对外国外交官出行的时
94 间安排进行了严格、复杂的规定：出国的官方许可在出发前两天才能拿到，外交车辆上必须安装特制的号牌。进行这项业务的汽修厂只在周三和周五上班。如果戈尔季耶夫斯基周二发出了信号，那么车辆通行的手续可以在周五下午一点前办完；如果军情六处小组当天稍晚些时候出发的话，可以在周六下午两点半准时赶到接头点，此时距离戈尔季耶夫斯基发出信号仅隔四天。他们会佯装野餐，驱车开进停车点。如果一切顺利的话，其中一人会打开汽车的引擎盖：这表示戈尔季耶夫斯基可以出来了。奥列格会立即爬进汽车的后备厢，裹上一条太空毯

以隔离苏联边境可能安装的红外摄像装置，并服用一片安眠药。此后他会乘车越过边境进入芬兰。

这一逃离计划的代号为“皮姆利科”（PIMLICO，详见第13章末的图例）。

和大多数情报机构一样，军情六处的行动代号通常从一份官方批准名单中随机分配而来。这些代号一般是真实存在的中性词语，不会让人看出具体所指。但间谍们常常经不住诱惑，选择一些更加微妙或不太含蓄地反映现实的词。厄苏拉（Ursula，真实姓名）是军情六处的代码本管理员。“你问厄苏拉名单上的下一个名字是什么。但如果你不喜欢这个名字，你可以让她给你挑一个更好的名字。你也可以看看代表不同行动的一整套代码，从中选择一个你最喜欢的。”二战时期军情五处称呼斯大林（俄语意为“钢铁战士”）的代号为“雕刻”（GLYPTIC），德国情报部门则称英国为“高尔夫球场”（GOLFPLATZ）。代号有时还会隐含着一丝冒犯之意。中情局的一封电报曾在无意中显示美国人给军情六处起的代号是“古板”（UPTIGHT），这让世纪大厦的人颇感不快。

“皮姆利科”听起来是个典型的英国词[①]——如果计划顺利的话，英国也将是戈尔季耶夫斯基的最终归宿。

戈尔季耶夫斯基和古斯科特再次见面后，礼貌地听他介绍了“皮姆利科”计划。他仔细看了看接头点的照片，认真研 95
究了在库图佐夫斯基大街对逃跑暗号的安排。

戈尔季耶夫斯基对维罗妮卡·普赖斯的逃跑计划思索良久，最后说这一计划完全不可行。

---

① 皮姆利科是伦敦西南部的地名。

“这是一个非常有趣、很有想象力的逃跑计划——但过于复杂。其中包括了太多的细节，暗号点的设置条件也不太现实。我没把这一计划当回事。”他记住了这个计划，但内心祈祷自己不必想起它。世纪大厦内，持怀疑态度的人也认为“皮姆利科”计划不会成功。“我很重视这一计划，”普赖斯后来回忆道，“但很多人并不如此认为。”

1978 年 6 月，米哈伊尔·柳比莫夫把戈尔季耶夫斯基叫到自己在哥本哈根苏联使馆的办公室，通知他很快就要回莫斯科了。戈尔季耶夫斯基在丹麦为期三年的第二段任期的结束并不令人意外，但他在婚姻、工作和间谍活动方面已经浮现出很多问题。

叶莲娜现在十分清楚丈夫和一个秘书长期存在着婚外情，同意一回莫斯科就离婚。莱拉在世界卫生组织的工作也即将结束，几个月后也要回到苏联。戈尔季耶夫斯基希望尽快再婚，但他十分清楚离婚将对他的事业造成何种影响。戈尔季耶夫斯基在克格勃内晋升得很快，在他四十岁的时候，克格勃已经考虑把他晋升为负责斯堪的纳维亚事务的第三局的副领导了。但他在工作中树敌不少，莫斯科中心那些教条主义的背后诽谤者将会找借口扳倒这个碍眼的拔尖者。“他们会整你的，”柳比莫夫根据自身经验提醒道，“他们不仅会因为离婚谴责你，而且会指责你有婚外情。”柳比莫夫向莫斯科发了一份报告，表扬戈尔季耶夫斯基是一个“政治上纯粹可靠的官员，各方面都很过硬，语言天赋超群，报告写得很好”。柳比莫夫还给领导写了一封附信，阐述了戈尔季耶夫斯基的婚姻问题，并请求对他宽大处理，希望可以“减轻负面影响”。两人都清楚，莫
96 斯科中心那些狂热的卫道士很可能会以这件事为借口，让戈尔

季耶夫斯基长期从事枯燥的文书工作。

随着返回莫斯科的时间日益临近，以及对自己未来职业生涯感到迷茫，戈尔季耶夫斯基可能会利用这一机会结束自己的间谍生涯，重新做人。军情六处一直强调，他随时可以金盆洗手，到英国避难。不难想见，他本可以决定与其重回困苦而充满压迫的苏联，不如叛逃到西方，如果有可能的话则带上情人一起走。但他现在还不想叛逃。他将回到苏联，隐藏起对英国的效忠关系，搜集情报，等待时机。

“你回到莫斯科后有何打算?”古斯科特问他。

“我想要找到苏联领导层最机密、最重要、最核心的东西，”戈尔季耶夫斯基回答道，“我希望弄清这一体系是如何运作的。我不可能发现一切，因为中央委员会的机密对克格勃也保密。但我会尽力而为。”戈尔季耶夫斯基道出了自己叛国的关键所在：尽可能多地去获取与自己所憎恶的这一制度有关的情报，以便更好地摧毁它。

和长跑一样，成功的间谍活动需要耐心、耐力和时机的把握。戈尔季耶夫斯基的下一份工作可能是在负责英国和斯堪的纳维亚事务的第三局。他将从内部对克格勃进行研究，搜集任何对英国和西方有用的情报。对他离婚和再婚风波的非议一旦平息，他很可能又会获得晋升，就像柳比莫夫之前一样。也许三年之内，他就又能去国外任职了。下一次他会干得更加出色。无论莫斯科发生了什么，他都会信守承诺。他会继续为英国效力。

拥有一名潜伏于克格勃内部的间谍是一个西方情报机构能够取得的最大成就。但正如中情局局长理查德·赫尔姆斯（Richard Helms）所说，让一名特工打入克格勃内部就像“在

火星上安插常驻间谍一样困难”。西方“在苏联内部很少有值得一提的间谍”，这意味着“西方几乎得不到关于苏联长远规
97 划和意图的可靠情报”。现在，英国情报机构有机会利用打入克格勃内部的间谍，去获取他掌握的所有情报。

然而，军情六处决定反其道而行之。

在一种罕见于情报史的自律和自我否定的驱使下，戈尔季耶夫斯基在英国方面的上级负责人不赞成他回到莫斯科后继续与军情六处联系或试图进行情报反馈。相反，世纪大厦的特工管理者决定让他们的间谍潜伏下来。一旦他回到莫斯科，戈尔季耶夫斯基将不再与英国情报机构进行接触。

做出这一决定的原因很简单，且无懈可击：在苏联，戈尔季耶夫斯基不可能像在丹麦那样从事间谍活动。莫斯科没有安全屋，没有愿意帮助他的友好的当地情报机构，他一旦失手也没有可靠的退路。苏联的监视无孔不入，每一名英国外交官——即便没有作为情报人员的嫌疑——都受到不间断的监视。在苏联运作特工的历史证明，急功近利几乎是致命的，潘科夫斯基的悲惨下场就是例子。在苏联当局的严密监视之下，间谍迟早（通常是早）都会被发现，并遭到逮捕和消灭。

正如一名军情六处官员所说：“奥列格太重要了，我们不能拿他冒险。我们是如此珍视他，以至于必须保持克制。继续和他在苏联境内进行接触的诱惑很大，但我们对于能否安全顺利地开展行动缺乏信心。这样做很可能毁了他。”

古斯科特告知戈尔季耶夫斯基，军情六处不会寻求在莫斯科和他进行联络。英国情报机构不会与他进行秘密会面，或向他索取情报，但他仍可以在需要时和英方取得联系。

每个月第三个周六的上午 11 点，军情六处都会派一个人

在莫斯科中央商场（Central Market）的时钟下闲逛，此处靠
近花园环路（Garden Ring Road），是一处繁华地段，一个外国
人在这里不会显得过于扎眼。和“皮姆利科”计划里设计的
一样，他（或她）也会手持一个哈罗德百货商场的塑料袋，
身着灰色衣服。“这样做有两层意思：如果奥列格想要确认我 98
们仍对他保持兴趣的话，那他就能看见我们，但不让自己被发
现。如果他想要擦肩而过，传递某些具体信息的话，那他可以
通过灰色帽子和西夫韦塑料袋，让我们看见他。”

如果他提着塑料袋、戴着帽子现身，那么擦肩而过计划就进入了第二阶段。三周后，他会去红场的圣巴西尔教堂（也叫圣瓦西里教堂），下午三点准时爬上教堂后面的螺旋楼梯。同样，为了便于识别，他会戴灰色帽子，穿灰色裤子。一名军情六处官员，很可能是一位身穿灰色衣物、两手拿着灰色物品的女性，会算好时间从楼上下来，在局促的空间内，两人擦肩而过，他可以借机把书信递给她。

只有在奥列格发现与英国国家安全直接相关的情报（比如潜伏在英国政府内部的苏联间谍）时，他才能实施此类行动。这些情报是军情六处无从获取的。

如果需要逃跑，奥列格可以在周二晚上七点半手持西夫韦塑料袋站在库图佐夫斯基大街的面包店外，以表明自己需要实施潜逃计划。军情六处每周都会检查这一地点。

对计划反复推演后，古斯科特把一本牛津大学出版社的莎士比亚十四行诗精装本交给了奥列格。这本书看起来像是一个俄罗斯人从西方带回家的纪念品，实际上却是一本颇有创意的辅助备忘录，一份来自维罗妮卡·普赖斯的礼物。在封底内侧的衬页下方有一小片玻璃纸，用俄语写着“皮姆利科”行动

的内容，包括每一个时间点的细节、识别服饰、逃跑信号、836 公里里程标附近的碰头点以及各关键地点之间的距离。戈尔季耶夫斯基应该将书放在莫斯科公寓的书架上。为了在实施计划前强化记忆，他可以把书浸泡在水中，撕去衬页，并把玻璃纸拿出来。为了进一步提高安全性，计划中涉及的苏联地名都被改成了法国地名："巴黎"指代莫斯科，"马赛"意为列
99 宁格勒，等等。即使克格勃在他逃往边境的途中发现了这份"小抄"，他们也不会从中掌握准确的逃跑路线。

古斯科特最后交给他一个伦敦的电话号码。一旦戈尔季耶夫斯基离开苏联，摆脱危险之后，他就可以拨打这个号码。电话会有人接听。戈尔季耶夫斯基在匆匆记下的一堆笔记中，反着记下了这个号码。

几个月前，戈尔季耶夫斯基向古斯科特传递了一条重要情报，是从斯堪的纳维亚业务部获取的一个小道消息：克格勃或军事情报机构格鲁乌（也有可能是二者合作）在瑞典发展了一名重要间谍。戈尔季耶夫斯基并没有掌握过多细节，但这名"鼹鼠"应该是为瑞典某个政府或军方情报机构工作。军情六处就这一密报与丹麦人进行了讨论，了解了相关情况。"找出这个人并没有费太大功夫，"古斯科特说，"很快，我们就几乎可以确定这个人的身份了。"瑞典是西方世界的一个重要盟国，有证据表明瑞典情报界遭到了苏联渗透是一个非常重要的情况，必须通知瑞典方面。古斯科特向戈尔季耶夫斯基解释，斯德哥尔摩已经获悉这一情报，但不知道情报来源；他们很快就会采取行动。戈尔季耶夫斯基对此没有表示反对。"现在，他相信我们把他当作情报来源加以保护了。"

戈尔季耶夫斯基和古斯科特握了手。近二十个月以来，他

们至少每个月见面一次，交接了数百份秘密文件。“这是一种真正的友谊，一种真正的亲密关系。”古斯科特多年后如此回忆道。但这是一种奇怪的友谊，一种在严格的限制中成长起来的友谊。戈尔季耶夫斯基从不知道尼克·维纳布尔斯的真名。这位间谍和他的负责人从未一起吃过饭。古斯科特说：“我也想和他一起去跑步，但我不能这样做。”他们的关系全部维持在安全屋的墙内，他们说的每句话都被录音。和所有的间谍与负责人的关系一样，欺骗与利用会影响和波及戈尔季耶夫斯基和古斯科特的关系：戈尔季耶夫斯基正在破坏他所痛恨的政权，并获得了他所渴望的尊重；古斯科特则在敌营中长期安插了一名深度潜伏的特工。但对他们二人而言，这种关系不止如此：这也是一种交织在保密、危险、忠诚与背叛中的强烈的情感纽带。

将莎士比亚的十四行诗装入西夫韦塑料袋后，戈尔季耶夫 100
斯基最后一次离开了安全屋，消失于丹麦的夜色之中。从现在起，间谍活动将远距离运作。在莫斯科，戈尔季耶夫斯基如果需要的话，可以和英国情报机构进行联络，但军情六处无法主动与他进行接触。如果需要的话，他可以试图逃跑，但英国方面无法首先启动逃跑计划。他自己说了算。英国情报机构只能观察和等待。

如果戈尔季耶夫斯基准备进行一场看不到终点的竞赛的话，军情六处也是如此。

在莫斯科中心第一总局总部，戈尔季耶夫斯基毛遂自荐去见第三局的负责人，解释说自己正在离婚，并打算再婚。他发现自己的事业开始一蹶不振。负责人是一个名叫维克多·格鲁什科（Viktor Grushko）的乌克兰人，他身材矮胖，平时乐呵呵的，有些愤世嫉俗，对克格勃的说教文化完全认同。“这改变了一切。”格鲁什科如此说道。

戈尔季耶夫斯基一下子从云端跌落到谷底，正如柳比莫夫所预料的那样。成为部门副手的期望落空了，他被贬至人事部门，并屡遭非议。“你执行任务时出轨了，”有些同事幸灾乐祸地说，“这太不专业了。”他的工作单调且无足轻重。他经常被安排值夜班。尽管仍是一名高级情报官，但他“没有具体的职责”。戈尔季耶夫斯基再次陷入窘境。

通过冷漠无情的官僚手续，戈尔季耶夫斯基和叶莲娜离了婚。法官问叶莲娜：“你丈夫离婚是因为你不想要孩子，但他想要。是这样吗？”叶莲娜反唇相讥道：“根本不是这样！他爱上了一个漂亮女孩。没有别的原因。”

现在，叶莲娜被晋升为上尉。她重操旧业，对外国使馆进行窃听。作为离婚中受到伤害的一方，她的克格勃生涯没有受到影响，但她从未原谅戈尔季耶夫斯基，并从未再婚。当克格勃高级女军官一起聚会喝茶时，叶莲娜会斥责前夫的不忠行
101 为：“他就是个虚伪的家伙，一个骗子，带着假面具的一个人。他能做出各种背叛行为。”有关戈尔季耶夫斯基不忠的传闻在克格勃下层官员中广为流传。大多数人只把叶莲娜的话当成一个离异女性的牢骚，对其不屑一顾。“一个被人抛弃的妻子，你还能指望她做什么呢？”第三局的一名同事如此评价道，“我和其他任何人，都没有想过向上级报告此事。”但事实可能并非如此。

戈尔季耶夫斯基回国后一个月，他的父亲去世，享年82岁。只有少数上了年纪的克格勃官员参加了葬礼。在塞满了三

十多名亲戚的家中，戈尔季耶夫斯基发言赞扬了父亲为党和苏联所做的一切——而他正积极地密谋破坏父亲生前所信仰的意识形态和政治制度。多年后，戈尔季耶夫斯基回忆，父亲的死对母亲来说或许是一种“解放”。实际上，因父亲的死在暗中感到解脱的人恰恰是戈尔季耶夫斯基自己。

安东·叶夫根耶维奇从未把自己作为一名秘密警察在三十年代的大饥荒和大清洗中的所作所为告诉自己的家人。父亲去世后多年，戈尔季耶夫斯基才知道他在遇见母亲奥尔加之前曾结过婚，并且可能在这段不为人知的婚姻中有过几个孩子。同样，奥列格也从未向父亲说过自己到底在克格勃负责何种工作，更别提最近叛国的事了。一旦知道儿子的实情，那个年迈的斯大林主义者肯定会感到无比恐惧。直到父亲去世，困扰父子关系的诸多谎言仍在继续。戈尔季耶夫斯基内心厌恶父亲所代表的一切：对意识形态的盲目顺从，以及胆小怯懦的苏维埃人格。但他也深爱这位老人，甚至敬重他的倔强，这是父子二人都拥有的一种品质。在这对父子之间，爱与谎言并存。

戈尔季耶夫斯基的再婚和离婚一样迅速而高效。1979 年 1 月，莱拉回到了莫斯科，几周后，二人就在婚姻登记处举行了婚礼，之后在女方父母家中共进家宴。奥尔加乐见自己的儿子获得幸福。她从未中意叶莲娜，觉得自己的前儿媳是一个目光中泛着贪婪的克格勃工作狂。夫妻二人在列宁斯基大街 103 号的一间新公寓安了家，住在一栋由克格勃协作机构所建的公寓楼的八层。“我和莱拉的关系温馨而亲密，”戈尔季耶夫斯基写道，“我得到了渴望拥有的一切。”内心深处对于这段婚姻 102
的谎言，被购买家具、摆放书架和悬挂从丹麦买回来的油画这些简单的居家乐趣所掩盖。奥列格无法再享受西方的音乐和自由。但对于重回苏联的生活方式，莱拉毫无怨言也不抱疑虑，她说："真正的幸福是排了一晚上队，然后买到了你想要的东西。"莱拉很快就怀孕了。

戈尔季耶夫斯基领受了一项工作，撰写克格勃第三局的历史，这是一份整理苏联间谍史的闲差，不涉及正在进行的间谍活动。不过，有一次他瞥见了挪威业务处一名同事办公桌上的文件，文件标题结尾是 OLT 三个字母——特雷霍尔特名字的前半部分被另一张纸挡住了。这再次表明阿恩·特雷霍尔特是一个现役克格勃特工。他认为英国人会对此很感兴趣，但这不值得自己冒险通报。

他没有试图联系军情六处。作为一名身居祖国的放逐者，他内心隐藏着一份孤独而骄傲的忠诚。放眼整个苏联，也许只有一个人可以理解戈尔季耶夫斯基的感受。

金·菲尔比年事已高，孑然一身且经常喝醉，但他的思维还像以往一样敏锐。从长期的个人经验来看，没有人比他更清楚一名间谍的两面人生了，他深谙如何避免被发现以及怎样揪出一名"鼹鼠"。他仍是克格勃内部的传奇人物。戈尔季耶夫斯基从丹麦带回了一本有关菲尔比间谍活动的书，找这个英国人给他签名。菲尔比写了这样一句话："献给我的好朋友奥列格——不要相信任何写在纸上的东西！金·菲尔比。"他们并不是朋友，尽管两人有很多共同点。三十年来，菲尔比在军情六处内部秘密为克格勃服务。他现在过着半退休的舒适生活，但他从事间谍活动所积累的心得经验仍为他的苏联主人们所使用。

戈尔季耶夫斯基回国后不久，菲尔比收到了一个来自克格勃中心的请求，希望他对贡沃尔·霍维克被捕一事进行评估，

找出哪里出了问题。为什么这位经验丰富的挪威间谍会被逮
捕？连续几周，菲尔比仔细翻阅了霍维克的有关文件，之后像 103
他在漫长的职业生涯中无数次重复的那样，得出了正确的结论：“暴露特工的泄密源头只有可能在克格勃内部。”

维克多·格鲁什科召集手下的高级官员来到他的办公室，其中包括戈尔季耶夫斯基。“有迹象表明克格勃内部有人泄密。”格鲁什科说道，然后将菲尔比对霍维克案给出的无懈可击的结论展示给大家。“这尤其令人担忧，因为事件的性质表明，叛徒此刻可能就在这间屋子里。他可能就坐在我们中间。”

戈尔季耶夫斯基感到一阵恐惧，透过裤兜狠狠掐了一下自己的大腿。霍维克在漫长的间谍生涯中见过十几个克格勃负责人。戈尔季耶夫斯基从未负责过她的事，也不负责挪威业务。而且他可以肯定是自己向古斯科特透露的情报直接导致了霍维克的被捕，现在，怀疑的阴云正危险地盘旋在自己的头上，这一切都是因为那个对谎言嗅觉敏锐的老迈英国间谍。戈尔季耶夫斯基感觉嗓子里一阵恶心。佯装镇定回到办公桌后，他回想着自己还向军情六处提供了什么情报，有可能反过来威胁到自己。

斯蒂格·贝里林（Stig Bergling）曾说，一名秘密特工的生活“晦暗、非黑即白，如同雾气和褐煤烟尘一般单调”。但他作为一名瑞典警察、情报官员和苏联“鼹鼠”的职业生涯却丰富得令人难以置信。

贝里林曾是一名警察，后进入瑞典安全局（SÄPO）侦查部门工作，负责监视有苏联特工嫌疑的人员在瑞典的活动。1971 年，他被任命为瑞典国防参谋部联络员，能够接触到高度机密的情报，包括瑞典所有军事防务设施的细节。两年后，

在作为联合国观察员到黎巴嫩工作期间，他和苏联武官兼格鲁乌驻贝鲁特军官亚历山大·尼基福罗夫（Aleksander Nikiforov）进行了接触。1973 年 11 月 30 日，他以 3500 美元的价格将第一批文件卖给了苏联人。

贝里林从事间谍活动出于两个原因：一个是他非常喜欢的
104 金钱，另一个是他所讨厌的上级领导的专横态度。接下来的四年里，他向苏联人提供了 14700 份文件，透露了关于瑞典防务计划、武器系统、安全代码和反间谍行动的信息，还使用显隐墨水、微点照片和短波电台与苏联负责人进行联络。他甚至在一张写着“为俄国情报机构提供情报所得报酬”的收据上签了名，这显然意味着他在克格勃的勒索面前只能就范。贝里林相当愚蠢。

后来戈尔季耶夫斯基透露的情报直指瑞典情报机构内部的一名苏联间谍。军情六处反情报部门总监飞赴斯德哥尔摩，告知瑞典安全局他们的内部出了一名奸细。

此时，贝里林已经成为瑞典安全局调查办公室的主任和瑞典军队的一名预备役军官，并暗中成为苏联军事情报机构的一名上校。

瑞典调查人员开始收网。1979 年 3 月 12 日，在瑞典的要求下，以色列国家安全局（Shin Bet）在特拉维夫机场将贝里林逮捕，将他移交给瑞典安全局的前同事。九个月后，他因间谍罪被判终身监禁。贝里林从苏联人那里小挣了一笔钱，但他对瑞典国防造成的损失大概要花 2900 万克朗才能弥补。

戈尔季耶夫斯基指认的苏联间谍一个接一个落网，这可能让西方阵营更加安全了，却令他自己身处险境。第三局内部对他的怀疑使他的事业陷入了低谷，而婚姻幸福、即将迎来自己第一个孩子的戈尔季耶夫斯基本应再次选择告别过去，断绝和军情六处的联系，希望克格勃永远不会发现真相，并在余生保持低调。但是，他反而加快了工作的节奏。他的事业需要一种驱动力。他必须设法让自己被派驻到西方，甚至直接去英国。

他打算学英语了。

克格勃对完成一门、最多两门官方外语培训课程的官员加薪百分之十。戈尔季耶夫斯基已经会说德语、丹麦语和瑞典语，但他还是报了名。41 岁的他是克格勃英语培训班上年龄最大的学生，他用两年时间就完成了学制四年的培训。 105

如果他的克格勃同事更细心的话，他们应该会对戈尔季耶夫斯基为什么在没有任何经济补偿的情况下急于学习一门新语言，并突然对英国产生兴趣感到好奇。

戈尔季耶夫斯基买了一套两卷本的俄英词典，并沉浸于英国文化之中——或者说是苏联公民被允许接触的英国文化。他读了丘吉尔的《第二次世界大战回忆录》、弗雷德里克·福赛斯（Frederick Forsyth）的《豺狼的日子》（*The Day of the Jackal*）以及菲尔丁的《汤姆·琼斯》（*Tom Jones*）。已经从哥本哈根回国，官居第一总局智库负责人高位的米哈伊尔·柳比莫夫回忆他的这位朋友“经常找他聊天，并向他询问对英格兰的见解”。柳比莫夫乐于讲述他的经历，津津乐道地谈论着流连伦敦夜总会和品尝苏格兰威士忌的乐趣。“太讽刺了！”柳比莫夫后来写道，“我当时给一个英国间谍提出了关于英格兰的建议。”莱拉也帮助他学习语言，晚上测试他的英语词汇量，自己也顺便学一些英语。“我真羡慕他的学习能力。他一天可以记住三十个单词。他太棒了。”

根据柳比莫夫的建议，戈尔季耶夫斯基开始阅读萨默塞特·毛姆的小说。第一次世界大战期间，毛姆是一名英国情报人员，他在小说中敏锐地捕捉了情报活动的道德模糊性。小说中的人物艾舍登（Ashenden）深深吸引了戈尔季耶夫斯基，艾舍登是一名英国特工，在布尔什维克革命期间被派往俄国："艾舍登欣赏美德，但也能接受邪恶，"毛姆写道，"人们有时觉得他很无情，因为他通常只对别人感兴趣，而不与他们产生联结。"

为了进一步提高自己的英语水平，戈尔季耶夫斯基开始试着翻译金·菲尔比的报告。和同时代的其他政府官员一样，菲尔比使用的是上流社会晦涩难懂的官僚英语。这是一种以拉长元音的慵懒长腔为标志的"白厅官话"，用俄语很难模仿，却为戈尔季耶夫斯基提供了一个学习英国官方拗口语言的良机。

106 英国–斯堪的纳维亚业务部在第三局内平行开展工作。戈尔季耶夫斯基开始物色能帮助他转行负责英国事务的人。1980年4月，莱拉生了一个女儿，起名叫玛利亚，自豪的父亲邀请了部门领导维克多·格鲁什科和柳比莫夫一起来家中庆祝。"我和格鲁什科受邀去他家中享用了一顿由他岳母准备的阿塞拜疆风味晚餐，"柳比莫夫回忆道，"她给我们讲了她丈夫的优点，他曾在契卡工作。戈尔季耶夫斯基给我们展示了他在丹麦收集的油画。"

巴结领导可能遇到的问题在于，领导可能会经历调动，最终导致竹篮打水一场空。

米哈伊尔·柳比莫夫突然被克格勃开除了，颜面尽失。和戈尔季耶夫斯基一样，他也违反了中心的道德戒律，但他的错误更加严重：随着他第二段婚姻走向失败，他爱上了一名官员的妻子，在下次履新前却没有将此事通知克格勃。他被毫不留情地解雇了。柳比莫夫过去一直是一个很好的情报来源，但也是戈尔季耶夫斯基的前辈、导师、支持者和好友。情绪高涨的柳比莫夫想当一名小说家，成为苏联的萨默塞特·毛姆。

维克多·格鲁什科被晋升为外国情报处副处长，第三局负责人由“鳄鱼”根纳迪·蒂托夫接任，他此前是克格勃驻奥斯陆情报站的负责人及间谍阿恩·特雷霍尔特的负责人。英国－斯堪的纳维亚业务部的新领导是尼古拉·格里宾（Nikolai Gribin），他是一个富有魅力的人，1976 年在哥本哈根时曾在戈尔季耶夫斯基手下工作，但他此后在克格勃体系内飞速晋升，走在了戈尔季耶夫斯基前面。格里宾身材细瘦、着装整洁、面容英俊。他的拿手绝活是用吉他弹奏伤感的俄罗斯民谣，令在场的每个人潸然泪下。他很有野心，善于培养高级军官。“领导认为他是一个出色的人。”相反，戈尔季耶夫斯基认为格里宾是一个马屁精，“一个典型的阿谀奉承者和野心家”。但他需要格里宾的支持。戈尔季耶夫斯基只好硬着头皮溜须拍马。

1981 年夏天，戈尔季耶夫斯基通过了最终测试。他的英语远谈不上流利，但至少在理论上有资格去英国任职。同年 9 月，他的次女安娜诞生了。莱拉证明了自己是一个“一流的母亲”，一位认真、称职的妻子。奥列格回忆道：“她在居家 107
方面无可挑剔。”戈尔季耶夫斯基不再受流言的困扰，他受命为自己的部门撰写年度报告便初步证明了这一点。他也开始参加更重要的会议。即便如此，他仍开始怀疑自己有没有可能接触到足够重要的情报，以恢复和军情六处的联系。

在世纪大厦这边，“阳光”小组也在思考同样的问题。三年过去了，戈尔季耶夫斯基一点动静也没有。军情六处仔细监视着库图佐夫斯基大街的信号传递点，潜逃计划“皮姆利科”行动随时可以启动。军情六处还进行了一次完整的彩排：情报站负责人和他的妻子沿潜逃路线一路开车至赫尔辛基；古斯科特和普赖斯在芬兰边境一侧迎接了他们，然后一路开车北上驶至挪威边境。在莫斯科，每周二晚七点半，无论天气如何，一名情报站人员或他的妻子都会观察面包店外的人行道，手拿玛氏棒或奇巧巧克力棒，寻找一个头戴灰色帽子、手提西夫韦塑料袋的男子。每个月的第三个周六，一名军情六处官员都会手提一个哈罗德塑料袋，站在中央商场时钟附近，假装购物，实则留意有无擦肩而过传递情报的暗号。一名情报官回忆：“英国政府还欠我 10 英镑，是我买冬番茄的钱——那可能是莫斯科唯一的冬番茄了。”

戈尔季耶夫斯基从未出现。

那一年，杰弗里·古斯科特被任命为军情六处驻瑞典情报站负责人——部分原因是一旦会讲瑞典语的戈尔季耶夫斯基再次被派出国，他很可能会到斯德哥尔摩任职。但他没有出现。戈尔季耶夫斯基的间谍活动进入了冬眠状态，看不到苏醒的迹象。

后来，西方情报机关终于探知了戈尔季耶夫斯基的一次心跳，捕捉到一个明确的生命迹象——这都应归功于一向可靠的丹麦安全与情报局。丹麦人也想搞清这名苏联间谍的近况。一名经常去莫斯科的丹麦外交官接到命令，在下次赴莫斯科时顺便打听一下那位丹麦语说得很好、颇有魅力的苏联领事官员戈尔季耶夫斯基同志的情况。果不其然，在欢迎来访丹麦人的招待会上，戈尔季耶夫斯基现身了，他看起来踌躇满志、非常健

108 康。这名丹麦外交官在发给本国情报部门的报告里说，戈尔季

耶夫斯基已经再婚，现在是两个女儿的父亲。军情六处迅速获悉了这一可靠消息。

而对“阳光”小组成员来说，这份报告中最为重要，也令他们最为振奋的内容，却是戈尔季耶夫斯基在享用鸡尾酒会小吃时看似漫不经心的一句话。

戈尔季耶夫斯基故意以一种随意的口吻对那名丹麦外交官说：“我现在开始学英语了。”

6 特工布特

109 根纳迪·蒂托夫遇到了麻烦。克格勃第一总局第三处在苏联驻英使馆有一个空缺岗位无人填补，或者说，至少找不到一个能对根纳迪·蒂托夫唯命是从的人——而满足这一点是合适人选的先决条件。

和官场上常见的那种上司一样，这条“鳄鱼”理所当然地认为属下就应该是奴隶。他是一个粗鄙的人，惯于对上级耍滑头和阿谀奉承，对属下冷嘲热讽。“他是整个克格勃中最令人讨厌与最不受欢迎的人之一。”在戈尔季耶夫斯基看来，他也是最有权势的人之一。在贡沃尔·霍维克被捕以及自己遭挪威驱逐后，蒂托夫作为间谍头目的名声一落千丈，他继续对阿恩·特雷霍尔特实施遥控管理，两人定期在维也纳、赫尔辛基等地共进丰盛的午餐。1977 年回到莫斯科以后，蒂托夫使用没有底线的政治手段迎合上级并在关键岗位安插亲信，从而迅速得到了晋升。戈尔季耶夫斯基讨厌他。

自 1971 年一百多名克格勃人员在“脚”行动中被驱逐后，中心一直努力重建伦敦情报站，但克格勃名下既有才能又会讲英语的情报人员显然不足以填补这一空缺。三十年代，克格勃曾全面渗入英国情报机构内部，通过菲尔比和所谓的“剑桥间谍帮”（Cambridge spy ring）给英国造成了严重损害，但如今苏联的对英间谍工作已无法重拾昔日辉煌，这对克格勃造成了很大的困扰。很多特工已渗透进英国，一些克格勃情报官员也以记者或贸易代表的身份开展工作，但能够以正式外交身份为掩护有效开展行动的间谍仍十分缺乏。

1981 年秋天，克格勃驻英 PR 线副手、名义上的苏联驻英使馆参赞回到了莫斯科。英国外交部否决了接替他的第一个人 110
选，因为军情五处（正确地）怀疑此人从事秘密情报活动。为了填补这一肥缺，克格勃需要一个有过海外经历、会讲英语、曾当过正式外交官的人，并确保此人不会被英方否决。

戈尔季耶夫斯基开始运作舆论，向克格勃暗示只有自己才符合要求。新上任的英国－斯堪的纳维亚业务部负责人尼古拉·格里宾对此感到振奋，但蒂托夫想要派自己的人去伦敦，而戈尔季耶夫斯基并未对他表现出应有的顺从。接下来便是激烈的明争暗斗，一边是蒂托夫试图让自己的人选担任这一职务，另一边则是戈尔季耶夫斯基放下身段，展示了一种（他自己认为恰如其分的）混合了热情、奉承与故作谦卑的态度；他低调地进行游说，暗中贬低其他竞争对手，对“鳄鱼”巴结奉承，直到他态度软化。最终蒂托夫同意派戈尔季耶夫斯基去英国任职，但他不确定英国人是否会批准签证。“戈尔季耶夫斯基在西方广为人知，”蒂托夫指出，“他们很容易拒绝他。但我们还是试一试吧。”

戈尔季耶夫斯基对此不胜感激。但内心里，他渴望尽快对“鳄鱼”进行报复。作为一名事业蒸蒸日上的克格勃官员的妻子，莱拉一想到要去英国也感到喜出望外，在她心中，那里可谓一个充满神秘魅力的国度。两个女儿正在茁壮成长：玛利亚已经会走路了，精力充沛、活蹦乱跳，安娜则刚刚会说话。莱拉想象自己带着她穿着得体、会讲英语的女儿们去伦敦的学校上学，在巨大且挤满了人的超市里采购食品，一起探索这座古老城市的风貌。苏联的政治宣传将英国描述成一个贪婪资本家压榨工人的地方，但在丹麦的时光已经让她领略了西方生活的真实面貌；作为苏联代表团成员，她在 1978 年也去过一次伦敦，参加了世界卫生组织的一次会议。和很多准备一起去冒险的夫妻一样，在外国建立一种崭新家庭生活的前景，让二人的关系更加紧密：他们共同幻想的英国满是宽阔的街道，听不完的古典音乐演奏会，充满美食的餐厅和优雅的公园。他们可以在城市漫步，读自己想读的任何书籍，并结交新的英国朋友。
111 戈尔季耶夫斯基向莱拉讲起他在哥本哈根认识的英国人：他们诙谐、见多识广，非常幽默且为人大方。他说，丹麦已经很让人兴奋，但他们在英国会更加幸福。二人四年前初次相遇时，戈尔季耶夫斯基设想了二人未来遨游世界的图景，一个成功的克格勃官员带着他年轻漂亮的妻子与年幼的孩子；现在他开始兑现诺言，莱拉更加爱他了。但戈尔季耶夫斯基也设想了不能和莱拉分享的未来。伦敦情报站是克格勃在全世界范围内最活跃的站点之一，在那里他经手的都是最为重要的情报。一旦安全无虞，他将重建与军情六处的联系。他将在英国的土地上为英国从事间谍活动，总有一天，也许很快，也许几年后，他可能会告诉军情六处自己已经穷途末路。之后他会叛逃，最终向妻子透露自己的两面人生，他们将永远待在英国。这一点，他没有告诉莱拉。

对夫妻二人而言，去伦敦任职都是梦想成真；但两人的梦想并不一样。

戈尔季耶夫斯基获得了一本新的外交护照。他填好了签证申请表，并把它寄至莫斯科的英国使馆。使馆工作人员从莫斯科将签证申请发回伦敦。

两天后，军情六处苏联部负责人詹姆斯·史普纳（James Spooner）正坐在世纪大厦办公桌旁，一名下属进屋，兴奋地说："我收到了一条大新闻。"她呈上了一张纸。"看看这份刚从莫斯科发来的签证申请吧。"附信指出奥列格·安东耶维奇·戈尔季耶夫斯基同志已经被任命为苏联使馆参赞，要求英国政府立刻发放外交签证。

史普纳内心感到狂喜。但他的情绪永远无法从外表上看出来。

史普纳是一名医生和一个苏格兰高级社工的儿子，上学时，他就被选入了一个只有"特别有天赋的男孩"才能加入的俱乐部。从牛津大学毕业时，他获得了历史学一等学位，也对中世纪建筑产生了浓厚兴趣。一位同龄人说："他非常聪明，判断力非常精准，但很难看出他到底在想什么。"史普纳1971年加入军情六处，这也是一个只有特别有天分的人才能加入的组织。有人预言他有成为军情六处局长的潜质。军情六处有虚张声势的传统，喜欢大胆冒险并跟随直觉；史普纳恰好 112
相反。他像一名专业历史学家那样处理复杂的情报工作（日后他将受命撰写首部官方授权的军情六处历史），搜集证据，筛选真相，在反复思考后得出结论。史普纳不是一个急于做出判断的人；相反，他下判断的风格不紧不慢、循序渐进且一丝不苟。1981年史普纳才32岁，但他已经作为有外交身份掩护的军情六处官员去过内罗毕和莫斯科。他的俄语很好，对俄罗斯文化很着迷。在莫斯科任职期间，克格勃曾用经典的"诱饵"手段拉拢他，让一名苏联海军军官假装为英国提供情报。史普纳的任期因此提前结束。1980年初，他负责行动小队P5组的工作，成员包括维罗妮卡·普赖斯，管理安插在苏东集团内部和海外的特工。在很多方面，他与自己的克格勃同行根纳迪·蒂托夫截然相反：厌恶官场政治，不会阿谀奉承，非常专业。

“阳光”档案是他最早接触的专案文件之一。

戈尔季耶夫斯基在回到莫斯科后无法再与军情六处联系，而是凭间谍的专业素养潜伏下来，前途未卜。“不与他建立联系显然是正确的，”史普纳说，“这是一个很好的战略性决策。我们放长线钓大鱼。我们当然不知道会发生什么。我们没有理由去希望他会来伦敦。”

但现在，戈尔季耶夫斯基开始走出寒冬，在经过了三年的碌碌无为后，詹姆斯·史普纳、杰弗里·古斯科特、维罗妮卡·普赖斯和“阳光”小组终于可以行动起来了。史普纳叫来了普赖斯，给她看了戈尔季耶夫斯基的签证申请。“我真的很高兴。”普赖斯如此说道。这对她来说就是欣喜若狂的表现。“这太棒了。这正是我们所希望的。”

“我必须回去考虑考虑。”她告诉史普纳。

“别考虑太久，”史普纳说，“这还需要进行‘审核’。”

给戈尔季耶夫斯基发放签证并不是一项简单的工作。原则上，任何有克格勃特工嫌疑的官员都会被自动禁止进入英国。正常情况下，英国外交部会进行初步问询，并发现奥列格曾两
113 次在哥本哈根任职。如果例行公事向丹麦人了解情况，英国方面将得知戈尔季耶夫斯基在丹方档案中被列为疑似情报人员，他的签证申请因此应被拒绝。但现在情况特殊。军情六处需要戈尔季耶夫斯基立刻获准进入英国，且不受任何问询。英国政府可以指示移民局发放签证，但这样做会引起怀疑，因为这表明戈尔季耶夫斯基与其他人不同。他的秘密不能让军情六处以

外的人知道。在得到英方的提醒后，丹麦情报部门也很愿意帮忙。在军情六处通知英国外交部很快会去进行询问后，丹麦人“修改了档案”，答复称尽管存在疑点，但没有证据表明戈尔季耶夫斯基是克格勃。“我们试图留下足够的疑点，这样签证可以接受正常审核。我们表示：‘是的，我们将他列为关注对象，但并不完全确定他就是克格勃。’”这样一来，英国外交部和移民局就会认为戈尔季耶夫斯基只是普通的苏联外交官，他可能存在疑点，但肯定不值得小题大做。英国护照署通常要花至少一个月的时间发放外交签证；戈尔季耶夫斯基作为一名官方外交官的入境许可，仅用二十二天就获得了批准。

在莫斯科，有人对戈尔季耶夫斯基签证申请的批准之快起了疑心。“他们这么快就批准了你的签证，真是奇怪，”戈尔季耶夫斯基去取护照时，苏联外交部的一名官员面色阴沉地说，“他们肯定知道你是谁——你在国外待了那么久。当你递交申请时，我觉得他们肯定会拒绝。他们最近已经驳回了很多人的申请。你真是太幸运了。”这名目光敏锐的官员可能并未和别人提起过自己的怀疑。

克格勃的办事效率很低。三个月后，戈尔季耶夫斯基仍在等待离开苏联的正式许可。克格勃内部调查机构、第一总局 K 局五处调查了戈尔季耶夫斯基的背景，并不急于批准他赴英国任职。戈尔季耶夫斯基开始怀疑是否出了什么问题。在世纪大厦的军情六处总部，气氛也越来越焦虑。身在瑞典的杰弗里·古斯科特被告知做好准备随时飞赴伦敦迎接戈尔季耶夫斯基，但戈尔季耶夫斯基没有来。出什么差错了吗？

在一周又一周的漫长等待中，戈尔季耶夫斯基高效地研读 114
了克格勃总部的档案材料——那里是地球上最隐秘与密不透风

的场所之一。克格勃莫斯科中心的内部安全制度虽然复杂，但不够严密。最机密的行动档案存放于局长办公室上锁的柜子里。但其他纸质文件由各业务部门留存，独立存放于保险柜中，由负责各领域工作的官员分别保管。每天晚上，每名工作人员都会锁上保险柜和档案柜，将钥匙放于一个小木箱里，然后用一块盖有个人印章的橡皮泥密封——就像蜡封上年头的旧文件那样。最后，执勤人员将木箱收齐，放到根纳迪·蒂托夫办公室的另一个保险柜内。这个保险柜的钥匙也放在一个小盒子里，用执勤人员的印章密封起来，然后存放于第一总局秘书长的办公室，这间办公室 24 小时有人看守。这一流程耗费大量时间，也需要大量橡皮泥。

戈尔季耶夫斯基的办公桌在克格勃英国处政治组的 635 房间，三个大铁柜里放有英国国内被克格勃列为特工、潜在特工或秘密联络人的人员的档案。635 房间只存放仍在运作的线人的材料，多余的材料则存放于总档案室。此处的文件存放于硬纸板盒内，三个一层，每个盒子里存有两份档案，用绳子和橡皮泥密封。查看档案需要业务处处长的签字。存在英国档案盒子里的是六份归档为“特工”的个人档案，以及十几份归类为“秘密联络人”的档案。

戈尔季耶夫斯基开始仔细研究这些文件，试图梳理出克格勃当前在英政治渗透活动的全貌。副处长德米特里·斯维坦科（Dmitri Svetanko）挖苦一头扎进档案里的戈尔季耶夫斯基：“不要浪费太多时间，因为等你去了英国，你就明白是怎么回事了。”戈尔季耶夫斯基继续开展自己的研究，希望用勤奋抵消针对自己的任何怀疑。每天他都会签字领取一份档案，打开封印，从中找出一个个已经上钩或正在被克格勃争取的英国人。

这些人严格来说并不是间谍。PR 线主要寻求扩大政治影响，以及获取秘密情报，其争取的对象是舆论影响者、政治家、记者和其他有权势的人。其中一些是有意与克格勃合作的 115
“特工”，他们故意以一种不为人知的方式提供情报、秘密或其他信息；还有一些人被归类为“秘密联络人”，这些线人可以为克格勃所利用，尽管他们对自己正在与克格勃合作的认识程度不一：一些人会接受免费度假、金钱或其他好处，还有些人只是同情苏联的理念，甚至没有意识到克格勃在争取他们。大多数人如果知道自己能在克格勃总部上锁的铁皮柜里享有专门的代号和档案，肯定会惊讶不已。不过，这些人与克格勃丹麦情报站争取的那些无名之辈不同，都是些有头有脸的人物。英国是克格勃的主要目标之一。一些人已经与克格勃合作了几十年。还有一些人的名字令人感到震惊。

杰克·琼斯（Jack Jones）是英国工会运动中最受人尊敬的一个人物，他是一名坚定不移的社会主义者，曾被英国首相戈登·布朗（Gordon Brown）称为“世界上最伟大的工会领袖之一”。他也是一名克格勃特工。

杰克·琼斯曾是利物浦的一名码头工人，在西班牙内战期间曾加入国际纵队为捍卫西班牙共和国而战。1969 年，他已成为运输与杂务工人联合会（TGWU）的秘书长，该组织曾是西方世界最大的工会组织，成员一度多达两百万以上，琼斯在这个工会担任秘书长近十年。1977 年进行的一项民意调查结果显示，有百分之五十四的受访者认为琼斯是英国最有影响力的人物，得票数高于当时的英国首相。和蔼、直率并坚持原则的杰克·琼斯是工会的代言人。但他的私人生活却颇为可疑。

琼斯于1932年加入共产党，至少到1949年仍是一名党员。在西班牙内战中受伤后，苏联情报机构在他疗伤时第一次接触了他。根据军情五处一份报告的记录，针对伦敦共产党总部开展的一次窃听行动显示，琼斯“准备向苏联传递他在工会任职时通过秘密渠道掌握的情报”。克格勃正式将他列为特工，代号“德瑞姆”（DRIM，英语“梦”一词的俄语音译）。1964至1968年间，他向克格勃提供了“在工党全国执委会（NEC）和外交事务委员会任职期间掌握的工党机密文件，以
116 及与他的同事和联络人有关的情报”。他以“度假开支”的名义接受克格勃的回报，被克格勃视为一个“非常自律、有用的特工”，为苏联方面传递了“关于唐宁街10号的最新动态、工党领导层的情况以及工会运动的情报”。1968年的“布拉格之春”导致琼斯断绝了和克格勃的联系，但档案显示此后双方还有零星的接触。他已经于1978年从运输与杂务工人联合会退休，并公开拒绝了成为贵族进入上议院的机会，但仍是一位不容忽视的左翼政治人物。戈尔季耶夫斯基注意到，“档案中有明显的迹象表明克格勃希望重建和琼斯的联系”。

第二份卷宗是有关鲍勃·爱德华兹（Bob Edwards）的。他是工党的一名左翼议员，和琼斯一样，也曾是一名码头工人、西班牙内战老兵、工会领袖以及长期为克格勃效力的间谍。1926年，爱德华兹率领一个青年代表团访问苏联，见到了斯大林和托洛茨基。在漫长的政治生涯中，爱德华兹成了一名掌握高级机密的自愿告密者。“毫无疑问”，军情五处后来总结道，这位议员“肯定将他所掌握的一切情报”都告诉了克格勃。他被秘密授予人民友谊勋章，以表彰他对苏联秘密工作的贡献，这是苏联排行第三的高级荣誉。当时负责与他联络

的克格勃情报官员列奥尼德·扎伊采夫（戈尔季耶夫斯基此前在哥本哈根的上司）在布鲁塞尔和爱德华兹见面，亲自向他展示了勋章，然后带回莫斯科保管。

除了这些大人物外，档案里还有一些分量较轻的人物，比如芬纳·布罗克韦（Fenner Brockway）男爵。他是一位活跃多年的反战人士，曾担任工党议员和秘书长。在与克格勃打交道的许多年里，这位“秘密联络人”接受了苏联情报机构的大量好处，但似乎没有相应地做出任何像样的回报。1982 年他已经 94 岁了。另一份档案与一位名叫理查德·戈特（Richard Gott）的《卫报》记者有关。1964 年，当时正在皇家国际事务研究所（Royal Institute of International Affairs）工作的戈特第一次和苏联驻伦敦使馆的一名官员进行了接触，此后又和克格勃联系了几次。他渴望接触一下间谍世界。他后来说：“我很喜欢冷战间谍故事中的那种神秘气息。”二十世纪七十年 117
代，他与克格勃之间又恢复了联系。克格勃给他起的代号是“罗恩”（RON）。他接受了苏联的资助，赴维也纳、尼科西亚和雅典旅行。戈特后来写道：“和很多记者、外交官和政治家一样，我在冷战期间也和俄国人一起吃过饭……我确实拿了他们的好处，尽管只是以支付我自己和伙伴开销的形式。在当时的环境下，我这样做无疑是非常愚蠢的，尽管这在当时看起来更像是一个有趣的笑话。”

和所有间谍机构一样，克格勃在现实状况不遂人愿时，也惯于一厢情愿和主观臆测。档案中列出的一些人只是持有左派立场，就被克格勃当成潜在的亲苏人员。核裁军运动被认为是发展间谍的一片沃土。“很多人仅仅是理想主义者，”戈尔季耶夫斯基指出，“多数人只是无意间‘提供’了‘帮助’。”

每个目标对象都被起了一个代号，但这并不代表他们是间谍。克格勃的政治档案中有很多内容是直接从报纸和刊物中摘抄下来的，只是被克格勃在伦敦的人员包装成重要的秘密，这在情报领域司空见惯。

但有一份卷宗明显与众不同。一个硬纸板盒里存放了两份文件，一份有 300 页厚，另一份的厚度大概是前者的一半，两份文件都用旧绳子系住，并用橡皮泥封印起来。档案上的标签是“布特”（BOOT）。封面上的“特工”一词被划掉，写上了“秘密联络人”。1981 年 12 月，戈尔季耶夫斯基首次打开封印，开始阅读这份档案。在第一页，有一段正式的介绍文字：“我，高级行动军官、彼得罗夫（Petrov）少校和伊凡·阿列克谢耶维奇（Ivan Alexeyevich）建立了一份有关英国公民、特工迈克尔·富特的档案，他的化名是布特。”

特工“布特”就是迈克尔·富特阁下。他是一位著名的作家、演说家，资深左翼议员、工党党首和政治家，如果工党赢得下次选举的话，他将会成为英国首相。换言之，女王陛下忠实的反对党领袖曾是一名接受克格勃报酬的特工。

戈尔季耶夫斯基由此想到，此前在丹麦，米哈伊尔·柳比莫夫跟他讲过在六十年代争取一名前景看好的工党议员的事。在他向知情人大力推荐的回忆录中，柳比莫夫提到了一家伦敦酒馆，“柳比莫夫和布特”的间谍故事正是在此处发生的。戈
118 尔季耶夫斯基知道迈克尔·富特已经成长为英国政坛最出色的政治家之一。接下来的十五分钟里，他翻阅了这份档案，其中的内容令他深感震惊。

迈克尔·富特在英国政治史上占据着独特的地位。他在晚年成了别人的嘲笑对象，因凌乱的外表、一身工作服、厚厚的

眼镜和多节拐杖被嘲讽为“稻草人”（Worzel Gummidge）①。但在长达二十年的时间里，他一直是工党左翼的代表人物，一个文化素养很高的作家、雄辩的公共演说家和立场坚定的政治家，堪称英国的瑰宝。富特生于1913年，最初是一名记者，曾在具有社会主义思想的《论坛报》（*Tribune*）担任编辑，在1945年进入议会。1974年，他被任命为哈罗德·威尔逊（Harold Wilson）政府的就业大臣。1979年，工党领袖詹姆斯·卡拉汉（James Callaghan）在选举中被玛格丽特·撒切尔（Margaret Thatcher）击败，并在18个月后辞职。富特于1980年11月10日当选为工党领袖。他说：“我的社会主义信仰依旧强烈。”此时的英国正处于严重的经济衰退，撒切尔并不受欢迎。在民意调查中，工党的支持率领先保守党十个百分点以上。下次大选将于1984年5月举行，迈克尔·富特很有可能赢得大选，成为英国首相。

“布特”档案一旦公开，一定会立即引起轩然大波。

彼得罗夫少校肯定很有幽默感，在选择代号时使用了“富特”（脚）和“布特”（靴子）的双关语。但卷宗的内容非常严肃。它描述了克格勃如何一步步与富特发展了长达二十年的关系，这段关系始自二十世纪四十年代末，当时克格勃认为富特是“进步人士”。在《论坛报》办公室第一次见面时，伪装成外交官的克格勃官员往富特口袋里偷偷塞了10英镑（相当于今天的250英镑）。富特没有拒绝。

档案中的一张单子列出了历年支付给富特的所有款项。这是一张标准表格，写有日期、金额以及付款人姓名。戈尔季耶

① 英国儿童故事人物，一个会走路和说话的稻草人。

夫斯基浏览了其中的内容，估计二十世纪六十年代克格勃总共向富特付款 10 到 14 笔，每笔金额在 100 英镑至 150 英镑之
119 间，总计约 1500 英镑，相当于今天的 37000 英镑以上。这笔钱的用途并不清楚。柳比莫夫后来告诉戈尔季耶夫斯基，他怀疑富特可能“自己留了一些”，但这位工党议员并非贪财之人，他可能将钱用于维持常年濒临破产的《论坛报》。

文件的另一页列出了在伦敦情报站以外的地方管理特工“布特”的人员名单，既包括真名，也有代号：戈尔季耶夫斯基一眼就发现了代号“科林”的柳比莫夫。“我快速浏览了一下名单，目的之一是看看还有没有我认识的其他人，并看看到底是何方神圣才有能力管理富特这样的人物。”档案中还有一份五页长的索引，其中收录了富特在与克格勃谈话时提到的每一个姓名。

富特通常每个月和克格勃人员见面一次，他们会在苏豪区（Soho）的“快乐轻骑兵”餐厅（Gay Hussar）共进午餐。每次碰面都经过仔细安排。莫斯科会提前三天发来一份谈话提纲。见面结束后，PR 线主管、情报站负责人先后审阅最终报告，最后发回莫斯科中心。每过一阶段，克格勃都会对最新情况进行评估。

戈尔季耶夫斯基仔细阅读了几份报告，并简要浏览了另外一些报告。“我对报告的语言风格及其所反映的富特和克格勃的关系很感兴趣——在这两个方面，这些报告的内容都比我预期的要好。报告的内容并不十分夸张，但很有水平，写得很好。富特和克格勃的关系很好，双方彼此抱有好感，会替对方保密，他们谈话的语气很友好，涉及很多细节，饱含确实有价值的信息。”柳比莫夫非常善于和富特打交道，并给他支付报

酬。“米哈伊尔·彼得洛维奇会把钱装进一个信封，然后放入富特的口袋——他举止非常优雅，可以令人信服地做到这一点。”

克格勃得到了什么回报呢？戈尔季耶夫斯基回忆：“富特会向克格勃尽情透露关于工人运动的情报。他透露了哪些政治家和工会领袖是亲苏分子，甚至建议苏联可以出资让一些指定的工会领导人去黑海度假。作为核裁军运动的一名主要支持者，富特还将自己掌握的关于英国国内核武器论争的信息透露给苏联。作为回报，克格勃会交给他一些鼓励英国核裁军的文 120
章草稿，让他修改后，隐去真实来源，发表在《论坛报》上。档案中并未提到富特对 1956 年苏联入侵匈牙利提出了抗议，而且他多次访问苏联，获得了最高规格的礼遇。”

富特的消息非常灵通。他向克格勃提供了工党内部纷争的详细情况，以及工党对很多热点问题的看法：越南战争、肯尼迪遇刺的军事和政治影响、美国租借迪戈加西亚（Diego Garcia）作为军事基地的最新进展以及 1954 年日内瓦会议解决朝鲜战争遗留问题的情况。富特的特殊身份使他可以向苏联人提供独特的政治见解，他也乐于接受苏联方面的建议。双方的互动非常微妙。“克格勃会告诉迈克尔·富特：‘富特先生，我们的分析人员认为将这些信息向公众发布会很有好处。’之后克格勃官员会说：‘我已经准备了一些材料……如果您喜欢的话，就拿去用吧。’他们会讨论今后在他的报纸和其他媒体上发表什么内容合适。”档案从未承认富特是一个为苏联服务的纯粹宣传工具。

“布特”是一个特殊的特工，他在严格意义上并不符合克格勃对特工的定义。他没有隐瞒与苏联官员的会面（尽管他也没有对此大肆宣扬），因为他是一个公众人物，这些会面不可能暗中安排。他是一个“舆论制造者”，因此更像是一个外国代理人（术语）而非特工（间谍工作特有术语）。对于克格勃按照自己的内部定义将他归为一名特工，富特并不知情。他保持了思想的独立性。他没有泄露国家机密（当时他也不掌握任何国家机密）。他坚信自己接受苏联对《论坛报》的慷慨解囊是在为进步主义政治与和平事业做贡献。他甚至有可能不知道对方是克格勃，他们正在向他套取情报，将他透露的所有信息向莫斯科报告。如果富特明知如此而为之，那他就太天真了。

1968 年，“布特”的情况发生了变数。富特在“布拉格之春”后对莫斯科愈发不满。在海德公园的一次抗议集会上，富特宣布：“俄国人的做法证明，对社会主义的最严重威胁之
121 一恰恰来自苏联政府自身。”富特不再接受克格勃的报酬，“布特”也从“特工”降格为“秘密联络人”。双方也减少了见面次数，到富特竞选工党领袖时，双方完全停止了接触。然而，在 1981 年，从克格勃的角度而言，“布特”仍有被发展的希望，有可能重新启动。

“布特”的档案让戈尔季耶夫斯基确信：“直到 1968 年，克格勃一直将迈克尔·富特视作真正的特工。他直接收受我们的金钱，这意味着我们可以因此将他当作一名特工。我们乐于看到一名特工收取报酬——这有助于巩固双方的关系。”

富特没有犯法。他不是苏联间谍。他没有叛国。但他接受了一个敌国和独裁政权的指示，并在暗中收受了报酬，还向他们提供了情报。如果他的政治对手（无论党内还是党外）发现了他与克格勃的关系，这将在顷刻间毁掉他的政治生涯，重创工党，并引发一场足以改变英国政治版图的丑闻。至少，富特肯定会输掉下次的选举。

列宁首创了“有用的白痴”（俄语为 poleznyi durak）这一词语，意思是某人在毫不知情或并不认可做局者的目标时，仍能被利用来进行思想宣传。

迈克尔·富特过去对克格勃很有用，也是个彻头彻尾的傻瓜。

戈尔季耶夫斯基在 1981 年 12 月查阅了“布特”的档案。第二个月他又读了一遍，尽可能记住了其中的内容。

当副处长德米特里·斯维坦科发现戈尔季耶夫斯基仍埋头于英国的历史档案资料时，他感到十分惊讶——毕竟，自己已经告诉戈尔季耶夫斯基没必要这样做了。

“你在干什么?”他不客气地问。

“我在看档案。”戈尔季耶夫斯基故意轻描淡写地回答道。

“真的有必要这么做吗?”

“我觉得我应该做好充分准备。”

斯维坦科不为所动。“你不能写些有用的东西吗？为什么
要浪费时间看这些档案?”他不耐烦地说道，然后离开了办 122
公室。

1982 年 4 月 2 日，阿根廷进攻了英国在南大西洋的前哨福克兰群岛（阿方称马尔维纳斯群岛）。此时，连身为反对党领袖与和平主义使徒的迈克尔·富特也号召对阿根廷的行为“采取行动而非抗议”。玛格丽特·撒切尔派遣一支特遣部队去驱逐入侵者。在莫斯科的克格勃中心，马岛战争引发了强烈的反英情绪。在苏联，撒切尔已经是一个令人生厌的人物；马岛冲突则再次证明了英帝国主义者的傲慢。“克格勃对英国的敌意近乎癫狂。”戈尔季耶夫斯基如此回忆道。他的同事们都相信，英国将被勇敢的小国阿根廷打败。

英国处于战争状态。克格勃内部只有戈尔季耶夫斯基一个人站在英国一边。他怀疑自己是否还有机会踏上他秘密效忠的这片土地。

最终，克格勃第五局向戈尔季耶夫斯基下发了前往英国的许可。1982 年 6 月 28 日，他和莱拉与两个女儿（姐姐两岁，妹妹只有九个月大）登上了苏联民航局飞往伦敦的班机。他对此次赴英能够成行感到欣慰，期盼着重建与军情六处的联系，但未来仍充满变数。如果能成功为英国工作，他最终将不得不叛逃，可能永远也无法回到自己的祖国。他可能再也见不到自己的母亲和妹妹。如果身份暴露，他可能会回到苏联，但会在克格勃的看守下，面临审问和处决。飞机起飞后，戈尔季耶夫斯基感到了一种巨大的精神压力，头脑中全是在克格勃档案室四个月里所看到的秘密情报。对看到的内容进行记录过于危险。不过，他已经在脑中记下了克格勃驻英国 PR 线所有特工的名字，以及苏联驻伦敦使馆的所有克格勃特工；他记住了“第五人”的身份证据，在苏流亡的金·菲尔比的活动轨迹，以及证明挪威人阿恩·特雷霍尔特是苏联特工的更多证据。此外，最重要的是，他记住了克格勃有关迈克尔·富特的卷宗、“布特”档案的详细内容——这对英国情报机构来说是一份意外惊喜，一枚极具轰动性的政治炸弹。

第二部分

7 安全屋

走在大街上的美国中情局官员奥德里奇·埃姆斯（Aldrich Ames，也叫瑞克·埃姆斯）闷闷不乐。他总是喝得酩酊大醉。他的婚姻危机四伏。他的经济状况总是颇为拮据。他在位于冷战边缘地带的墨西哥城发展苏联线人的工作也收效甚微，无法完成来自弗吉尼亚州兰利市中情局总部的那些让人心烦的指示。埃姆斯感到不受重视，收入微薄，性生活也不和谐。他最近数次挨批：在一次圣诞聚会上喝醉，忘了锁保险柜，将一个装有苏联特工照片的公文包落在了火车上。埃姆斯的工作履历表明，他只是一个平庸而缺乏才能的人，工作表现差强人意。他又瘦又高，戴着厚厚的眼镜，留着胡须，看起来好像没什么自信；他在人群中并不突出，和普通人没什么两样。埃姆斯没什么与众不同之处——也许这正是问题所在。

瑞克·埃姆斯的内心深处愤世嫉俗，他对现实的不满日益强烈，但没有人察觉到这一点，埃姆斯自己更没有意识到。

埃姆斯曾胸怀远大理想。他1941年出生在威斯康星州的里弗福尔斯（River Falls），五十年代的童年就像麦片包装上描绘的田园诗景象那般美好，但这个美好的社会图景中也暗藏着沮丧、终日酗酒与沉默的绝望。他的父亲起初是一名学者，后来在缅甸为中情局工作，向美国政府秘密资助的缅甸出版物提供资金。孩提时，埃姆斯就喜欢上了莱斯利·查特里斯

（Leslie Charteris）惊险小说中的“圣徒”（the Saint）西蒙·坦普尔（Simon Templar），埃姆斯会把自己想象成“举止潇洒、温文尔雅的英国冒险家”。他会穿上风衣让自己看起来像是个间谍，他还学会了变魔术。他喜欢愚弄别人。

埃姆斯很聪明也很有想象力，但现实似乎从不如他所愿，
126 他认为自己总是得不到应得的东西。他从芝加哥大学退学后，做了一阵兼职演员。他讨厌权威。“如果有人让他去做自己不喜欢的事，他不会和人争辩，而是干脆不去做它。”他最终勉强拿到了一个文凭，听从父亲的建议，进了中情局。“撒谎是不对的，儿子，但如果为了一项伟大的事业而撒谎，就另当别论了。”父亲如此说道，嘴里透着一股浓重的波旁威士忌酒味。

中情局初级官员培训课程旨在从纷繁复杂的情报搜集世界中激发学员的爱国热情。但这也产生了一些负面效果。埃姆斯明白了道德准则并非一成不变，美国的法律凌驾于其他国家的法律之上，而一名贪婪的间谍比立场坚定的特工更有价值，因为“一旦你能用金钱钓他上钩，就能将他玩弄于股掌之间”。埃姆斯开始相信，成功发展特工的关键在于“准确地评估人性的弱点”。一旦你知道了一个人的弱点，你就可以引诱和利用他。背叛不是罪恶，而是一种实用的工具。“间谍行动的要义在于背信弃义”，埃姆斯如此断言。但他错了：维护信任、提供一个更崇高的效忠对象，才是管理间谍的关键。

埃姆斯被派往土耳其这处东西方间谍战的主战场，开始在安卡拉发展苏联线人，将自己的培训所得用于实践。埃姆斯发现自己天生就是一个间谍大师，拥有“一种紧盯目标，建立关系，将自己与间谍置身于理想局面的能力”。不过，他的上级只认为他的表现“差强人意”。“布拉格之春”后，他接到

命令，要在夜晚张贴数百份写有“记住 68 年”口号的标语，以营造一种土耳其人对苏联的入侵感到愤怒的印象。埃姆斯将标语扔进了垃圾箱，然后去喝酒了。

1972 年回到华盛顿后，埃姆斯参加了俄语培训，接下来的四年里，他一直在中情局苏联 - 东欧处工作。他的工作经历并不愉快。1972 年理查德·尼克松利用中情局阻碍联邦政府调查水门事件一事曝光后，中情局内部爆发了一场危机，针对中情局此前二十年活动内容的一系列调查也由此展开。被称为 127
“家丑”（Family Jewels）的最终调查报告揭发了一系列严重违反中情局规定的违法行为，包括对记者进行窃听、盗窃、策划暗杀、人体试验、与黑手党勾结以及在国内对平民进行大规模监视。面无血色、喜欢收藏兰花的中情局反情报处处长詹姆斯·安格尔顿开启的内鬼调查行动差点毁了中情局，而这一切都是因为他偏执且错误地认为金·菲尔比对西方情报机构进行了大规模渗透。安格尔顿被迫于 1974 年退休，但他的偏执思想仍对中情局影响很深。中情局在谍报战中也落后了：据罗伯特·盖茨（Robert Gates）回忆，“由于安格尔顿和他手下反情报处员工的固执与狂热，我们在苏联内部几乎没有值得一提的特工”。他差不多和埃姆斯同时进入中情局，后来担任了中情局局长。中情局在接下来的十年里经历了全面的改革，但埃姆斯加入时，这个机构正处在历史上的最低谷：道德沦丧，组织涣散，饱受质疑。

1976 年，埃姆斯来到纽约发展苏联间谍，后来于 1981 年被派往墨西哥城。中情局注意到他有酗酒、办事拖延和爱抱怨的毛病，但从未认为他应该被开除。在中情局待了差不多二十年的埃姆斯深谙这一机构的工作方法，但他的事业停滞不前，因为他总是抱怨别人。他在墨西哥发展间谍的努力收效甚微，他认为自己的大多数同事和所有上司都是白痴。他认定“自己干的事大多毫无意义”。埃姆斯很轻率地和一个名叫南希·西格巴斯（Nancy Segebarth）的同行快速结婚。他的婚姻生活和戈尔季耶夫斯基一样悲惨，也没有诞下孩子。南希没有和他一起来墨西哥城。除此之外，他还和几个他不太喜欢的女人有过几段不太愉快的感情。

到 1982 年年中，埃姆斯似乎愈发沉沦：他闷闷不乐、孤独、暴躁易怒且毫无成就感，但又整日醉醺醺且过于懒惰，根本无力扭转人生的颓势。这时罗萨里奥出现了，埃姆斯看到了希望。

玛丽娅·德·罗萨里奥·卡斯·杜普伊（Maria de Rosario
128 Casas Dupuy）是哥伦比亚驻墨西哥使馆的文化参赞。她出生在一个有法国血统的哥伦比亚没落贵族家庭，时年 29 岁，受过良好的教育，喜欢卖弄风情且富有魅力，留着一头黑色的卷发，脸上带着灿烂的笑容。一名驻墨西哥城的美国国务院雇员说：“她就像是充满雪茄烟味的屋里的一股新鲜空气。”但她也很任性，需求无度，非常贪婪。她的家族曾拥有大片田庄。她曾在最好的私人学校受过教育，并在欧洲和美国读过书。她曾是哥伦比亚精英阶层的一员，但现在她的家族破产了。“我从小到大身边都是富人，”她曾说，“但我们不再拥有财富了。”罗萨里奥试图改变这一点。

她在一次外交晚宴上认识了埃姆斯。他们坐在地板上热烈地讨论着当代文学，然后一起回了埃姆斯的公寓。罗萨里奥认为埃姆斯是一名普通的美国外交官，按理说应该很有钱。瑞克觉得她“光彩夺目”，很快发现自己爱上了她。他说：“我们之间的性爱非常美妙。”

当她发现自己的美国新情人已经结婚、不富裕，而且还是一名中情局间谍时，罗萨里奥略感失望。“你整天和这些讨厌鬼待在一起干什么?”她质问道，“为什么要浪费你的时间和才华呢?”埃姆斯答应尽快和南希离婚，再迎娶罗萨里奥。之后他们一起回美国开始新生活，“从此幸福地生活在一起”。对一个从中情局领取微薄薪水的男人来说，这是一个代价高昂的承诺：光是和南希离婚就要花很多钱，而取悦罗萨里奥、满足她奢侈的爱好更是毁灭性的。他告诉罗萨里奥自己会辞去中情局的工作，另谋一份职业，但已经 41 岁的他既没有这样做的意愿也缺乏足够的精力。相反，在瑞克·埃姆斯不平静的内心深处，他正在酝酿一个计划，利用自己在中情局的这份收入微薄、不甚愉快的工作赚一笔大钱。

在奥德里奇·埃姆斯为自己谋划有利可图的未来时，在地球的另一端，一个戴着尖顶皮帽的矮壮男子从位于伦敦肯辛顿宫花园（Kensington Palace Gardens）13 号的苏联使馆偷偷溜了出来，往西直奔诺丁山门（Notting Hill Gate）。走了一段路后，他沿原路返回，在一条路上右转，然后迅速左转进了一间
酒吧，几分钟后，他从一扇侧门走了出来。最后，在一条小路 129
上，他进了路边的电话亭并关上了门，拨通了军情六处四年前在哥本哈根留给他的电话号码。

“你好！欢迎来到伦敦，”电话那头是杰弗里·古斯科特的俄语录音，“非常感谢致电。我们一直盼望着和你见面。这几天先好好放松休息一下。我们 7 月初再联系。”录音建议他 7 月 4 日晚回电。古斯科特的声音让戈尔季耶夫斯基感到“非

常踏实”。

军情六处已经和奥列格·戈尔季耶夫斯基合作了八年；现在他们有了一名安插在克格勃伦敦情报站内，态度热切、经验丰富的间谍，不能因过于心急而把事情搞砸。

奥列格和家人很快在一间两居室的公寓安顿下来，楼里住的都是肯辛顿大街（Kensington High Street）的苏联使馆员工。莱拉对陌生的新环境感到着迷，但戈尔季耶夫斯基却有些失望。自从和理查德·布罗姆黑德合作以来，英国一直是他向往的目的地，但真实的英国根本不是他想象中那个散发着魅力与精致气息的地方。伦敦远比哥本哈根脏乱，比莫斯科也干净不了多少。“我本以为一切都会更加井然有序，更有魅力。”不过，他觉得能来到英国就已经是“一个巨大的胜利，对英国情报机构和他自己来说都是如此”。军情六处肯定已经知道他来了，但他过了几天才和他们联系，以防克格勃监视。

抵达伦敦后的第二天早上，戈尔季耶夫斯基步行四分之一英里来到苏联使馆，向门卫出示了自己崭新的通行证，并在他人陪同下来到了克格勃情报站：一个位于使馆顶层的孤立空间，这里狭小且烟雾弥漫，人们互不信任，名字难听的负责人古克更是猜疑成性。

阿卡迪·瓦西里耶维奇·古克（Arkadi Vasilyevich Guk）少将名义上是苏联使馆的第一秘书，实际上是克格勃情报站的负责人，他两年前来到英国，十分排外。古克非常无知，野心勃勃，而且常常喝得烂醉如泥，他认为任何对外国文化的兴趣
130 都只是装腔作势，排斥一切书籍、电影、戏剧、艺术和音乐。通过在波罗的海国家镇压反抗苏联统治的民族主义者，古克在克格勃反情报（KR）局脱颖而出。他推崇使用暗杀手段，也

// 上图　一个克格勃家庭：安东和奥尔加·戈尔季耶夫斯基，以及他们年龄较小的两个孩子，玛丽娜和奥列格（大约十岁）//

// 下图　戈尔季耶夫斯基兄弟姐妹：瓦西里、玛丽娜和奥列格，照片拍摄于1955年前后 //

// 上图　莫斯科国际关系学院田径队：戈尔季耶夫斯基，照片最左边；斯坦尼斯拉夫·卡普兰，右边第二个。卡普兰后来成为捷克斯洛伐克情报官员，叛逃到西方，在西方情报机构争取他的大学老友时发挥了关键作用 //

// 下图　在黑海边的长跑训练 //

// 奥列格・戈尔季耶夫斯基在莫斯科国际关系学院（101 学校）的学生时期，其间他成了一名克格勃 //

// 上左图　习惯性地身穿克格勃制服的安东·戈尔季耶夫斯基。他坚信“党总是正确的” //

// 上右图　瓦西里·戈尔季耶夫斯基，一名非常成功的克格勃特工，在欧洲和非洲秘密执行任务，长期酗酒导致其年仅 39 岁就因病去世 //

// 下图　卢比扬卡：克格勃总部所在地，又称“中心”，既包括监狱，也有档案馆，是苏联情报机关的神经中枢 //

// 身穿克格勃制服的奥列格·戈尔季耶夫斯基：一名充满雄心、忠诚且训练有素的军官 //

// 正在修建的柏林墙，1961 年 8 月。东西方之间这座真正的屏障，给 22 岁的戈尔季耶夫斯基留下了深刻的印象 //

// 戈尔季耶夫斯基在哥本哈根任职期间的照片，是丹麦安全与情报局秘密拍摄的。很长一段时间里，这是军情六处仅有的关于代号“阳光”的苏联情报官员的照片 //

// 戈尔季耶夫斯基在哥本哈根和一位不知名的搭档参加羽毛球双打比赛。军情六处在羽毛球馆首次直接接触了这名克格勃官员 //

// 和克格勃哥本哈根情报站站长、好友兼上级米哈伊尔·柳比莫夫在波罗的海岸边 //

// 和柳比莫夫（站立者）、他的妻子塔玛拉（照片左侧）以及第一任妻子叶莲娜在丹麦旅游 //

// 挪威工党的新星阿恩·特雷霍尔特（照片左侧）和克格勃负责人“鳄鱼”蒂托夫（中间者）在共进午餐的途中，两人一共 59 次共进午餐 //

// 上图　1973 年成为苏联间谍的瑞典警察、安全局官员斯蒂格・贝里林 //

// 下图　代号“格雷塔”的贡沃尔・加尔通・霍维克是挪威外交部一名不起眼的秘书，为克格勃从事间谍活动超过三十年。此为她 1977 年被捕后所拍摄的照片 //

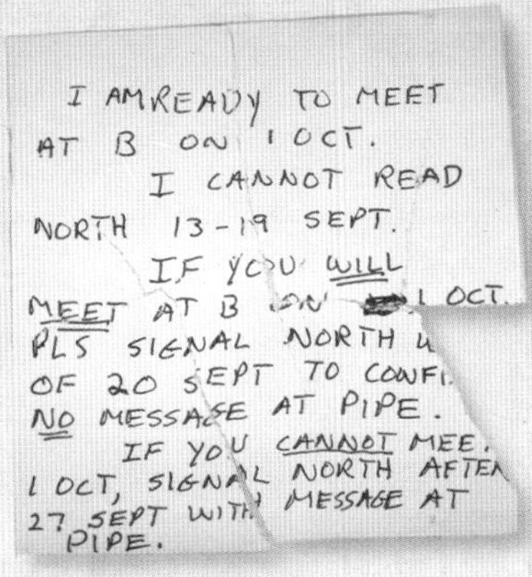

I AM READY TO MEET
AT B ON 1 OCT.
I CANNOT READ
NORTH 13-19 SEPT.
IF YOU WILL
MEET AT B ON 1 OCT.
PLS SIGNAL NORTH W
OF 20 SEPT TO CONFI
NO MESSAGE AT PIPE.
IF YOU CANNOT MEET
1 OCT, SIGNAL NORTH AFTER
27 SEPT WITH MESSAGE AT
PIPE.

// 上左图　埃姆斯给克格勃负责人的一张手写纸条，安排了一次情报"秘密传递" //

// 上右图　刚进入中情局的奥德里奇·埃姆斯。他最终出卖了中情局在苏联的整个间谍网，导致很多特工被处决 //

// 下图　埃姆斯和他的第二任妻子玛丽亚·德·罗萨里奥·卡斯·杜普伊。"她是一股新鲜空气。"埃姆斯说。但她也很苛刻、奢侈且挥霍无度 //

//苏联军控专家谢尔盖·丘瓦欣，他被埃姆斯选为华盛顿特区苏联使馆的首位联络人。“我这么做是为了钱。”埃姆斯后来说//

//苏联使馆反情报机构负责人维克多·切尔卡申上校，埃姆斯的首位克格勃负责人//

// 第一总局局长弗拉基米尔·克留奇科夫，后来成为克格勃主席 //

// 克格勃主席尤里·安德罗波夫启动了“莱恩行动”，要求搜集西方对苏“首次核打击”的证据，一度将世界带到了核战争边缘。1982 年他接替列昂尼德·勃列日涅夫成为苏联领导人 //

//上图　富有魅力、喜欢玩吉他的克格勃英国 - 斯堪的纳维亚业务部负责人尼古拉·格里宾，他也是戈尔季耶夫斯基的直接领导//

//下左图　反情报部门K局上校维克多·布达诺夫。1985年5月，这个“克格勃最危险的人”亲自审问了戈尔季耶夫斯基//

//下右图　第一总局副局长、乌克兰人维克多·格鲁什科，他是戈尔季耶夫斯基的审问者中级别最高的官员//

// 上图　暗号点 //

// 下图最上：库图佐夫斯基大街 7/2，外事人员专用楼（“库茨”）
左边从左到右下：军情六处人员所在公寓，暗号点，面包店
右上：乌克兰酒店 //

// 戈尔季耶夫斯基的第二任妻子莱拉·阿丽耶娃，照片拍摄于两人初次在哥本哈根相遇前后。她当时28岁，来自一个克格勃家庭，在世界卫生组织担任打字员。1979年，他们在莫斯科结婚 //

是这方面的行家，喜欢和人吹嘘自己干掉了多名叛逃到西方的变节者，包括斯大林的女儿和纽约犹太人防卫同盟（Jewish Defense League）的主席。他只吃俄国菜，每顿饭都会吃很多，几乎不会说英语。来伦敦前，他是莫斯科市的克格勃负责人。和米哈伊尔·柳比莫夫不同，他讨厌英国和与英国有关的一切。但他最憎恶的是苏联驻英国大使维克多·波波夫，一名受过良好教育、有点浮夸的外交官，他代表了古克所厌恶的一切。古克多数时间都待在办公室里，喝着伏特加，一根接着一根地抽烟，说波波夫的坏话，琢磨着贬损波波夫的新花样。他报回莫斯科的情报大多数都是纯粹的臆测，精明地迎合了莫斯科甚嚣尘上的阴谋论——比如认为中情局资助了1981年3月成立的中左翼英国社会民主党（SDP）。戈尔季耶夫斯基认为自己的新上级是“一个大腹便便的大块头，智力平平，思想卑劣”。

伦敦站里更聪明也更有威胁的人是列昂尼德·叶夫罗莫维奇·尼齐坦科（Leonid Yefremovitch Nikitenko），他是反情报部门的负责人，古克的主要心腹。他相貌英俊，心情好时会显得很有魅力，但十分冷血。他眼窝深陷，长着一双淡黄色的眼睛，可以敏锐地捕捉一切。起初，尼齐坦科认为在伦敦干好工作的关键是迎合古克，但他是一名能干的反情报官员，做事很有条理，并且诡计多端，在伦敦工作三年后，他就学会了如何与英国情报机构打交道。“这份工作很特别，”尼齐坦科在回忆与军情五处和军情六处的斗争经历时说，“我们是政治家。我们是军人。但我们首先是一个精彩舞台上的演员。我想不出比情报工作更好的工作了。”如果有人能给戈尔季耶夫斯基制造麻烦，那一定非尼齐坦科莫属。

PR线负责人、戈尔季耶夫斯基的直接领导是伊戈尔·弗德洛维奇·蒂托夫（Igor Fyodorovich Titov，和根纳迪·蒂托夫没有血缘关系）。他秃顶，烟瘾很重，保持着军人作风，痴迷
131 于西方色情杂志，常把在苏豪购买的杂志装进外交邮袋寄回莫斯科，作为送给克格勃好友的礼物。蒂托夫不是使馆正式的外交人员，但他以俄语周报《新时报》（*New Times*）记者的身份作为掩护。戈尔季耶夫斯基在莫斯科的时候就认识蒂托夫，认为他是“一个不折不扣的恶人”。

三名领导正在情报站办公室等候戈尔季耶夫斯基。他们的握手很敷衍，仅仅是出于礼貌。古克在发现奥列格似乎很有文化之后，立刻对这名新同事产生了反感。尼齐坦科以一种不信任任何人的保留态度审视着他。蒂托夫则将自己的新属下视为潜在的对手。克格勃是一个竞争激烈的部落群体：古克和尼齐坦科都是反情报系统培养出来的，他们天生就有一种反情报思维，本能地将初来乍到者视作威胁，认为戈尔季耶夫斯基“想方设法”获得了一份自己只能勉强胜任的工作。

偏执总是因宣传、无知、秘密和恐惧而生。1982 年的克格勃伦敦情报站是世界上最为偏执的地方之一，充满了一种基于臆想的受困心态。由于克格勃投入了大量时间和精力去监视莫斯科的他国外交官，他们想当然地认为军情五处和军情六处在伦敦也会这样做。事实上，尽管英国安全机构确实会监视和跟踪可疑的克格勃特工，但英国人的监视程度远没有苏联人所想象的那样严密。

然而，克格勃坚信，整个苏联使馆都是一场大规模、持续性窃听行动的目标，没有发现窃听行为恰恰证明英国人精于此道。克格勃认为隔壁的尼泊尔和埃及使馆是英国人的“监听点”，要求官员禁止在毗连的墙壁附近说话；躲在暗处、带着

长焦镜头的间谍能够跟踪每一个进出大楼的人；据说英国人在肯辛顿宫花园地下修建了一条特殊的地道，以便在苏联使馆地下安装窃听设备；克格勃禁止使用电子打字机，认为打字的声音可能会被窃听，内容会被破译，甚至害怕按键会泄露秘密，
连手动打字机也不提倡使用；每面墙上都贴着警示：“不要大 132
声说出姓名或时间”；窗户全都用砖砌住，但古克的办公室除外，在他的办公室里，微型收音机喇叭传出的枯燥的俄罗斯音乐回荡于双层玻璃窗的夹层中，发出一种奇怪的低沉声音，使这里的气氛更加离奇。所有的秘密谈话都在地下室一间没有窗户、有着金属衬层的屋内进行，这里终年阴冷潮湿，到了夏天则非常炎热。波波夫大使的办公室在中部楼层，他认为克格勃可能在天花板内安装了窃听设备，偷听他的谈话（很可能确实如此）。古克对伦敦的地铁系统有强烈的个人兴趣，但他坚信地铁站里的某些广告牌装有双向镜，以供军情五处监视克格勃的一举一动，所以从不乘坐。古克出门总是乘坐自己的乳白色梅赛德斯-奔驰轿车。

戈尔季耶夫斯基发现自己正置身于一个与伦敦其他地方相隔绝的微型国度，一个充满不信任、小肚鸡肠的嫉妒和背后诽谤的封闭世界。“嫉妒、恶毒的思想、卑劣的攻击、阴谋诡计和各种检举告发行为无比泛滥，与这里相比，克格勃莫斯科中心简直如幼儿园一般单纯。”

伦敦克格勃情报站的工作环境确实糟糕。但此时在戈尔季耶夫斯基心中，克格勃已经不再是他的第一雇主。

1982 年 7 月 4 日，戈尔季耶夫斯基在另一个电话亭里给军情六处打了电话。预有准备的总机马上将电话转至十二层的接听席位。这次是杰弗里·古斯科特本人亲自接听。两人的对

话很愉快，但简短而高效：他们约定了第二天下午的见面地点，找了一个苏联间谍估计最不可能出现的地方。

斯隆街（Sloane Street）的假日酒店可能是伦敦最无趣的酒店。它唯一值得一提的地方就是每年举办的瘦身大赛。

在约定的时间，戈尔季耶夫斯基走进旋转门，一眼就认出了大厅对面的古斯科特。在他旁边坐着一位气质优雅的女性，
133 五十岁出头，留着整齐的金发，穿着一双朴素的鞋子。维罗妮卡·普赖斯负责此事已有五年，但只见过戈尔季耶夫斯基的几张模糊照片和护照照片。她碰了一下古斯科特，小声说：“他来了！”古斯科特发现 43 岁的戈尔季耶夫斯基这几年老了，但精神状态不错。俄国人朝古斯科特微微一笑。古斯科特和普赖斯起身，没有进行调查交流，沿着走廊来到了酒店后面。按照事前的约定，戈尔季耶夫斯基从后门出来，跟着他们穿过柏油路，上了一段楼梯来到酒店一层的停车场。笑容满面的古斯科特在一辆车旁等候，车的后门开着。普赖斯昨晚将车停在此处，以便见面后迅速离开，停车处靠近楼梯门，但离出口匝道很近。这是一辆福特汽车，专门为接人而购买，车牌号查不到军情六处头上。

戈尔季耶夫斯基安全地坐进车内后，他才和古斯科特互致问候。古斯科特和戈尔季耶夫斯基坐在后排，俄语讲得很快，两位老朋友聊起了家人的情况，普赖斯娴熟地驾驶着车辆，路上车流不大。古斯科特向戈尔季耶夫斯基解释，为了欢迎他，自己专门从国外返回伦敦，准备一起为未来制订计划，并和新的负责人交接工作。戈尔季耶夫斯基点点头。他们驶过哈罗德百货商场、维多利亚和阿尔伯特博物馆（the Victoria and Albert Museum），穿过海德公园，拐入贝斯沃特（Bayswater）

一栋新公寓楼的前院，然后开进了地下停车场。

维罗妮卡和不知情的房地产经纪人花了数周时间对西伦敦进行调查，才找到一处合适的安全屋。这是一间一居室公寓，位于一栋现代化楼房的三层，与街道之间隔着一排树木。地下停车场的出口直接通往楼房：试图跟踪戈尔季耶夫斯基的人可能会看到他的车驶入，但无法确定他进了哪个房间。后花园的一扇门通往一条小路，提供了一条从后楼返回肯辛顿宫花园的紧急逃跑路线。公寓远离苏联使馆，戈尔季耶夫斯基不可能碰巧被其他克格勃人员发现，但对他而言，开车前往这里、停车、与负责人会面然后返回肯辛顿宫花园也不算远——可以在两小时内完成。附近有一家熟食店，需要的话可以买些吃的。普赖 134
斯坚持认为：“安全屋公寓必须有一种舒适的氛围，有一定的档次。我们不能随便在布里克斯顿（Brixton）这种地方挑间破屋子。”公寓里摆放了有品位的现代家具，也安装了窃听器。

刚在客厅坐下，普赖斯就忙着泡茶。克格勃里实际上没有女性间谍负责人，戈尔季耶夫斯基以前也从未遇到过像普赖斯这样的女性。“他立刻就对她产生了好感，”古斯科特观察道，“奥列格对女性很有眼光。”这也是他第一次正式品尝英国茶。和与她年龄相仿、阶级相近的很多人一样，普赖斯将茶当作一种神圣的爱国礼仪。古斯科特给戈尔季耶夫斯基做了介绍，称普赖斯为“吉恩”（Jean）。她的面容，戈尔季耶夫斯基回忆道，“似乎展现出英国人正派而有尊严的传统品质”。

古斯科特简要地介绍了行动计划。如果奥列格同意的话，他可以在每个月某日的午餐时间到这间屋子里和他的军情六处负责人见面。克格勃情报站午餐时间没有人，官员们都去喝酒和与联络人吃饭了（或者更准确地说，内部同事聚餐）。戈尔季耶夫斯基的缺席不会引人关注。

古斯科特将一间屋子的钥匙交给戈尔季耶夫斯基，这间屋子位于肯辛顿大街与荷兰公园（Holland Park）之间。这是他的避难所，在感到危险时，他可去此处躲藏（是否携家人前去皆可）。如果他想取消见面，或需要立刻和军情六处官员见面，抑或需要任何紧急帮助，他都可以拨打刚来伦敦时拨打的那个电话号码。总机 24 小时有人值守，接线员会直接将电话转给值班小组接听。

古斯科特提供了一项更重要的保证。戈尔季耶夫斯基在伦敦期间，从莫斯科逃跑的计划“皮姆利科”行动将随时待命。克格勃的员工休假政策很慷慨，情报官员在冬季有四周年假，夏季最多有六周年假。戈尔季耶夫斯基有可能于休假期间被紧急召回。只要他在莫斯科，军情六处官员就会持续监视库图佐夫斯基大街面包店的暗号点和中央商场，寻找一个手拿西夫韦塑料袋的男子。即使奥列格不在国内，他们也会这样做。克格勃严密监视在莫斯科的所有英国外交官，在他们的房间安装了窃听器，位于乌克兰酒店顶层和外交官公寓楼屋顶的监视点，
135 监视他们的一举一动。任何有悖常规的行为都可能被发现；如果他们在戈尔季耶夫斯基在莫斯科时才会有规律地经过面包店，他不在就不来的话，这种模式就有可能被人察觉。连续数周的时间里，无论戈尔季耶夫斯基是否在国内，军情六处都会继续监视接头点。严格的谍报技巧要求“皮姆利科”行动的流程持续数月或数年时间。

与戈尔季耶夫斯基的联络现在进入了一个新阶段，也被赋予了一个新的代号：“阳光”变成了“诺克顿”（NOCTON，林肯郡的一座村庄）。

军情六处此前从未管理过身处伦敦的克格勃特工，这为他们带来了新挑战，姊妹机构军情五处造成的威胁也是其中之一。军情五处负责监视伦敦所有可疑克格勃人员的一举一动。如果外号“监视者”（Watchers）的军情五处监视小组（A4 部门）发现戈尔季耶夫斯基在贝斯沃特的一处可疑地点参加了一次秘密会面，他们肯定会进行调查。但如果要求军情五处不要监视戈尔季耶夫斯基，又显然会表明他正在受到保护，让戈尔季耶夫斯基开展间谍活动的安全性大打折扣。在英国，这么重要的事不可能不让军情五处知道。因此，军情六处决定和军情五处联合管理此事，并让包括局长在内的少数军情五处高官“掌握”相关情况：这样军情六处就能获悉戈尔季耶夫斯基何时被人监视，并确保会面不会遭“监视者”干扰。

军情五处与军情六处的合作是史无前例的。长期以来，英国情报机构的这两个部门之间一直不乏嫌隙——也许这很正常，因为捉拿间谍的工作和管理间谍的工作之间难免存在矛盾，两者有时会有业务上的重叠，偶尔还会发生冲突。两个部门都有自己鲜明的传统、行为方式和工作方法，彼此间的竞争根深蒂固，并且常常适得其反。历史上，军情六处的一些人看不起国内情报机构，认为后者不过是一个警察部门，缺乏想象力和激情；而军情五处则将对外情报机构的官员视作在公学受教育的古怪冒险家。两个机构都认为对方“充满瑕疵”。军情 136
五处对军情六处情报人员金·菲尔比开展的长期调查，令双方的互相猜疑上升到赤裸的敌意。但为了共同完成“诺克顿”行动，他们将携手合作：军情六处将负责戈尔季耶夫斯基的日常管理；军情五处的少数知情人员将随时获悉最新情况并处理此事的安全事务。将知情范围扩大到军情六处以外的决定，标志着军情六处对传统的一次重大突破，也是一场赌博。军情六处和军情五处关于戈尔季耶夫斯基的情报共享代号为“拉姆帕德”（LAMPAD，希腊神话中的冥界仙女）。军情六处只有少数人知道“诺克顿”，而军情五处内部知道“拉姆帕德”的人更少，这两个机构中掌握全局状况的人员总共不超过十二个。

就约定条款达成一致，并将茶喝完之后，戈尔季耶夫斯基倾身向前，开始谈论自己四年里所掌握的秘密，那些他在莫斯科时搜集和记到脑子里的情报：姓名、日期、地点、计划、特工和间谍。古斯科特记着笔记，偶尔会插话来澄清一些疑点。但戈尔季耶夫斯基几乎不用别人提示。他一步步环环相扣，有条不紊地陈述着用惊人的记忆力记下来的事实。第一次会面只展示了戈尔季耶夫斯基所记住的信息的冰山一角，慢慢地，他逐渐放松下来，开始源源不断地透露秘密，克制地讲述了大量情况。

每个人都会进行回忆，相信一件事越是常被想起，就越接近事实真相。但事实并不总是如此。多数人会讲述某一种事实，然后坚持认定这一事实为真，或对其添枝加叶。戈尔季耶夫斯基的记忆力与众不同。他讲述的事实不仅前后一致，还会逐渐发展与完善。维罗妮卡·普赖斯说：“他每次见面都会告诉我们更多的细节，逐渐让我们建立起一个完整的知识网络。”照片式的记忆能记住某个孤立而准确的黑白画面，但戈尔季耶夫斯基的记忆是点彩式的，他将一系列的圆点汇聚起来，形成了大量鲜艳的色彩。“奥列格在对谈话的记忆上具有
137 惊人的天赋。他能回忆起谈话的时间、内容、措辞……他不会受人误导。”他甚至能回忆起被安排值夜班时和其他人的对话。作为一名训练有素的情报官员，他知道什么是对方感兴趣

的情报，什么是多余的信息。他提供的都是经过分析的现成情报。“他有一种敏锐的洞察力，对情报的内容有着非常精准的理解，这让他能很好地区分有价值的情报和糟粕。”

见面逐渐形成了固定模式，起初一个月一次，后来两周一次，再后来每周一次。每当这位苏联人来到安全屋，古斯科特和普赖斯都会热情地欢迎他，并为他准备一顿简单的午餐。“他仍然不适应英国的文化，在克格勃情报站的工作环境也充满敌意，”古斯科特回忆道，“他头脑里储备了太多的情报。我们的主要目的是确保他不会打退堂鼓。我们急于让他安心。”

1982 年 9 月 1 日，戈尔季耶夫斯基来到公寓，发现除了古斯科特和普赖斯外，还有第三个人在等他，那是一个个子矮小、神情紧张、黑发且有些秃顶的年轻男子。那是詹姆斯·史普纳，古斯科特用俄语向戈尔季耶夫斯基做了介绍，把史普纳称为“杰克”（Jack）。戈尔季耶夫斯基和詹姆斯·史普纳第一次握了手。他们很快就建立了融洽的关系。

詹姆斯·史普纳流利的俄语与丰富的实践经验使他成为继古斯科特回斯德哥尔摩后负责与戈尔季耶夫斯基联络的不二人选。军情六处准备让他接管“诺克顿”专案时，他本来要去德国的一个新岗位任职。“我花了大约两分钟时间思考，然后同意了。”特工和负责人默默地对彼此进行了评估。

“我详细了解了有关情况，他正是我所期望的人，”史普纳说，“年轻，充满活力，有能力，自律，专注。”这些词也可以用来形容史普纳自己。两人自从长大成人后就都埋头于情报工作，他们也都透过历史的维度思考间谍活动。他们还说着同一种语言，这不仅仅是一种比喻，现实中也是如此。

“我对他从未有过怀疑。一点也没有，”史普纳说，“这很难解释，但你就是知道该相信什么，不该相信什么。你运用了你的判断力。奥列格完全可靠，诚实，并且受正确的动机所驱使。”

戈尔季耶夫斯基很快就认为史普纳是一个“一流的情报
138 人员，而且非常友善，感情丰富，非常敏锐，无论从个人角度还是职业角度来看，都非常诚实”。他后来称史普纳是“我遇到的最好的负责人”。

戈尔季耶夫斯基似乎仍对英国感到“疏远而陌生”，但在一次次的会面之后，他和军情六处的日常接触逐渐形成了固定模式。贝斯沃特的公寓给他提供了一种庇护，一处远离古克情报站的残酷内斗和偏执敌意的避风港。维罗妮卡会从附近的熟食店买些吃的，通常是野餐食物，偶尔还会有腌鲱鱼和甜菜根这样的俄罗斯美食，并准备一两瓶啤酒。史普纳会在咖啡桌上放一部卡式录音机，以防偷偷安装的监听设备失灵，同时也展现了一种专注的职业态度。会面最长持续两个小时，他们每次结束前都会为下次的会面做好安排。之后史普纳会将两人的谈话内容抄录下来并进行翻译，写出一份完整的报告。他经常会工作到深夜，并且在家工作，避免引起世纪大厦其他人的注意：为了对其他同事隐瞒他的真实工作，军情六处宣称史普纳正在国外处理业务，需要出国。他抄录的内容随后被处理成多份彼此独立的报告的素材，供不同“客户”使用——按照军情六处的标准做法，每一份报告都只关注于某一具体领域。一次见面的谈话内容可能产生二十份报告，有些报告只有短短的一句话。由一名优秀的冷战专家带领的一个军情六处特别小组，负责“诺克顿”产品的整理、分析、区分、伪装与分发。

戈尔季耶夫斯基系统地进行了回忆，对在莫斯科时看到的情报进行了提炼与完善。经过三个月的讲述，他将自己对每一个细节的回忆和盘托出：他所讲述的内容是军情六处历史上从单个间谍身上获取的最大规模“行动性情报”，让军情六处得以完美而全面地了解克格勃过去、现在与未来的计划。

戈尔季耶夫斯基对军情六处历史上的叛徒或争议人物逐一进行了讲解。他提到金·菲尔比仍在为克格勃工作，但只是作为一名兼职分析员，并非中情局的詹姆斯·安格尔顿所想象的那种全能情报专家。多年以来，英国情报机构一直怀疑是否还 139
有像菲尔比一样的间谍潜伏在内部，英国小报也在不知疲倦地寻找着所谓的“第五人”，因此指出了不少的嫌疑人，还因此毁了一些人的职业生涯和生活。军情五处变节者、《间谍捕手》（*Spycatcher*）一书的作者彼得·赖特（Peter Wright）一直狂热地认为军情五处前局长罗杰·霍利斯（Roger Hollis）是一名苏联内鬼，因此导致了一系列极具破坏性的内部调查。但戈尔季耶夫斯基让阴谋论偃旗息鼓，明确地排除了霍利斯的嫌疑。奥列格指出，真正的第五人是前军情六处官员约翰·凯恩克罗斯（John Cairncross），他早在 1964 年就已承认自己是一名苏联特工；奥列格还提到，克格勃中心对英国人毫无根据的内耗行为感到困惑和好笑，并怀疑这一离奇的行为可能是英国人的一个阴谋。戈尔季耶夫斯基描述了根纳迪·蒂托夫在读到英国报纸又一篇关于抓内鬼的文章时提出的疑问：“为什么他们认为是罗杰·霍利斯？完全是胡说八道，不可理喻，这肯定是英国人特意针对我们搞的伎俩。”英国情报机构历时二十年的内鬼调查完全是浪费时间，而且造成了非常严重的后果。

戈尔季耶夫斯基在克格勃档案室中的研究还解开了其他一些谜团。一名于 1946 年被发现的、代号为“艾利”（ELLI）的苏联间谍，其真实身份此前从未得到探明，但现在可以确认他就是雷奥纳德·隆（Leo Long），即另一名于二战前在剑桥大学秘密投身共产主义事业的前情报官员。战时为英国从事原子弹研究的意大利核物理学家布鲁诺·庞蒂科沃（Bruno Pontecorvo）曾自愿为克格勃服务七年，后于1950年叛逃苏联。戈尔季耶夫斯基还透露了挪威特工阿恩·特雷霍尔特仍在为克格勃服务的消息。特雷霍尔特曾作为挪威驻联合国代表团成员去过纽约，现在回到了挪威，在联合参谋学院进修，能够接触大量敏感信息——他将这些情报交给了克格勃。在戈尔季耶夫斯基1974年的初次通报之后，挪威安全部门一直在监视特雷霍尔特，但还没有对他实施抓捕——部分原因是英国情报机构害怕抓捕可能直接暴露情报来源，而挪威人还不知道这则情报是戈尔季耶夫斯基透露的。现在，特雷霍尔特脖子上的绳索越勒越紧。

☆

140 军情六处的少数高级官员在世纪大厦齐聚一堂，听取“诺克顿”专案负责人的第一次情况汇报。这些高官并非感情外露和情绪化之人，但房间里充满了一种“兴奋与期待”的气息。这些大人物本以为能获悉克格勃特工在英国庞大情报网络的情况，发现像“剑桥五杰”（Cambridge Five）那样潜入英国情报机构内部、从内部摧毁它的间谍。他们以为1982年的克格勃还像以往一样强大。但戈尔季耶夫斯基证明了事实并非如此。

克格勃在英国只有少数特工、联络人和间谍，不构成严重威胁，这一事实既让人欣慰，也令人失望。戈尔季耶夫斯基透露了克格勃档案室里记录的工会领袖杰克·琼斯及工党议员鲍勃·爱德华兹的档案情况。他还说出了一些对苏持同情态度的“联络人”，他们接受克格勃的金钱报酬或参加由其出资的娱乐消遣活动，比如《卫报》记者理查德·戈特和年迈的和平主义活动家芬纳·布罗克韦。但军情六处的间谍猎手们没有发现什么有价值的重要猎物。有一点尤其值得关注：戈尔季耶夫斯基显然从未听说过杰弗里·普赖姆（Geoffrey Prime），他在负责通信和信号情报的英国情报机构政府通讯总部（GCHQ）担任分析师，不久前作为一名苏联间谍而被捕。如果戈尔季耶夫斯基看过所有的档案，他为什么对自从 1968 年就成为苏联间谍的普赖姆一无所知呢？答案很简单：普赖姆是由克格勃反情报部门负责的，不属于英国－斯堪的纳维亚业务部。

戈尔季耶夫斯基对克格勃在伦敦、斯堪的纳维亚及莫斯科行动的详细描述，证明了苏联并不是什么十英尺高的神秘巨人，反而充满了漏洞，其情报系统笨拙而低效。1970 年代的克格勃显然已经不是过去那个令人生畏的对手了。1930 年代的意识形态狂热让克格勃发展了很多忠诚的特工，但现在的间谍完全不同，他们战战兢兢、唯命是从。这支队伍仍然规模庞大，资金充足且冷酷无情，仍能吸引一些最精明且最优秀的人。但现在，克格勃也吸收了很多趋炎附势者和马屁精，以及缺乏想象力且懒惰的野心家。克格勃仍是一个危险的敌人，但它已经暴露出脆弱与无能。而在克格勃开始衰落的同时，西方 141
情报机构却在重新焕发活力。军情六处已经从五六十年代深受间谍丑闻的影响中恢复，开始主动出击了。

现在，一股信心和兴奋之情在军情六处内部涌现出来。他们发现，现在的克格勃并非不可战胜。

但戈尔季耶夫斯基透露的一条情报，却令英国情报与安全机构高层感到寝食难安。

迈克尔·富特和克格勃的暧昧关系是一段很久以前的历史了。戈尔季耶夫斯基尽量不去夸大“布特”特工的重要性，杰弗里·古斯科特对此事也进行了明确的判断：富特的情况只是对方“误导”我们的虚假信息，这事过去很久了；他不是间谍，应该也不是什么“自愿的线人”。但从 1980 年起，他成了反对党工党的领袖，对玛格丽特·撒切尔的首相地位构成了挑战。他可能在下次大选中成为首相，最迟于 1984 年就任。如果他此前与克格勃的经济联系被曝光，那他的信誉将毁于一旦，执政再无希望，英国的历史走向也有可能因此改变。很多人已经意识到他那危险的左翼思想，但他与克格勃的接触，会让他的意识形态立场平添一种罪恶色彩。这一事实已经足够让富特显得极其幼稚与愚蠢。但在选举的热潮中，他可以被渲染成一个忠实服务、接受报酬的克格勃间谍。

“我们担心这一信息的敏感性，需要避免其被用于政治炒作，”史普纳说，“英国存在着严重的意识形态对立，但我们知道不能让这一消息成为政治主流。我们接收的情报很容易被公众误读。”

关于富特的情报会对国家安全产生严重影响。军情六处将证据交给了军情五处局长约翰·琼斯。国内安全机构军情五处将决定下步采取何种行动。“这是他们的事。”

时任内阁秘书长（Cabinet Secretary）罗伯特·阿姆斯特朗（Robert Armstrong）爵士是英国公务员系统负责人，他作
142 为首相的高级政策顾问负责监督情报机构及其与政府的关系。
阿姆斯特朗曾担任哈罗德·威尔逊首相和爱德华·希思

(Edward Heath) 首相的首席私人秘书，他在政治上的中立姿态是政府诚信的生动体现。他也是撒切尔最为信任的顾问之一。但这并不代表他会毫无保留地告诉她一切。

军情五处局长告诉阿姆斯特朗，迈克尔·富特曾是一名收取克格勃报酬的联络人，代号“布特”。两人商议决定，这一情报太具政治煽动性，不能告诉首相。

很多年后被问及此事时，阿姆斯特朗非常谨慎，他用最佳的传统官方口吻含糊其词地说：“我知道迈克尔·富特在成为工党领袖前，被认为曾与克格勃进行过接触，他的《论坛报》据说也得到过莫斯科方面、可能是克格勃的经济资助……戈尔季耶夫斯基证实了这一点。我不知道外交大臣或首相了解多少相关情况。”

阿姆斯特朗后来成了“间谍捕手审判”的关键证人，这起审判源于英国政府阻止彼得·赖特爆料回忆录出版的未遂企图。阿姆斯特朗发明了“对真相精打细算”（economical with the truth）这一词语。对于是否散布有关迈克尔·富特的情报，他显然颇为吝啬。他没有把这项情报告诉玛格丽特·撒切尔或她的高级顾问，没有告诉英内政部、保守党或工党的任何人，也没有告诉美国人或其他任何英国盟友。他没有告诉任何人。

在顺利熄灭这一火药桶后，内阁秘书长决定尘封此事，顺其自然，他希望富特输掉大选，让问题自然消散。维罗妮卡·普赖斯对此直言不讳：“我们隐藏真相吧。”即便如此，军情六处内部还是对迈克尔·富特如果赢得选举将产生的政治影响进行了讨论：他们一致认为，如果一名有着克格勃历史的政治家成为英国首相，那么女王陛下就必须知晓此事。

戈尔季耶夫斯基透露的情报中，还有一个比“布特”档 143

案更危险的情况，一个不但有可能改变世界，还有可能毁灭世界的克格勃秘密。

1982 年，冷战再度白热化，核战争的风险切实存在。戈尔季耶夫斯基透露，克里姆林宫错误但非常严肃地认为，西方可能即将按下核按钮。

8 莱恩行动

1981 年 5 月，克格勃主席尤里·安德罗波夫召集高级官员在一次秘密会议上宣布了一个令人震惊的消息：美国计划发起先发制人的核打击，消灭苏联。 144

二十多年来，相互确保摧毁的威胁阻止了核战争在东西方之间爆发，因为无论谁首先发动核战争，都将在这样一场对抗中被消灭。但到了 1970 年代末，西方开始在核军备竞赛中领先，国际关系的缓和开始被一种心理对抗所取代，克里姆林宫担心可能被一次先发制人的核打击所击败并摧毁。1981 年初，克格勃运用一种新研发的计算机程序对地缘政治局势进行了分析，并得出了“世界力量对比”已开始有利于西方的结论。苏联对阿富汗的入侵代价高昂，古巴成了苏联沉重的经济负担，中情局积极开展针对苏联的秘密行动，美国正在进行大规模的军力扩张：苏联似乎要输掉冷战了，如同一名多年来被试探性出拳搞得筋疲力尽的拳击手一样，克里姆林宫害怕一记出其不意的无情重拳将会终结这场比赛。

克格勃负责人安德罗波夫之所以坚信苏联可能突然遭受核打击，可能要归因于他的个人经历，而非理性的地缘政治分析。1956 年，当时正担任苏联驻匈牙利大使的安德罗波夫目睹了一个看似强大的政权如何瞬间被颠覆。他在武装干涉匈牙利一事上发挥了关键作用。十二年后，安德罗波夫又主张用

“极端手段”镇压“布拉格之春”。这位“布达佩斯屠夫”迷信于军事力量和克格勃的镇压。罗马尼亚秘密警察机构负责人
145 认为他“让克格勃取代了党在苏联的统治地位”。刚刚执政的美国里根政府自信、盛气凌人，似乎低估了迫在眉睫的威胁。

而且，和所有真正的偏执狂一样，安德罗波夫开始寻找证据来证实自己的恐惧。

“莱恩行动”（Operation RYAN，RYAN 是 Raketno-Yadernoye Napadeniye，即核导弹袭击的俄语首字母简写）是苏联历史上规模最大的非战时情报行动。在深感震惊的克格勃属下及苏联领导人列昂尼德·勃列日涅夫面前，安德罗波夫宣布，美国和北约正在“积极准备一场核战争”。克格勃的任务是找出袭击迫在眉睫的证据，并提供早期预警，确保苏联不会措手不及。这意味着，如果能发现袭击迫在眉睫的证据，苏联就可以实施先发制人的打击。安德罗波夫在镇压苏联卫星国自由运动方面的经验让他深信，最好的防御就是进攻。遭受首次核打击的恐惧，反而会促使苏联主动实施核打击。

“莱恩行动”纯粹源自安德罗波夫的臆想。它逐步完善，最终克格勃和军事情报机构格鲁乌都对此深信不疑，花费了大量时间精力，将美苏之间的紧张关系提升到了令人恐惧的水平。克格勃甚至给“莱恩”起了一句口号：“抓住机会（Ne Prozerot）！”1981 年 11 月，克格勃驻美国、西欧、日本和第三世界国家的情报站都收到了有关“莱恩行动”的第一批指示。1982 年初，克格勃要求全球所有的情报站点都将“莱恩”作为首要任务。戈尔季耶夫斯基来到伦敦时，该行动已经全面启动。但这场行动建基于完全错误的判断：美国并没有准备发动首次核打击。克格勃匆忙寻找对苏打击方案的证据，但正如官

方授权的军情五处史所说的那样："这种计划根本不存在。"

在开展"莱恩行动"的过程中，安德罗波夫违反了情报工作的第一准则：决不能让情报人员核实你已经相信的东西。希特勒确信盟军的D日登陆作战将以加来为目标，因此他的 146
间谍（在盟军双面特工的帮助下）也向他提供了佐证这一错误信念的情报，从而让诺曼底登陆得以成功。托尼·布莱尔和乔治·布什确信萨达姆·侯赛因拥有大规模杀伤性武器，而美英情报机构的结论也是据此产生的。迂腐而专横的尤里·安德罗波夫完全相信，自己的克格勃下属能发现美国即将发动核打击的证据。因此他们就这样行动了。

戈尔季耶夫斯基在离开莫斯科前已经了解了一些"莱恩行动"的情况。当军情六处知晓了这项影响深远的克格勃政策方针时，世纪大厦里的苏联问题专家起初对此持怀疑态度。克里姆林宫的那些老头子真的会如此无视西方的道德标准，相信美国和北约会首先发起核打击吗？这是不是某个老谋深算的克格勃怪人口中的危言耸听之词？或者，更为阴险的是，这会不会是一个故意为之的花招，一则意在让西方知难而退、削减军力的虚假信息？情报人员对此疑窦丛生。詹姆斯·史普纳琢磨着：克格勃中心真的"如此和现实世界脱节"吗？

然而，随着1982年11月安德罗波夫接替列昂尼德·勃列日涅夫担任苏联领导人，他成为首位当选苏共总书记的克格勃首脑。克格勃在各地的站点都在不久后接到了通知，称"莱恩"行动现在"具有极高的重要性"，已经"上升到特别紧迫的程度"。一封发给阿卡迪·古克（收件姓名是他的化名耶尔马科夫）的电报刚好抵达克格勃伦敦情报站，注有"仅限本人"和"绝密"字样。戈尔季耶夫斯基将电报装进口袋，偷偷带出使馆，交给了史普纳。

这封电报名为“查明北约对苏联核导弹袭击准备的长期行动方案”，它详细说明了“莱恩行动”应关注的各种迹象，以便为克格勃提供预警，以对西方的核打击做好准备。这一文件证明了苏联对首先遭受核打击的恐惧确实存在，根深蒂固且正日益增长。文件指出：“这项任务的目的是确保情报站系统地开展工作，查明主要对手（美国）对苏联进行核导弹袭击准备情况的有关计划，并对其对苏联使用核武器决策情况或进
147 行核导弹袭击的现实准备迹象进行持续性监视。”文件列举了显示袭击可能发生的二十种迹象，有一些是合理的，还有一些是荒谬的。文件要求克格勃官员对“关键的核决策者”进行密切监视，奇怪的是，这份名单中也包括了宗教领袖和大银行家；文件也要求克格勃对进行此类决策的场所进行严密监视，核武器储存地、军事设施、疏散通道和防空洞也在其中。文件还指出，克格勃应该在政府、军队、情报和民防组织内发展特工，甚至鼓励克格勃官员在晚间清点政府要害部门办公楼里有多少办公室还亮着灯，因为美国官员可能在熬夜制订打击方案。政府机构停车场的汽车数量也应关注：比如，国防部停车场内车辆的突然增多，可能意味着美国正准备实施打击。医院也是一个关注重点，因为苏联可能在遭袭后进行报复，西方国家的医院会为大量的伤亡人员预留床位。屠宰场也不能放过：如果遭到宰杀的牛突然大幅增多，可能意味着西方准备在“末日”（Armageddon）降临前囤积汉堡包。

在这封电报中，最奇特的指令是对“血库中的存血量”进行检测，如果发现政府开始采购血液并储备血浆，情报人员就应进行报告。“从献血者处采购血液的量与价格的提高……

可能是开始进行对苏核打击准备的一个重要标志……查明几千处献血中心的位置和血液价格，并对任何变化进行记录……如果献血中心的数量和血液价格突然毫无原因地大幅增加，立刻向莫斯科中心报告。”

在西方，公民会自愿献血，他们得到的报酬只是一块饼干，有时是一杯茶。不过，克里姆林宫认为，资本主义已渗透到西方人生活的方方面面，因此西方世界实际上存在一种可以买卖血液的“血液银行”。克格勃分部无人敢指出这一常识性错误。在一个人人谨小慎微、等级分明的组织中，比暴露自己 148
的无知更可怕的就是揭露上级的愚蠢。

戈尔季耶夫斯基和同事们起初对这一像购物清单一样混杂的怪异指令感到排斥，认为“莱恩行动”不过是克格勃中心发起的另一项毫无意义、因消息闭塞而起的形象工程。较为敏锐以及较有经验的克格勃官员都知道，核战争的主张在西方没有市场，更别说北约和美国发起的突然核袭击了。古克本人也只是“对中心的指令敷衍了事”，他认为这些指令是“荒谬的”。但在苏联情报界，服从比常识更加重要，全世界的克格勃情报站都开始认真地寻找敌人计划的相关证据。而且，他们必须找到证据。如果查看足够仔细的话，几乎所有的个人行为，似乎都能变得可疑：外交部大楼里没关的一盏灯，国防部停车位的短缺，一位可能有好战倾向的主教。随着“坐实”根本不存在的袭击苏联计划的“证据”越来越多，克里姆林宫的担忧似乎得到了证实，这使克格勃中心更加偏执，促使他们发出寻找更多证据的新指令，误判因此变得颠扑不破。戈尔季耶夫斯基将这个过程称为“情报搜集与评估的恶性循环，驻外情报站感到有必要报告那些令人恐慌的情报，即使他们并不相信其真实性”。

接下来的几个月里，“莱恩行动”成了克格勃的核心工作。里根政府此时的强硬表态更让苏联领导人确信，美国已经走在了一条通往不对称核战争的侵略性道路上。1983 年初，里根将苏联谴责为“邪恶帝国”（evil empire）。即将在西德部署的“潘兴Ⅱ”（PershingⅡ）中程弹道导弹，使苏联更感担忧。这些武器具有“迅捷的第一次打击能力”，可以在无预警情况下于四分钟内打击包括导弹发射井在内的苏联硬目标。这种导弹只需大约六分钟就能飞抵莫斯科。如果克格勃能对袭击提供足够的预警，那么莫斯科就会“赢得采取报复措施……所需的一段准备时间”：换句话说，采取先发制人的打击。同年 3 月，里根在一次公开演说中威胁要使苏联的一切先发制人
149 报复手段失效：以“星球大战”（Star Wars）之名为人所知的美国“战略防御倡议”（Strategic Defense Initiative）设想用卫星和天基武器进行防御，击落来袭的苏联核导弹。这将确保西方的安全，使美国能够对苏进行打击而不必担心报复。安德罗波夫愤怒地谴责华盛顿“炮制了一项新计划，企图以最有利的方式打赢核战争……华盛顿的行为将整个世界置于危险之中”。“莱恩”系统进一步扩大：因为对安德罗波夫和他顺从的克格勃下属而言，这事关苏联的存亡。

一开始，军情六处将“莱恩”解读为克格勃无能的又一桩证据：如果克格勃正致力于寻找一项不存在的阴谋，他们便不会有多少时间开展有效的间谍活动。但随着时间的推移，美苏双方的愤怒言辞愈演愈烈，这显然表明克里姆林宫的恐惧不只是一种浪费时间的臆想。一个担心战争一触即发的国家，愈发有可能采取主动。“莱恩”显著表明，冷战对抗已经出现失控的危险。

华盛顿的强硬姿态再次为苏联方面的末日核战争叙事提供

了佐证。不过，美国的外交政策分析人员对苏联发出的警告并不重视，认为这不过是出于宣传目的的故意夸大，是长期以来美苏之间进行的讹诈与反讹诈的一部分。但安德罗波夫真的认为美国正在策划一场核战争；而且，多亏了这名苏联间谍，英国人知道了此事。

必须让美国人知道，苏联领导人的担忧是真切的，尽管这种担忧建立在无知和偏执的基础上。

英国情报机构和美国情报机构之间的关系，有点像兄弟之间的关系：亲密但存在竞争，友好但心存嫉妒，相互支持但也龃龉不断。英国和美国过去都曾被苏联特工深度渗透，但双方对彼此都有着挥之不去的怀疑，认为对方并不可靠。根据协议约定，英美双方共享截获的信号情报，却很少共享从人力渠道 150
获取的情报。美国有着英国掌握不到的间谍，反之亦然。双方依据“需要知情者才可知情”的原则提供人力渠道获取的“产品”，但对“需要”的认定比较灵活。

英国将戈尔季耶夫斯基透露的“莱恩行动”中对美国有帮助的部分内容通报给了中情局，但并未将相关情报和盘托出。到此时为止，“诺克顿”的相关材料被分发给了军情六处和军情五处的“特定”情报用户，并专门通报给了丹麦安全与情报局，以及英国首相办公室、内阁办公室和外交部。扩大分发范围，让美国情报机构知晓情况，标志着此事的一大转折。军情六处没有说出情报的来源和提供者。英国人对情报来源进行了周密的伪装与低调处理，情报内容本身也受到包装，以使其真实来源难以辨明。“我们对情报进行了分割处理与编辑，让它看起来就像普通的 CX 情报（一种情报报告的形式）一样。我们必须掩盖来源。我们说情报来自一个不在伦敦的中层官员。我们必须尽量让它看起来平淡无奇。”但美国人并不怀疑这份情报的真实性和可靠性：这是一份最高级别的情报，可靠而有价值。军情六处并没有告诉中情局情报来自克格勃内部。这样做似乎也没有必要。

在这之后，英美情报部门展开了二十世纪最重要的一场情报共享行动。

带着一种自豪感和刻意的低调姿态，军情六处慢慢地、小心翼翼地分批将戈尔季耶夫斯基透露的秘密传达给美方。长期以来，英国情报机构一直以擅长开展人力情报工作自豪。美国也许拥有更雄厚的金钱和技术实力，但英国情报机关更懂人性，至少自己愿意这样认为。戈尔季耶夫斯基透露的情报在一定程度上弥补了因菲尔比事件造成的多年尴尬，值得英国人小小炫耀一下。美国情报机构对此印象深刻，他们对英方的成果感到好奇并且十分感激，同时也对需要依靠自己小兄弟的帮忙，感到有些恼火。中情局需要（或不需要）得到什么样的信息现在取决于另一个情报机构，这是他们所不习惯的。

151 最终，随着戈尔季耶夫斯基所掌握情况的增多及细节的披露，将情报通报给美国政府最高层、为白宫椭圆形办公室的决策提供参考，变得必要起来。但只有少数美国情报官员知道英国人在苏联内部有一只高级“鼹鼠”，奥德里奇·埃姆斯就是其中之一。

从墨西哥回国后，埃姆斯在中情局重操旧业。他和罗萨里奥在位于华盛顿郊区的弗吉尼亚州瀑布教堂（Falls Church）安家；1983 年，尽管工作业绩一般，他还是被晋升为行动处反情报中心的对苏情报组负责人。埃姆斯在中情局得到了晋升，但这仍无法平息他对自己的工作日益增长的不满。罗萨里奥已经同意嫁给他，但为了和前妻离婚，他需要支付一笔高昂的费用。埃姆斯申办了一张新信用卡，马上就因购买新家具欠下了5000美元的债务。罗萨里奥感到失望、哀怨不已，经常给身在哥伦比亚的家人打电话，每个月光电话费就要400美元。他们住在一间狭小的公寓里。埃姆斯开着一辆老旧的沃尔沃汽车。

在埃姆斯看来，考虑到自己每天经手的秘密情报的价值，45000美元的年薪实在是过于寒酸。在里根政府精力充沛的新任中情局局长比尔·凯西（Bill Casey）的领导下，中情局对苏情报组焕发了生机，现在这一部门在苏东国家管理着大约二十名间谍。埃姆斯知道他们所有人的身份。他知道中情局在莫斯科郊外对电话线进行窃听，获取了大量情报。他知道技术部门的年轻人们设计了一个集装箱，用于对西伯利亚铁路上运输核弹头的火车进行情报侦察。最终他获悉了一个秘密，知道军情六处可能在克格勃内部安插了一名高级特工，而英国人没有透露他的身份。埃姆斯知道上述秘密，以及其他很多东西。但当他一个人在华盛顿各家酒吧闷头喝威士忌的时候，他在意的只有一件事：他破产了。他想要一辆新车。

来英国六个月后，戈尔季耶夫斯基的双面生活已经步入舒适的正轨。莱拉乐于收拾新家，对丈夫的秘密活动毫无察觉。
两个女儿似乎一夜之间变成了英国小姑娘，用英语和洋娃娃玩 152
具说话。戈尔季耶夫斯基喜欢伦敦的公园和酒吧，以及肯辛顿那家风味独特、口味辛辣的中东餐厅。和叶莲娜不同，莱拉喜欢做饭，总会带着兴奋的情绪滔滔不绝地向戈尔季耶夫斯基讲述在英国商店里可以买到的各种食材。琐碎的家务和照顾孩子都是莱拉一个人的事：她不但没有抱怨，还经常说能在国外住上一段时间真是幸运。她想念在莫斯科的家人和朋友，但她知道他们很快就要回国了，因为苏联官方人员的驻外任期很少会超过三年。每当莱拉开始想家，奥列格就会转移话题；他知道自己总有一天将不得不告诉莱拉自己是一名英国间谍，他们永远也回不去了，但现在何必让她承担这些压力和危险呢？莱拉是一个很好的俄罗斯妻子，他告诉自己，在不得不透露实情的时候，尽管她会有一段时间感到震惊和难过，最终还是会接受现实。不过，莱拉迟早还是会知道真相。晚点知道似乎比较好。

他们沉浸于英国首都的艺术生活之中，欣赏古典音乐演奏会，画廊的公开展览和戏剧演出。他相信，自己为西方开展的间谍活动是一种精神上的宣泄，并非叛国："正如用音乐进行反击的作曲家肖斯塔科维奇和拿笔进行反击的作家索尔仁尼琴一样，作为一名克格勃人员的我，只能利用自己掌握的情报做做文章。"他通过泄露秘密进行反击。

每天早上，他都会去荷兰公园跑步。每周事先约定的某一天，当军情五处的监视人员不在的时候，他会和同事说自己要和联络人吃午餐，然后开车前往贝斯沃特的安全屋。在地下停车场，他拿出一个塑料罩把汽车盖上，以免暴露车辆的外交牌照。

莫斯科中心不再使用缩微胶卷传达指示。因此每次见面前，戈尔季耶夫斯基都要偷偷带出纸质文件，有时是成批的文件。他会等办公室没人后，小心翼翼地将文件塞进衣服口袋。可供戈尔季耶夫斯基选用的文件很多。莫斯科中心各业务部门
153 争先恐后地对伦敦情报站工作人员提出要求：驻伦敦使馆有二十三名克格勃官员，另有八人以苏联贸易代表的身份为掩护从

事情报活动，还有四名伪装成记者的人和多名非法特工，而格鲁乌也在这里部署了一支十五人的军事情报团队。“中心发来了大量的情报，我可以从中任意挑选。”

一旦戈尔季耶夫斯基进入公寓房间，史普纳就会向他询问情况，维罗妮卡·普赖斯负责准备午饭，性格温和、办事效率极高的军情六处秘书莎拉·佩琪（Sarah Page）负责对所有文件进行拍照。戈尔季耶夫斯基将记忆中的情报全部说出后，重点转移到了当前的情报活动。“我们很快开始关注新鲜的东西，”史普纳说，“他会告诉我们自上次见面后这段时间内所发生的最新情况：事件、指示、探访、当地活动、与情报站同事的谈话等。”作为一名训练有素的观察者，奥列格在心里默默记下了可能有价值的任何情况：中心的指示、“莱恩”的最新要求及报告、特工的活动及其身份线索、拉拢工作和发展线人的目标人选，以及人事变动情况。但他也讲了一些流言蜚语，透露了同事们工作之余的想法图谋以及他们所做的一些趣闻逸事，比如谁喝了多少酒，和谁上了床，想和谁上床等。戈尔季耶夫斯基告诉史普纳：“你已经是克格勃情报站的编外人员了。”

维罗妮卡·普赖斯会不时地重温“皮姆利科”行动的细节，以防奥列格突然奉召回国并需要潜逃。潜逃计划自初次诞生以来，经历了一些重要的变化。戈尔季耶夫斯基现在是有两个年幼孩子的已婚男人。因此，军情六处必须准备两部潜逃车辆，而不是一部；一个大人和一个孩子分别藏于一个后备厢内，两个孩子必须注射强力安眠药，以保证熟睡并减少途中造成的伤害。为了做好在潜逃时刻对孩子下药的准备，维罗妮卡·普赖斯给了他一个注射器和一个橘子，让他练习注射给

药。每隔几个月，他要给孩子称体重，将体重报告给军情六处
154 驻莫斯科情报站，注射器的剂量也将做出相应的调整。

事态发展比较顺利，但危险时刻存在。一次在安全屋见面后，奥列格去附近的康诺特大街（Connaught Street）取车——这一次，他决定不在贝斯沃特的地下停车场停车。正要离开人行道时，他惊恐地发现了古克的那辆乳白色梅赛德斯-奔驰轿车滑行着朝他缓缓驶来，坐在驾驶座上的正是胖胖的情报站负责人古克。戈尔季耶夫斯基以为自己被发现了，紧张得直冒汗，马上开始编造理由，准备对自己来到远离使馆的住宅区的行为做出解释。但古克似乎并没有看到他。

只有三名政治家对此事知情。1982 年 12 月 23 日，戈尔季耶夫斯基来到英国整整六个月后，玛格丽特·撒切尔才获悉了“诺克顿”专案的存在。原始情报存于一个被称为“红夹克”的红色文件夹中，并存放在一个上锁的蓝色盒子里，只有首相本人和她的外交顾问与私人秘书有钥匙。撒切尔被告知军情六处在克格勃伦敦情报站内有一名特工。她不知道特工是谁。内政大臣威廉·怀特劳（William Whitelaw）一个月后才得知此事。另一位知情的内阁部长是外交大臣。刚刚就职的外交大臣杰弗里·豪（Geoffrey Howe）对“诺克顿”专案的有关材料，尤其是“莱恩行动”的情况有着“深刻印象”：“苏联领导人真的相信自己铺天盖地的宣传。他们真的害怕‘西方’密谋颠覆苏联——而且有可能，仅仅是有可能，认为西方会不择手段地试图实现这一目标。”

但在戈尔季耶夫斯基为军情六处进行的间谍活动顺风顺水之际，他在克格勃的工作却开始陷入困境。负责人古克和他的副手尼齐坦科对戈尔季耶夫斯基明显怀有敌意；他的直接领导

伊戈尔·蒂托夫也一如既往地不太友好。但并非所有的同事都
是偏执的庸俗市侩之徒。有些人很有洞察力。马克西姆·帕尔
西科夫（Msksim Parshikov）是奥列格在PR线的同事，三十多
岁，作为列宁格勒一名艺术家的儿子，他和戈尔季耶夫斯基有
很多共同的文化趣味。他们在政治组邻桌而坐，会一起收听英
国广播公司广播第3频道（Radio 3）播放的古典音乐。帕尔
西科夫发现他的这名同事“友善而聪明，有着一种令他与众
不同的教育和文化水平”。一次帕尔西科夫得了感冒，戈尔季 155
耶夫斯基给他推荐了自己刚刚在一家英国药店发现的鼻喷剂
“欧太林”（Otrivin）。帕尔西科夫写道：“对古典音乐的喜爱
和欧太林让我们团结了起来。”不过，他也感觉到了戈尔季耶
夫斯基内心的焦虑。“奥列格刚到伦敦的几个月，我和其他几
个与他关系密切的人就明显感到，他生活中肯定发生了某些糟
糕和不快的事——他似乎非常紧张，充满压力。”这名新同事
不同寻常，他保持着一种紧张的克制。帕尔西科夫说：

> 情报站的领导一开始就不喜欢他。他一般不喝酒，他太文雅了，不是“我们的人”。比如说，在住所一间面积不大的堂屋里，举行了一场纪念苏联节日的典型聚会。一切都是老样子：餐桌上是三明治和水果，为男人准备的伏特加和威士忌，还有为为数不多的几名女性准备的一瓶红酒。从负责人开始，大家轮流敬酒。戈尔季耶夫斯基自愿扮演服务员的角色，主动把每个酒杯斟满，但他自己只喝红酒。他从不与人深交。有些人觉得他很古怪。但我觉得：管他呢，你就是遇到了和大家不一样的人而已。一名军官的妻子受不了戈尔季耶夫斯基。她说不出自己为什么不喜

欢他，但她认为奥列格有点“不对劲”“做作”“两面派”。

帕尔西科夫不太关注那些针对戈尔季耶夫斯基的坏话。“我懒得和站里其他人一起中伤我的好同事。”帕尔西科夫如此回忆道。戈尔季耶夫斯基的主要问题是他糟糕的工作表现。他的英语仍然很差。他似乎会定期出去吃午餐，但很少能带来新情报。他来了几个月后，满是流言蜚语的情报站里又出现了奥列格不胜任这份工作的传言。

戈尔季耶夫斯基知道自己身陷困境。PR 线的前任给他留下了几名联络人，但他们没有提供有用的情报。他接触了一名被中心认定为线人的欧洲外交官，却发现“尽管他愿意享用
156 丰盛的午餐，但他连一点令人感兴趣的消息都没有告诉我”。另一个可能的发展对象是代表爱丁堡利斯选区（Edinburgh Leith）的工党议员罗恩·布朗（Ron Brown），他曾是一名工会组织者，因为对阿富汗、阿尔巴尼亚和朝鲜等国政府的大力支持受到克格勃关注。他常因粗鲁的言行而与议会龃龉不断，最终因偷窃情妇的内衣并砸烂她的住所被工党开除。在利斯出生的布朗有着浓重的苏格兰口音。他很有趣，也很随和，但一个俄国人几乎不可能听懂他所说的英语。连英国广播公司的标准发音都很难听懂的戈尔季耶夫斯基和布朗一起吃过几次午餐，席间操浓重苏格兰口音的布朗侃侃而谈，戈尔季耶夫斯基会故作聪明地点头，但他只能偶尔听懂一两句话。“对我而言，他好像在讲阿拉伯语或日语。”回到情报站后，戈尔季耶夫斯基会根据自己的想法，写一份纯粹编造出来的报告。布朗可能泄露了高级机密；但他也有可能只是谈论了橄榄球。在苏联的对英情报工作面前，布朗是否清白，也因他那晦涩的口音

成为历史谜团。

发展新联络人的努力收效甚微，重启和巩固以前的老关系同样令人沮丧。鲍勃·爱德华兹快八十岁了，作为最年长的现任议员和克格勃的忠实朋友，他乐于谈论旧日时光，但对当今的情况却所知甚少。戈尔季耶夫斯基还恢复了和前工会领袖杰克·琼斯的联系，并去他的公寓拜访。早已退休的琼斯乐于接受午餐招待和偶尔支付的现金报酬，但作为一名线人他“毫无价值”。中心经常点出一些杰出的“进步人士”，比如核裁军运动代表琼·拉多克（Joan Ruddock）和播音员梅尔文·布莱格（Melvyn Bragg），并认为只要方法得当，这些人有可能为苏联提供情报。但和之前时常发生的一样，克格勃又一次弄错了人选。连续几周，戈尔季耶夫斯基一直在工党外围、反战运动、英国共产党和工会里寻找机会，但他发展新联络人的努力屡屡受挫。六个月后，他的工作毫无亮点。

情报站的情报分析主任也是古克的一名心腹，他对戈尔季 157
耶夫斯基的工作感到不满，抱怨这名新人是一个不中用的酒囊饭袋。戈尔季耶夫斯基向帕尔西科夫透露，他害怕回莫斯科休年假，怕“自己因为糟糕的表现受到批评”。中心对他不留情面，指示他“振作起来，继续工作”。

戈尔季耶夫斯基遇到了麻烦：情报站负责人不喜欢他，他在使馆也不受欢迎，还要努力去适应新的岗位、新的语言和新的城市。他还要忙于为英国人搜集情报，没有足够的时间投入克格勃的日常工作。

戈尔季耶夫斯基日常工作中遇到的问题，给军情六处提出了一个意想不到和令人警醒的挑战。如果他被召回国，那么西方最重要的间谍活动就不得不戛然而止，而此时他正在提供着足以改变世界的情报。这项情报活动的成功取决于戈尔季耶夫斯基的个人工作进展，因为在克格勃的眼中越成功，他就越有可能得到晋升，并接触到更多有价值的情报。需要有人推他一把。军情六处决定以两种前所未有的方式实现这一目标：替戈尔季耶夫斯基完成他的本职工作，除掉他的挡路人。

马丁·肖福德（Martin Shawford）是军情六处苏联业务部“诺克顿”小组的一名年轻官员，负责帮助戈尔季耶夫斯基在同事和上级心目中建立好感。会讲俄语、刚从莫斯科结束任职归国的肖福德，负责戈尔季耶夫斯基专案的政治报告。他开始将相关情报汇总，交给戈尔季耶夫斯基使用并让他反馈给克格勃：这些情报足以让中心相信戈尔季耶夫斯基善于搜集政治情报，但其内容不会真的对苏联人有用。间谍术语中，将此类情报称作“鸡食”（chickenfeed），是指虽然真实但可以让敌方掌握，以证明特工可信度的无害情报，这类消息通常包括大量繁杂的内容，但缺乏真正的情报价值。英国在二战期间生产了大量此类低级情报，将很多经过仔细审查的情报通过双面特工转交给德国人，其中有些信息是真实的，有些半真半假，有些
158 是假情报但不会被发现。肖福德从杂志和报纸上梳理了一些公开信息，让戈尔季耶夫斯基可以当作从联络人或其他渠道获取的情报进行使用，比如实行种族隔离制度的南非的局势概况，英美关系现状，以及在保守党全国大会上搜集的花边传闻。只要再加上一些想象力，这些内容便可以充当精心搜集的情报。“我们需要把这些材料交给他，让他反馈给克格勃情报站，以让他的外出和会面记录显得正当合理。增强他的可信度，避免他的行为引发怀疑是十分重要的。我们知道他能从他认识的那些人那里得到何种闲谈杂话。”但军情六处准备放宽权限的内

容，恰恰是负责此事的军情五处 K6 分部试图保密的东西。“这几乎导致在两家情报机构之间造成了戈尔季耶夫斯基专案历程中唯一的摩擦。”肖福德每周打印一份大半页的概要，让戈尔季耶夫斯基带回情报站，用克格勃的表达方式进行改写，增加一些自己掌握的细节，然后交给上级。他把军情六处的原始草稿撕碎后用马桶冲走。

给奥列格提供一些低级情报只是在事业上帮助他的一种手段。为了让上级相信他的工作很出色，戈尔季耶夫斯基需要去见一些能提供真实但无价值的情报的人。只是提供大量没有来源的情报，最终会引起怀疑。戈尔季耶夫斯基需要自己的“秘密联络人”。因此军情六处给他提供了一些人。

军情五处 K4 分部负责针对苏联的反间谍活动，判明、监视、跟踪任何在英国可能的潜在间谍——包括克格勃和格鲁乌军官，以及他们发展的间谍和特工。这经常需要用到“接头特工”（access agent），即日常生活中可以与可疑间谍进行接触的人，他们会努力赢得对方的信任，引其上钩，套取情报，装作同情对方，并准备为对方服务。如果间谍暴露身份，他们就会作为特工被逮捕，如果是有外交身份掩护的间谍，则被驱逐出境。但此类行动的最终目标是诱使间谍合作，通过劝诱或威胁的方式说服他进行针对苏联的间谍活动。这些接头特工，159
又被称作“受控联络人”（controlled contacts），是被 K4 分部秘密发展的普通公民，他们也战斗在隐形的谍报战线。他们实际上是诱饵，也是苏联情报官员争取的对象。1980 年代早期，K4 分部同时管理着十几个针对苏联间谍的案子，拥有几十名秘密接头特工。

容貌出众、个子高挑、一头黑发的罗斯玛丽·斯宾塞

（Rosemary Spencer）是保守党中央办公室（Conservative Central Office）的常客，这一保守党的中枢机构坐落于史密斯广场（Smith Square）32 号，位于威斯敏斯特市中心。42 岁的斯宾塞女士在研究部国际分部工作，她此前参与起草了一份关于马岛战争的报告。人们很不客气地说，斯宾塞嫁给了保守党。她为人和气，聪明，也可能很孤独，这样一位消息灵通的执政党机构工作人员正是克格勃鼓励其官员努力争取的对象。她的保守党同事如果知道这个研究部里富有魅力的单身女性其实是军情五处的一名秘密特工的话，肯定会大跌眼镜。

戈尔季耶夫斯基在威斯敏斯特的一场聚会上初次见到了罗斯玛丽·斯宾塞。他们的见面并非偶遇。他需要物色一名开朗的保守党研究员。军情五处事前提醒过斯宾塞，一名公开身份是苏联外交官的克格勃官员可能会和她接触，如果确实如此，她应该顺水推舟。两人一起吃了午餐。斯宾塞觉得戈尔季耶夫斯基非常迷人，戈尔季耶夫斯基知道她是一名军情五处的接头特工。斯宾塞也知道他是克格勃，但不知道他实际上为军情六处工作。他们又一起吃了午餐，后来更是见了不止一次。罗斯玛丽的军情五处负责人对她可以提供何种情报提出了建议：给戈尔季耶夫斯基的情报不要太敏感，但要和她的工作相关，可以是保守党内的一些零星传闻，一些没有价值的低级情报。戈尔季耶夫斯基将这些内容写进了报告，其中不仅有罗斯玛丽告诉他的内容，还有军情六处提供的其他情报，可以让他作为从一名人脉甚广的保守党党员那里获取的情报进行上报。克格勃对他的报告印象深刻：戈尔季耶夫斯基在保守党中央办公室内
160 发展了一个新的重要情报线人，此人有可能最终成为一名秘密联络人，乃至特工。

戈尔季耶夫斯基和斯宾塞的关系发展成为牢固的友谊，但也包含着欺骗。她相信自己在欺骗他；他没有揭穿这一点，也骗了她。他在利用斯宾塞来提高自己在克格勃的地位。她认为自己这样做是在打击苏联。这是间谍行动中另一个兼具算计与温情的典型例子：一段英国保守党研究员与苏联外交官之间的友谊，两人都是秘密间谍。他们都饱含真情地向对方撒了谎。

在克格勃情报站内部，戈尔季耶夫斯基的境况迅速得到改善。甚至古克对他的态度似乎也友善起来。古克在戈尔季耶夫斯基发往中心的报告上签了字，戈尔季耶夫斯基的工作开始让古克感到高兴。帕尔西科夫注意到了戈尔季耶夫斯基态度的明显改观。"他开始融入团队，和大家建立起融洽的关系。"他似乎更加自信和放松了。有一个人却看不惯戈尔季耶夫斯基的成功，他就是奥列格的直接领导伊戈尔·蒂托夫。PR 线的负责人一直视他的下属为威胁，戈尔季耶夫斯基货真价实的报告和新的情报来源，让他进一步下定决心阻碍这名下属获得升迁。戈尔季耶夫斯基在克格勃的势头正在上升，但蒂托夫成了拦路虎。因此军情六处决定除掉他。

1983 年 3 月，伊戈尔·蒂托夫被宣布为不受欢迎之人，被要求立刻离开英国。戈尔季耶夫斯基事先获悉了除掉他上级的这一计划。为了避免怀疑，两名格鲁乌军官也在同时因"从事与外交身份不符的活动"（间谍活动的委婉说法）被驱逐出境。蒂托夫非常愤怒。他对记者谎称："我不是间谍。"克格勃情报站里，几乎没有人对他的离开感到难过，对此感到惊讶的人就更少了。前几个月里，西方国家驱逐了一批苏联间谍，有很多证据表明蒂托夫是一名现役克格勃情报官。

除掉蒂托夫后，戈尔季耶夫斯基成了接替他担任政治情报负责人的不二人选。他被晋升为中校军衔。

161 军情六处让他们的间谍在克格勃高升的计划开展得天衣无缝。到 1983 年年中，戈尔季耶夫斯基已经从一个险些丢掉工作、不受欢迎的失败者，一跃成为情报站的明日之星，在发展特工和搜集情报方面享有盛誉。而且他人为操作的升职也没有引起一丝的怀疑。正如帕尔西科夫所说："这一切似乎顺理成章。"

作为情报站的政治情报负责人，戈尔季耶夫斯基现在能够接触到 PR 线的档案，并对军情六处的判断进行核实：苏联对英国有关机构的渗透十分有限，只有少数几人是"被发展的特工"（大多年事已高），可能还有十几个"秘密联络人"（大多地位卑微）。很多人仅仅是"纸面特工"（paper agents），即"为了让莫斯科觉得情报站官员很忙而记录在册的特工"。克格勃在英国没有新的像菲尔比那样的潜伏特工。更有意义的是，戈尔季耶夫斯基的新职务使他能更好地了解其他部门（"线"）的工作，例如 X 线（科技情报）、N 线（非法特工）以及 KR 线（反情报与安全）。戈尔季耶夫斯基抽丝剥茧般地解开了克格勃的秘密，并将其交给了军情六处。

莱拉进入克格勃情报站成为兼职雇员之后，戈尔季耶夫斯基又有了一个新的情报来源。阿卡迪·古克还需要一个秘书。莱拉打字很快，效率很高。情报站要求她把孩子放在早间托儿所，来站里报到。这样一来，古克就能一边口述报告，一边让她打字记录。莱拉很害怕站长。"他目空一切。克格勃将军真不是白给的。我从不提问，他说什么我就打什么。"她没有注意到，当她在晚饭时描述一天的工作，讲述给站长敲打的报告以及有关秘书的传闻时，丈夫听得多么认真。

帕尔西科夫发现自己的这位新上级非常开朗，也非常大方。“伙计们，在娱乐开销上大胆一些吧，”戈尔季耶夫斯基告诉下属，“今年我们招待联络人和给他们买礼物的开销太少了。如果我们不花，明年的经费就会削减了。”这等于鼓励本部门虚报开销，一些同事立刻对此心领神会。

戈尔季耶夫斯基没有理由不感到满足和自信。他得到了提 162
拔。他的地位很稳固。他搜集的情报会被定期送到英国首相的办公桌上，而且他正从内部打击他所憎恨的体制。一切都很理想。

1983 年 4 月 3 日复活节当天，阿卡迪·古克回到位于荷兰公园 42 号的公寓，在信箱里发现了一个信封。信封里装着一份绝密文件：那是一份军情五处的案情摘要，概述了上个月驱逐蒂托夫和两名格鲁乌人员一事，包括三人如何被确认为苏联情报官员的细节。在一份附件中，来信人答应提供更多秘密，并对如何与他联系进行了详细说明。落款是“科巴”（Koba），斯大林的早期化名之一。

英国情报机构内部有人打算为苏联从事间谍活动。

9 “科巴”

163 阿卡迪·古克认为威胁与阴谋无处不在：在他眼中，情报站的苏联同事、暗藏玄机的伦敦地铁广告牌和英国情报机构的阴谋诡计都对他构成威胁。

“科巴”的来信让他的怀疑上升到无以复加的地步。信中的内容详细而具体：古克应该据此配合，按照要求将一颗图钉放在伦敦地铁皮卡迪利线皮卡迪利站三、四号站台右侧楼梯扶手的顶端；“科巴”会在牛津街附近的亚当夏娃场（Adam and Eve Court）路边五个电话亭里位于正中间的那个电话亭的电话线上缠一圈蓝色胶带，表示收到了信号；之后他会将一个包含秘密情报的胶卷盒粘在学院电影院（Academy Cinema）男洗手间马桶水箱盖子下面。

古克直到二十二天后的4月25日才又想起了这件事。

这位负责人看了一眼这封特别的来信，认定这是一起阴谋，一个军情五处布置的诱饵，一种引他上钩的蓄意挑衅，意在使克格勃出丑，然后把他驱逐出境。因此古克没有回应。

古克合理地认为，他的住所一定受到了军情五处的监控。一名真正的英国间谍肯定知道这一点，不会冒着被发现的风险来给他送信。他不知道的是，“科巴”知道军情五处的监视安排，可能会选择在无人监视的复活节午夜后送信。

古克将信件搁在了一边，庆幸自己挫败了一起可疑的阴谋。

但“科巴”并未善罢甘休。沉默两个月后，6 月 12 日，第二封信件又在午夜时分塞进了古克的信箱。这次的内容更耐 164
人寻味：信封里是一份两页纸的军情五处文件，那是一份驻伦敦苏联情报官员的完整名单；每名间谍都按“完全肯定”“基本肯定”“具有嫌疑”进行了分类。同样，附件答应提供更多的秘密情报，并对一套新的暗号和情报传递方式进行了说明：如果古克同意联系，他应在 7 月 2 日或 4 日午餐时分将他那辆乳白色的梅赛德斯 - 奔驰汽车停在汉诺威广场（Hannover Square）北侧的停车计时器处。如果来信人收到了信号，他会于 7 月 23 日在与西伦敦格林福德（Greenford）霍斯登路（Horsenden Lane）并排的一条人行道上一根没有灯罩的歪斜路灯柱下放一个装有胶卷的绿色嘉士伯啤酒罐。如果古克拿到装有胶卷的易拉罐，就在尤斯顿火车站（Euston Station）旁梅尔顿大街（Melton Street）上的圣詹姆士花园（St James's Gardens）的第一个入口右侧门柱底下放一片橘子皮。和之前一样，便条最后的署名还是“科巴”。

古克叫来了反情报负责人列昂尼德·尼齐坦科，在使馆阁楼上一边喝着伏特加，抽着烟，一边就此事的疑点进行闭门讨论。古克仍坚持认为此事是一起拙劣的阴谋。主动投怀送抱的间谍被称作“上门者”（walk-in），他们与那些被选中的间谍相比，更容易引起怀疑。克格勃已经掌握了文件所揭露的内容，它们虽然准确但并无帮助：换句话说，就是一些低级情报。古克这次又没有想到的是，“科巴”是故意提供一些他可以证实的情报，来证明自己的可靠。尼齐坦科并不太相信这是军情五处的一次挑衅。文件似乎是真的，其内容准确无误，简直就是英国安全机构所掌握的一份克格勃情报站的作战编制表（order of battle）。暗号识别地点与情报传递的手法足够复杂，表明此人并不希望被人发现。在尼齐坦科眼中，这个前来投靠的人看起来像是真心的；但心思缜密、雄心勃勃的尼齐坦科不会公开和领导唱反调。古克将此事向中心报告，得到的答复是：静观其变。

165 戈尔季耶夫斯基感到“站内正酝酿着某种大事”。古克和尼齐坦科常偷偷聚在一起，向莫斯科发送紧急电报。古克看起来鬼鬼祟祟。对一个对保密近乎偏执的人来说，古克的惊慌失措有些令人惊讶。他还有意对此吹嘘。6 月 17 日早上，他打电话让戈尔季耶夫斯基去他办公室，关上门严肃地问：“你想看一些非比寻常的东西吗？”

古克将两份影印件放在了桌子上。“上帝啊！”戈尔季耶夫斯基低语道。“我的天啊！这些东西从哪儿来的？”

他浏览了一下克格勃官员的名单，发现了自己的名字。他被归为“基本肯定”一类。他立刻领会到了其中的含义：编写了这份名单的人，不能确定他是一名克格勃特工；传送这份情报的人，也不知道他秘密为英国服务，因为如果来信人知道的话，他肯定会向古克揭发他，以避免自己遭到暴露。“科巴”肯定掌握一些秘密，但他目前为止还不知道戈尔季耶夫斯基是一个双面特工。

“情报很准确。”他一边说，一边把文件放了回去。

“是的，”古克说，“他们干得真不错。”

借副报告员斯拉瓦·米舒斯京（Slava Mishustin）问他如何翻译这份文件之机，戈尔季耶夫斯基又仔细看了一下其中的内容。米舒斯京对英国人能够搜集到“如此准确”的克格勃人员情报感到惊讶。戈尔季耶夫斯基非常清楚这些情报来自何处。

但他更多地感到了困惑和不安。他也和古克一样，认为午夜时分在荷兰公园 42 号投递的信件更像是一种挑衅，而非主动投怀送抱。英国情报机构肯定想做些什么。但如果英国人释放了一个诱饵，为什么史普纳没有事前提醒他？另外，军情五处真的希望克格勃知道，他们已经准确掌握了其在英国的所有人员吗？

他在午餐时间偷偷溜了出来，拨打了用于紧急联络的电话号码。维罗妮卡·普赖斯马上接听了电话。“怎么回事？”戈尔季耶夫斯基问道，讲述了古克公寓收到的神秘信件和他看到的内容。维罗妮卡沉默了片刻。然后她说：“奥列格，我们需要面谈。”

戈尔季耶夫斯基一个小时后到达安全屋，詹姆斯·史普纳 166
和维罗妮卡·普赖斯已经在那里等他。

“我知道你不会这么做，但有人在捣乱。”他说。

之后他看了看史普纳脸上的表情。“哦，天哪！不会真是你们干的吧？”

维罗妮卡说：“据我们所知，当前没有展开任何挑衅行动。”

戈尔季耶夫斯基后来指出，军情六处对此事的反应“一如既往地镇定”。但实际上，英国情报机构里有人自愿充当苏联间谍的消息在少数知情人中引发了恐慌，激起了对于历史重演的恐惧。和从前的菲尔比、霍利斯等间谍丑闻败露时一样，英国情报机构现在不得不再次进行内鬼调查，以找出这名叛徒。如果内鬼听到风声，他可能会意识到克格勃情报站里有人向英国人告密，那么戈尔季耶夫斯基就危险了。这名“带路党”潜伏得很好，能接触到机密情报，并对开展间谍活动很在行。因此，有必要阻止他（或她）将更具破坏性的秘密透露给苏联人。为军情五处和军情六处工作的人数以千计，“科巴”就藏在他们中间。

不过，在即将展开的排查行动中，英国情报机构拥有一项巨大优势。

无论这名间谍是谁，他不知道戈尔季耶夫斯基是一个英国特工。如果“科巴”是“诺克顿”小组的成员，他肯定不会在明知戈尔季耶夫斯基会立刻向军情六处报告的情况下还这样做——而戈尔季耶夫斯基确实将此事告诉了军情六处。他肯定会首先向古克揭发戈尔季耶夫斯基，确保自身安全。但实际情况并非如此。因此，寻找叛徒的工作，应该由那些知道戈尔季耶夫斯基底细且完全可靠的官员全权负责。寻找内鬼行动的代号为“埃尔门”（ELMEN，奥地利蒂罗尔州城市）。

少数熟悉戈尔季耶夫斯基专案情况的军情五处人员在反情报部门 K 机构负责人约翰·德弗雷尔（John Deverell）的领导
167 下，负责找出内鬼。他们在德弗雷尔的办公室外开展工作，对其他人保密，是一个秘密组织中秘密部门内的一个隐秘小组。“小组之外的人没有察觉到任何异常。”“埃尔门”小组组员们自行为这个内鬼起了一个“怪病者”（the Nadgers）的绰号。这一俚语不太常见，但可能是由斯派克·米利甘（Spike Milligan）在其五十年代的作品《傻瓜秀》（*The Goon Show*）中首创，指一种难以名状的痛苦、疾病或病患。就像“哎呀，我得了一种讨厌的怪病”。Nadgers 还有“睾丸”的意思。

伊丽莎·曼宁汉姆-布勒（Eliza Manningham-Buller）

1974 年在一次聚会上被人发展后，加入了军情五处。这份工作早已融入她的血脉：她的父亲以前是检察总长，历史上曾起诉过一些知名间谍，包括军情六处双面特工乔治·布莱克（George Blake）；二战期间，她的母亲曾训练信鸽飞往法国德占区，以帮助抵抗分子把信件带回英国。曼宁汉姆经过严格挑选，她十分可靠且为人谨慎，很早就了解了戈尔季耶夫斯基的情况，并被吸收进“拉姆帕德”小组，对奥列格在丹麦掌握的情况及与军情六处的联系情况进行分析。1983 年时，她在军情五处人事部门任职，很适合寻找潜伏的间谍。

曼宁汉姆－布勒后来在 2002 年成为军情五处局长，在一个由男性主导的竞争激烈的世界里登上顶峰。她“乐于交际”的言谈举止是一种假象：她很直率，自信，且非常聪明。尽管军情五处内部存在性别歧视与偏见，她还是对这个被她称作“命运所归”的组织非常忠诚，对英国情报机构内部又出了一个叛徒深感震惊。“这是我职业生涯中最不愉快的一段时光，尤其是一开始你不知道叛徒是谁，走进电梯，对里面的人挨个打量。”为了避免引起同事们的怀疑，下班后，“埃尔门”小组组员经常在曼宁汉姆－布勒的母亲位于内圣殿（Inner Temple）街区的公寓碰面。一名怀孕的组员很快就要临盆了，她还没出生的孩子被称作“小怪病者”。

对一个情报机构而言，没有什么任务能比调查一个不明身份的叛徒更痛苦且具破坏性。与他为克格勃从事的间谍活动相比，菲尔比对军情六处自信心带来的伤害更大也更持久。一名内鬼不仅导致了不信任，也像异端分子一样对情报人员始终如 168
一的信念造成了伤害。

曼宁汉姆－布勒和小组的同事们打开员工档案，开始逐步缩小潜在叛徒的排查范围。军情五处驱逐三名苏联间谍的概要文件，发给了外交部、内务部和唐宁街10号首相官邸。列出了所有苏联驻英情报官员的表格，由军情五处对苏反情报部门K4完成，各个部门一共分发了50份。内鬼调查人员开始对可能同时接触两份文件的所有人进行核查。

调查行动在六月下旬全面展开，此时奥列格·戈尔季耶夫斯基和家人一起回到了莫斯科。他几乎没有心情度假，但不休年假的话，会立刻引起怀疑。风险太大了。“科巴”仍逍遥法外；他随时有可能发现戈尔季耶夫斯基的活动，并向古克揭发他。如果他在莫斯科的时候发生这样的事，那他可能就回不了英国了。军情六处驻莫斯科情报站时刻保持警惕，以防戈尔季耶夫斯基需要进行联系或传递潜逃暗号。

与此同时，调查小组发现，英国情报机构里有一个人似乎存在着严重的问题。

迈克尔·约翰·贝塔尼（Michael John Bettaney）是一个独行侠，他闷闷不乐，思想不稳定。在牛津大学就读时，他会在学院的庭院里踢着正步，在留声机上大声播放希特勒的演说。他喜欢穿粗花呢和布洛克鞋，抽烟斗。他的一个大学同学回忆“他的穿着像一名银行家，梦想成为一名冲锋队员”。他曾在一次聚会后点火烧了自己，并一度留过一小撇胡子，而女生们并不喜欢这样的男生。他把自己的北方口音改成了上层社会的拖腔。后来的调查发现他是“一个非常自卑、缺乏安全感的男人”。极度缺乏安全感并不是一名安全机构工作人员的理想品质，但他还在牛津大学读书时就被人看上，并于1975年加入了军情五处。

入职培训后，他被派往火线，在北爱尔兰打击恐怖主义。

作为一名天主教徒，贝塔尼对自己是否适合这份工作产生了怀疑。面对残酷的现实，他的顾虑荡然无存。这是一份严酷的工 169
作，复杂且极端危险：管理潜伏于爱尔兰共和军内部的特工，监听电话，在充满敌意的酒吧里和讨厌的家伙谈话，走错一步就有可能命丧贝尔法斯特街头。这份工作让贝塔尼感到痛苦，他也不太擅长这份工作。他的父亲于 1977 年去世，母亲一年后也离世。尽管失去双亲，贝塔尼在贝尔法斯特的任职时间还是延长了。回顾他的档案，伊丽莎·曼宁汉姆－布勒感到震惊：“是我们让贝塔尼成了今天这副样子。他从来没有走出北爱尔兰的阴影。”他的说话腔调、衣着和外表都与他真实的自我不符，他没有家人、朋友、爱情或执着的信念，完全无法适应自己所寻求的事业和从事的工作。“他并不真诚。”曼宁汉姆－布勒说。情报工作特有的压力和保密性让他更加逃避现实。如果当初选择了其他的工作，他可能会过上一种平稳充实的生活。

回到伦敦后，贝塔尼在军情五处的培训部门工作了两年，后于 1982 年 12 月调到 K4 分部，该部门负责分析和对抗苏联在英国的间谍活动，包括管理接头特工。他一个人住，收藏了一座很大的塑料圣母像，一些俄罗斯圣像，一抽屉的纳粹战争勋章和大量淫秽作品。他处事消极、非常孤独，多次劝说军情五处的女员工和他上床未果。他偶尔会在聚会上醉醺醺地大喊“我找错了主子”和“等我退休了，去我在俄国的别墅找我”之类的话。给古克投递第一封信前六个月，有人发现贝塔尼坐在伦敦西区的一条人行道上，烂醉如泥，站不起来。当他因在公共场所醉酒被拘留时，贝塔尼冲警察喊道：“你不能抓我，我是一名特工。”他被罚款 10 英镑。军情五处没有接受他的辞呈。这真是一个错误。

迈克尔·贝塔尼根本就不应掌握任何国家机密，不过，现年 32 岁的他在军情五处已经工作了八年，成为军情五处对苏反间谍部门的一名中层官员。

170 情报机构注意到了他身上明显的异常迹象，但视而不见。他的天主教信仰瞬间蒸发。到 1983 年，他每天要喝掉一瓶烈酒，一名上级曾“友善地建议”他别喝太多酒。没有人采取进一步的措施。

不过，贝塔尼却开始采取行动。他开始有意记住秘密文件的内容，并手写速记下来，之后在自己位于伦敦南部郊区的半独立式住所里，用打字机把这些内容打出来，然后拍照。只要轮到他值夜班，他就会带一部相机去军情五处，对接触到的所有文件拍照。没有人搜查他。他的同事们叫他史迈利，这是约翰·勒卡雷（John le Carre）笔下虚构的一个间谍大师，但同事们也注意到“他身上有一种优越感和傲慢自大的气息”。和很多间谍一样，贝塔尼也想比朝夕相处的同事知道更多的秘密，并且不想让别人发现。

K4 分部共有四人，其中两人知道戈尔季耶夫斯基的事。贝塔尼并不知情，不过，无论在实际意义上还是象征意义上，他都与这个情报组织最大的秘密近在咫尺：军情六处在克格勃伦敦情报站里有一名间谍。

贝塔尼后来宣称，他于 1982 年开始信奉马克思主义，坚称愿意为克格勃工作是基于纯粹的意识形态信仰。在一篇冗长的自我辩护文章中，他将自己的行为描述为一种政治殉道，混杂着不满、阴谋论和义愤。他谴责撒切尔政府“奴颜婢膝一般追随里根政府的侵略和冒险政策”，还故意抬高失业率，以让“已经很富有的人得到更多财富”。他声称自己这样做是为了世界和平，批评军情五处使用了“卑鄙和不道德的手段……不仅想要推翻苏联的政府和党，还意在摧毁整个苏联社会的架构”。他的言语充满了革命者的华丽辞藻：“我呼吁所有同志坚定信心，加倍努力，去争取胜利，而这一胜利是历史的必然。”

和他浮夸的腔调一样，贝塔尼的马克思主义信仰同样是虚伪的。他从来不是一个像菲尔比那样坚定的马克思主义者。几乎没有证据表明他对苏联、终将实现的共产主义或受压迫的工人阶级有任何特别的好感。有一次，他不经意间透露了自己的 171
心声：“我感到自己急切地需要制造影响。”贝塔尼不需要钱、革命或世界和平；他需要被人关注。

最让他感到痛苦的是，克格勃没有理睬他。

贝塔尼对自己第一次向古克的信箱投递信件之后没有得到回复感到非常吃惊。他去了几次皮卡迪利站，在楼梯扶手上没有发现图钉，他觉得这是因为他选择的情报传递和暗号接收点离苏联使馆太近了。他在第二封信里安排了一处远离伦敦市中心的联络点，建议对方提前几周传递暗号，并提供了 K4 分部近期机密程度最高的文件之一。贝塔尼苦苦等待，百思不得其解，借酒消愁。

如果有先见之明的话，可疑的贝塔尼几年前就应该被发现了。而世界上三个最强大的情报机构——中情局、军情六处和克格勃，各自在不同的时期都曾叛徒丛生，如果对这些叛徒仔细观察的话，他们都有很多疑点。情报机构以出众的洞察力和高效闻名，但在严格的审查之下，他们还是有可能雇用并留下错误的人员，就像其他大型组织一样。从事这一职业必然伴随着过量饮酒，冷战对峙的双方都是如此，情报官员和特工经常会喝得烂醉来舒缓压力，让酒精麻痹自己。喝酒带来的愉悦感和释放感会让特工与负责人之间这种极难把握的特殊关系运转得更加顺畅。和其他政府机构不同，情报机构倾向于招募具有想象力的人，也即温斯顿·丘吉尔所谓“开塞钻一样灵光的脑袋”（corkscrew minds）。如果聪明、古怪，喜欢多喝几杯就是潜在的叛国表现，那么二战期间和战后的英国和美国有一半间谍都会成为嫌疑人。但在这方面，克格勃并不一样，因为这一组织的政治规定摒弃醉酒和个人主义。戈尔季耶夫斯基的叛变无人察觉，因为他不怎么喝酒，表面上循规蹈矩；贝塔尼未被发现，恰恰是因为他和戈尔季耶夫斯基不一样。

172 调查小组已经锁定了三个内鬼嫌疑人，其中贝塔尼嫌疑最大。但监视贝塔尼带来了问题。贝塔尼很熟悉 A4 监视小组，受过培训，知道如何发现自己被跟踪——如果他认出了某个监视者，那就完蛋了。而且，监视者都认识贝塔尼，他们迟早有可能向军情五处的其他人泄露他们的同事被监视一事。因此，调查小组决定不使用军情五处的专业人员，而是派军情六处的“诺克顿”小组执行这项任务，而这个小组的成员都是贝塔尼不认识的人。军情五处局长坚决反对在军情五处的行动中使用军情六处的人员，但德弗雷尔没有理会。负责戈尔季耶夫斯基一事的军情六处官员将跟踪贝塔尼，在他实施叛国行为时将他抓获。

贝塔尼的代号是“帕克”（PUCK），这是调查小组勉强做出的一个选择。“所有人都觉得使用莎士比亚《仲夏夜之梦》中的精灵帕克这一名称很不合适，这个词和那个举世闻名的盎格鲁－撒克逊脏字也太相近了。”

7 月 4 日早上，一对着装破旧邋遢的夫妻在伦敦南部郊区库尔斯顿（Coulsdon）维多利亚路（Victoria Road）的尽头漫无目的地闲逛。其中一人是军情六处对苏行动部门 P5 的负责人西蒙·布朗（Simon Brown），另一人是维罗妮卡·普赖斯，戈尔季耶夫斯基潜逃计划的策划者。出身伦敦郊区，平时戴珍珠首饰穿套头毛衣的普赖斯并不习惯现在这身伪装。“我借了一顶女清洁工的帽子。”她一边说着，一边穿上了这身装扮。

8 点 5 分，贝塔尼从维多利亚路 5 号现身，在他家的前门外停了一下，四下打量了一下周围的街道。“那一刻，我确定是他，”布朗说道，“除非心里有鬼，否则一个人不会在意是否有人监视他。”贝塔尼没有在意那对穷困潦倒的夫妻。而在 8 点 36 分从库尔斯顿镇发车的火车上，他也没发现车厢里坐着的一位孕妇；在从维多利亚车站到寇松大街（Curzon Street）军情五处大楼的路上，还有一名秃顶男子跟踪贝塔尼走了十分钟，此人也没有被他发现。那天，贝塔尼花了两个小时午休，但他一度在人群中被跟丢了。军情五处不能确定他是否去了汉诺威广场，以查看古克有没有把车停在广场北侧，以表达与他 173
联络的意愿——但古克没有这么做。

陷入沮丧的贝塔尼感到越来越焦虑，他决定再试一次，诱使克格勃和他合作。7 月 10 日午夜过后，他往古克的信箱里投了第三封信：这一次，他要求古克对此前的信件是否收到做出表示，并询问苏联方面有何反应。他提议在 7 月 11 日早上 8 点 5 分，给苏联大使馆总机打电话，让古克接听。届时古克应该亲自接听电话，并明确给出答复，是否对“科巴”提供的秘密感兴趣。

军情五处为何没有对古克的住所进行严密监视并发现贝塔

尼投了第三封信，成了一个历史谜团。戈尔季耶夫斯基此时正在莫斯科，无法向英国的朋友们通报最新情况。不过，贝塔尼的各种行为表明他心里有鬼，面临着极大的心理压力：7 月 7 日，他以一种得了“强迫症”一样的态度和同事们谈到了古克，还提出军情五处应该争取古克；第二天，他说即使克格勃拥有一个唾手可得的情报源，他们也视而不见；他开始提出与个别克格勃官员有关的奇怪问题，还对不属于他职权范围的档案表现出兴趣。他对以前的间谍从事谍报事业的动机侃侃而谈，也谈到了菲尔比。

7 月 11 日，他用公用电话给苏联大使馆打了电话，自称“科巴先生”，要找古克通话；但那位情报站负责人没有接听电话。贝塔尼先后三次把珍贵的礼物送到古克嘴边，古克却眼睁睁地让机会溜走。如此挥霍机会的例子在情报史上实属罕见。

三天后，贝塔尼问一个军情五处的同事：“如果一名英国情报官员往古克家里投一封信，他会做何反应?”凭这句话足以断定：迈克尔·贝塔尼就是“科巴”。

不过，有关贝塔尼是苏联间谍的证据还不足以定他的罪。他的电话被窃听，但窃听者没有听到什么线索。情报机构对他
174 的住所进行过粗略的搜查，但也没有发现任何罪证。专业且高效的贝塔尼掩盖了痕迹。想要成功地起诉贝塔尼，军情五处需要在他从事叛国行为时将他当场抓住，或者让他自己认罪。

8 月 10 日，戈尔季耶夫斯基一家结束度假回到英国。在这之后于贝斯沃特安全屋进行的第一次会面期间，戈尔季耶夫斯基知道了尽管现在已经确定了嫌疑人，但军情五处内部的间谍仍逍遥法外。回到克格勃情报站，他若无其事地打听了一

下，在他离开这段时间，神秘的“科巴”提供诱饵一事是否有了新进展，但情况还是一如既往。他试图恢复自己的日常业务，为克格勃发展联络人，为军情六处搜集情报，但在明知英国情报机构里还有一个间谍逍遥法外的情况下，他很难集中精力。显然，这名间谍第一次给古克投信时并不知道戈尔季耶夫斯基是英国间谍。但那是四个多月前的事了。在这期间，“科巴”发现真相了吗？古克是否已经接纳了“科巴”，他的克格勃同事是不是在监视他，等他一时失言说出真相呢？一天抓不住这个间谍，自己面临的威胁就增加一分。戈尔季耶夫斯基还会照常接孩子放学，带莱拉出去吃晚餐，听巴赫的音乐和读书，努力表现得波澜不惊，但他的焦虑感与日俱增：军情六处的朋友能不能在这名间谍抓住自己之前，将他擒获？

与此同时，贝塔尼明显厌倦了等待古克做出回应，决定将他的私藏情报带到别处。在办公室，他曾透露自己打算去维也纳度假，而维也纳是冷战间谍活动的中心，驻有一个规模很大的克格勃情报站。对他办公室柜子的一次检查，发现了与在“脚”行动中被驱逐的一名克格勃人员相关的文件，而这名克格勃官员现在就在奥地利。贝塔尼似乎准备溜之大吉。

军情五处决定找他当面对质，争取得到一份他的供词。这是一场风险很大的赌博。如果贝塔尼什么都不承认，并从军情五处辞职，他们便无法用合法手段阻止他离开英国。审问贝塔尼的计划代号为“科”（COE），其结果可能会适得其反。“我们不能保证成功。”军情六处如此提醒道。他们指出，如果贝塔尼策略得当，他有可能“扬长而去，去做自己想做的任何
事”。最重要的是，审问贝塔尼决不能让戈尔季耶夫斯基陷入 175
危险。

9月15日，贝塔尼奉命到位于高尔街（Gower Street）的军情五处总部参加会议，讨论一起紧急的反情报案件。到达总部之后，他被带到位于顶层的一个房间，约翰·德弗雷尔和伊丽莎·曼宁汉姆-布勒在那里出示了指控他的证据——包括古克住所前门的一张照片，以暗示他在投信时被人发现了，尽管事实上他并没有被发现。贝塔尼表现得很吃惊且“明显变得很紧张”，但他没有失控。他用假设的口吻谈论了这个理论上可能存在的间谍会干出些什么，却对自己的所作所为只字未提。贝塔尼指出在这里认罪将对自己不利，这暗示他已经承认了自己的行为，但还不算真正认罪。即便他承认自己有罪，军情六处搜集到的证据也无法被司法机关采纳，因为贝塔尼当时还没有被逮捕，也没有律师在场。军情五处想要他供认一切，然后逮捕他，在正式对他进行警告后再让他招供。不过，贝塔尼拒不认罪。

这场谈话的内容通过窃听设备传到了楼下的监控室，军情五处和军情六处的一些高层官员聚精会神地听着每一句话：“听着他什么都不承认，真是一种痛苦的体验。”其中一人说道。贝塔尼的心理状态可能不太稳定，但他并不蠢。“我们真的害怕贝塔尼最终会蒙混过关。”到了晚上，大家都精疲力竭，但没有取得突破。贝塔尼同意在这里过夜，尽管军情五处还无权拘留他。他拒绝吃午饭，现在连晚饭也不吃了。他要了一瓶威士忌，慢慢地喝着。曼宁汉姆-布勒和其他两名看护人耐心地听着，“偶尔会问一些编造出来的问题”，贝塔尼对军情五处搜集了“大量的证据”表示欣赏，但没有承认这是事实。他一度称英国人为“你们”，称苏联人为“我们”。他承认他想提醒克格勃官员自己受到了监视。但他没有认罪。凌晨三点，他终于熬不住了，瘫倒在床上睡去。

第二天早上，曼宁汉姆－布勒给他做了早餐，但他没有吃。没怎么睡觉、一夜宿醉、饥肠辘辘且脾气很差的贝塔尼宣布，自己不会招认。不过，后来他突然不再使用假设句进行表 176
达，开始使用第一人称。他满怀同情地谈到了冷战早期的两名间谍金·菲尔比和乔治·布莱克。

11 点 42 分，贝塔尼跟审讯者说：“我觉得我应该全盘招供。告诉负责人德弗雷尔，我打算认罪。”此时德弗雷尔不在房间。性情冲动的贝塔尼顽抗了这么久，然后突然服软，这完全符合他的性格。不到一个小时之后，他便来到罗切斯特巷（Rochester Row）警察局，将自己的罪行和盘托出。

警方对贝塔尼位于维多利亚路 5 号的住所进行了一次仔细搜查，发现了他从事间谍活动的证据：在一个飞利浦电动剃须刀盒子里装有他打算去维也纳联系的克格勃官员的详细资料；在煤窖的碎煤渣下面发现了拍照设备；洗衣柜里存放着没有冲洗的机密材料胶卷；在一层玻璃下面的纸箱里，是手写的绝密材料；机打的材料被缝进了一个垫子里。令人感到意外的是，贝塔尼深感懊悔：“我给军情五处造成了很大伤害——这并非我的初衷。”

在英国情报机构内部又发现一名内鬼，这被认为是军情五处的一场胜利。玛格丽特·撒切尔向军情五处局长表示祝贺，称“这件事处理得很好”。“怪病者”调查小组给戈尔季耶夫斯基发了一封私人信件，向他表达“我们对他满怀诚挚的谢意”。戈尔季耶夫斯基通过史普纳做了回复，说他希望有一天可以亲自感谢军情五处的官员：“我不知道这样的日子能否到来——也许永远不会。但我希望这一理念能被铭记：他们坚定了我的信念，他们是真正意义上的民主卫士。”

玛格丽特·撒切尔是唯一清楚戈尔季耶夫斯基在抓捕英国间谍中所发挥作用的内阁成员。在英国情报机构内部，只有调查小组知道真相。媒体对此疯狂炒作，一些假信息广为传播，认为是“信号情报”（即窃听）导致贝塔尼东窗事发，或者是苏联人自己告诉了军情五处。一份报纸对此进行了错误的报道：“在伦敦的苏联人对贝塔尼三番五次的示好感到厌倦，认
177 为他是一名典型的挑衅者（agent provocateur），并向军情五处说，贝塔尼在浪费时间。之后军情五处才开始调查贝塔尼。”为了防范内部可能存在的其他间谍，并将注意力从真正的情报来源上转移开来，军情五处捏造了一份档案报告，宣称一名苏联使馆的普通外交官泄露了贝塔尼的情况。苏联方面对此予以否认，坚称有关克格勃开展间谍活动的说法是蓄意捏造的宣传，“意在损害苏英关系的正常发展”。在克格勃情报站里，古克仍坚持认为整场闹剧是军情五处导演的，目的是让他难堪。（否则，这就意味着英国人承认自己犯了一个令人震惊的错误。）戈尔季耶夫斯基没有发现有人对到底是谁告发了贝塔尼产生怀疑：“我觉得古克和尼齐坦科没有将我和‘科巴’联系起来。”

尽管吸引了大量的猜测与媒体报道，但这场轰动一时的贝塔尼案的真相并未得到公开：因违反《国家机密法》受到十项指控、正在英国监狱里等待审判的贝塔尼，应该“感谢”奥列格·戈尔季耶夫斯基。

10 科林斯先生和撒切尔夫人

“铁娘子”对她的苏联间谍展现出了温和的一面。 178

玛格丽特·撒切尔从未见过奥列格·戈尔季耶夫斯基。她不知道他的姓名，而是令人费解地坚持叫他“科林斯先生”(Mr. Collins)。她知道他在苏联大使馆内部为英国从事间谍活动，对他承受的个人压力感到担心，认为他“随时可能遭遇突发情况”，并展开叛逃。首相认为，如果那一刻来临，英国必须确保他和家人的安全。她说，这位苏联间谍不是单纯的“情报机器”，而是一个神话般的英雄人物，他在极端危险的环境中为自由而战。她的私人秘书将戈尔季耶夫斯基的报告交给首相，报告标有“私人绝密”及“A级英国眼”（UK Eyes A）字样，意味着这些内容不会和其他国家共享。首相会对报告仔细研读：“她会逐字阅读，进行评注，提出问题，看完的文件里充满了她的笔迹、加以强调的下划线、感叹号和评语。”撒切尔的传记作者查理·摩尔（Charles Moore）指出，撒切尔“不仅对报告所包含的秘密和间谍活动的冒险性感到兴奋”，而且还意识到了这位苏联人做出的独特而宝贵的政治判断：“戈尔季耶夫斯基的情报……向她传递了其他情报并不具备的内容，让她知道了苏联领导人对西方，尤其是对她本人的看法。”戈尔季耶夫斯基打开了一扇窗户，让撒切尔得以了解克里姆林宫的真实想法，而她对此感到好奇和感激。“也许没有一个英国首相像撒切尔夫人关注戈尔季耶夫斯基那样，对一个为英国服务的特工给予了如此之多的个人关注。”

在英国情报机构追捕“科巴”的同时，克格勃正在努力阻止撒切尔赢得1983年的大选。在苏联领导人眼中，撒切尔是一名“铁娘子”——这是苏联军方报纸给她起的一个绰号，意在侮辱她，但撒切尔本人很喜欢这一称谓。自从她1979年
179 担任首相以来，克格勃一直采取“积极手段”破坏她的政治地位，包括利用同情苏联的左翼记者在刊物上发表负面文章。克格勃在英国仍拥有左翼联络人，而莫斯科也幻想着通过支持工党影响英国大选，毕竟此时工党的领袖依旧是克格勃档案中的“秘密联络人”。苏联用各种肮脏的伎俩和隐蔽手段支持自己心目中的候选人、影响一场民主选举的做法似乎构成了当代历史的一出耐人寻味的先声。

如果工党获胜，戈尔季耶夫斯基将处于一种奇怪的境地：他将把克格勃的秘密交给一届由曾自愿接受克格勃报酬的政治家担任首相的政府。最终，迈克尔·富特早期曾被克格勃称为特工布特的秘密没有公开，克格勃影响英国大选的努力也徒劳无功，6月9日，玛格丽特·撒切尔凭前一年马岛战争胜利的余威在选举中取得大胜。进入新一届任期的撒切尔通过戈尔季耶夫斯基的秘密掌握了克里姆林宫的真实态度，现在她开始将注意力转移到冷战上来。她所面对的现实非常令人不安。

1983年下半年，在“里根政府的强硬表态和苏联的偏执心态综合作用”下，东西方似乎要迎头相撞，进行最后的决战。美国总统在对英国议会发表的演讲中，承诺将“消除马克思列宁主义”。美国仍在扩张军力，并在同时开展一系列心理战行动，包括渗透苏联领空、派舰艇秘密靠近苏联海岸，以

展示北约逼近苏联军事基地的能力。这些行动意在使苏联更加焦虑，并取得了成功："莱恩计划"加速推进，克格勃向世界各地情报站发去大量指示，要求下属组织寻找美国和北约准备发动核突袭的证据。8月，一封来自克格勃第一总局局长（后来成为克格勃主席）弗拉基米尔·克留奇科夫（Vladimir Kryuchkov）的私人电报要求各地的情报站监视美国和北约的战备活动，比如"携带核、细菌及化学武器的破坏小组秘密潜入苏联的情况"。认真报告可疑活动的克格勃情报站受到了表扬，没有报告的单位受到了严厉批评，并被责令加以改进。 180
古克被迫承认伦敦站在发现"美国和北约对苏开展核导弹突袭准备的具体计划"方面存在"不足"。戈尔季耶夫斯基认为"莱恩行动"是"荒谬的"，但他交给军情六处的报告却传达出不容置疑的信号：苏联领导人真的感到恐慌，并已做好了战斗准备，他们不安地认为只有采取先发制人的行动才能确保生存。此后不久，一场发生在日本海上空的悲剧，使局势更加恶化。

1983年9月1日凌晨，一架苏联截击机击落了一架误入苏联领空的大韩航空波音747客机，导致269名乘客和机组人员全部丧生。大韩航空007号班机遭击落事件使得东西方关系骤然降至新的低点。莫斯科起初否认击落了客机，但随后又宣传这架侵犯苏联领空的飞机是一架侦察机，这是美国蓄意实施的一次挑衅行动。里根政府谴责苏联"击落韩国民航客机"是"一桩野蛮的暴行"，这一事件在美国国内和国际上引起了公愤，并让美国（根据一名美国官员的说法）"享受了全然自诩正义的快感"。美国国会同意进一步增加国防开支。莫斯科将西方对大韩航空007号班机遭击落的愤怒解读为一种人为的道德狂热，一种准备袭击苏联的征兆。因此，克里姆林宫方面不仅没有道歉，还对中情局“罪恶的挑衅行为”予以谴责。克格勃驻伦敦情报站收到了一批十分紧急的电报，对保护苏联资产和公民免遭可能的攻击做出指示，将客机被击落事件归咎于美国，并要求搜集支持莫斯科阴谋论的有关情报。克格勃伦敦情报站后来因“反制针对韩国客机事件开展的反苏活动”受到中心表扬。身患重病、卧床不起的安德罗波夫抨击美国陷入了“骇人的军国主义精神错乱”。戈尔季耶夫斯基将电报偷偷带出使馆，交给了军情六处。

韩国飞行员和苏联飞行员的人为失误导致了大韩航空 007 号班机被击落。但戈尔季耶夫斯基递给军情六处的报告清楚地
181 表明，在升级的紧张局势和互不理解的压力下，一起普通的悲剧事件可以将政治局势恶化至十分危险的地步。

在双方的互不信任、误解与攻击性愈演愈烈的情况下，发生了一起将冷战带到热战边缘的事件。

北约于 1983 年 11 月 2 日至 11 日举行了一场代号为“优秀射手 83”（ABLE ARCHER 83）的军事演习，旨在模拟一场升级为核战争的冲突。美苏双方曾多次举行此类演习。“优秀射手”演习参演部队来自美国和西欧其他北约国家，总兵力达 40000 人，通过加密通信手段进行部署与协同。指挥所为这场演习想定的情况是，在橙军（华约国家）派兵进入南斯拉夫，准备入侵芬兰、挪威，并最终入侵希腊的情况下，蓝军（北约）如何保护盟国。演习想定，随着冲突加剧，常规战争可能升级为一场使用化学武器与核武器的战争，北约据此演练了核武器发射程序。演习并未使用真实的武器。这仅仅是一次演习，但在击落客机事件后的狂热氛围中，杞人忧天的苏联领

导人认为这次演习背后有着更险恶的图谋：这是一场掩盖西方阵营实战准备工作的骗局，其最终目的是实施一次三年多以前为安德罗波夫所预言，并为“莱恩行动”所设想的对苏首次核打击。换言之，在克格勃试图发现某种迹象的时候，北约正好开始模拟一次真实的对苏核打击。“优秀射手”演习种种前所未有的特点，更加深了苏联对这不仅仅是一场演习的担忧：一个月前美英之间突然增多的秘密通信（实际上是双方就美国入侵格林纳达进行的沟通），西方领导人的首次出席，以及在美国驻欧军事基地举行的不同形式的官方活动。内阁秘书长罗伯特·阿姆斯特朗爵士后来在向撒切尔夫人汇报情况时指出，苏联领导人对此次演习高度警觉，因为这场演习“恰逢苏联重大节日（十月革命纪念日），在形式上又与真实的军事行动与战备机制一致，而不只是单纯的军事推演”。

11 月 5 日，伦敦情报站收到了一份来自克格勃中心的电报，警告称一旦美国和北约决定对苏实施首次核打击，他们的导弹会提前 7 至 10 天装到飞机上。古克必须开展紧急侦察， 182
对关键点位的“非正常活动”进行查证：核基地、通信中心、政府掩体，以及最重要的关注目标唐宁街 10 号，因为英国官员将在那里狂热地进行战争准备工作，且“不通知新闻媒体”。在一份向情报人员详细阐明当前工作重点的指示中，克格勃命令他们留心观察“政界、经济界和军方高层”从伦敦疏散家人的迹象。

这封由戈尔季耶夫斯基交给军情六处的电报，让西方首次意识到苏联人正以一种极不寻常和非常恐慌的方式对待这次演习。两天（或者三天）后，情报站收到了第二封电报，电报错误地指出驻英美军基地处于战备状态。中心对此进行了各种解释，“其中一种解释认为这是在‘优秀射手’演习的掩护下，对首次核打击进行最后准备”。（实际上，驻英美军基地只是在美国驻贝鲁特军事人员遭受恐怖袭击后加强了安保措施。）戈尔季耶夫斯基的情报姗姗来迟，西方已来不及叫停演习。此时，苏联正积极进行着核战争准备：驻东德和波兰的核作战飞机已装载了核武器，大约 70 枚以西欧为目标的 SS－20 导弹处于高度戒备状态，搭载核弹道导弹的苏联潜艇也被部署在北冰洋冰层下以躲避监测。中情局的报告提到了苏联在波罗的海国家和捷克斯洛伐克的军事活动。一些分析家认为，苏联确实提高了洲际弹道导弹（ICBM）发射井的战备等级，准备发射核导弹，但在最后一刻放弃了。

11 月 11 日，“优秀射手”演习按计划结束，双方慢慢放下武器，一场没有必要、没有引起公众关注的令人恐惧的对峙，终于结束了。

对于这一时期的世界局势有多么接近战争，历史学界众说纷纭。军情五处的官方历史认为“优秀射手”演习让世界面临着“自 1962 年古巴导弹危机以来最危险的时刻”。还有人认为，莫斯科从始至终都非常清楚这只是一场演习，苏联的核
183 战争准备仅仅是其惯用的虚张声势罢了。戈尔季耶夫斯基对此进行了冷静的分析：“我觉得这起令人不安的事态进一步折射了莫斯科方面日益增长的偏执心态，在没有其他佐证的情况下，没有必要予以特别的关注。”

但读过戈尔季耶夫斯基报告以及克格勃一系列电报的英国政府人士都相信，他们惊险地躲过了一场核战争灾难。英国外交大臣杰弗里·豪说：“戈尔季耶夫斯基让我们确信俄国人对于一场真实的核打击怀有异常但切实的恐惧，北约特意对演习

的想定情境做出了一些更改，以让苏联人相信这仅仅是一场演习。”事实上，通过这一有悖惯例的做法，北约可能加重了苏联的疑虑。联合情报委员会（JIC）后来提交的一份报告指出：“我们不能低估这一可能性，即至少一些苏联官员可能误读了‘优秀射手’演习……认为它构成了一种真实的威胁。”

玛格丽特·撒切尔深感忧虑。苏联的恐惧与里根政府的强硬表态最终有可能引发核战争，美国对这一形势承担部分责任，却没有充分意识到现状的严峻性。她认为必须采取行动，下令“采取措施消除苏联方面因误判西方意图而过度反应的风险”。外交部必须“立刻设法让美国人知道，苏联对北约存在误判，担心北约可能发动突然袭击”。“诺克顿”材料的知悉范围进一步扩大：军情六处清楚地向中情局指出，克格勃正把这场演习视为一场有预谋战争的前奏。

在得知克里姆林宫真的害怕苏联会在“优秀射手”演习期间遭受核打击后，里根表示：“我不明白他们为什么会这么想，但我们对此必须予以重视。”

事实上，美国总统已经对一场核灾难的后果进行了充分的思考。一个月前，观看完电影《劫后之日》（*The Day After*）之后，他的心情“十分沉重”，这部电影讲述了一座美国中西部城市在一场核袭击中被摧毁的故事。“优秀射手”演习结束后不久，里根听取了五角大楼的一次情况介绍，了解了一场核战争带来的“令人难以置信的恐怖”影响。即便美国能够“赢得”这场战争，1.5 亿美国人也将因此丧生。里根形容这 184
次情况介绍会是“一次极为沉重的经历”。当晚他在日记中写道：“我觉得苏联人……对遭受核打击如此偏执……我们应该让他们知道，我们根本不打算对他们干出这种事。”

里根和撒切尔都认为冷战的实质是苏东集团对追求和平的西方国家构成了威胁：多亏了戈尔季耶夫斯基，他们现在意识到和苏联的侵略威胁相比，苏联的焦虑给世界带来的危险更为严重。在他的回忆录里，里根写道：“最近三年的经历让我了解到了俄国人令人吃惊的一面：处于苏联权力顶层的很多人真的害怕美国和美国人……我开始意识到，很多苏联官员不仅视我们为对手并心怀恐惧，还把我们当成可能首先使用核武器的潜在侵略者。”

“优秀射手”演习标志着一种转折，这本来是一个不被西方媒体和公众察觉的恐怖冷战对抗时刻，却在之后开启了一个缓慢而明确的缓和时期。里根政府开始不再大肆宣扬反苏言论。撒切尔也决心和莫斯科接触。“她觉得是时候将‘邪恶帝国’论抛到脑后，思考西方该如何结束冷战了。”克里姆林宫的偏执心态有所缓解，尤其是在 1984 年 2 月安德罗波夫去世后。尽管克格勃仍需对核袭击准备的迹象保持警觉，但“莱恩行动”开始偃旗息鼓。

戈尔季耶夫斯基也有功劳。以前，英国人将他提供的情报少量、有选择性地分批发给美国；从今以后，英国人将与中情局大量分享他提供的情报，尽管在事前仍会精心加以伪装。英方对美方宣称“优秀射手”演习期间关于苏联恐慌情绪的情报来自“一名负责监视北约重大演习活动的捷克斯洛伐克情报官员”。戈尔季耶夫斯基对军情六处和中情局分享他的情报感到高兴。“奥列格希望这样，”他的一名英国负责人表示，“他想要制造影响。”他也确实做到了。

中情局在苏联内部安插了一些间谍，但没有人能提供这种“深入洞察苏联决策心态的宝贵情报”，并给出“反映其对随

时可能遭受先发制人的核打击真实担忧的原始文件”。当中情 185
局副局长罗伯特·盖茨看到根据戈尔季耶夫斯基提供的情报整理出的报告时，他意识到中情局犯了一个错误：“我对报告的第一反应不仅是我们差点酿成了严重的情报失误，而且还意识到，关于‘优秀射手’演习最让人害怕的一点是，我们曾险些引发一场核战争，而自己还没有意识到这一点。”几年后，中情局完成的一份有关此事的内部秘密总结认为：“戈尔季耶夫斯基的情报让里根总统恍然大悟……戈尔季耶夫斯基通过军情六处对华盛顿发出的及时提醒，让事态免于发展到不可挽回的地步。”

此后，中情局会将戈尔季耶夫斯基的政治情报报告的主要内容，以定期简报的形式呈报给罗纳德·里根，从报告的内容明显可以看出情报来自同一名特工。盖茨感慨地写道：“我们在苏联的特工一般会向我们提供有关苏联军事力量与武器研发的情报。戈尔季耶夫斯基给我们提供的却是关于苏联领导人想法的情报——这类情报对我们来说太珍贵了。”里根对自己看到的情报“非常感动”，知道这是一个潜伏于苏联体系内部的人冒着生命危险弄到的。中情局将来自军情六处的简报“视作珍宝，只有少数人才能在严格的条件下阅读其打印件”，其中的情报经过重新包装后，呈送到椭圆形办公室。戈尔季耶夫斯基的情报使里根更加坚信，“必须做出更大的努力去缓和紧张局势，并结束冷战”。中情局十分感激但也非常沮丧，对是谁源源不断地提供这些秘密深感好奇。

间谍惯于吹嘘自己的高超手腕，但在现实中，谍报活动往往不能产生什么持久的影响。政治家珍视机密情报中隐藏的信息，但这并不代表与那些通过公开手段获取的情报相比，他们更信赖这些秘密情报，而且后者的可靠程度还有可能因他们的行为而下降。如果敌人在我方内部拥有间谍，我方在敌方内部也有间谍，那么局势可能会更安全一点，但最终双方都会陷入
186 一种吊诡的轮回，成为“我知道你知道我知道……”的无限链条中的某一环。

不过，间谍活动偶尔会对历史产生深远的影响。恩尼格码（Enigma code）的破解将第二次世界大战的进程缩短了至少一年。成功的间谍活动与战略欺骗确保了盟军西西里登陆与诺曼底登陆作战的成功。二十世纪三四十年代苏联打入西方情报机构，使得斯大林在和西方打交道时处于有利地位。

改变世界的伟大间谍为数极少，但戈尔季耶夫斯基位列其中：他在历史的关键转折期获取了克格勃的内部情报，不仅揭露了苏联情报机构的动向，而且透露了苏联领导人的想法和计划，并因此改变了西方对于苏联的看法。他冒着生命危险背叛了自己的祖国，让世界变得安全了一些。一份中情局内部机密评估报告认为，苏联对“优秀射手”演习产生的恐慌，是“冷战的最后一次骤然升级”。

1984 年 2 月 14 日，成千上万的民众聚集在莫斯科红场，参加尤里·安德罗波夫的葬礼。出席葬礼的国际要人中包括了玛格丽特·撒切尔，她穿着一身得体的素服，在大衣下面放了一个热水袋来抵御莫斯科的寒冷，这让她看起来比平时厚实了一些。她向美国副总统乔治·布什表示，这次葬礼是改善东西方关系的“一次天赐良机”。她为此进行了精心展示。当其他西方国家领导人在葬礼期间“心不在焉地聊天”，甚至在抬棺人放下安德罗波夫的棺木时偷偷窃笑之际，撒切尔自始至终都

保持着“适度的严肃”。一名身材魁梧、口袋凸起、被克格勃
认为带有武器的英国保镖，跟着她回到了克里姆林宫的接待
处，之后才拿出一双高跟鞋让首相换上。她花了四十分钟和安
德罗波夫的接班人、老迈的康斯坦丁·契尔年科（Konstantin
Chernenko）进行会谈，向他表示“他们拥有一个达成基础性
裁军协议的机会，也许是最后的机会”。撒切尔对契尔年科的
观念之陈旧深感惊讶。她在回国的飞机上向助手说：“看在上
帝的分上，给我找一个年轻的苏联领导人吧。”事实上，官员 187
们已经物色了一位满足西方要求的合适对话者：苏共中央政治
局中一个名叫米哈伊尔·戈尔巴乔夫（Mikhail Gorbachev）的
后起之秀。

撒切尔按照剧本完美地完成了任务，而戈尔季耶夫斯基部分参与了这份剧本的起草。出席葬礼前，詹姆斯·史普纳就撒切尔应该如何表现向戈尔季耶夫斯基请教：戈尔季耶夫斯基建议她表现得有礼有节、态度友好，但也提到俄国人很敏感且戒备心很强。“奥列格对她应该如何表现提供了详细说明，”负责分析与分发戈尔季耶夫斯基情报“产品”的一名军情六处官员说道，“看台上的撒切尔穿了一身黑色素服，戴了一顶皮帽，看起来非常庄重。这是一场诱人的表演。她了解苏联人的心理。如果奥列格不提醒的话，她可能会表现得更加强硬。但奥列格让她知道了自己该如何表现，而苏联人也注意到了。”

回到伦敦的苏联使馆，波波夫大使向克格勃代表在内的一些使馆人员说，撒切尔夫人出席葬礼在莫斯科引起了强烈反响。“首相在敏感场合的得体表现和她聪明的政治头脑给人留下了深刻印象，”波波夫在报告里写道，“撒切尔夫人竭尽所能让东道国满意。”

这是一种完美的情报循环：戈尔季耶夫斯基告知首相在苏联人面前应如何表现，然后报告了苏联方面的反应。间谍通常提供事实，让情报用户自行分析；但凭借自己独特的视角，戈尔季耶夫斯基能够为西方解读克格勃的想法、期待与忧虑。“这就是奥列格的主要贡献，”军情六处情报分析员表示，“他深谙别人的想法，了解他们的思维模式与理性尺度。”

戈尔季耶夫斯基的间谍活动既产生了积极效果，也产生了消极效果：在积极的方面，它提供了重要的情报、预警信息与观点；消极但同样有价值的是，它让英国人确信克格勃驻英情报站总体上是一个毫无希望、步履蹒跚、效率低下且充满谎言的机构，同它的负责人一样。阿卡迪·古克对中心的领导嗤之以鼻，但他会马上执行命令，无论其内容多么荒唐。当他从BBC 新闻听到英国在格林汉康蒙（Greenham Common）进行了一场巡航导弹演习后，他马上炮制了一份报告，声称自己事前
188 就掌握了情况。当英国爆发大规模反核游行时，试图邀功的古克谎称克格勃的“积极手段”促成了这场抗议活动。两起在伦敦苏联公民的自杀事件（一个是苏联贸易代表团成员，另一个是一名官员的妻子）让古克的疑心上升到无以复加的地步。他将尸体送回莫斯科，要求核实他们是否被人毒杀，而克格勃科学家也按要求进行了检验——尽管一人是上吊自杀，另一人是从阳台上跳楼坠亡。戈尔季耶夫斯基认为此事“再次证明了苏联的偏执完全源于自己的臆想”。古克小心地掩饰着自己在贝塔尼一事上的无能，向莫斯科宣称这完全是英国情报机构蓄意策划的一起阴谋。

尽管古克吝啬地保守着秘密，戈尔季耶夫斯基还是能接触到数量惊人的有价值情报，内容从使馆传闻到重要的政治、国

家安全信息无所不包。克格勃管理着一些英国特工，尽管 N 线在情报站里以半独立姿态开展业务，但戈尔季耶夫斯基一获取有关地下间谍网络的情报，就会告诉军情六处。1984～1985 年英国煤矿工人罢工进入高潮时，戈尔季耶夫斯基得知英国全国矿工联盟（NUM）曾联系莫斯科，要求提供经济支持。克格勃反对援助矿工。戈尔季耶夫斯基对克格勃同事说，莫斯科如果选择资助劳工运动，这一举动将“不受欢迎且得不偿失”。但苏共中央却不这样认为，他们批准苏联外贸银行（Soviet Foreign Trade Bank）支出一笔高达一百多万美元的转账（最终，因瑞士的受理银行感到可疑，这笔转账并未成功）。撒切尔诬称矿工为“英国内部的敌人”——而在发现外敌准备资助他们的罢工后，这一偏见更加强烈。

戈尔季耶夫斯基的间谍活动还获取了苏联之外的一些敌方情报。1984 年 4 月 17 日，一位名叫伊冯·弗莱彻（Yvonne Fletcher）的女警官在伦敦市中心被人用自动武器射杀，凶手来自位于圣詹姆斯广场（St James's Square）的利比亚驻英使馆，即所谓的利比亚人民局（Libyan People's Bureau）。第二天，克格勃驻伦敦情报站收到了一封来自中心的电报，指出 189
“有可靠情报表明卡扎菲亲自下令实施了这次枪击”，“一名利比亚东柏林情报站经验丰富的杀手飞赴伦敦指挥了这场枪击行动”。戈尔季耶夫斯基立即将此事告知军情六处——这最终令英国采取强烈反制措施的决心更加坚定。撒切尔政府最终断绝了与利比亚的外交关系，驱逐了卡扎菲的暴徒，有效消除了利比亚在英国的恐怖主义活动。

情报有时不会立即见效。戈尔季耶夫斯基早在 1974 年就针对阿恩·特雷霍尔特的间谍行动提醒过军情六处，但挪威安全机构花了十年才采取行动，一部分原因是为了保护情报来源。与此同时，这位富有魅力的左翼政治明星已经成为挪威外交部新闻部门的负责人。1984 年初，戈尔季耶夫斯基被告知挪威方面准备收网，问他是否反对；这是因为他最先提供了情报，如果特雷霍尔特被捕，他的安全可能会受到威胁。戈尔季耶夫斯基没有犹豫："当然。他是北约和挪威的叛徒，因此你们必须尽快逮捕他。"

1984 年 1 月 20 日，特雷霍尔特在奥斯陆机场被挪威反情报机构负责人扣留。据称他准备前往维也纳去见"鳄鱼"蒂托夫，过去十三年里他的克格勃负责人与午餐伙伴。最终，挪威方面在他的公文包里发现了 65 份机密文件，又在他的家里发现了 800 份文件。起初，特雷霍尔特矢口否认自己从事间谍活动，但在安全机构给他看了一张他和蒂托夫在一起的照片后，特雷霍尔特呕吐不止，然后说："我还能说什么呢？"

蒂托夫也被挪威情报部门截获，并得到许诺：如果他同意为挪威效力，或叛逃到西方，他将得到 50 万美元。蒂托夫没有答应，于是被驱逐出境。

审判中，特雷霍尔特因涉嫌在奥斯陆、维也纳、赫尔辛基、纽约和雅典向苏联和伊拉克特工出卖秘密，被控对挪威造成了"无法弥补的伤害"。他被控收受了克格勃 81000 美元的
190 酬劳。挪威报纸将他称作"自吉斯林（Quisling）以来最大的叛徒"，这名二战时纳粹通敌者的名字，在英语中已经成了"叛徒"的代名词。法官认为特雷霍尔特"对自身重要性有着不切实际的夸大认识"。他因叛国罪被判入狱二十年。

1984 年夏末，詹姆斯·史普纳调离岗位，西蒙·布朗接替他成为戈尔季耶夫斯基的负责人。布朗会讲俄语，曾是军情

六处对苏业务部P5的负责人，还曾化装成流浪汉跟踪贝塔尼。布朗在1979年开始接触“诺克顿”，当时作为驻莫斯科情报站站长的他负责对“皮姆利科”潜逃行动的暗号点进行监视。他与戈尔季耶夫斯基之间没有立即产生如此前戈尔季耶夫斯基和史普纳那般的化学反应。第一次见面时，维罗妮卡午餐准备了芹菜，还烧了壶水。布朗很紧张。“我想，如果我不能讲一口流利的俄语，他会把我当成傻子。后来，当我回放磁带时，令我震惊的是，我听到的只是水烧开的嘶嘶声和一个男人吃芹菜时嘎吱嘎吱的咀嚼声。”军情六处秘书莎拉·佩琪会面时都会在场，显得相当镇定自若。“她的平静为让人略感担忧的氛围增加了人情味，使气氛不再那么紧张。”

戈尔季耶夫斯基继续从事自己发展政治联络人的日常工作，其中一些人是确实对苏联有好感的人，还有一些则像罗斯玛丽·斯宾塞那样，只提供有用却低级的情报。这名保守党中央办公室的研究员并非唯一的受限接头特工（controlled-access agent），即不知道戈尔季耶夫斯基实际上是一名为英国情报机构工作的双面间谍，但被军情五处用来向他提供情报的人。大伦敦市芬奇利区议会（Council of Finchley）的保守党籍成员、切尔西保守党协会（Chelsea Conservative Association）前主席内维尔·比尔（Neville Beale）也是这样的人。他为戈尔季耶夫斯基提供了一些不涉密且非常枯燥的地区议会文件，进一步展示了戈尔季耶夫斯基获取官方情报的能力。

中心经常对可能的发展对象提出建议，其中的大多数建议完全不切实际，也不太可能被吸引到克格勃的情报网络当中。1984年，伦敦情报站收到一封来自中心的私人电报，指示戈尔季耶夫斯基与迈克尔·富特，即曾经的特工布特恢复联系。

在大选中惨败后，富特辞去了工党党首一职，但他仍是一名议
191 员及英国政界左翼的领军人物。电报指出，富特从六十年代末开始就没有再与克格勃进行接触，“但恢复与他的联系可能是有益的”。如果一名为军情六处工作的间谍出面争取英国最为资深的一位政治人物，后果将不堪设想。“尽量拖延，”军情六处建议道，“尽可能甩掉这一包袱。”戈尔季耶夫斯基给中心进行了回复，表示他会在一次宴会上设法与富特交谈，并“不经意地”告诉富特自己知道他以前是克格勃联络人的事，然后试探他的态度。此后戈尔季耶夫斯基什么也没做，希望中心能忘了这件事——而中心确实也在一段时间之内没有重提此事。

最初的两年里，“诺克顿”生产了数千份独立的情报与反情报报告，有些只有几句话的篇幅，有些篇幅很长。这些报告接下来将接受分类与派发，对象包括军情五处、玛格丽特·撒切尔、白厅和外交部的一些部门，并且越来越多地发至中情局。还有一些特定的盟国偶尔会收到一些反情报线索，但前提是戈尔季耶夫斯基的情报涉及那些国家的重大利益。中情局是一个特例，属于军情六处的“受惠国”范畴。

军情六处对戈尔季耶夫斯基非常满意，克格勃同样如此。莫斯科的上级对他作为 PR 线负责人所提供的大量情报印象深刻；军情六处给他提供了大量有趣的低级情报，养肥了克格勃，俄罗斯人感到很满意；甚至连古克都对戈尔季耶夫斯基的工作感到满意，对他这名成功的属下即将让他的间谍生涯不光彩地谢幕，还浑然不觉。

1984 年 4 月 11 日，伦敦中央刑事法院“老贝利”（Old Bailey）开庭审判迈克尔·贝塔尼。庭审的安保措施极为严

格，法庭的窗户都被遮住，现场也布置了大量警力，审判期间如果需要问询有关情况，法庭人员可以用防窃听电话直接联系军情五处总部。因为证据涉密程度较高，审判大多数时间仅由摄像机拍摄，没有公众或记者在场。贝塔尼穿了一套细条纹西装，系了一条花斑领带。他坚称自己从事间谍活动的动机“纯粹是出于意识形态——他不是同性恋，也没有被勒索，更不是为了钱”。

经过五天的庭审，贝塔尼最终被判入狱二十三年。 192

“你的行为构成叛国罪，”首席大法官（Lord Chief Justice）雷恩（Lane）在宣布判决时表示，“很明显，你在很多方面都非常幼稚。而且你既固执又危险。你会毫不犹豫地向苏联人透露一些人的名字，而这将导致不止一个人失去性命。”

媒体全盘采纳了贝塔尼自称苏联间谍的说法，因为这样能让一个“缓慢、但最终经历了剧烈政治信仰转变”的人变得更容易理解。各大报纸对贝塔尼的描述都体现了他们希望看到的形象：“粗花呢傻瓜（tweedy twit）变成邪恶叛徒”，《太阳报》如此惊呼。《泰晤士报》则指出，“情报领域的冷战从未停息”。仇视同性恋的《每日电讯报》认为贝塔尼是个同性恋，因此显然不可靠：“贝塔尼可能身陷附庸风雅的同性恋大学生社群不能自拔。”具有左翼思想的《卫报》对他持同情态度：“在他看来，自己是在利用作为军情五处工作人员的地位试图阻止英国和西方盟国陷入一场新的世界大战。”在华盛顿，美国各政府部门对英国情报机构内部又出了间谍感到恼火（还有点幸灾乐祸）。一名白宫发言人表示：“总统对此确实感到担忧。”一名中情局消息人士告诉《每日快报》（*Daily Express*）：“我们又要质疑英国情报圈子的安全性了。”英国安全委员会（Security Commission）在此后的一次质询中对军情五处未能发现精神不稳定的贝塔尼造成的危险提出了批评。《泰晤士报》的文章甚至开始思考，是否应该将军情五处和军情六处合并为一个单一的情报机构：“毕竟，克格勃就同时主管国内外情报工作。”

各大报纸没有猜到的是，军情五处第一个被定罪的叛徒是由军情六处潜伏在克格勃内部的间谍揭露的。戈尔季耶夫斯基让英国避免了一场情报灾难，也再次为自己的职务晋升铺平了道路。

贝塔尼在供词里指认了阿卡迪·古克是克格勃伦敦情报站站长。这位肥胖的苏联将军在和他戴着带框眼镜的妻子离开肯
193 辛顿的住所时被人拍到。他的照片迅速登上了各大报纸的头版，并被配以“幽灵古克”（Guk the Spook）的标题，媒体认为这位愚蠢的苏联间谍头子“拒绝了自二战以来克格勃首个在军情五处内部安插特工的机会”。古克似乎很喜欢受到这种关注，“像电影明星一样到处招摇过市”。

这是除掉古克的绝佳机会，可以借机为戈尔季耶夫斯基扫清障碍，让他在克格勃中的官职更高，并接触到更多的机密材料。军情六处要求立即将古克驱逐出境，但白厅不希望引起另一场外交纷争。然而，根据当时刚上任的军情六处反情报与安全主任（DCIS）克里斯托弗·柯温（Christopher Curwen）的说法，这是除掉古克的唯一一次机会：“古克一直很谨慎，避免直接卷入克格勃发展特工的行动，他在将来可能会更加小心。”军情五处内部也有人反对驱逐古克，指出驻苏使馆的新任邮件安全官（Post Security Officer）刚刚到莫斯科任职，如果古克被驱逐的话，苏联肯定会进行报复，将这名刚上任的官

员驱逐出境。不过，军情六处坚持认为这一代价是值得的。随着古克离开、尼齐坦科任期临近结束，戈尔季耶夫斯基最终有可能接任克格勃伦敦情报站站长一职。“这样做风险很大，”一名高级官员说，“但他有可能因此掌握到克格勃针对英国的全部行动。”情报机构为撒切尔夫人草拟了一封寄给外交部的信，指出既然古克的身份已经公开，他就必须被驱逐。在信中，古克的名字被刻意拼写成“Gouk”：在英国报纸中，只有《每日电讯报》这样拼写古克的名字。撒切尔夫人是《每日电讯报》的读者。这封信显然向外交部暗示：首相已经从早间报纸上获悉了俄罗斯间谍头子的情况，并希望他被驱逐，如果外交部继续阻挠，首相会亲自过问。这一策略奏效了。

1984 年 5 月 14 日，古克因“从事与外交身份不符的活动”被宣布为不受欢迎的人，限期一周离境。不出所料，苏联人立即做出回应，将军情五处新上任的官员驱逐出境。

古克离开前一天晚上，苏联使馆举行了一场欢送会，准备
了丰盛的食物与酒水，大家轮流发言，欢送即将离任的负责 194
人。轮到戈尔季耶夫斯基发言时，他对古克不吝奉承之辞。“我肯定给人一种油嘴滑舌，不太真诚的感觉，”古克有些步履蹒跚，嘴里嘟囔道，“你从大使那里学到了不少东西”——苏联驻英大使华而不实的高谈阔论是使馆里一个经久不衰的笑料。尽管已经喝醉了，古克还是察觉到戈尔季耶夫斯基对他的离开感到高兴。第二天，古克将军飞回莫斯科，此后变得默默无闻。他让自己受到了过度的关注，令克格勃十分难堪。而与他工作上的极端无能相比，这一点更加无法原谅。

接下来，列奥尼德·尼齐坦科受命代行克格勃伦敦情报站站长的职责，并很快开始谋划让自己成为正式的继任者。戈尔

季耶夫斯基成为他的副手，他对克格勃情报站内部电报和文件的查阅权限也有所提升。大量新情报很快流入军情六处手中，戈尔季耶夫斯基专案距离取得最终的战果只有一步之遥：如果他能精明运作，让自己入主站长办公室，克格勃伦敦情报站所能掌握的一切信息都将唾手可得。现在挡在它面前的只有尼齐坦科了。

列昂尼德·尼齐坦科是克格勃中最聪明的人之一，也是少数将情报工作当成人生志业的人。他未来有可能成为克格勃反情报部门K局的负责人。一名见过他的中情局官员称他“是一个胸肌发达的粗犷男人，充满活力……他喜欢谍战博弈的戏剧性，无疑也很擅长从事间谍活动。他在谍报活动的秘密世界里得心应手，每一刻都很享受，他是一个在自己设置的舞台上表演的演员，扮演着自己剧本里的角色”。这名拥有黄色瞳孔的反情报官员在英国待了四年多，早该被调回莫斯科，但尼齐坦科早就盯上了人人垂涎的情报站站长一职。克格勃的海外任期一般是三年，但中心有时会延长属下人员在某些岗位上的任期，因此他开始不遗余力地证明自己才是站长的最佳人选；或者，更准确地说，证明戈尔季耶夫斯基并不合适。两人彼此之间没有好感：一场古克接班人的争夺战已经打响，这场角逐激烈但悄然无声。

军情六处考虑是否应再次出手介入，宣布尼齐坦科为不受
195 欢迎的人，给戈尔季耶夫斯基接任站长扫清障碍。连带效应已经显现：相关负责人起了一个具有双关含义的代号“诺克顿效应”。这一计划非常诱人。如果戈尔季耶夫斯基能够成功当上站长，那么他在伦敦的任职将产生最大的收益，他在任期结束后也可以叛逃。不过，在一番讨论后，军情六处认为现在就

驱逐尼齐坦科过于冒进，“很可能适得其反”。考虑到当时的紧张氛围，此前短时间内驱逐两名克格勃官员的决定尚属意料之中，但接连赶走戈尔季耶夫斯基的三个直属上司，可能会让人发现套路所在。

戈尔季耶夫斯基最亲密的同事马克西姆·帕尔西科夫发现他的朋友现在“似乎春风得意。自从被提拔为副站长后，奥列格似乎变得温柔，开放，表现得更加镇定与自然”。有些人觉得他变得更自以为是了。奥列格的朋友兼前同事米哈伊尔·柳比莫夫被解职后回到了莫斯科，他现在想当一名作家。“我和他会互通书信，他回信很慢，有时我写两封信，他才回复一封，我感到很不高兴——权力让人傲慢，克格勃伦敦情报站副站长可是个要职。”柳比莫夫不知道他的老朋友有多忙：他正同时从事着两份秘密工作，还要想着再次晋升。

奥列格一家人在伦敦生活得很幸福。两个女儿成长得很快，英语说得很流利，在一所英国的教会学校上学。一个世纪前，卡尔·马克思对自己的孩子们迅速适应了英国的生活感到震惊。马克思的妻子曾说：“离开这个拥有他们所喜爱的莎士比亚的国家，是他们所不可想象的；他们已经完全英国化了。”戈尔季耶夫斯基也惊讶并欣喜地发现，自己成了两个英国小姑娘的父亲。莱拉也越来越喜欢英国的生活。她的英语比以前好了一些，但还是很难交到英国朋友，因为苏联官员的妻子不能独自和英国公民会面。和与同事们相处时紧张不安的戈尔季耶夫斯基不同，莱拉很容易和克格勃的朋友打成一片，会和其他使馆人员的妻子一起愉快地喝茶、闲聊。“我在一个克格勃军官家庭长大，”她说，“我的父亲是一名克格勃军官，母亲也是。我年少时居住地的几乎所有人，都为克格勃工作。 196

我所有朋友和同学的父亲都是克格勃的情报官员。因此，我从未觉得克格勃是丑恶的，或与任何可怕的事有关。这是我的全部生活，我的日常生活。”莱拉对丈夫的快速升职感到骄傲，对他想当情报站负责人的想法也进行鼓励。戈尔季耶夫斯基经常会显得全神贯注，偶尔入神地凝望远方，好像去了另一个世界。他经常咬指甲。有时他似乎格外兴奋，同时又紧张不安。莱拉认为这是他的工作重任带来的压力所造成的结果。

戈尔季耶夫斯基喜欢莱拉的活泼、热情与对家庭生活的投入。她天真的善意与单纯为戈尔季耶夫斯基尔虞我诈的扭曲人生提供了一剂解药。他感觉自己和莱拉无比亲密，尽管他对真相的隐瞒使两人之间产生了隔阂。“我的婚姻很幸福。”戈尔季耶夫斯基回忆道。他有时会想，自己是否应该告诉她真相，让两人的婚姻更加真实和完整。如果他最终不得不叛逃英国，莱拉总会知道真相。当军情六处试探性地问他，若那一刻到来，他的妻子会做何反应时，戈尔季耶夫斯基勇敢地说：“她会接受现实的。她是一个好妻子。”

有时，他会当着莱拉的面批评莫斯科。某一天，有些忘乎所以的戈尔季耶夫斯基称苏联政权是“糟糕、错误和罪恶的”。

“哦，别抱怨了，”莱拉埋怨道，“就是聊天嘛，你对此也无能为力，谈论一下又有什么关系呢?”

戈尔季耶夫斯基有点生气，回了一句：“也许我能做些事。也许有一天你会发现我的确为此做了一些事。”

但他及时克制住了自己。“我没有再说话。我知道如果继续说下去，我可能会告诉她更多，或者给她某种暗示。”

戈尔季耶夫斯基后来回忆道：“她不会理解的。没有人能够理解。没有人。我从未告诉过任何人。这是不可能的。绝对不可能。我很孤独。非常孤独。”这是深藏在婚姻生活中的一种看不见的孤独。

戈尔季耶夫斯基爱他的妻子，但在这件事上却无法信任她。莱拉还是克格勃的人，而他实际上已经不是了。

那年夏天回莫斯科休假时，奥列格应邀去第一总局总部就 197
他的未来进行“高层讨论”。他在丹麦认识的那个玩吉他的神童尼古拉·格里宾现在已成为英国－斯堪的纳维亚业务部负责人，他很“友好”地向戈尔季耶夫斯基提供了两个选项：回莫斯科担任英国－斯堪的纳维亚部的副职领导，或者成为伦敦情报站站长。戈尔季耶夫斯基礼貌但坚定地表示，自己选择后者。格里宾建议戈尔季耶夫斯基耐心等待：“一个人离情报站站长的位置越近，面临的危险就越大，诱惑也更多。”但他答应全力支持戈尔季耶夫斯基。

随着两人谈论的话题转移到政治领域，格里宾亲切地提到了苏联共产党高层一位名叫米哈伊尔·戈尔巴乔夫的政治新星。戈尔巴乔夫的父亲是一名联合收割机操作员，他在苏联政坛快速崛起，不到五十岁已经成为政治局的正式成员。人们一致认为他有可能接替暮气沉沉的契尔年科。格里宾透露，克格勃“认为戈尔巴乔夫是未来最好的选择”。

玛格丽特·撒切尔也这样认为。

戈尔巴乔夫是她所期望的那种精力充沛的苏联领导人：一位改革家，去过外部世界且有一定远见，与那些思维狭隘的年长苏联领导人不同。随着英国外交部伸出橄榄枝，1984 年夏天，戈尔巴乔夫同意于当年 12 月访问英国。撒切尔夫人的私人秘书查理·鲍威尔（Charles Powell）告诉她称，此次访问提供了“一个了解苏联新一代领导人想法的独特机遇”。

对戈尔季耶夫斯基而言，这同样是一次机遇。作为情报站政治情报负责人，他负责就戈尔巴乔夫访问的预期目标向莫斯科做汇报；作为一名英国特工，他还要向军情六处通报苏联方面的来访准备情况。情报史上绝无仅有的一幕出现了，一名间谍有能力通过同时为双方从事间谍活动并报告情况，来塑造乃至设计两个大国领导人的一次会面：戈尔季耶夫斯基可以就戈尔巴乔夫的讲话内容提出建议，同时也会就撒切尔该对戈尔巴乔夫说什么提出看法。如果会谈进展顺利，戈尔季耶夫斯基也更有希望赢得伦敦站站长的宝座——这是情报活动带来的意外收获。

198 苏联候补领导人即将到访伦敦的消息让克格勃伦敦情报站忙得不可开交。来自莫斯科的指示纷至沓来，要求搜集英国各方面的详细情报，覆盖政治、军事、技术和经济等领域。莫斯科尤其关心仍在持续的矿工罢工事件：矿工会获胜吗？谁在资助他们？当然，苏联国内禁止任何罢工活动。中心要求情报站就戈尔巴乔夫应该对英国作何期待进行详细汇报，并搞清英国情报机构可能为苏联方面制造何种令人不快的意外情况。赫鲁晓夫1956年访问伦敦时，军情六处在他下榻的酒店安装了窃听设备，监听了赫鲁晓夫的电话，甚至派一名蛙人对赫鲁晓夫所乘巡洋舰的船体进行了检查。

英苏之间的互不信任根深蒂固。戈尔巴乔夫是一名忠诚的共产党员，苏联体制的产物；撒切尔是共产主义的强硬反对者。“克里姆林宫的苏联领导人拥有良知吗？”一年前，她在美国温斯顿·丘吉尔基金会（Winston Churchill Foundation）发表演讲时质问：“他们是否对生命的意义，这一切都是为了什么扪心自问过？……没有。他们的信条当中缺乏良知，没有善恶标准。”戈尔巴乔夫后来在西方世界中的历史定位是一位具有开明思想的进步政治家，作为“公开化”（glasnost）与“改革”（perestroika）政策的设计师，他将在未来改变苏联的面貌，并开启一段最终令苏联走向解体的进程。但在1984年，一切还不明朗。撒切尔和戈尔巴乔夫之间存在着巨大的政治与文化鸿沟。一次成功的会面并非理所当然；和解需要高超的外交技巧，以及秘密运作。

克格勃将戈尔巴乔夫对英国的访问视作巩固其地位的一次良机。“你要给我们发来质量最佳的情况说明，”格里宾告诉戈尔季耶夫斯基，“这样就能让他显得才智超群。”

戈尔季耶夫斯基和他的团队开始工作。“我们真的撸起了袖子，”马克西姆·帕尔西科夫回忆，“写出了涉及英国所有重要领域政策的深度报告，并介绍了所有英方与会人员的详细情况。”戈尔季耶夫斯基为尼奇坦科搜集的所有发给莫斯科克格勃中心的情报，也都交给了军情六处。不仅如此，英国情报机构还给戈尔季耶夫斯基提供了可在发回莫斯科的报告中使用 199
的情报，包括双方会谈时讨论的话题，可能的共识点与分歧（比如矿工罢工），还有关于如何和与会人员进行互动的建议。英国情报机构有效地为即将举行的会谈确定了议题，并让双方都了解了情况。

1984年12月15日，戈尔巴乔夫夫妇抵达伦敦，开启了历时八天的访英行程，其间安排了购物和观光活动，包括去马克思写作《资本论》的大英图书馆“朝圣”，但这不过是一场外交作秀；两位冷战对手此后将在首相的乡间别墅契克斯庄园（Chequers）举行一系列会谈，谨慎地试探彼此。每天晚上，戈尔巴乔夫都会要求随行人员提供一份三到四页的详细报告，对“明日的会谈内容与基调进行预测”。克格勃没有相关情报，但军情六处有。这是确保双方节奏一致的一个绝佳机会，同时还能向戈尔季耶夫斯基在莫斯科的上级证明他的价值。军情六处掌握了一份外交大臣杰弗里·豪起草的外交部简报，列出了他将与戈尔巴乔夫及其团队讨论的内容要点。军情六处将材料交给了戈尔季耶夫斯基，他马上赶回情报站，立刻用俄语把内容敲出来，交给报告员，让其在每日情况报告中加以采用。“没错！”尼齐坦科看后表示，“这正是我们需要的。”

杰弗里·豪的外交部简报成了米哈伊尔·戈尔巴乔夫的克格勃简报。“内容一字不差。”

戈尔巴乔夫对英国的访问获得了巨大的成功。尽管存在着意识形态分歧，撒切尔与戈尔巴乔夫似乎还是达成了共识。当然，双方也进行了交锋：撒切尔对来宾谈到了自由企业与竞争的优点；戈尔巴乔夫坚持认为“苏联的制度是优越的”，并邀请她亲自去看看苏联人民的生活有多么“幸福”。两人还就物理学家安德烈·萨哈罗夫（Andrei Sakharov）等异见人士的命运及军备竞赛问题发生了争执。在一次气氛尤为紧张的交谈中，撒切尔指责苏联资助了矿工罢工运动。戈尔巴乔夫则对此予以否认。“苏联没有向全国矿工联盟资助过任何资金。”他瞥了一眼苏联代表团成员之一的宣传部长后说道。戈尔巴乔夫
200 接着补充了一句：“据我所知是这样。”这并非事实，撒切尔夫人明白这一点。当年 10 月，戈尔巴乔夫亲自签署了一份计划，向罢工矿工援助 140 万美元。

不过，尽管在口头上进行了争论，两位领导人的会谈还是比较顺利。似乎双方是按照同一份计划开展工作的，这在某种

程度上也是事实。戈尔巴乔夫会对克格勃提供的每日简报中的“有关段落用下划线标记，以表示感激或满意”。他仔细地看了简报。“双方都看了我们的简报，”军情六处的情报分析员说，“我们做了一些前所未有的事——努力去利用这些情报，不进行任何歪曲，来改善双方的关系，并开创新的可能性。我们少数人在历史转折的神奇时刻，做出了自己的努力。”

有评论者认为“两国领袖间的化学反应明显发挥了作用”。会谈最终结束后，戈尔巴乔夫表示自己“确实感到非常满意”。撒切尔也有同感：“他的个性和那些表情木讷的普通苏联官僚有着天壤之别。”戈尔季耶夫斯基将“莫斯科的热烈反馈”报告给了军情六处。

在写给里根的一份便笺中，撒切尔夫人写道：“我发现他是一个可以打交道的人。我真的很欣赏他——他无疑忠于苏联的制度，但他也愿意听取意见，并展开真正的对话，然后做出自己的决定。”这段话是对戈尔巴乔夫此次访问的最好总结。契尔年科死后，精力更加充沛的戈尔巴乔夫最终于 1985 年 3 月成为接班人：“一个可以打交道的人”。

戈尔季耶夫斯基的贡献是这场政治突破最终得以实现的原因之一。

克格勃莫斯科中心对此次访英的结果感到很满意。克格勃青睐的候选领导人戈尔巴乔夫展现了政治家的品质，伦敦情报站的表现也很出色。尼齐坦科因“出色完成访问保障任务”而受到特别嘉奖。但戈尔季耶夫斯基得到的好处更大，这位精明强干的政治情报负责人利用从英国情报机构搜集到的信息，为苏联方面提供了很多详细而有见地的简报。戈尔季耶夫斯基现在在情报站负责人的争夺中处于领先地位。

201 不过，在对自己为克格勃和军情六处完成的工作感到满意的同时，戈尔季耶夫斯基心中也感到了一丝隐忧。

戈尔巴乔夫访英期间，尼齐坦科曾把他的副手叫到办公室。在他面前的办公桌上，代理站长摆放了一份附有戈尔巴乔夫批注的报告。

这位眼神坚定的克格勃反情报专家盯着戈尔季耶夫斯基。“嗯。这份关于杰弗里·豪的报告写得很好，”尼齐坦科说道，然后停顿了一下，“它的语气读起来像是一份英国外交部的文件。”

11 俄罗斯轮盘赌

中情局苏联东欧司主管伯顿·格伯（Burton Gerber）是一 202
名克格勃问题专家，有着丰富的对苏谍战经验。在俄亥俄州出生长大的格伯身材瘦长，自信且做事专注，是一名摆脱了疑惧阴影的新一代美国情报官员。他创立了所谓的“格伯法则”（Gerber Rules），认为每一名为西方从事间谍活动的人都应该受到重视，每一条线索都不能轻视。他有一个奇特的爱好，喜欢研究狼，他猎取克格勃猎物的手法也如狼一般狡黠。1980年，他曾作为中情局情报站站长在莫斯科任职，1983 年初回到华盛顿后，他领导了中情局最重要的部门，负责管理安插在苏东国家的特工。中情局手里有着不少苏东特工。过去十年间局势的不确定性，使中情局在比尔·凯西局长的领导下进行了大量活动，取得了丰硕的成果，在军事领域尤其如此。在苏联内部，中情局开展了一百多项秘密活动，并管理着至少二十名间谍，数量达到了历史之最：他们的间谍打入了格鲁乌、克里姆林宫、苏联军事部门和科研机构。中情局的间谍网络包括了几名克格勃官员，但没有人能像那个为军情六处效力的神秘特工那样提供第一手的高质量情报。

伯顿·格伯并不在意自己无法掌握一些对苏间谍活动的情况，但有一个例外：他不知道英国克格勃间谍的身份。这令他感到困扰。

格伯看过了军情六处提供的情报，他对此印象深刻并感到非常好奇。所有情报工作的心理满足感都在于更多地了解你的对手，但对自己盟友的情况也是如此。在中情局知晓一切的全球视角下，它有权掌握需要知道的一切。

英美之间的情报合作非常密切，双方相互支持，但这种关
203 系并不平等。中情局拥有大量的情报来源和遍布世界的特工网络，在情报搜集能力上只有克格勃可与之抗衡。在符合美国利益时，中情局会与盟友分享情报，尽管他们也会像所有情报机构一样，努力保护情报来源。情报共享是相互的，但一些中情局官员却认为美国有权知道一切。军情六处提供了最高质量的情报，但无论中情局如何委婉地表达想要了解情报来源的意愿，英国人都会有些恼怒、顽固但不失礼貌地加以拒绝。

暗示开始变得直白起来。在一次圣诞聚会上，中情局伦敦情报站站长比尔·格雷弗（Bill Graver）盯上了军情六处苏东集团负责人。“他抓住我的衣领，把我摁在墙上说：‘你能告诉我情报来源吗？我们需要确保这些情报是可靠的，因为它们简直太棒了。’”

英国官员摇了摇头。“我不会告诉你是谁提供了情报，但你可以放心，因为我们完全相信他，他提供的情报绝对可靠。”格雷弗知难而退。

差不多同一时间，军情六处想让中情局帮个忙。多年来，英国情报机构的高官一直希望汉斯洛普的技术部门开发一种高效的秘密相机，但军情六处理事会屡次以开销过大为由否决这一提议。此时军情六处仍在使用老旧的“米诺克斯”（Minox）相机。据说中情局雇了一名瑞士钟表匠研发了一种可藏于普通“比克”（Bic）打火机的高级微型相机，如果配

上一段 11.25 英寸长的线和一个别针就能完美实现拍照功能。线可以用口香糖粘在打火机底部；只要让别针正好平放在文件上，使用者就能为相机找到合适的焦距，然后按压打火机顶部的按钮来触碰快门。别针和线可藏在上衣的翻领后面。改装之后的打火机看上去毫无异样，甚至还能用来点烟，这对戈尔季耶夫斯基来说堪称完美。当叛逃的时刻到来，他可以将这种打火机带入住所，然后用摄影手段“清空保险箱”。 204
在比尔·凯西的首肯下，中情局最终同意给军情六处一部这样的相机，但在转交这件设备之前，中情局和军情六处之间发生了一次有趣的对话。

中情局：“你们需要这个是为了某种特定用途吗?”

军情六处：“我们在苏联内部安插了自己人。”

中情局：“我们能得到情报吗?”

军情六处：“不一定。我们不能保证这一点。”

军情六处对中情局的要求、劝诱或贿赂都无动于衷，格伯对此感到沮丧。英国人拥有一名非常优秀的间谍，但他们隐藏了他的身份。正如后来中情局对“优秀射手”演习造成的恐慌进行的秘密评估报告所指出的：“中情局的情报……最初来自英国情报部门，他们对原始情报进行了分割，其内容并不完整且模棱两可。而且，英国人保护了情报来源……我们无法独自确认这名间谍的身份。”这份情报最终呈送给了美国总统，但不知道情报来源令中情局颇为难堪。

正因如此，在获得上级许可之后，格伯谨慎地开展了一次查证行动。1985 年初，他命令一名中情局调查员找出这名超级间谍的身份。军情六处对此应毫不知情。格伯并不认为这是背信弃义的手段，更不是对盟友开展间谍活动。这更多还是一种打破悬念的尝试，一种谨慎且合法的核查行为。

奥德里奇·埃姆斯是中情局反情报中心对苏情报组负责人。日后成为苏联东欧部门主管的中情局官员米尔顿·比尔登（Milton Bearden）写道：“伯顿·格伯决心找出这名英国间谍，他指定反情报中心苏联－东欧情报组负责人奥德里奇·埃姆斯去找出答案。”格伯后来指出，他没有让埃姆斯自己去做侦探工作，而是让“善于从事此类查证工作”的另一名未披露姓名的官员去做。这名官员将与埃姆斯一道执行这项任务。

埃姆斯的职务头衔听起来不错，但在中情局的对苏部门中，他领导的对苏反情报组主要负责找出间谍，并对何种行动易遭敌方渗透进行评估。在凯西担任局长的中情局内部，这个
205 小组被当成一个从事幕后工作的分支，“这里的员工是一些几乎没有什么才干的不合群之人”。

埃姆斯时年 43 岁，是一名头发灰白的政府官僚，他一口坏牙，酗酒成性，而且他的未婚妻开销很大。每天他都会离开自己在瀑布教堂租住的狭小公寓，挤上公共交通工具去兰利上班，然后就坐在办公桌旁，“陷入沉思，忧郁地思考着自己的未来”。埃姆斯欠了一笔 47000 美元的债务。他幻想着去抢银行。一份内部评估报告指出他“不注意个人卫生”。他的午餐几乎都是流食，并且要吃很久。罗萨里奥“利用大把的闲暇时间来挥霍他的金钱”，还抱怨他的钱不够花。埃姆斯的事业停滞不前。这可能是他的最后一次升职了。中情局对他很失望。他也很讨厌自己的上级伯顿·格伯，后者曾批评他用公款带罗萨里奥来纽约。也许中情局本应更早地发现埃姆斯正在腐化，但就像军情五处姑息了贝塔尼一样，怪异的行为举止、酗酒的习惯以及糟糕的工作表现并不会引起怀疑。埃姆斯这样的

人在中情局颇为常见，他的生活破败但并不令人感到陌生。

埃姆斯的职位和资历使他能够接触到所有对苏行动的有关文件。但一名苏联间谍间接地向中情局传递了有价值的情报，而埃姆斯并不清楚他的身份：他只知道那人是英国人手下的一名高级特工。

在苏联庞大的政府机构内部寻找一名间谍是一项令人生畏的任务。夏洛克·福尔摩斯曾说：“一旦你排除了不可能的猜想，无论剩下的可能性多么荒谬，都一定是真相。”这正是中情局现在要做的事。每名间谍都会留下线索。中情局侦探开始对过去三年这名神秘英国特工提供的情报进行梳理，试图通过排除与推论找到他（她）。

调查工作大体上就是这样进行的。

军情六处提供的关于“莱恩行动”的细节表明，情报出自一名克格勃情报官之手，尽管英国人说材料来自一名中层干部，但情报的质量之高表明实际提供者的职务较高。定期收到 206
报告表明此人频繁和军情六处碰头，这或许意味着他人不在苏联，可能就在英国——他似乎“很了解关于英国的情报”这一事实，进一步佐证了中情局的判断。情报机关可以通过情报的内容找出提供这些情报的间谍，但也可以从他不掌握的情况中找到线索。英国人交给中情局的情报里很少包括技术或军事情报，主要是大量优质的政治情报。这表示这名间谍很可能在克格勃第一总局 PR 线工作。一名潜伏于克格勃的特工肯定会指认一些为苏联效力的西方间谍。那么苏联人最近在哪里损兵折将了呢？挪威的霍维克和特雷霍尔特。瑞典的贝里林。不过，近期最轰动的苏联间谍事件发生在英国，迈克尔·贝塔尼的被捕与受审被媒体广泛报道。

中情局非常了解克格勃的组织架构，知道他们的第一总局第三处统一负责在斯堪的纳维亚国家与英国的情报工作。种种迹象表明，那个为英国人效力的间谍似乎来自这一部门。

在中情局数据库中对已知和可疑克格勃特工进行查询后发现，在霍维克与贝里林被捕时身在斯堪的纳维亚国家，并在特雷霍尔特和贝塔尼落网时待在英国的人只有一个：早在七十年代初就引起丹麦情报部门注意的一名 46 岁苏联外交官。对照中情局关于斯坦达·卡普兰的档案也会发现奥列格·戈尔季耶夫斯基的名字。进一步查证之后便不难发现，丹麦人早就认定此人可能是一名克格勃情报人员，但英国人还是在 1981 年承认他是一名货真价实的外交官，并批准了他的签证，这直接违反了英国方面的规矩。英国人最近还驱逐了一些克格勃官员，包括伦敦情报站站长阿卡迪·古克。他们是在有意为自己的间谍扫清障碍吗？最后，中情局来自丹麦的一份七十年代的档案指出“一名丹麦情报官员曾说漏了嘴，表示军情六处在 1974 年发展了一名任职于哥本哈根的克格勃官员”。一封发至中情局伦敦情报站的电报，确认了奥列格·戈尔季耶夫斯基就是这名间谍。

到了 3 月时，伯顿·格伯确信自己已经知道了这名被英国长期隐瞒的间谍的身份。

207 在与军情六处的博弈中，中情局赢得了一次成果不大但令人满意的情报胜利。英国人觉得自己掌握一些美国人不知道的情况，但现在中情局已经知道一些军情六处以为他们还不知道的信息。这就是典型的情报战。中情局给奥列格·戈尔季耶夫斯基随便起个“挠”（TICKLE）的代号，用这一基本无害的中性词指代了这场两国之间不带恶意的小小竞争。

此时在伦敦，戈尔季耶夫斯基愈发兴奋，并略感不安地等待着来自莫斯科的指令。他是担任站长的最佳人选，但中心的步调之缓慢一如既往。尼齐坦科对他在戈尔巴乔夫访英期间异常优质的简报做出的阴险评论，一直困扰着戈尔季耶夫斯基。私下里，他会因自己没有成功对内容进行伪装而自责。

1 月，他奉命飞回莫斯科参加一次“高级别会议”。

在英国情报机构内部，戈尔季耶夫斯基收到的指示引发了一场讨论。考虑到尼齐坦科的潜在威胁，有人觉得这是一个圈套。让奥列格脱离危险，安排他叛逃的时机是否已经成熟？奥列格已经做好了充分准备。一些人认为让他回到苏联的风险太大。“这可能是一次潜在的良机。但如果出现差错，我们失去的将不只是一名高级特工。我们现在拥有的大量宝贵情报知悉范围受限，因为充分利用并分享这些情报可能会给奥列格带来危险。”

但站长宝座已唾手可得，戈尔季耶夫斯基自己也信心满满。莫斯科方面没有释放出危险信号。召他回国可能意味着他赢得了与尼齐坦科的权力斗争。“我们对他回国并不十分担心，他自己也比较释然，”西蒙·布朗回忆，“我们对通知他任职的拖沓感到一丝担忧，但他认为自己应该没什么危险。”

即便如此，英国人还是告诉戈尔季耶夫斯基他可以选择退出。“我们跟他说——我们是认真的——如果你现在打算放弃，没问题。但如果他真的不干了，我们会非常失望。他和我们一样充满干劲。他没有察觉到任何严重的问题。”

在戈尔季耶夫斯基出发前的最后一次会面中，维罗妮卡· 208
普赖斯和他分步骤、仔细地排练了一遍“皮姆利科”行动。

抵达莫斯科第一总局总部时，戈尔季耶夫斯基受到了三处负责人尼古拉·格里宾的热烈欢迎，并被告知“他已被选为接替古克的最佳人选”。正式任命要等到今年晚些时候才会下达。在几天后召开的一次克格勃内部会议上，他被称作“伦敦情报站候任站长戈尔季耶夫斯基同志”。格里宾对任命被提前泄露感到生气，但戈尔季耶夫斯基感到解脱而喜悦：晋升已成定局。

但在得知他的同事、在X线（负责技术研发与科技间谍活动的部门）工作的克格勃上校弗拉基米尔·维特罗夫（Vladimir Vetrov）的遭遇时，他的喜悦感被冲淡了。维特罗夫在巴黎工作几年后，开始为法国情报部门从事间谍活动。代号“永别”（FAREWELL）的维特罗夫为法国人提供了四千多份文件与情报，导致多达47名克格勃官员被法国驱逐出境。1982年回到莫斯科后的某一天，维特罗夫在一辆停在路边的车上和女朋友发生了激烈的争吵。一名协警听到动静敲打车窗时，维特罗夫以为自己的间谍行为被人发现，这名协警是要逮捕他，于是刺死了这名协警。在监狱里，他不小心透露了自己在被捕前干过“一些大事”。后来的调查揭示了他的叛国罪行。1月23日，就在戈尔季耶夫斯基准备回伦敦的前几天，拥有不祥代号（“永别”）的维特罗夫被处决。维特罗夫是一个凶残的疯子，他的毁灭是自己一手造成的，但他的死对那些被逮到的给西方当间谍的克格勃叛徒而言，是一种警告。

1985年1月底，戈尔季耶夫斯基带着即将升任站长的消息回到伦敦后，军情六处的喜悦溢于言表——他们似乎不再需要对戈尔季耶夫斯基的身份进行保密了。在贝斯沃特安全屋的会谈中，英方情报人员的言语间流露出一种新的紧迫感与兴奋。这真是一次前所未有的成功：他们的间谍很快就要接任克格勃伦敦情报站站长，能接触到站里的所有秘密。而且，他肯定会得到进一步的提拔。他可能很快又会升职，最终官至克格勃将军。三十六年前，金·菲尔比一路升任军情六处驻华盛顿 209
特区情报站负责人，也为克格勃在西方阵营的中心安插了一名间谍。现在，军情六处开始“以彼之道，还施彼身”。计划已经启动。前方似乎存在着无限的可能。

戈尔季耶夫斯基在兴奋而茫然中等待着正式的任命通知。奥列格外表的一个变化让他的朋友马克西姆·帕尔西科夫感到非常奇怪：“他稀疏的灰色头发突然变成了一种介于红黄之间的颜色。”一夜之间，戈尔季耶夫斯基那苏联式的花白头发就变成了新潮的朋克发型。他的同事们会在私下里笑话他。“他找了一个小情人吗？哦，可别这样，马上就要当上克格勃伦敦情报站站长了，奥列格突然变成同性恋了吗？”当帕尔西科夫小心地问他头发怎么了时，奥列格有些尴尬地解释称自己不小心把妻子的染发剂误当作洗发水了，但这一解释明显无法让人相信，因为莱拉的黑发在颜色上和他新染的有些骇人的黄褐色明显不同。“当‘用错了洗发水’成为标准解释后，我们就不再问了。”帕尔西科夫总结道，“每个人都有权保持自己的特立独行。”

尼齐坦科奉命做好回国的准备。他对一名刚刚在英国待了三年的属下即将超过自己感到愤怒，有意让他难堪。戈尔季耶夫斯基要等到四月底才能正式接任站长；在此之前，尼齐坦科将尽可能地摆出一副不配合乃至令人恼火的工作态度，他向上级说戈尔季耶夫斯基的坏话，到处贬损他。更令人担忧的是，他拒绝交出候任站长有权过目的电报。戈尔季耶夫斯基告诉自己，这也许只是尼齐坦科的私下报复，但从尼齐坦科的态度当中，他能嗅出比单纯的嫉妒更严重的东西。

对戈尔季耶夫斯基和“诺克顿”小组来说，事态现在进入了一种奇怪的境地。当尼齐坦科最终离开，回到克格勃总部反情报部门从事新的工作时，戈尔季耶夫斯基就会拿到克格勃保险柜的钥匙，届时军情六处肯定会迎来情报大丰收。

210 戈尔季耶夫斯基接任站长前十二天，奥德里奇·埃姆斯向克格勃递交了投名状。

埃姆斯并不安于现状。他有口臭，工作业绩也非常糟糕。他觉得自己在中情局没有受到重视。但他后来为自己的行为找了一个简单的解释：“我这么做是为了钱。”他要为罗萨里奥去尼曼·马库斯（Neiman Marcus）① 的购物旅行和在棕榈餐厅（The Palm restaurant）的晚餐买单。他想搬出自己的一居室公寓，需要给前妻付钱，还要举行一场昂贵的婚礼，并拥有一辆完全属于自己的汽车。

为了实现他自认为应得的美国梦，埃姆斯选择向克格勃出卖美国。戈尔季耶夫斯基从不对钱感兴趣，而埃姆斯只对钱感兴趣。

四月初的时候，埃姆斯给苏联使馆一名叫谢尔盖·德米特里耶维奇·丘瓦欣（Sergey Dmitriyevich Chuvakhin）的官员打了电话，提议和他见面。丘瓦欣不在工作于使馆内的四十名克格勃官员之列。他是一名军控专家，属于中情局“感兴趣的人”，被视作一名合法的争取对象。埃姆斯向自己的同事说，根据他的试探，这名苏联官员是一名潜在的联络人。这场会面

① 一家奢侈品百货公司。

得到了中情局和联邦调查局（FBI）的“批准”。丘瓦欣同意见埃姆斯，两人约定 4 月 16 日下午 4 点在五月花酒店（Mayflower Hotel）的酒吧一起喝酒，见面地点离第 16 大道（16th Street）上的苏联使馆不远。

埃姆斯很紧张。在五月花酒吧等候时，他喝了一杯伏特加马提尼，接着又喝了两杯。一个小时后，丘瓦欣还没出现，埃姆斯决定“临场发挥”，他是这样做的：他摇摇晃晃地走过康涅狄格大街（Connecticut Avenue）来到苏联使馆，将原打算交给丘瓦欣的包裹送到了前台接待员的手上。

这个不大的包裹是送给克格勃驻华盛顿情报站站长斯坦尼斯拉夫·安德罗索夫（Stanislav Androsov）将军的。包裹里面是给安德罗索夫的另一个信封，上面写着他的行动化名“克罗宁”（Kronin）。一张手写的便条上写着：“我叫奥德里奇·埃姆斯，是中情局反情报中心对苏情报组负责人。我曾在纽约工作，使用的化名为安迪·罗宾逊（Andy Robinson）。我需要 50000 美元，作为交换，我告诉你们关于我们在苏联发展的三名特工的情报。”他列举的几人都是苏联人在中情局安插的“诱饵”，表面上是潜在的争取对象，实际上却是克格勃密探。“他们并非真正的叛徒。”埃姆斯后来说。他告诉自己， 211
揭露他们并不会对任何人造成伤害，也不会影响中情局的行动。信封里还包括从中情局内部电话号码簿撕下来的一页内容，用黄色水笔划出了埃姆斯的名字。

埃姆斯在四个方面进行了细致规划，以表明自己的诚意：纯粹的内奸不会提供关于当前行动的情报；克格勃应该知道他曾在纽约使用过的化名；他清楚指出了克格勃情报站站长的秘密代号；他还提供了自己的身份证明。这肯定会引起苏联人的注意，之后钱财就会滚滚而来。

埃姆斯清楚克格勃的工作特点，没指望马上得到回复：情报站会将“上门者”的情况向莫斯科进行汇报，克格勃总部会展开调查，并从中发现对西方挑衅的机会，最终相信他的诚意。“我确信他们会做出积极回应，”埃姆斯后来写道，“结果也如我所料。”

两周后的1985年4月28日，奥列格·戈尔季耶夫斯基成为伦敦情报站站长，驻伦敦级别最高的克格勃官员。但尼齐坦科的交接工作进行得有些古怪。按照传统，离任的克格勃站长会留下一个包含重要秘密文件的上锁公文包。在尼齐坦科安全地登上飞往莫斯科的飞机后，戈尔季耶夫斯基打开了文件夹，只看到了一个装有两张纸的棕色信封：里面是两年前迈克尔·贝塔尼放到古克信箱的信件影印件，其内容每家英国报纸都进行了报道。这是一个玩笑吗？一种对于古克无能的暗示？还是一个警告？或者是尼齐坦科发出的不祥信号？“是不是因为他不信任我，所以觉得不能让我知道那些仍然保密的事情？”但如果是这样的话，为何留下一个如此遮遮掩掩的信息？最可能的原因是，尼齐坦科只是想给抢了他站长宝座的竞争对手制造一点麻烦。

军情六处对此也感到困惑：“我们本指望能得到一些高价值的情报，但没有如愿以偿。我们本以为能知道是否有某位内阁成员曾长期为克格勃充当特工，或者发现更多的贝塔尼，但我们没有得到任何情报。这令人欣慰，但也夹杂着一种失
212 望。”戈尔季耶夫斯基开始浏览情报站的档案，为军情六处搜集有价值的最新情报。

正如埃姆斯预想的那样，克格勃花了些时间对他的示好做出回应，但在那之后开始频繁与他联络。五月初的一天，丘瓦欣给他打了电话，轻描淡写地提议他们“可以在 5 月 15 日到苏联使馆一起喝酒，然后到当地一家餐厅吃午餐”。实际上，丘瓦欣对此既不热心，也非全然漫不经心。他是一名纯粹的军控专家，不愿卷入那些狡诈而危险的间谍游戏。“让你们的人来干这种脏活吧。”当要求他联系埃姆斯并安排见面时，丘瓦欣说道。克格勃立刻直言不讳地表示：埃姆斯点名要见他，丘瓦欣无论是否愿意，都必须完成任务。

此前的三周时间里，克格勃一直很忙。埃姆斯的信立即交到了苏联使馆反情报负责人维克多·切尔卡申（Viktor Cherkashin）上校手中。切尔卡申意识到这封信内容的重要性，给第一总局局长克留奇科夫发了一封高度加密的电报，克留奇科夫又将此事报告给了克格勃主席维克多·切布里科夫（Victor Chebrikov），切布里科夫立即授权军事工业委员会（Military Industrial Commission）提取了 50000 美元的现金。克格勃是一头笨重的野兽，但在必要时也可以迅速行动起来。

5 月 15 日星期三，埃姆斯按照吩咐再次来到苏联使馆，此前他向中情局和联邦调查局宣称自己正在努力争取一名苏联军事专家。“我知道自己在做什么。我决心干成此事。”丘瓦欣在使馆走廊里见了埃姆斯，然后把他介绍给了克格勃官员切尔卡申，切尔卡申带他去了地下室的一间小会议室。两人都没有说话。切尔卡申用手势告诉埃姆斯房间里可能有窃听器，然后笑着递给了埃姆斯一张纸条：“我们接受你的报价，很高兴和你合作。我们希望你把丘瓦欣当作接头人，也就是我们进行谈话的中间人。他会给你钱，并和你一起进午餐。”埃姆斯在这张便条的背面写道：“好的。非常感谢。”

但事情还没完。

213 每一个间谍负责人都会问新间谍一个问题：你掌握我们内部的内鬼情况吗？在我们的组织里，有没有可能出卖你的潜伏间谍？戈尔季耶夫斯基在同意为英国从事间谍活动的那一刻也被问了同样的问题。切尔卡申训练有素。他不可能不问埃姆斯是否知道可能发现他的叛变行为并报告给中情局的克格勃内奸的情况。埃姆斯同样期待着对方问他这样的问题。他知道十几名特工的情况，包括两名苏联使馆内部的特工；还有一个英国人手下职位最高的特工。

埃姆斯后来承认，他当时还不知道戈尔季耶夫斯基的身份。一个月后，他开始系统性地出卖中情局在苏联方面安插的特工。切尔卡申在2005年出版的回忆录中指出，有关戈尔季耶夫斯基身份的关键信息并非来自埃姆斯，而是一个暗中告密者，“一个身在华盛顿的英国记者”。中情局指责这是一条旨在吹嘘克格勃能力的假消息，“是为了误导读者”。

研究过戈尔季耶夫斯基案例的情报分析员大多认为，刚和苏联人联系时，埃姆斯曾向对方透露，克格勃内部有一名为英国情报机构工作的高级内鬼。他当时可能不知道此人是戈尔季耶夫斯基，因为他没有亲自调查此事。但他肯定知道中情局对代号为“挠”的军情六处间谍身份的调查正在进行，而且在苏联使馆地下室那次未发一言的会面上，他很可能在一张纸上传递了警告信息，把这一情况告诉了克格勃。尽管他还不能确定此人的身份，但这足以让第一总局K局对此展开调查。

当埃姆斯从地下室上来时，丘瓦欣正在走廊等他。“我们去吃午餐吧。”他如此说道。

两人坐在了“乔和莫”（Joe and Mo’s）餐厅角落的位置，开始一边交谈，一边喝酒。在这顿“冗长且饮酒过度”的午餐期间具体发生了什么，已经无从确知。埃姆斯后来声称他们一直在谈论军控问题，这显然难以令人信服。但在喝到第三或 214
第四杯马提尼之后，埃姆斯有可能向丘瓦欣确认了克格勃内部存在一名英国间谍。但他后来承认：“我记不太清了。”

丘瓦欣喝的酒比埃姆斯少很多。午餐结束时他把一个装满文件的塑料购物袋交给了埃姆斯。“这是你可能会感兴趣的一些新闻稿件。”丘瓦欣对埃姆斯如是说，以防联邦调查局利用定向传声器对他们的谈话进行窃听。两人握了握手，丘瓦欣就匆忙赶回使馆了。尽管酒精早已麻痹了神经，埃姆斯还是踉跄地爬上车，开回了家。在乔治·华盛顿大道（George Washington Parkway），他把车停在了靠近波托马克河的一处风景优美的避车道上，打开了购物袋：在底部各类使馆宣传材料下方是一个包装好的长方形包裹，有一小块砖大小。他撕开了一角。埃姆斯感到“大喜过望”。里面是一叠 500 张一百美元面额的钞票。

在这位美国人忙着数钱的同时，回到苏联使馆的丘瓦欣向切尔卡申通报了有关情况。切尔卡申又拟了一份加密电报，呈给克格勃主席切布里科夫本人。

埃姆斯到家时，克格勃已经展开了历史上规模最大的一场内鬼调查行动。

5 月 16 日星期四，埃姆斯初次和丘瓦欣见面一天后，一封来自莫斯科的紧急电报，摆在了新上任的克格勃伦敦情报站站长的办公桌上。

看过电报，奥列格·戈尔季耶夫斯基不寒而栗。

“为了对你的站长任命进行核准，请于两天内紧急赶回莫斯科，与米哈伊洛夫同志和阿廖申同志进行重要谈话。”米哈伊洛夫与阿廖申分别是克格勃主席维克多·切布里科夫和第一总局局长弗拉基米尔·克留奇科夫的行动化名。这份指示出自克格勃最高层。

戈尔季耶夫斯基向秘书说自己有事，然后急忙赶往最近的一个电话亭，给军事六处负责人打电话要求安排一次紧急会面。

215 当戈尔季耶夫斯基几个小时后赶到时，西蒙·布朗正在贝斯沃特的安全屋等他。“他看起来很担心，”布朗回忆道，“显然非常担忧，但并不恐慌。”

接下来的 48 小时里，军情六处和戈尔季耶夫斯基必须做出决定，他是该按照电报要求回到莫斯科，还是一走了之，带着家人躲藏起来。

“奥列格开始分析利弊：他的直觉告诉他这有点反常，但还没反常到立即并必须引起怀疑的地步。召他回国可能有各种合理的解释。”

自从他任职站长以来，莫斯科一直保持沉默，这一点让人觉得反常。戈尔季耶夫斯基本以为自己至少能收到格里宾的祝贺，而更让人担忧的是，他还没有收到那封包含情报站通信加密代码的最重要的电报。但在另一方面，他的克格勃同事们没有展现出怀疑的迹象，似乎都急于讨好他。

戈尔季耶夫斯基觉得自己可能是多虑了：也许，他继承了前任古克的偏执。

不止一名军情六处官员将眼前的情况与赌徒困境进行了比较。“你已经积攒了大量的筹码。你会在最后一轮赌局中将所有的赌注孤注一掷吗？或者你见好就收，收手不玩？”计算概率并不容易，现在的风险太大：赢了可以带来无尽的财富，接触到克格勃最核心的机密；但输了可能就意味着戈尔季耶夫斯基万劫不复，或者彻底失踪，几个月不知道下落。军情六处无法再从他那里获得情报并让更多的相关方获益。对戈尔季耶夫斯基自身而言，这最终将意味着毁灭。

电报的语气有些奇怪，既专横又不失礼貌。根据克格勃的传统，驻外情报站站长由克格勃主席亲自任命，对英国这样重要的目标国家尤为如此。一月份戈尔季耶夫斯基被任命为站长时，切布里科夫不在莫斯科，因此这可能不算正式的任命，还需要由克格勃大佬举行一次充满仪式感的“按手礼”。或许正是因为戈尔季耶夫斯基尚未经历正式的克格勃“受职仪式”，
尼齐坦科才没有留下有用的情报以及他尚未得到加密代码。如 216
果克格勃怀疑他叛国，为什么不立刻召他回国，而给了他两天时间？也许克格勃没有立刻将他召回，是不希望打草惊蛇。但如果他们知道戈尔季耶夫斯基是英国间谍，为何不派十三处的绑架专家来给他下药并带回苏联？而如果这是以往惯例的话，为何没有提前发来消息呢？戈尔季耶夫斯基三个月前就知道自己要接任站长了。还需要进一步的谈话吗？是什么议题如此重要且紧急，以至于不能在电报里透露？指示来自克格勃最高负责人：这既令人感到不安，也是戈尔季耶夫斯基现在受重视程度的一种体现。

布朗试图站在克格勃的立场考虑问题。“如果他们已经百分之百知道真相，就不会像现在这样冒险给戈尔季耶夫斯基留

下逃跑的时间。相反，他们会静待时机，耐心周旋，给他提供低级情报并静观其变。他们本可以用一种更专业的方式召他回国。他们可以编造他母亲去世之类的假消息诱骗他回国。”

会谈最终没有达成明确的结论。戈尔季耶夫斯基同意在第二天晚上，即5月17日星期五，再来安全屋。同时，他订了一张周日回莫斯科航班的机票，表明自己会按时回国。

马克西姆·帕尔西科夫开车驶出使馆停车场准备赴一场午宴时，惊讶地发现戈尔季耶夫斯基“一路赶了过来，激动地冲着打开的车窗说：‘我要回一趟莫斯科。午饭后来找我，我们谈一谈。’”两个小时后，帕尔西科夫发现新站长“紧张地在办公室来回踱步”。戈尔季耶夫斯基解释说，他被召回莫斯科去接受切布里科夫的最终祝福。这本身并没有什么异常，但做法有点奇怪：“事先没有任何人提醒我。但这也没什么大不了的：我会离开几天，看看到底怎么回事。我离开期间你是代理站长。耐心等待，什么也别做，等我回来。”

在世纪大厦，“负责人与要员”在军情六处局长办公室召
217 开了一次会议，讨论目前的局势：与会人员包括军情六处新任局长克里斯托弗·柯温、军情五处苏联与东欧部门负责人约翰·德弗雷尔以及戈尔季耶夫斯基的负责人布朗。大家并不感到恐慌。军情六处的一些人后来表示自己当时非常担心，但与会的情报人员和其他人一样，都认为风险和机遇是五五开。戈尔季耶夫斯基即将取得最终胜利，两名与此事关系最密切的官员维罗妮卡·普赖斯和西蒙·布朗觉得没有理由就此放弃。德弗雷尔的报告指出，军情五处没有掌握克格勃发现戈尔季耶夫斯基的迹象。“我们无法告诉他回去是否安全。”德弗雷尔如此表示。与会人员一致认为，戈尔季耶夫斯基自己应该做出最

终抉择。我们不会强迫他回莫斯科，但他也不应在双方继续合作上打退堂鼓。“这有点不负责任，”一名军情六处官员事后认为，“他的生命面临危险，我们应该保护他。”

赌博成功的关键在于直觉，即一方预测事态及读懂对手心理的第六感。但克格勃到底知道些什么呢？

实际上，莫斯科几乎毫不知情。

第一总局反情报部门K局上校维克多·布达诺夫（Victor Budanov）被公认为“克格勃最危险的人”。八十年代他在东德工作时，年轻的弗拉基米尔·普京曾是他的下属。在K局内部，他的职责是调查“异常情况”，维持第一总局各情报部门的安全，打击官员的腐败行为，并清除叛徒。布达诺夫是一名忠诚的共产党员，个子瘦高，为人枯燥无味，长了一张狐狸脸，有着资深律师一样的头脑。他的工作方法有条不紊，一丝不苟。他自视为一名捍卫法纪的侦探，而非进行报复的特工。“我们一直严格遵守法律，至少在我任职于苏联克格勃反情报与情报部门期间是这样。我从不会进行违反苏联法律的行动。”他会通过证据和推理来抓捕叛徒。

上级告诉布达诺夫，克格勃内部出了一个高级内鬼。布达 218
诺夫还不知道叛徒是谁，但他心目中有几个嫌疑人。如果叛徒服务于英国情报机构，那他可能是伦敦情报站里的某一个人。离开伦敦前，经验丰富的反情报官员列昂尼德·尼齐坦科曾发了多份报告，质疑戈尔季耶夫斯基的可靠性。埃姆斯透露的消息加上尼齐坦科未经核实的怀疑，将嫌疑人的矛头指向了这位新任站长。戈尔季耶夫斯基具有嫌疑，但他并不是唯一的嫌疑人。尼齐坦科自己也有嫌疑。帕尔西科夫也是如此，尽管他还没有被召回。此外还有其他的嫌疑人。军情六处的触角遍及全球，内鬼可能潜伏在任何地方。布达诺夫并不确定戈尔季耶夫斯基就是叛徒，但他无疑知道，一旦此人回到莫斯科，克格勃就能查明他是否有罪，不用担心他会潜逃。

第二天，即 5 月 17 日星期五的早上，来到安全屋的戈尔季耶夫斯基带来了中心发来的第二封紧急电报，也显得放心了一些。“回到莫斯科后，记住你肯定会被问到关于英国的问题，你因此要为一些具体的谈论做好准备，多准备一些事实。”这听起来就像是一次常规会谈，总部只是向他提出了更多的情报需求。刚上任三个月的戈尔巴乔夫在去年成功访问英国后，开始对英国产生兴趣。切布里科夫很注重礼节。也许没有什么可担心的。

当晚，戈尔季耶夫斯基和军情六处负责人又在安全屋碰了一次头。维罗妮卡·普赖斯准备了烟熏三文鱼和全麦面包。录音机进行了录音。

西蒙·布朗阐明了当前局势。军情六处没有掌握情报证明召回奥列格有任何异常。但如果戈尔季耶夫斯基现在想要叛逃，他可以这样做，并且他和他的家人这辈子都会受到保护与照顾。如果他决定继续为英国服务，英国将永远感激他。现在他处于关键的十字路口。戈尔季耶夫斯基可以金盆洗手，英国人可以满足于既有的胜利果实。但如果他能从莫斯科安全归来，被克格勃领导人亲自任命为站长，那他们更是中了大奖。

布朗后来回忆道：“如果他决定不回莫斯科，肯定也不会
219 有人能劝他改变想法，我们也不会这么做。我觉得他看到了我们的诚意。我尽量在此事上保持了一种客观立场。”

负责人最终宣布：“如果你觉得情况不妙，现在收手也

行。最终你要自己做出决定。但如果你回去后发现情况不妙，那我们就执行潜逃计划。”

两个人听到了同样的话，但对此的理解完全不同，这样的情况再正常不过了。此刻就出现了这种情况。布朗认为他给奥列格提供了后路，同时提醒他不要错过绝佳的机会。戈尔季耶夫斯基认为英国人希望他回到莫斯科。他希望听到负责人说他已经干得不错，应该就此功成身退了。但布朗按照上级要求，没有做出这种表态。一切最终要戈尔季耶夫斯基自己决定。

这位俄国人弓着身子一动不动，一句话不说，这样的状态持续了好几分钟，他显然陷入了沉思。最后，戈尔季耶夫斯基说：“我们现在面临抉择，就此收手的话将是一种玩忽职守，我所做的一切都前功尽弃了。回去是有风险的，但风险可控，我准备冒一次险。我回去。”

正如一名军情六处官员所说的那样：“奥列格知道我们想让他继续，他勇敢地和我们站在了一起，在没有任何明确危险迹象的情况下选择回国。”

潜逃计划的设计者维罗妮卡·普赖斯，现在上紧了发条。

她又带戈尔季耶夫斯基过了一遍“皮姆利科”计划的全部细节。戈尔季耶夫斯基又一次仔细地查看了会合点的照片。照片是在冬天拍的，通往停车处入口的那块巨石在雪中矗立。他希望能从树木枝叶的遮蔽中认出这块巨石。

戈尔季耶夫斯基在英国任职期间，潜逃计划始终处在待命状态。每一名新到莫斯科任职的军情六处官员都对这一计划的所有细节非常清楚，他们看过一个名叫“皮姆利科”的间谍的照片（尽管从未获悉他的真名），也对传递暗号、车辆搭乘点与潜逃的流程进行过训练：这是一场由逃跑和识别暗号构成

的复杂哑剧。离开英国前，这些官员和他们的家人会被带到吉尔福德（Guildford）附近的树林，练习进出汽车的后备厢，以
220 切身体会到时营救这名不知道姓名的间谍及其家人的感受。任职伊始，每名官员都会按要求从英国开车到俄罗斯，途径芬兰，以熟悉路线、会合点与过境情况。西蒙·布朗 1979 年第一次开车驶过边境检查站时，看见了七只喜鹊落在了护栏柱上，马上想起了那首数喜鹊的古老童谣："七是那不能说的秘密。"

戈尔季耶夫斯基在莫斯科期间，以及在他回莫斯科之前和离开后的数周里，军情六处小组都会按要求每天晚上检查库图佐夫斯基大街的暗号点。星期二是传递暗号的最佳时机，因为潜逃小组在四天后的周六下午就可到达会合点。但在紧急情况下，小组必须保证行动能在任何一天展开：比如，周五传递暗号就意味着受提供牌照的汽修厂的营业时间所限，潜逃行动不得不于下周四实施。一名官员生动地描述了此事给英国间谍人员带来的额外负担："在一年中几乎随机的十八周里，我们每天晚上都要对联合公交站和演奏会时间表公告栏附近的面包店进行检查，希望'皮姆利科'会出现，但每次都失望而归。冬天是最糟糕的：天太黑，雾又大，我们只能步行去检查；人行道上堆积的积雪太高，你根本无法看清三十码之外的人。而一个官员的妻子每周能因为自己忘买面包向丈夫恳求多少次'你能不能在零下二十五度的天气里出门去买店里最后几个已经变味的面包'呢？"

保证"皮姆利科"行动时刻待命是军情六处驻莫斯科情报站最重要的工作之一：这是一项认真的潜逃计划，目的是拯救一名经常不在这里的间谍，并在他需要时做好准备。每一名

莫斯科的军情六处人员都在住所准备了一条灰色裤子、一个绿色哈罗德塑料袋，以及一些奇巧和玛氏巧克力棒。

英国人对计划进行了一项完善。如果戈尔季耶夫斯基回到莫斯科后发现自己遇到了麻烦，他可以给伦敦发出警报：他可 221
以给伦敦家里打电话找莱拉，询问孩子们在学校的情况。电话里安装了窃听器，军情五处会进行监听。如果戈尔季耶夫斯基打来警报电话，军情六处就会知情，莫斯科小组也会做好行动准备。

最终，维罗妮卡·普赖斯给了戈尔季耶夫斯基两小包东西。一个是药片。“这能帮助你保持警醒。”普赖斯说。另一包是圣詹姆斯的烟草商詹姆斯·福克斯（James J. Fox）生产的一小袋鼻烟。如果戈尔季耶夫斯基钻进后备厢时将它洒在身上，可以在经过边境检查站时避免被嗅探犬嗅出，也许还可以掩盖克格勃喷撒在他衣服和鞋子上的化学物质的气味。一个从伦敦出发的军情六处小组会在芬兰边境一侧的一个单独会合点等他，把他偷偷带回英国。维罗妮卡表示，如果那一刻来临，她会亲自去迎接他。

当晚，戈尔季耶夫斯基告诉莱拉，他要回莫斯科进行“高层会谈”，过几天就回来。他似乎既紧张又渴望。“他要被正式确认为站长了。我也很激动。”莱拉注意到他的指甲已经被咬得露出了皮肉。

1985 年 5 月 18 日星期六，在三个国家的首都都展开了紧张的间谍活动。

在华盛顿，奥德里奇·埃姆斯在自己的银行账户存了 9000 美元的现金。他告诉罗萨里奥，钱是一个老朋友借给他的。叛国行为的酬劳带来的喜悦开始退去，他开始思考现实：中情局的间谍可能会发现他和克格勃接触，并告发他。

在莫斯科，克格勃为戈尔季耶夫斯基的到来做好了准备。

维克多·布达诺夫对戈尔季耶夫斯基在列宁斯基大街的公寓进行了仔细搜查，但没有发现什么可疑之处，除了许多极具高度敏感的西方文学作品。那本包装精美的莎士比亚十四行诗没有引起特别关注。K局的技术人员在房间各处秘密安装了窃听器，包括电话。灯具里也藏了摄像头。在出口处，克格勃的锁匠小心地锁上了公寓的前门。

222 布达诺夫同时对戈尔季耶夫斯基的档案进行了梳理。除了离过一次婚外，他的档案从表面上看起来并无瑕疵：他的父亲和兄长都是著名的克格勃官员，他娶了一名克格勃将军的女儿，是一名忠诚的共产党员，通过自己的勤奋和才干一路晋升。但仔细观察就会发现戈尔季耶夫斯基同志不为人知的另一面。这一克格勃调查卷宗从未公开，因此无法确切说出调查员掌握了何种情况，以及何时掌握的。

但布达诺夫还是发现了很多疑点：戈尔季耶夫斯基大学时期的密友是一个捷克叛徒；他对包括被禁文学作品在内的西方文化感兴趣；他的前妻认为他是一个两面三刀的骗子；他在去伦敦任职前，阅读了档案室里所有与英国相关的档案；他的英国签证快速获批，也令人生疑。

和此前中情局做过的一样，布达诺夫也在寻找某种规律。克格勃此前在斯堪的纳维亚国家损失了一些重要特工：霍维克、贝里林和特雷霍尔特。当时在丹麦的戈尔季耶夫斯基是否掌握了这些特工的情况，并通报给了西方情报部门呢？还有迈克尔·贝塔尼。尼齐坦科可以确定，戈尔季耶夫斯基知道这个愿意给克格勃当间谍的英国人向伦敦站做出的奇怪示好举动。英国人抓到贝塔尼的速度也令人吃惊。

仔细观察会发现，戈尔季耶夫斯基的工作表现也很耐人寻味。到英国任职的头几个月里，他的表现很糟糕，一度有传言说他将被送回苏联，但在这之后，他的联络人明显增多，他生产的情报报告的深度与质量也有显著改善。英国政府短时间内接连驱逐伊戈尔·蒂托夫和阿卡迪·古克的决定在当时看来并不意外，但现在却颇为可疑。布达诺夫还发现了尼齐坦科之前的疑虑，尤其是戈尔巴乔夫访英期间戈尔季耶夫斯基所写的报告，读起来就像是直接从英国外交部简报上抄录过来的。

布达诺夫进一步查阅档案，发现了一条潜在线索。1973 年在丹麦第二次任职期间，戈尔季耶夫斯基和英国情报机构有过直接接触。一个名叫理查德·布罗姆黑德的人曾和他进行了联系并邀请他共进午餐，克格勃方面已知悉这个人是一名军情六处官员。戈尔季耶夫斯基按照正当程序将情况通报给了情报站负责 223
人，在获得正式许可后，才在哥本哈根一家酒店和这个英国人见了面。他当时的报告指出会面毫无结果。但事实真是这样吗？布罗姆黑德是否在十一年前就发展了戈尔季耶夫斯基？

这些间接证据很有杀伤力，但还不够致命。布达诺夫后来在接受《真理报》采访时吹嘘说："在为克格勃第一总局工作的数百人中，是我确定了戈尔季耶夫斯基就是内鬼。"但此刻他还缺少确凿的证据：布达诺夫具有一丝不苟的法律思维，只有在间谍人赃俱获或彻底认罪时，他才会满意。

在伦敦，世纪大厦十二层的"诺克顿"小组成员们既兴奋又紧张。

"我们感到焦虑，以及一种厚重的责任感，"西蒙·布朗说，“我们也许是在默许他回去送死。我认为这是正确的决定，否则我会努力劝他不要回去。这感觉像是一种可预测的风险，一种可控的赌博。但在那之后，我们就要一直承担风险了。事情就是这样。”

在回国之前，戈尔季耶夫斯基要为克格勃完成一项任务：为一名特工传递情报，这名刚到英国的特工代号为“达里奥”（DARIO）。克格勃在英国的特工行动通常由情报站的一名N线官员负责，但此人非常重要，要由新站长亲自负责。

3月时，莫斯科方面发出了20笔难以查证的汇款，共汇出8000英镑，要求将钱转给“达里奥”。

现金本可以简单地在特工到达后亲手交给他，但克格勃总是喜欢故意将事情复杂化，而不选择简单的方式。“地面行动”（Operation GROUND）就是过于复杂化的一个反面案例。

首先，情报站技术部门设计了一块用于藏钱的中空砖头。“达里奥”会在美国使馆附近的奥德利广场（Audley Square）南面的路灯柱上留下一个蓝色粉笔印，表示自己做好了接收准
224 备。戈尔季耶夫斯基此后按要求将装钱的假砖放进一个塑料袋中，将其放在布鲁姆斯伯里（Bloomsbury）一处叫作“柯朗园地”（Coram's Fields）的公园北面紧靠围栏的小路边。“达里奥”会在萨德伯里山（Sudbury Hill）“投票箱”（Ballot Box）酒吧附近的一根水泥柱上留一块口香糖，表示自己拿到了钱。

戈尔季耶夫斯基向布朗描述了行动细节，布朗将情况告诉了军情五处。

5月18日星期六晚，戈尔季耶夫斯基带他的女儿到“柯朗园地”玩耍。7点45分，他把砖和塑料袋放在了指定地点。附近只有一个推着婴儿车的妇女，以及一个摆弄车链的自行车

手。这名妇女是军情五处的一名高级监视专家。婴儿车里藏有摄像头。自行车手是军情五处反情报部门负责人约翰·德弗雷尔。几分钟后，一个步履匆匆的男人出现了。他弯腰拾起塑料袋，停留的时间足够让藏在婴儿车里的摄像头拍到他脸部的照片。之后他朝北面匆匆走去，德弗雷尔在后面跟着，但他突然进了国王十字地铁站（King's Cross）。德弗雷尔急忙把车锁上，冲下电梯，但为时已晚：那个男人已经混入了人群之中。军情五处也没能发现是谁在伦敦西北部一个不起眼的酒吧外的一根水泥柱上，黏了一块口香糖。"达里奥"训练有素。戈尔季耶夫斯基给莫斯科发了一封电报，报告了自己成功完成"地面行动"的情况。允许他实施这样敏感的任务这一事实让他有理由相信，自己仍受到信任。

现在退出还来得及。不过，星期日下午，他吻别了自己的妻子和女儿。他知道自己可能永远见不到她们了。他尽量克制住情绪，但还是亲吻了莱拉很久，并紧紧拥抱了安娜和玛利亚。最后他上了一辆出租车，直奔希斯罗机场。

5月19日下午4点，怀着极大的勇气，奥列格·戈尔季耶夫斯基登上了飞往莫斯科的班机。

第三部分

12 猫鼠游戏

回到莫斯科之后，戈尔季耶夫斯基又检查了一下公寓的门锁，希望是自己多虑了。但不幸的是，他以前从未用过（也没有钥匙）的第三把老式闩锁被换了。克格勃盯上他了。“没错，”他想着，吓得后背直冒汗，“我活不了多久了。”克格勃随时可以逮捕、审问他，迫使他说出最后的秘密，最后让他接受“终极惩罚”，行刑者在他脑后开枪，把他扔进一个没有墓碑的坟墓。

但在愈发感到恐惧的同时，戈尔季耶夫斯基开始冷静思考。他知道克格勃的处事方式。如果 K 局已经掌握了他从事间谍活动的全部情况，那他根本就回不了家：他在机场就会被逮捕，现在应该身处卢比扬卡的地下牢房了。克格勃监视所有人，也许闯入他的公寓仅仅是例行的搜查。很明显，即使他受到了怀疑，调查人员仍没有充足的证据来逮捕他。

令人费解的是，尽管行事缺乏道德底线，克格勃仍是一个非常墨守成规的组织。戈尔季耶夫斯基现在是一名克格勃上校，不能仅仅因为怀疑他叛国而将他拘留。克格勃对审讯上校有着严格的规定。1936～1938 年的“大清洗”曾导致无数无辜的生命逝去，其阴影当时仍笼罩着克格勃。1985 年的克格勃已经不能再随便抓人了，他们需要搜集证据，进行审判然后做出适当的判决。克格勃调查员维克多·布达诺夫现在对待戈尔季耶夫斯基的思路，以及军情五处此前处理迈克尔·贝塔尼的方式，展示了所有优秀反情报部门的通行做法：监视嫌疑人，窃听他的通话，等待他犯错或联系自己的负责人，但要注意避免嫌疑人狗急跳墙。不同之处在于：贝塔尼不知道自己受到了监视，但戈尔季耶夫斯基知道。至少他自认为知道。

戈尔季耶夫斯基还是决定进屋看看。这栋楼里还住着一个有很多工具的克格勃锁匠，乐于给一个丢了钥匙的邻居兼同事
228 帮忙。进屋后，戈尔季耶夫斯基小心地搜索着克格勃来过的迹象。毫无疑问，房间里已经装了窃听器。如果技术人员安装了摄像头，他们现在一定会仔细观察他的可疑行为，比如看他是否在寻找窃听器。从现在开始，他必须意识到自己的一言一行都在被监听和监视，他打的每一通电话都在被录音。他必须表现得毫无异常。他必须显得镇定、自然和自信；但事实上，这很难做到。屋子里看上去很整洁。在药柜里，他发现了一盒箔纸密封的湿纸巾。有人在密封纸上戳了个洞。“可能是莱拉做的，”他告诉自己，“这个洞可能已经有好几年了。”但这也有可能是四处乱翻、寻找线索的克格勃搜查人员所为。床下的一个箱子里装着苏联审查者眼中的反动书籍：奥威尔、索尔仁尼琴和马克西莫夫的作品。柳比莫夫曾提醒他，公开摆放这些书籍比较危险。箱子似乎没被人动过。戈尔季耶夫斯基看了一眼书架，发现那本牛津大学出版社的莎士比亚十四行诗还在原处，安然无恙。

当他在家给上级尼古拉·格里宾打电话时，戈尔季耶夫斯基觉得他的声音听起来不对劲。“他的语气一点也不亲切或热情。”

当晚他几乎一夜未眠，恐惧和疑问萦绕脑海。“是谁出卖

了我？克格勃知道多少情况？”

第二天早上，他去了中心。他没有发现有人跟踪，尽管这不能说明什么。格里宾在第一总局三处见了他。格里宾的举止还算正常，但他仍能看出一些端倪。“你最好开始做准备，”格里宾说，“两位大老板准备找你谈话。”两人随便聊了聊切布里科夫和克留奇科夫希望从伦敦新站长这里听到什么。戈尔季耶夫斯基说，他按照指示带回了详细的信息：有关英国的经济、与美国关系及科技情况。格里宾点了点头。

一个小时后，他被叫到了第一总局副局长维克多·格鲁什科的办公室。这个一向平易近人的乌克兰人显得很严肃，“不停地提问”。

“迈克尔·贝塔尼是怎么回事？”他问，“他看起来像是个 229
真正的合作者，真心想和我们合作。他本可以成为第二个菲尔比。”

“他当然是真心的，”戈尔季耶夫斯基回答道，“而且他本应比菲尔比强得多，也更有价值。”（一种不着边际的夸大。）

“但我们为什么犯了这样的错误？”格鲁什科追问，“他一开始就是真心的吗？”

“我觉得是。我不明白为什么古克同志没有同意。”

格鲁什科停顿了一下，继续说道：“古克被驱逐了。但他在贝塔尼一事上什么也没做。他甚至没有和他联系。为什么英国人驱逐了他？”

格鲁什科的某种表情让戈尔季耶夫斯基感到不安。

“我觉得他的问题在于表现得太像克格勃，去哪里都开着他的奔驰，四处吹嘘克格勃，也过于看重自己的将军身份。英国人不喜欢他这样。”

他们不再讨论这一话题。

几分钟后，派去机场接戈尔季耶夫斯基的那名官员被格鲁什科叫到办公室，格鲁什科对他的无能大声斥责。“怎么回事？你本应该去接戈尔季耶夫斯基，然后带他回家。你去哪了？”这名官员支支吾吾地说他找错了地方。这一幕似乎是刻意安排的。克格勃是否故意没派人去接他，以对他抵达莫斯科之后的活动进行跟踪？

戈尔季耶夫斯基回到办公室，一边摆弄着文件，一边等待着克格勃领导人的召唤（这表明他平安无事），或者反情报部门的人拍他的肩膀（意味着他完了）。但这两种可能都没有发生。他回到家，又胡思乱想了一个晚上。第二天一切照旧。戈尔季耶夫斯基可能感到厌倦，但内心仍充满恐惧。第三天，格里宾说他今天下班早，让戈尔季耶夫斯基搭他的车回家。

“如果今天召唤我，而我已经走了怎么办？”戈尔季耶夫斯基问。

“他们今晚不会叫你的。”格里宾回答道。

车在雨中缓慢前行，戈尔季耶夫斯基用尽可能随意的语调
230 聊起他回伦敦之后要做的重要工作。

“莫斯科的事了结后，我想回去处理这些事。北约马上要召开一次重要会议，选举年就要结束了。我的一些下属在管理联络人方面需要我的指导……”

格里宾有点不屑地摆了摆手。“别胡说了！经常有人出差在外好几个月。那点工作离了谁都行。”

第二天戈尔季耶夫斯基内心仍一片混乱，但外表佯装镇定；接下来的一天也是如此。戈尔季耶夫斯基和克格勃之间演绎了一场欺骗性对舞，双方装作步调一致，都等着对方先犯

错。压力无处不在，且无人可以分担。他没有发现自己被人监视，但直觉告诉他监视与监听无处不在，遍布每一个角落，每一个暗处。克格勃大佬在监视他；或者，更准确地说，公交车站的人在监视他，走在大街上的邻居，在门厅喝茶的老妇人都在监视他；或者，这一切都不是真的。平安度过几天后，戈尔季耶夫斯基开始怀疑自己的担心是否多余。但事实证明并非如此。

在克格勃三处的走廊里，戈尔季耶夫斯基偶遇一位名叫鲍里斯·博恰罗夫（Boris Bocharov）的 S 局（负责特工网络）同事，他冲戈尔季耶夫斯基打招呼："奥列格，英国发生了什么事？为什么所有的特工都撤了回来？"奥列格努力掩饰自己的震惊。命令深度蛰伏的特工暂停活动，只可能意味着一件事：克格勃知道自己在英国的特工面临危险，紧急解散了特工网络。此前从他那里接收钱款的"达里奥"作为秘密间谍在伦敦待了不到一周时间，他肯定没被人发现。

一个奇怪的包裹放在了戈尔季耶夫斯基的办公桌上，写着"格鲁什科亲启"。这是一个来自克格勃伦敦情报站的外交邮袋，因为戈尔季耶夫斯基现在是情报站站长，文书以为他理应是第一个接收人。戈尔季耶夫斯基用颤抖的双手摇了摇包裹，听到了清脆的咔嗒声和皮带扣的叮当声。这肯定是他的书包，走之前他放在了伦敦的办公桌上，里面包含一些重要的文件。克格勃在搜集证据。要保持镇定，他如此告诉自己，不能乱了 231
分寸。他把包裹送到了格鲁什科的办公室，然后回到了自己的办公桌。

"人们常说，当士兵听到大炮的响声时，他们会感到恐慌。这正是我现在的感受。我甚至想不起逃跑计划的内容了。

但我后来想：‘这个计划并不可靠。我应该忘了它，等着脑后吃枪子儿就行了。’当时我都吓瘫了。”

当晚，他给住在伦敦肯辛顿的家人打了电话。接电话的是莱拉。伦敦和莫斯科的通话录音设备都受到了监听。

“孩子们在学校表现怎么样？”他如此问道，他的吐字非常清楚。

莱拉没有察觉到任何异常，回答说孩子们表现得不错。他们聊了几分钟，然后戈尔季耶夫斯基挂了电话。

格里宾假惺惺地邀请戈尔季耶夫斯基周末来他的郊外别墅。很明显，他奉命紧盯这名属下，看他是否会无意间透露一些秘密。戈尔季耶夫斯基婉拒了邀请，解释说他回莫斯科后还没去看过母亲和妹妹玛丽娜。格里宾坚持要见面，说他和妻子去奥列格家里看他。他们围坐在人造大理石面的咖啡桌旁，连着几个钟头谈论戈尔季耶夫斯基在伦敦的生活，两个女儿的成长，以及将英语作为第一语言的情况。女儿玛利亚甚至学会了说英文主祷文。对一名普通听众而言，戈尔季耶夫斯基可能是一位自豪的父亲，他一边喝茶，一边友好地向关系不错的老同事讲述驻外生活的乐趣。但实际上，一场残酷的心理暗战正在上演。

到了5月27日星期一早上，戈尔季耶夫斯基已经被失眠和压力折磨得不堪重负。上班前，他吃了一片维罗妮卡·普赖斯给的兴奋药片，这是一种非处方咖啡因提神药，熬夜学习的学生经常服用。到中心以后，戈尔季耶夫斯基感觉好了一些，不再那么精疲力竭了。

他在办公室刚坐下没几分钟，电话响了，是部门领导办公室的专线电话。

戈尔季耶夫斯基感到了一线希望。也许和克格勃领导人期
待已久的会面终于到来了。“是老板找我吗？”他问道，是维 232
克多·格鲁什科打来的电话。

“还没有，”格鲁什科温和地说，“有两个人想和你谈谈打入英国的高级特工的情况。”他补充道，会面地点是在办公楼外。格鲁什科也会去。这太不寻常了。

愈发不安的戈尔季耶夫斯基将公文包搁在办公桌上，直奔大厅。格鲁什科过一会也来了，带他上了一辆停在路边的车。司机开车从后门驶出，在开了不到一英里之后停在一栋围墙很高的建筑旁边，这是安置第一总局访客的地方。格鲁什科一边亲切地和戈尔季耶夫斯基交谈，一边领他进了一栋美观的小平房，周围无人看守，有一圈不高的尖桩篱笆。天气已经非常闷热潮湿，但屋里通风很好，感觉很凉快。卧室通往中厅，摆放着数量不多但外观漂亮的新家具。门口站着两个服务员，一个五十多岁的男人和一个年轻的女子。两人对戈尔季耶夫斯基极为恭敬，好像他是一名来访的外国贵宾。

两人落座后，格鲁什科开了一瓶酒。“看，我这有美国白兰地。”他兴奋地说着，倒了两杯酒，开始喝了起来。服务员端上了盘子，以及一碟三明治、奶酪、火腿和红鲑鱼鱼子酱。

此时进来了两个人，戈尔季耶夫斯基都不认识。年龄较大的那个人身着深色西服，脸上长满皱纹，皮肤粗糙，可以看出他经常抽烟喝酒。年轻些的人个子高些，脸很长，长着一副尖细的五官。两人都没有笑。格鲁什科没有向戈尔季耶夫斯基做介绍，而是说他们“想和你谈谈如何在英国管理一名非常重要的特工”。戈尔季耶夫斯基更加焦虑了：“我想：‘这是胡说。在英国根本没有重要的特工。带我来这里肯定有其他的企

图。'”格鲁什科接着漫不经心地说：“我们先吃饭吧。”他的语气好像在安排一次轻松的工作餐。男服务员又倒了些白兰地。包括戈尔季耶夫斯基在内，几个人把酒干了，又开了一瓶酒。服务员继续倒酒，大家接着喝。戈尔季耶夫斯基和两位陌生人闲聊着。那位年龄大些的人一根接着一根地抽烟。

233 戈尔季耶夫斯基突然心中一惊，感觉自己进入了虚幻的梦境，在远处半清醒地通过扭曲而折射的镜头，观察着自己。

戈尔季耶夫斯基所喝的白兰地中加了某种吐真剂（truth serum），可能是克格勃生产的一种叫作 SP－117 的精神药物，即含有一种快速见效的巴比妥类麻醉剂的硫喷妥钠，无色无味，是一种用于瓦解对方精神防线、让对方吐露真言的混合制剂。服务员给另外三人倒的酒来自第一瓶，但戈尔季耶夫斯基的酒全都来自另一瓶。

在中途加入的两个人当中，年龄较大的是克格勃内部反情报部门 K 局负责人谢尔盖·戈卢别夫（Sergei Golubev）将军，另一个人则是克格勃的顶级调查员维克多·布达诺夫上校。

他们开始提问，戈尔季耶夫斯基发现自己在回答问题，但不太清楚自己说了什么。不过，他的大脑还有意识，防线并未瓦解。“保持警醒”，他如此提醒自己。现在，戈尔季耶夫斯基在为自己的生命而战，他在紧张与恐惧中喝下了掺有麻醉药的白兰地。他以前听说过克格勃有时会用药物套取秘密，而不是使用酷刑。但这次对他神经系统进行的化学攻击，令他全然措手不及。

戈尔季耶夫斯基根本不记得接下来的五个小时发生了什么。不过，他后来能回忆起一些零星的片段，比如模糊记得的一些令人震惊的噩梦，那是药物作用下脑海中的一些场景：某些突然清晰的片段，只言片语以及审讯者咄咄逼人的脸庞。

此时，仍在莫斯科流亡的英国老间谍金·菲尔比帮上了忙。“绝不承认”，菲尔比曾这样教导他的克格勃学生们。药物开始起作用了，戈尔季耶夫斯基又想起了菲尔比的话：“像菲尔比一样，我什么都不承认。否认，否认，否认。这是一种本能。”

布达诺夫和戈卢别夫似乎想和他谈谈文学，奥威尔和索尔仁尼琴。“你为何拥有这些反苏文学作品？”他们质问道，“你故意利用自己的外交身份，带回明知非法的东西。”

“不，不是这样，”戈尔季耶夫斯基听见自己说，“作为一 234
名政治情报官员，我需要读这些书，以掌握必要的背景知识。”

格鲁什科突然来到他身边，满脸堆笑。“干得不错，奥列格！你回答得很好。继续！告诉他们一切。”格鲁什科说完就又走开了，两名审问者继续盘问他。

“我们知道你是英国特工。我们掌握了不容辩驳的证据证明你有罪。老实交代！”

“不！我没有什么好交代的。”汗流浃背、醉醺醺的戈尔季耶夫斯基，感觉自己几乎要失去意识了。

布达诺夫用劝慰不听话孩子的语气说道：“你刚才交代得很好。现在再说一遍，再确认一遍你所说的。再说一次！”

“我什么也没干。”戈尔季耶夫斯基辩解着，像一个即将淹死的人一般死不松口。

他记得自己曾蹒跚地站起来，冲向洗手间，在盆里呕吐不止。两名服务员好像从房间的角落嫌弃地看着他，刚才的恭敬荡然无存。他要了水，大口地喝着，弄湿了衬衫的胸口。格鲁什科来了一下，后来又走了。审问者时而循循善诱，时而态度严厉。有时会温和地告诫他："你是一名共产党员，怎么能因为女儿会说主祷文而感到骄傲呢？"有时又会说出间谍和叛徒的代号，诱使他招供。"那弗拉基米尔·维特罗夫呢？"布达诺夫逼问道，他指的是一年前因与法国情报部门勾结而被处决的那名克格勃官员。"你怎么看他？"

"我不知道你在说什么。"戈尔季耶夫斯基说道。

后来，戈卢别夫使出了撒手锏。"我们知道是谁在哥本哈根发展了你，"他咆哮道，"是理查德·布罗姆黑德。"

"胡说！并不是这样。"

"但你写了一份关于他的报告。"

"当然，我和他见了一次面，之后我写了一份情况报告。但他从未特别关注我。他接触过很多人……"

235 布达诺夫又试了一招："我们知道你给妻子打了电话，这是给英国情报部门的一个信号。承认吧。"

"不是，"戈尔季耶夫斯基坚称，"并不是这样。"否认，否认，否认。

两名审问者不想放弃。"赶紧坦白！"他们说道，"你已经坦白过一次了。再坦白一次！"

戈尔季耶夫斯基感到自己的意志力在消退，用一种蔑视的口吻对两名克格勃审问者说，他们和斯大林的秘密警察没什么两样，对无辜的人屈打成招。

这顿白兰地喝了五个小时，屋子里的灯突然暗了下来。戈尔季耶夫斯基感到极度疲劳，头向后倾，昏了过去。

戈尔季耶夫斯基醒来时发现自己躺在一张干净的床上，早上的阳光透过窗户照了进来，自己只穿了背心和内裤。他感到嘴里十分干燥，头部有一种从未有过的剧痛。起初他想不起来自己在哪，发生了什么：不过慢慢地，他开始回忆起昨天发生的事，虽然只能想起一些片段，但越想越害怕。他试着从床上起来，但感到一阵恶心。“我完蛋了，”他想，“他们什么都知道了。”

但一个不言自明的事实表明，克格勃可能并不太清楚真相：他还活着。

那个毕恭毕敬的男服务员端来了咖啡。戈尔季耶夫斯基一口气喝了好几杯。头还疼得厉害，他吃力地穿上衣服，那些衣服昨晚被整齐地挂在了门口。他正准备穿鞋时，两名审问者又来了。戈尔季耶夫斯基一下子警觉起来。咖啡下药了吗？他还要经历药物逼供吗？他模糊的意识此刻清醒了不少。

两个人惊讶地看着他。

“你对我们太无礼了，戈尔季耶夫斯基同志，”年轻人说，“你诬称我们重现了1937年‘大恐怖’的幽灵。”

布达诺夫显得闷闷不乐，心怀不满。戈尔季耶夫斯基说他是一个屠夫，是对他守法意识的一种冒犯。他以一名调查人员 236
自居，认为自己是规则的捍卫者，寻找真相的人，是以事实（而非谎言）为依据的调查者，不是刑讯逼供的审问官。“你说的并非事实，戈尔季耶夫斯基同志，我会证明的。”

戈尔季耶夫斯基感到震惊。他本以为两名审讯者会像成功捕获猎物、准备进行宰杀的猎人那样，展现出趾高气扬的胜利姿态。恰恰相反，他们看上去愤愤不平且十分沮丧。尽管仍感到困惑，但戈尔季耶夫斯基突然明白，两名审讯者并未得到他们想要的东西——这让他的心中燃起了一丝希望。

“如果我表现得无礼，那我道歉，”他嘟囔道，“我不记得了。”

一阵尴尬的沉默。布达诺夫接着又说话了。“送你回家的车就要到了。”

一个小时后，衣衫不整、一脸茫然的戈尔季耶夫斯基发现自己回到了列宁斯基大街的公寓门外；他把钥匙落在了办公桌上，又被锁在了外面，因此又找锁匠邻居帮忙进了屋。已经到了上午时分。戈尔季耶夫斯基瘫坐在椅子上，比以往任何时候都意识到自己受到了监视，努力回忆着昨晚发生的事。

审讯者似乎知道理查德·布罗姆黑德。他们好像也意识到他打给莱拉的电话是给英国情报部门的一个暗示。然而，他们显然并不知道他间谍活动的全部情况。他可以肯定，尽管审讯者愤怒地要求他认罪，但自己一直矢口否认。吐真剂没有奏效。或许那天早上他吃的兴奋药片碰巧产生了一种副作用，部分抵消了硫喷妥钠的效力，而这是当初维罗妮卡·普赖斯给他药时根本意想不到的。即便如此，认为自己仍未受怀疑的侥幸，现在也已烟消云散。克格勃已经盯上了他。审讯者不会善罢甘休。

随着药物反应消退，恶心感现在变成了陡增的恐慌感。到了午后，他再也受不了了。他给在办公室的格鲁什科打了电话，尽量让自己听起来一切正常。

“如果我冒犯了那两位，我感到抱歉，但他们太奇怪了。”戈尔季耶夫斯基说道。

237 “不，不，”格鲁什科说，“他们是非常优秀的家伙。”

接着他打给了部门领导格里宾。

“发生了一些奇怪的事，我非常担心。”戈尔季耶夫斯基如此说道。他描述了自己被带到小平房，和两个陌生人见面，最后不省人事的经过。他装作不记得审讯的事。

“别担心，伙计，”格里宾温和地说，“我肯定这没什么大不了的。”

在伦敦，莱拉对丈夫没再打来电话感到奇怪。之后有人做出了解释。5 月 28 日早，一名使馆官员突然到访。他向莱拉解释说，奥列格生病了，心脏出了点小问题。“病情并不太严重，但你必须马上和女儿们回到莫斯科。使馆司机会来接你们。作为站长家属，你们会乘坐头等舱。带一些手提行李就行，因为你们很快就会回到伦敦。”莱拉急忙收拾行李，那名官员在大厅等着。“我当然很担心奥列格。他为什么不自己打电话报个平安？这很奇怪。”也许他心脏的问题比这名官员所说的要严重。两个女儿听说自己突然可以回莫斯科度假，感到很兴奋。当接她们去机场的使馆专车到达时，她们已经在门口等着了。

又一个不眠之夜后，戈尔季耶夫斯基穿好衣服，吃了两片兴奋药片，奔往中心，假装这是一个普通的工作日，但心里清楚这可能是自己最后一天上班。在办公室刚坐下没几分钟，电话就响了，还是格鲁什科叫他去办公室。

在格鲁什科办公室里的一张大桌子后面，一个克格勃特别法庭正在等候他。格里宾坐在格鲁什科身边，脸色铁青，K 局负责人戈卢别夫也在。没人让戈尔季耶夫斯基坐下。

一场精彩的谍战大戏开始上演。

“我们非常清楚，你这些年一直在欺骗我们，”格鲁什科

像一名宣读判决的法官一样宣言道，“我们已经决定，你可以继续留在克格勃。你在伦敦的工作停止了。你必须调到一个非
238 职能部门。你可以休假。你家中的反苏书籍必须交到第一总局图书馆。记住，接下来的几天里，不要给伦敦打电话，以后也永远不要这么做。”

格鲁什科停顿了一下，然后用一种神秘兮兮的语调说：“你肯定想不到是谁告的密。”

戈尔季耶夫斯基非常震惊，一时说不出话来。这一奇怪的场景似乎要求戈尔季耶夫斯基进行戏剧性的表演。他用一种半真半假的疑惑口吻说道：“我对周一的事感到非常抱歉。我觉得可能是酒，或者食物出了问题……我表现得不好。我感觉糟透了。”

一直没说话的审讯者戈卢别夫令人难以置信地说：“胡说。食物根本没问题。鲑鱼籽三明治棒极了，火腿三明治也很好。”

戈尔季耶夫斯基不敢相信自己的耳朵。此刻他被控犯有叛国罪，主要调查人却在为克格勃三明治的质量辩护。

戈尔季耶夫斯基告诉格鲁什科：“维克多·弗德洛维奇，你说我一直在骗你，我真的不知道你在说什么。但无论你作何决定，我都会像一名情报干部和绅士那样坦然接受。”

随后，带着“无故的冤枉”及军人的荣誉，戈尔季耶夫斯基转身离开了。

回到办公室后，戈尔季耶夫斯基的大脑开始高速运转。他被控为敌方情报机构工作。很多罪行比他轻得多的克格勃官员都被枪毙了，但上层却仍把他视作在编人员，并通知他去休假。

过了一会，格里宾进了他的办公室。刚才在格鲁什科办公室那种古怪的场合下，他一句话没说。现在他难过地看着戈尔季耶夫斯基。

“让我说你什么好呢，兄弟？”

戈尔季耶夫斯基感觉这是一个圈套。

“尼古拉，我真的不知道这是怎么回事，但我怀疑应该是有人偷听到我说了党领袖的坏话，现在要拿这事做文章了。” 239

“如果只是这样就好了，”格里宾说，“如果只是麦克风录下的某些失言就好了。但情况恐怕远比这要严重。”

戈尔季耶夫斯基看起来很不解：“我能说什么呢？”

格里宾盯着他说：“看开点。”这听起来像是一种死刑判决。

回到家后，戈尔季耶夫斯基试着梳理出头绪。克格勃并非仁慈之辈。即便让他们知道一部分真相，自己也完蛋了。他之所以还没被带到卢比扬卡的地下室，只能说明调查人员仍缺乏证明他有罪的决定性证据。“此刻我不清楚克格勃到底发现了什么，但我显然已经被判了死刑，尽管他们还需要进一步的调查才能执行判决。”克格勃并不急于一时。“他们决定和我玩一场游戏，”他想，“就像猫和老鼠一样。”猫最终会对游戏感到厌倦，要么吓死老鼠，要么杀掉它。

维克多·布达诺夫需要证明某些东西。戈尔季耶夫斯基相信，是维罗妮卡的兴奋药片救了他。但事实上，可能是他在审讯时将审问者比作斯大林的杀手的不敬言论让他活了下来。布达诺夫对他的话感到很生气。他想要找到证据。他会让戈尔季耶夫斯基认为自己是安全的，但会一直监视他，直到他最终崩溃坦白，或试图和军情六处联系，而他一旦联系对方，布达诺夫就会发现。他没有理由着急，因为戈尔季耶夫斯基无处可逃。还没有间谍嫌疑人能在克格勃的监视下从苏联逃脱。正常情况下，克格勃会动用第七局的监视人员跟踪嫌疑人，但这次他们同意让第一总局的人来处理。格鲁什科坚持认为自己部门的问题应该由自己人解决，第一总局之外的人知道得越少越好（对格鲁什科而言，还有很多事也是如此）。总局不会安排戈尔季耶夫斯基认识的人对他进行监视，因此，他们从负责对中
240 国业务的六处抽调了一个监视小组，开展这项工作：他们不知道嫌疑人是谁，也不知他有何嫌疑，他们只需要跟踪他，报告他的行踪，不让他离开视线就行。一旦戈尔季耶夫斯基的家人回到莫斯科，他试图潜逃的可能就更小了。莱拉和两个女儿会在不知情的情况下被劫持为人质。克格勃第二次在白天闯入了戈尔季耶夫斯基的住所，在他的鞋子和衣服上喷撒了放射性灰尘，这些灰尘肉眼无法辨识，但使用特殊眼镜就可以看到，还可用改装的盖革计量器进行追踪。无论去哪里，戈尔季耶夫斯基现在都会留下放射性痕迹。

布达诺夫对吐真剂没有奏效感到失望，不过戈尔季耶夫斯基似乎也不记得审问期间自己说了什么。调查按计划展开。

伦敦方面，“诺克顿”小组现在非常焦急。“过去的两周太漫长了。”西蒙·布朗如此说道。军情五处报告称戈尔季耶夫斯基从莫斯科给妻子打了电话，但通话内容没有被完整地记录下来，监听人员未能听出戈尔季耶夫斯基是否询问了女儿在学校的情况，而这正是最关键的信号。戈尔季耶夫斯基是否发出了求救暗号呢？“没有足够的证据得出明确的结论。”当负责与军情五处监听小组联络的军情六处高级官员

// 上图　1982 年抵达伦敦后不久，莱拉和两个女儿在特拉法尔加广场的国家美术馆外的咖啡馆 //

// 下图　位于肯辛顿宫花园 13 号的苏联使馆。克格勃伦敦情报站位于顶层，是世界上最疑神疑鬼的地方之一 //

// 戈尔季耶夫斯基的两个女儿，玛利亚和安娜。一家人幸福地在伦敦生活，女儿们从小英语就很流利，并上了一家英国教会学校 //

// 主动接触了驻伦敦克格勃，并答应为苏联人从事间谍活动的军情五处官员迈克尔·贝塔尼，他使用的代号是斯大林用过的化名“科巴” //

// 伊丽莎·曼宁汉姆-布勒，她是绰号“怪病者”的军情五处 / 军情六处特别秘密小组的关键成员，该小组旨在找出英国安全机构内的间谍。2002 年，她成为军情五处局长 //

// 上图　克格勃伦敦情报站站长阿卡迪·古克将军（照片右侧）和他的妻子与保镖。戈尔季耶夫斯基形容古克是“一个大腹便便的大块头，智力平平，思想卑劣”//

// 下左图　古克在荷兰公园 42 号的住所。1983 年 4 月 3 日，贝塔尼在他的信箱里塞了一份军情五处的绝密文件，并答应向克格勃提供更多的情报。古克对此嗤之以鼻，认为这是军情五处的一次“挑衅”//

// 下右图　1994 年以前军情六处的伦敦总部世纪大厦；这栋看似不起眼的建筑却是伦敦最神秘的场所 //

// 上左图　工党议员、未来的工党领袖迈克尔·富特，他是代号为“布特”的克格勃联络人 //

// 上右图　被英国首相戈登·布朗称为“世界上最伟大的工会领袖之一”的杰克·琼斯。他也是一名克格勃特工 //

// 下图　奥列格·戈尔季耶夫斯基和爱丁堡工党议员让·布朗（中间者）、捷克斯洛伐克间谍让·萨科齐的合影，萨科齐见过未来的工党领袖杰里米·科尔宾。戈尔季耶夫斯基好几次试图发展布朗为克格勃服务，但发现自己根本听不懂他的苏格兰口音 //

// 上图　1984 年 2 月 14 日，玛格丽特·撒切尔出席了苏联领导人尤里·安德罗波夫在莫斯科的葬礼。英国首相按照写好的剧本，表现出“适度的严肃”，而戈尔季耶夫斯基部分参与了这份剧本的起草 //

// 下图　1984 年 12 月，未来的苏联领导人米哈伊尔·戈尔巴乔夫在契克斯庄园与撒切尔会面。撒切尔后来称戈尔巴乔夫是“一个可以打交道的人” //

//上图　崇拜英国、喜欢粗花呢、抽烟斗的克格勃官员米哈伊尔·柳比莫夫，军情五处给他起了一个“笑脸迈克”的绰号，曾试图将他争取为双面特工//

//下图　负责监管情报机构的内阁大臣罗伯特·阿姆斯特朗爵士。他决定不把“工党对手迈克尔·富特曾是一名收取报酬的克格勃联络人”的消息告诉撒切尔//

// 从乌克兰酒店前方所看到的库图佐夫斯基大街上的暗号点。透过照片左侧的树木，能隐约看到面包店 //

// 上图　红场的圣巴西尔教堂，奥列格·戈尔季耶夫斯基试图在此向军情六处传递信息，要求立即启动潜逃计划“皮姆利科行动”。但“情报传递”并未成功 //

// 中间图　西夫韦超市的购物袋，1985 年 7 月 16 日，星期二早上七点半，戈尔季耶夫斯基在库图佐夫斯基大街上的暗号点，发出了潜逃暗号 //

// 下图　为了表示收到了暗号，一名军情六处官员会从戈尔季耶夫斯基身边走过，进行简短的眼神交流，并且吃一口玛氏棒 //

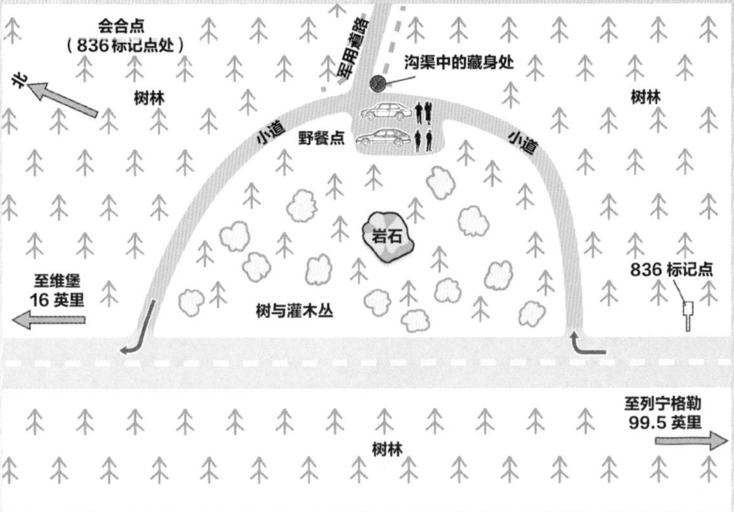

// 上图　军情六处潜逃小组在维堡南部的会合点接上戈尔季耶夫斯基，带他穿过芬兰边境 //

// 下图　由军情六处官员罗伊·阿斯科特子爵驾驶的潜逃车辆，一辆“萨博”汽车 //

// 上图　通往自由之路：逃往北方的路上拍摄的一张侦察照片 //

// 下图　逃亡的间谍进入芬兰几个小时后，军情六处潜逃小组在去往挪威的路上停车拍摄的一张纪念照片。从左至右依次是：戈尔季耶夫斯基、军情六处官员西蒙·布朗和维罗妮卡·普赖斯、丹麦情报官员延斯·埃里克森 //

// 上图　位于俄罗斯与芬兰间维堡边境上的三个军事关卡之一 //

// 下图　一名军情六处官员通过汽车挡风玻璃看到的景色，“皮姆利科”一事导致多个英国人被驱逐。由克格勃车队陪同的英国汽车，正在驶过三个月前接戈尔季耶夫斯基上车的会合点 //

// 上图　1994 年 2 月 21 日，为克格勃从事间谍活动十年后，埃姆斯被逮捕。“你们犯了一个严重的错误！”埃姆斯坚称，“你们肯定抓错人了！”//

// 下图　罗萨里奥和里克·埃姆斯的逮捕照。罗萨里奥已刑满获释，但囚犯编号 40087-083 的埃姆斯，现仍在印第安纳州特雷霍特的联邦监狱服刑 //

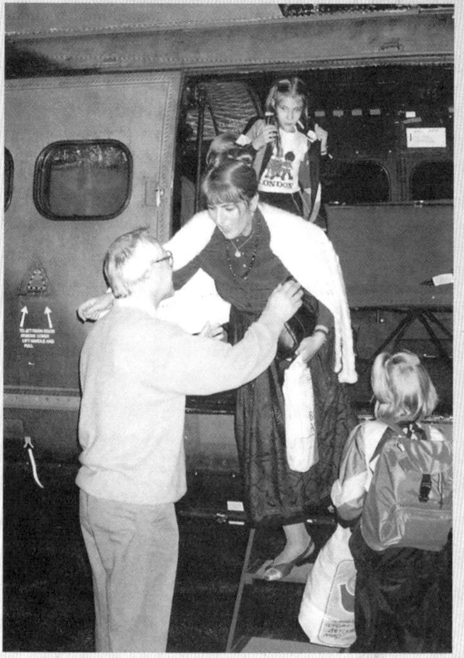

// 戈尔季耶夫斯基迎接乘坐直升机抵达英国的家人，此时他们已经分离六年之久 //

// 团聚的戈尔季耶夫斯基一家人在伦敦拍照，但戈尔季耶夫斯基和莱拉的婚姻很快走到了尽头 //

// 上左图　1987 年，戈尔季耶夫斯基和罗纳德·里根在白宫椭圆形办公室。“我们知道你，”里根说，“对于你为西方所做的贡献，我们十分感激。”//

// 上右图　中情局局长比尔·凯西，戈尔季耶夫斯基成功逃亡几周后，他飞赴英国与戈尔季耶夫斯基见了面 //

// 下图　2007 年英国女王生日庆典上，戈尔季耶夫斯基因“为英国安全所做的贡献”被授予圣米迦勒及圣乔治三等勋章 //

// 退休的间谍。奥列格·戈尔季耶夫斯基仍然健在，使用化名居住在英格兰某普通郊区街道的一处安全屋中，他从苏联逃到英国后不久搬到了这里 //

被问到为何错过了戈尔季耶夫斯基发出的警报时，他引用了古罗马诗人贺拉斯（Horace）的一句名言：“荷马尚有打盹之时”（Indignor quandoque bonus dormitat Homerus）。即便训练有素的专家也可能马失前蹄。

接着传来了坏消息。军情五处报告称，莱拉·戈尔季耶夫斯基和两个孩子订了回莫斯科航班的机票。布朗回忆道：“我听到这一消息时，心一下凉了半截。”突然召回戈尔季耶夫斯基的家人，只可能意味着一件事：他在克格勃手中，英国无力干预。“阻止她们回去意味着戈尔季耶夫斯基的死亡。”

军情六处驻莫斯科情报站收到了一份紧急电报，要求随时做好开展“皮姆利科”行动的准备。但伦敦的有关人员却非 241
常悲观，普遍认为戈尔季耶夫斯基没救了。“一旦家人被带回莫斯科，他很可能已经被捕。逃跑的可能性微乎其微。”戈尔季耶夫斯基已经暴露。但他如何被发现的？哪里出了差错？

布朗回忆道：“这是一个黑暗时刻。整个‘诺克顿’团队都非常震惊。我不再去办公室了，因为每个人都像行尸走肉一样彷徨。”

“随着时间的推移，我告诉自己，我们犯了一个无可救药的错误，奥列格死定了。”

在所有军情六处官员中，维罗妮卡·普赖斯和戈尔季耶夫斯基的关系最为密切。早在1978年，保护他就已经成为普赖斯的重要任务和每日的工作重点。她的举止仍然自信，工作高效，但她也非常担心。“我觉得我们在营救计划上已经竭尽所能，”她说，“现在就看莫斯科情报站的了。”普赖斯并未感到绝望。她现在无法尽到她的特殊责任，对受监护人也无能为力，但她对找到奥列格并救他出来，充满信心。

普赖斯听说初夏时节苏芬边境地区的蚊子非常厉害，因此她带了一些驱蚊剂。

军情六处驻莫斯科情报站站长罗伊·阿斯科特（Roy Ascot）子爵（后来成为伯爵）可能是地位最为崇高的英国间谍。他的曾祖父是英国首相[①]。阿斯科特的名字来源于他的祖父，他是当时最优秀的学者和律师，在一战中阵亡。他的父亲是第二代伯爵，曾是一名殖民官员。人们惯于要么讨好贵族，要么对其嗤之以鼻。对从事间谍活动来说，高傲是一种很好的掩护。阿斯科特子爵是一名非常优秀的间谍。1980年加入军情六处后，他学会了俄语，在1983年三十一岁时被派往莫斯科。

离开英国前，阿斯科特和妻子卡罗琳获悉了“皮姆利科”计划的内容。对军情六处莫斯科情报站来说，现役官员的配偶
242 是额外的免费助手，在必要时可以掌握高级秘密。阿斯科特子爵夫人卡罗琳的父亲是一名建筑师，她具有学者风度，富有想象力，非常谨慎。夫妇二人看了戈尔季耶夫斯基的照片，对传递暗号和潜逃计划的细节进行了演练。维罗妮卡·普赖斯亲自向他们描述了戈尔季耶夫斯基，但没有透露他的名字，他可能在哪或在干什么。大家都称他为“皮姆利科”。“维罗妮卡非常像约翰·勒卡雷。从她的表情、举止和姿态上可以看出，她把戈尔季耶夫斯基当作英雄。她非常欣赏戈尔季耶夫斯基，认为他有独特之处。她告诉我们：‘皮姆利科绝对是一个非常优

① 即赫伯特·亨利·阿斯奎斯（1852—1928），英国自由党政治家，1908至1916年间担任首相。他在1925年被封为牛津与阿斯奎斯伯爵。

秀的人。'”

在莫斯科任职的前两年里，阿斯科特夫妇多次开车往返于莫斯科和赫尔辛基，以熟悉潜逃路线和会合点。莫斯科情报站只有五个人知道潜逃计划的事：阿斯科特和他的妻子，阿斯科特的副手、即将接任站长的资深情报官员亚瑟·吉（Arthur Gee）和他的妻子瑞秋，以及军情六处秘书瓦奥莱特·查普曼（Violet Chapman）。五个人都住在库图佐夫斯基大街的一栋外国人公寓里。每个月，其中一人都会去中央商场寻觅一名手拿西夫韦塑料袋的男性。只要戈尔季耶夫斯基休假回国，以及在他回来之前和离去之后的数周里，都会有人到大街另一侧检查面包店外的暗号点，风雨无阻。检查的方式并不固定。瓦奥莱特可以从住所外的楼梯间里进行观察。轮到阿斯科特和吉时，他们会步行去查看，或在开车回家的路上顺便看看。“我们必须发动想象力，不停地变换方式，不让那些监视和监听我们的人发现套路。为了符合行动的时机，我们编排了无数场人为营造及人为打断的对话。”行动人员手头都存有很多巧克力，以时刻准备发出识别暗号。“我们的大衣口袋、手提包和汽车杂物箱里存放了大量发霉且没有动过的巧克力棒。”阿斯科特后来一直抵触“奇巧”巧克力。

阿斯科特对潜逃计划非常熟悉，但他对此并不太重视。“这是一项复杂的计划，我们觉得整个计划并不可靠。它似乎 243
不太可能真的实施。”“皮姆利科”行动安排的潜逃人数多达四人，包括两个成人和两个孩子。阿斯科特自己有三个不到六岁的孩子，他知道只是让这些孩子在汽车后排座位安静地坐好都很困难，他们在被塞进后备厢后会有何反应简直无法想象。阿斯科特估计，即便戈尔季耶夫斯基能成功摆脱跟踪并抵达边境（这似乎不太可能），军情六处人员摆脱克格勃跟踪、不受拦截地抵达会合点的概率也几乎为零。

“克格勃绝对是无处不在。”外交官的公寓里都装了窃听器，汽车和电话也是如此。他们楼上住的都是克格勃：“每天晚上你都会见到他们坐在楼上，使用急救箱中的磁带窃听我们讲话。”英国人觉得屋里很可能藏有摄像头。卡罗琳每次去购物，都会有三部克格勃车辆陪同。陪同阿斯科特的车辆有时不少于五部。受到怀疑的军情六处官员的车辆上被喷撒了类似戈尔季耶夫斯基鞋子和衣服上的放射性灰尘。如果克格勃在为英国从事间谍活动的嫌疑人身上发现这种灰尘，那就成了双方有了接触的证据。此外，克格勃有时会在嫌疑人的鞋上喷撒一种化学物质，人闻不到这种气味，但很容易被嗅探犬闻出。每名军情六处人员都准备了两双一模一样的鞋子，以便在必要时可以换上未经污染的一双。这双鞋放在使馆情报站里，密封于塑料袋中，他们称之为“防狗”鞋。夫妻在家中唯一安全的交流方式就是在床上从床单下面传递纸条。内容通常用可溶墨水的钢笔写在厕纸上，这样可以事后从厕所冲走。“我们时刻处于监控之下，在何时何地都没有隐私。这令人疲惫不堪，也充满压力。”即便在使馆里，也只有地下室的“安全讲话屋”能确保说话不被偷听，那是一栋“空荡空间内充满噪声的活动房屋（Portakabin）”。

5 月 20 日星期一，第一个变换行动节奏的信号出现了，一封电报提醒他们做好随时实施“皮姆利科”计划的准备。
244 “我们感觉有些不对劲，”阿斯科特写道，“我们尽量不这样想，但和过去三年中的无数个星期不同的是，我们觉得这次可能是要来真的。”两周后，莱拉和两个女孩刚走，伦敦就敦促莫斯科情报站更加严密地监视暗号点。“电报里说‘没什么可担心的’，”阿斯科特回忆道，“这显然说明确实出事了。”

妻子和孩子抵达莫斯科时，戈尔季耶夫斯基在机场等候。克格勃的人也在。莱拉精神不错。苏联民航的一名官员陪着莱拉和姑娘们上了伦敦的飞机，另一人在莫斯科的机场迎接她们，并陪同她们走出了头等舱。她们换护照排队时也排在了前面——作为一名情报站站长的妻子还是有一些好处的。当看到戈尔季耶夫斯基在接机口等候时，莱拉松了口气。“太好了，他没事。”她心想。

看到戈尔季耶夫斯基憔悴的脸庞和焦虑的表情后，她大吃一惊。“他看起来糟透了，焦虑不安并且非常紧张。”上车后，他解释说：“我遇到大麻烦了。我们回不了英国了。”

莱拉非常吃惊。“到底怎么回事？”

戈尔季耶夫斯基做了个深呼吸，开始撒谎。

“有人想要害我，大家议论纷纷，觉得我很可疑。有人暗中酝酿着阴谋。因为我当了站长，这个是很多人觊觎的肥差，有些人看着眼红，千方百计给我使坏。我现在处境艰难。不要相信你听到的流言。我根本没罪。我是一名诚实的官员，我是一名苏联公民，我很忠诚。”

莱拉从小在克格勃长大，对于克格勃总部盛行的恶意诽谤和阴谋诡计再熟悉不过了。她的丈夫在克格勃里职务较高，晋升速度也很快，因此他那些阴险和妒忌心强的同事们肯定会陷害他。在最初的震惊过后，莱拉的乐观天性又回来了。“我很现实，非常务实，脚踏实地。有时还很天真。我只能接受现实。我是他的妻子。”针对丈夫的阴谋诡计会慢慢平息，他的事业还会像以前一样回到正轨。他应该试着放松，等待危机平息。一切都会好起来的。

245 莱拉没发现克格勃的车从机场一直跟着他们。戈尔季耶夫斯基也没有告诉她。

他没有告诉妻子自己的外交护照已经上交，他现在要无限期休假了。他那一箱子的西方小说遭到没收，对于自己被迫在一份承认持有反苏文学作品的文件上签字，他也只字未提。由于受到了窃听，也是为了莱拉的安全考虑，他继续装腔作势，大声抱怨着不公平的待遇和对他毫无根据的陷害："这样对待一名克格勃上校，真是骇人听闻。"莱拉不知道，他的同事们现在见不到他，他现在整天坐在一个空房间里。他没有告诉莱拉家里装了窃听器，也没说他们受到了克格勃 24 小时不间断的监视。他什么都没说，莱拉也相信他。

但莱拉能看出丈夫背负了极大的心理压力。他看起来糟透了，眼神空洞，眼睛布满血丝。他开始喝古巴朗姆酒，每晚在酒精的麻痹下入睡。他甚至开始抽烟，试图平息自己的愤怒心情。仅仅两个礼拜，他的体重就轻了 1 英石（14 磅）。莱拉让他去看医生，这位医生是他们的世交，用听诊器听了听后，非常吃惊。"你怎么了？"医生问道，"你的心跳不规律。你非常害怕。你为什么如此恐惧？"她开了些镇静剂。"他就像一只困在笼中的野兽，"莱拉回忆道，"我的职责就是抚慰他。'我是你的依靠，'我说。'别担心。想喝酒就喝吧。我不介意。'"

夜晚，在酒精的麻痹与恐惧的折磨中，戈尔季耶夫斯基反复琢磨着自己有限的几种选择。他应该告诉莱拉吗？他应该试着和军情六处联系吗？他能启动潜逃计划，成功逃走吗？但如果他真要逃走，要带上莱拉和两个女儿吗？另一方面，他已经挺过了药物审讯，而且还没有被逮捕。克格勃真的放弃了吗？如果他们还没有掌握足以给他定罪的证据，那企图逃跑就太愚蠢和草率了。他最终疲惫地醒来，没有下定决心，头痛不止，心怦怦直跳。

戈尔季耶夫斯基的母亲劝他休息一下。克格勃人员享有的诸多好处包括去温泉疗养地和度假中心疗养。位于莫斯科以南60英里的谢苗诺夫斯科耶（Semyonovskoye）疗养院是其中最 246
高档的疗养院之一，由时任克格勃主席安德罗波夫于1971年修建，供“苏联党和政府领导人放松与疗养”。克格勃当局假装一切照旧，批准了戈尔季耶夫斯基为时两周的温泉疗养假。

出发前，戈尔季耶夫斯基给自己的老朋友、克格勃哥本哈根情报站前站长米哈伊尔·柳比莫夫打了电话，他现在想当一名作家谋生。“我回来了。可能回不去了。”戈尔季耶夫斯基在电话中如此说，“声音听起来有些不安”。他们约好见面。“他的样子让我大吃一惊，”柳比莫夫写道，“他脸色煞白，紧张不安，举止怪异，说话语无伦次。他解释说，有人在他位于伦敦的家中发现了索尔仁尼琴和其他苏联流亡作家的书籍，他情报站里的对手将这一情况报告给了上级，此事在莫斯科被炒作成一个严重的问题。”生性乐观的柳比莫夫试着让他振作起来：“忘掉这件事，伙计。干吗不离开克格勃，写本书呢？你一直对历史感兴趣，你的记性也很好。”但戈尔季耶夫斯基似乎仍很难过，一杯接一杯地喝着伏特加。（“这真新鲜，”柳比莫夫回忆道，“我一直以为他是克格勃里少数几个不喝酒的人之一。”）戈尔季耶夫斯基告诉他，他要去一所疗养院“恢复自己的神经系统”，然后就摇摇晃晃地消失在莫斯科的夜色中了。柳比莫夫对老朋友的心理状况非常担心，于是给尼古拉·

格里宾打了电话，他在离开克格勃后与格里宾的关系一直不错。“奥列格怎么了？他好像变了一个人。发生了什么让他这样？”格里宾“含糊地说了些克格勃谢苗诺夫斯科耶疗养胜地的情况，表示那里可以治愈这位不甚成功的新任站长”。他还说“他很快就会去那里”。之后格里宾就挂了电话。

随着出发日期临近，戈尔季耶夫斯基下定了决心。在去疗养院之前，他会去中央商场传递一个暗号，告诉军情六处他需要传递信息。三个周日后，他会在疗养结束后去圣巴西尔教堂的情报传递点。他还没想好要向军情六处传递何种信息。他只知道自己需要和他们联系，否则会被逼疯。

同时，克格勃调查员继续对他监视和寻找证据，梳理相关
247 档案，向和戈尔季耶夫斯基共事过的人了解情况，搜寻可以证明他有罪并决定他命运的线索。

布达诺夫早就打算耐心等待。而现在，他不用等太久了。

1985 年 6 月 13 日，奥德里奇·埃姆斯进行了间谍史上最触目惊心的叛国行为之一：他揭发了至少二十五名为西方情报机构从事反苏间谍活动的人员的名字。

从克格勃那里拿到第一笔钱当月，埃姆斯得出了一个残酷的结论。中情局在苏联情报机构内安插了很多间谍，他们中的任何人都可能获悉他的所作所为，然后告发他。因此，保护自己的唯一方法就是向克格勃透露所有可能告发他的人，这样苏联方面就能将他们一网打尽，全数处决：“这样他们就不会造成威胁了。”埃姆斯清楚自己是在给他指名的每一个人宣判死亡，但他认为这是确保自身安全与财路的唯一方法。

“我在 6 月 13 日列出的名单上的所有人都知道自己承担着

怎样的风险。如果其中任何一人知道了我的情况，他就会向中情局告发我，我会被逮捕，扔进监狱……这并非针对个人。从事间谍活动本来就是这样。”

那天下午，埃姆斯在乔治敦的一家热门餐厅“查德威克”（Chadwick's）和谢尔盖·丘瓦欣见了面，交给了他一个购物袋，里面是七磅重的情报文件，包括了他过去几周搜集的大量机密。这些文件就是后来臭名昭著的“大垃圾场”（the big dump），其中包括机密电报，内部备忘录和特工报告，是“一部间谍百科全书，一部揭露了为美国工作的所有重要苏联情报官员身份的名人录（Who's Who）”。还有一个为英国服务的克格勃叛徒，埃姆斯在第一次见面时几乎肯定提到过这个人的存在，但这一次他给出了这个叛徒的名字：这名在三个月前被中情局确认身份、代号为“挠”的军情六处间谍，就是奥列格·戈尔季耶夫斯基。伯顿·格伯声称，埃姆斯“偶然”发现了戈尔季耶夫斯基的名字。不久后将成为苏联东欧司副主管的米尔顿·比尔登认为，埃姆斯亲自进行了调查。

埃姆斯的情报大礼很快传回莫斯科，一场大规模扫荡行动
就此展开。克格勃至少清除了十名埃姆斯指认的间谍，一百多 248
项情报行动因此受到了影响。交出“大垃圾场”后不久，埃姆斯收到了丘瓦欣转交的一条来自莫斯科的消息：“祝贺你，你现在是百万富翁了！”

这正是布达诺夫等待已久的证据，来自中情局的戈尔季耶夫斯基叛国的明确证据。不过，克格勃并未采取行动。这背后的明确原因我们不得而知，但自满、疏忽及过于野心勃勃似乎是最合理的解释：反情报部门忙于收拾埃姆斯揭发的另外二十几名间谍，而布达诺夫仍希望在戈尔季耶夫斯基和军情六处联

系时抓个现行，以在最大程度上让英国出丑。

尽管如此，在不间断的监视下，戈尔季耶夫斯基根本不可能逃走。

1985 年 6 月 15 日，即该月第三个星期六的早上，戈尔季耶夫斯基从家中出来，手提一个西夫韦塑料袋，戴了一顶从丹麦买的灰色皮帽，穿了一条灰色裤子。他步行 500 米，来到最近的商业区，有意不回头看是否有人盯梢，这是规避监视的头号法则。二十三年前在 101 学校学到的技能，现在派上了用场。他进了一家药店，漫不经心地从窗户往外看，仿佛在找货架上的东西。接着，他去了一家位于二楼的储蓄银行，在那里可以看到街道的全貌；之后他又去了一家繁忙的食品店。后来他穿过了两栋公寓楼间一条狭窄的小巷，在路口转弯，进了一栋公寓楼，走上两段公共楼梯，观察街上的情况。他没有发现跟踪者，但这不代表真的没有人在跟踪他。他继续朝前走，乘坐公交车坐了几站，然后下车，打了一辆出租车，绕道回到了妹妹玛丽娜和她的新丈夫居住的公寓楼。他爬上主楼梯，走过妹妹家但没有敲门，然后下了后楼梯，走进地铁站，坐上了东去的列车，再换乘地铁，然后下车，穿过站台，又坐上了西去的列车。最后，他来到了中央商场。

249 上午 11 点，他站在中央商场的时钟下，假装在等一位朋友。这里到处都是星期六早上来购物的人，但他没有发现有人手拿哈罗德购物袋。十分钟后，他离开了。军情六处是否发现了他发出的三周后在圣巴西尔教堂传递信息的暗号？他不得不再等两周，才能确定自己是否成功发出了暗号。

两天后，戈尔季耶夫斯基来到了苏联最奢华的官方度假胜地之一，坐在宽敞的房间里俯瞰勒帕斯纳亚河（Lopasnaya River）。但他发现无论自己走到哪里，一个六十五岁左右的室友都跟着他。来这里疗养的很多人明显是克格勃安插的间谍和密探，为组织充当耳目。戈尔季耶夫斯基随行李带来了西夫韦塑料袋。这么做部分是出于迷信，希望将潜逃标志物一直带在身边，不过也是出于实际考虑：他可能需要在紧急情况下赶往暗号点。一天下午，他发现室友在端详着这个宝贵的购物袋。“你怎么会有一个外国塑料袋?”室友问。戈尔季耶夫斯基从他手中抢过袋子。“没准商店里会有值得一买的东西。”他不耐烦地说。

第二天在树林跑步时，他发现一些监视人员藏在灌木丛里，在被发现后匆匆转过身去，假装小便。实际上，谢苗诺夫斯科耶疗养院是一座非常舒适的监狱，克格勃可以在这里对他严密监视，等他放松警惕。

疗养院里有一所不错的图书馆，收藏了一些地图册。他偷偷地研究了苏芬边境地区的情况，努力去记住相关地貌。他每天跑步、健身。他越去回想潜逃计划，他就越觉得这项计划可能成功。慢慢地，透过令人窒息的恐惧迷雾，他艰难地做出决定：“我没有退路。如果我不逃走的话，我就会死。我在度假时几乎已经是一个死人了。”

13 摆脱盯梢

250 从谢苗诺夫斯科耶疗养院回来后，戈尔季耶夫斯基仍感到忧虑。不过自从回到苏联以来，他第一次下定了决心：自己必须逃走。他会在圣巴西尔教堂的情报传递点给英国朋友传递一条信息，告诉他们克格勃已经盯上了他，然后发出启动“皮姆利科”潜逃计划的暗号，溜之大吉。潜逃计划成功的概率微乎其微。如果他被潜伏于军情六处的内鬼出卖，那克格勃就会暗中埋伏，等他落网。也许克格勃正等着他逃跑，并设计了一个陷阱。但至少他也尝试过，不用再深陷于监视和怀疑的恐怖大网，等待调查员采取行动。

豁出自己的性命还比较容易。但家人怎么办？他应该带上莱拉和两个女儿，还是抛下她们？在十年的间谍生涯中，他做出过很多艰难的抉择，但都没有眼下的情况令人感到痛苦：他必须要在忠诚与谨慎、生存和爱之间做出抉择。

他发现自己现在非常在意已经五岁和三岁的两个女儿，努力想把她们铭刻在自己的记忆里：玛利亚现在名叫玛莎，她非常活泼聪明，像她的父亲一样，天生就有运动细胞；胖胖的小安娜喜欢动物和昆虫。一天夜里，他听见两个女儿在床上用英语交谈：“我不喜欢这里，”玛莎对妹妹说，“我们回伦敦吧。”在逃跑时他敢带着家人一起走吗？莱拉虽然不清楚真正的原因，但也感觉到了丈夫内心的焦虑，告诉婆婆她害怕奥列格由于工作上的麻烦遇到了某种危机。奥尔加·戈尔季耶夫斯卡娅很务实地向莱拉建议，可以让他干些小活分散一下注意力，比如干干家里的杂活或者修修车。尽管非常担忧，但莱拉没有逼迫戈尔季耶夫斯基做出解释，或因为喝酒而埋怨他。莱拉温柔的关怀，她对自己深爱的男人正在经历某种只能独自承担的内 251
心挣扎的直觉，让戈尔季耶夫斯基更难决定是否要在逃跑时带上她们。

逃跑时带上莱拉和两个女儿将极大地增加失败的可能性。戈尔季耶夫斯基知道如何规避跟踪，但他的家人不知道。和单独一人相比，一家四口人出行过于显眼。服用镇静剂的两个女儿可能会在后备厢里醒来；她们会哭闹，甚至窒息；她们肯定会被吓个不轻。如果她们被抓住，无辜的莱拉会被当作他从事间谍活动的共犯，受到相应的处罚。两个女儿将会沦为贱民。他自己选择了这条道路，但她们没有。他有什么权利让她们承担这样的危险？戈尔季耶夫斯基是一个脾气粗暴的父亲和苛刻的丈夫，但他很爱自己的家人。抛弃家人的想法令他痛苦不堪，让他喘不上气，并带来了肉体上的痛苦。如果他能成功逃脱，也许英国人能够最终说服苏联当局，允许他的家人去往西方。互换间谍是公认的冷战法则。但即便能够如此，这也将旷日持久。他以后可能再也见不到家人了。也许不顾危险，一家人试着一起逃走更好，无论结局如何。至少无论成功或失败，他们都在一起。

然而仔细一想，他又产生了疑问。间谍看重信任。在毕生的间谍工作中，戈尔季耶夫斯基养成了识别忠诚、怀疑、信念与信仰的本领。他爱莱拉，但并不完全相信她；而且，在他的内心深处，他还怕着她。

莱拉是一名克格勃将军的女儿，从小深受苏联意识形态宣传的熏陶，是一名无可非议的忠实苏联公民。她喜欢西方的生活，但从未像他一样全身心接受这种生活。她会不会将政治责任置于对婚姻的忠诚之上？在众所周知的一些国家里，为了某种事业而出卖最亲密的人，一直是检验公民忠诚度与思想纯洁
252 性的终极试金石。如果向莱拉披露自己的真实身份，她会揭发他吗？如果他向莱拉告知潜逃的计划，并让她加入，她会拒绝吗？她会告发他吗？这将是对意识形态和政治在多大程度上侵蚀了人性的一种检验，戈尔季耶夫斯基不能确定妻子对他的爱是否强于她的政治责任。他打算试试她。

一天晚上，在公寓的阳台上（窃听范围之外），他打算使用经典的克格勃“诱饵”方式，试探一下妻子的忠实程度。

“你喜欢伦敦，对吗？”他问。

莱拉觉得他们在英国的生活非常美妙。她已经开始怀念艾奇韦尔路（Edgware Road）的中东咖啡馆，以及英国的公园和音乐了。

戈尔季耶夫斯基继续问道：“你知道你说过你有多想女儿们去英国学校上学吗？”

莱拉点了点头，不知道奥列格到底什么意思。

“我在这里有敌人。我们再也不会被派回伦敦了。但我有一个主意：我们可以以休假去探望你的家人为借口，去阿塞拜疆，然后偷偷翻过山进入土耳其。我们可以逃跑，然后回英国。你觉得怎么样，莱拉？我们逃走吗？”

阿塞拜疆和土耳其之间，拥有一段长达11英里的重兵把守的狭窄边境。戈尔季耶夫斯基当然不是真的打算穿过边境。这是一种测试。“我想看看她对这一想法的反应。”如果她同

意的话，那就意味着她某种程度上愿意不顾国家法律，和她一起逃亡。他接下来可以告诉她“皮姆利科”计划，并透露他需要逃跑的真实原因。如果她拒绝，并在他走后受到审问，那她只可能说出逃跑路线的错误线索，把追捕者带至阿塞拜疆－土耳其边境。

莱拉看着他，觉得他在胡说八道。“别犯傻了。”

戈尔季耶夫斯基马上不再谈论此事。并且在内心深处，一种可怕的想法开始生根。“我的心感到剧痛，几乎无法再思考此事。”妻子的忠诚无法依靠，他必须继续瞒着她。

这一结论可能是错误的。多年后，莱拉被问及如果知道了 253
潜逃计划，是否会向当局告发。“我会让他走的，”她说，“奥列格做出了他的道德抉择，至少在这一点上，他值得尊重。无论被认为是好还是坏，他都做出了关系一生的抉择，他这样做因为他觉得有必要。明知他面临生命危险，我的灵魂无法背负‘告发他送他去死’这种罪恶。”不过，她没说自己是否准备和他一起逃走。回到阳台，戈尔季耶夫斯基又告诉莱拉：“这是一个阴谋，他们嫉妒我当上了站长。但如果我出了事，不要相信任何人对你说的任何话，我是一名骄傲的情报干部，一名苏联的干部，我没做错任何事。”莱拉相信了他。

戈尔季耶夫斯基不习惯反省，但那天夜里，莱拉在他身边安静地睡去，他开始思考自己成了什么样的人，他的两面人生是否“严重阻碍了自己的情感发展”。他从未向莱拉公开自己的真实身份。“不可避免地，这意味着我们的关系从未像正常情况下那般亲密：我一直无法彻底地向莱拉敞开心扉。对伴侣精神上的欺骗，是否比肉体上的出轨更加残忍呢？谁又知道呢？”

然而，他心意已决。“我的首要任务是拯救自己。”他将自己一个人逃走。至少这样，他后来回想，莱拉可以诚实地告诉克格勃，她什么也不知道。

弃家人于不顾的决定可以是一种伟大的自我牺牲，或是一种极为自私的自保，也可能二者兼有。正如所有被迫做出残酷抉择的人都会做的那样，他告诉自己，眼下已别无选择。

莱拉的父亲，那位老迈的克格勃将军，在里海海边有一座乡间别墅，莱拉童年时曾在此度假。二人商定，莱拉和女儿们去阿塞拜疆，陪她的家人一起过一个长长的暑假。玛莎和安娜听说要去外公的别墅待上一个月，在那里游泳并在太阳下玩耍，感到非常兴奋。

和家人的分别让戈尔季耶夫斯基深感痛苦，尤其是考虑到
254 莱拉和女儿们不知道这意味着什么。在一座繁忙的超市门口，戈尔季耶夫斯基仓促地迎来了人生中最悲伤的时刻。当时莱拉正忙着购买衣服和其他坐火车南下时所需的物品。他还来不及与莱拉拥抱，两个女儿就跑进了店里。莱拉在他脸颊上快速亲了一下，欢快地挥了挥手。“应该再温柔一点的。”他如此说道。这句话一半是说给自己听：这是一个男人发的牢骚，这个男人即将抛妻弃女，一家人可能就此永远分离，他自己甚至还可能被逮捕，受到羞辱并被处决。莱拉没有听到他说的话。她走进拥挤的商店寻找女儿，没有回头。戈尔季耶夫斯基感到无比心痛。

6 月 30 日星期天，在花了三个小时摆脱盯梢之后，精疲力竭、高度紧张的戈尔季耶夫斯基来到满是苏联游客的红场。

在列宁博物馆，他去了地下室的洗手间，将自己反锁在一

个隔间里，从口袋里拿出了一根比罗（Biro）圆珠笔和一个信封。打开信封，他双手颤抖着，用加粗字体写道：

我受到了严重怀疑，遇到了大麻烦，需要尽快潜逃。小心放射性灰尘和交通事故。

戈尔季耶夫斯基怀疑自己身上被克格勃喷撒了放射性灰尘。他知道克格勃为了让相关方暴露于光天化日之下，会在开展间谍行动时使用故意撞车的卑劣伎俩。

为了进行最后的规避，他进了红场东侧的古姆百货商场（GUM），快速走过了多个购物区，上下楼梯，走过了多个过道。旁观者会觉得他是一个过于激动且优柔寡断的购物者，或者察觉到他是在摆脱别人的跟踪。

戈尔季耶夫斯基这时才意识到，信息传递的计划有一个漏洞。他本应戴着方便辨认的帽子，但圣巴西尔教堂不允许访客戴帽子。（苏联禁止公开信仰宗教，但仍对宗教习俗保持了令
人费解的尊重。）这一小问题很快烟消云散。离 3 点整还差几 255
分钟时，他走进巨大的教堂，直奔楼梯，但发现一块巨大的告示挡住了去路：楼上因重新装修暂时关闭。

他本应在楼梯上传递信息，但现在楼梯被用胶带封住了。他不知如何是好，由于紧张和害怕，他的上衣已经被汗水浸湿，他四下打量了一下，装作在欣赏教堂的内部构造，实际上寻找着那位身穿灰色衣服的军情六处女接头人。人群中没有发现这样的人。人们似乎都在回头看他。到了地铁，他小心地把口袋里的信封撕成碎片，放到嘴里一点点地嚼成糊状，然后再吐出来。戈尔季耶夫斯基几乎已陷入绝望，他在离开三个小时后回到家中，琢磨着克格勃监视小组何时发现了他，或到底发现了他没有。

信息传递失败了。莫斯科的军情六处小组没有收到他 6 月 15 日在中央商场发出的暗号。

原因很简单。军情六处已经知道，圣巴西尔教堂的顶层因修缮而关闭。“我们以为他在中央商场发出暗号之前会去检查圣巴西尔教堂的传递点，意识到这样并不可行。”

多年后，阿斯科特觉得没能收到这次的暗号是一件幸事：“谢天谢地。红场太不适合传递情报了，那里全是克格勃。我尽量禁止在那里碰头。我们在那里会被抓住的。”

克格勃还在静观待变。

在伦敦，军情六处试图猜测他们的间谍正处于何种境地，但感到营救他的希望愈加渺茫。

军情六处莫斯科情报站继续监视着暗号点。每天晚上 7 点 30 分，阿斯科特、吉或者秘书瓦奥莱特都会去面包店外的人行道，有时开车（为了方便，选择了他们正常下班的时间），有时步行。他们买的面包太多，根本吃不完。小组成员约定，如果有人发现了手拿西夫韦塑料袋的男人，就给阿斯科特打电话，留一条有关网球的电话留言：这是他们之间的一种暗号，表示“皮姆利科”行动正式展开。

256 在城市的另一端，戈尔季耶夫斯基慨叹自己的生活竟然到了这般境地：成为人民公敌，即将抛弃家人，酗酒，严重依赖镇静剂，鼓起勇气去激活一项看起来无异于自杀的计划。他又去找了米哈伊尔·柳比莫夫，柳比莫夫对他举止上的变化再次感到震惊。“他看起来比上次更糟了，紧张地从公文包里拿出一瓶已经开瓶的出口苏联红伏特加（Stolichnaya），用颤抖的手给自己倒了一杯酒。”柳比莫夫很受触动，也为他感到难过，邀请他去自己在兹韦尼哥罗德（Zvenigorod）的别墅待上几天。“我们可以聊聊，你好好放松一下。”柳比莫夫觉得他的老朋友有可能自杀。

回到家后，戈尔季耶夫斯基精疲力竭、醉醺醺的头脑里，又跳出了很多问题。传递信息为何失败？军情六处抛弃他了吗？克格勃为什么还在耍他？谁出卖了他？他能逃走吗？

威廉·莎士比亚对生活中的大多数问题都提供了答案。在《哈姆雷特》中，这位英语文学史上最伟大的作家在生活的挑战令人不堪重负时，对命运与勇气的真谛进行了思考。“新仇旧恨，齐上心头。”

1985 年 7 月 15 日，星期一，奥列格·戈尔季耶夫斯基取出了那本莎士比亚的十四行诗集。

他把一堆衣服泡在了厨房水槽里，熟练地把书放在衣服下面，然后放入肥皂水中。十分钟后，书被完全浸湿了。

他能确定家中唯一不被隐藏摄像头发现的地方是走廊里的一间小储藏室。在储藏室里，戈尔季耶夫斯基撕下了浸湿的衬页，取下里面薄薄的玻璃纸，借着烛光开始阅读潜逃说明：从“巴黎”到“马赛”的火车，关键地点间的距离以及 836 公里的路标。如果他在第二天也就是星期二传递暗号，那么按照约定，他可以在星期六搭上逃亡的汽车。戈尔季耶夫斯基看到这份熟悉的说明，感到放心了许多。他将浸湿的十四行诗集扔进了垃圾槽。当晚，他睡觉时将说明放在了床头柜的一个锡盘里，上面盖了一张报纸，旁边放了一盒火柴。如果克格勃半夜来搜查，他可以有充足的时间销毁这一要命的证据。

第二天早上，7 月 16 日星期二，他在漆黑的储藏室最后 257
看了一次逃跑计划，然后亲手烧了玻璃纸，燃烧释放出一股刺鼻的烟味。电话响了。是莱拉的父亲、退休的克格勃将军阿里·阿里耶夫（Ali Aliyev）打来的电话。老人听说女婿工作上遇到了麻烦，受莱拉嘱托在她们去别墅度假期间，照顾戈尔季耶夫斯基。“今晚 7 点来吃晚饭，”阿里耶夫说，“我会做一道美味的蒜蓉鸡。”

戈尔季耶夫斯基的大脑飞速运转着。晚餐是在晚上 7 点。这与发出潜逃暗号的时间冲突。如果他拒绝，克格勃电话监听人员会心生怀疑；如果他接受，那克格勃的人会在他岳父位于莫斯科市郊达维特科瓦（Davitkova）的家附近等他，如果运气好的话，在到达库图佐夫斯基大街的暗号传递点时，他应该不会受到监视。“谢谢，”他回复道，“我会去的。”

尽管克格勃的人在等他，戈尔季耶夫斯基还是希望自己在和军情六处见面时显得精神些。他穿上了西服，系上领带，穿上可能沾有放射性物质的鞋子，戴上丹麦皮帽。之后他从桌子抽屉里取出了印有鲜红色商标的西夫韦塑料袋。

电话又响了。这次是米哈伊尔·柳比莫夫打来的，催促他下周来他的别墅待几天。戈尔季耶夫斯基快速思考了一下，接受了邀请。他会周一去，他说，他会乘坐 11 点 13 分抵达兹韦尼哥罗德的火车，坐在最后一节车厢。他在电话记录本上写道：“兹韦尼哥罗德 11：13”。这是对克格勃的另一种误导。到下周一时，他要么在监狱，要么在英国，要么已经命丧黄泉。

下午 4 点，他离开公寓，在接下来的两小时四十五分钟里，进行了迄今为止最烦琐的摆脱盯梢行动：商店、公交车、地铁列车，多次进出不同的公寓楼，停下来买一些东西装满西夫韦塑料袋，有条不紊地甩掉盯梢，动作迅速且行踪毫无规律，令跟踪者根本跟不上他，但并不会露出急于摆脱盯梢的姿态。只有最高超的跟踪者才能在这一人为的复杂迷宫中跟上他。6 点 45 分，他走出了基辅斯基（Kievsky）地铁站。他没 258
有发现跟踪者。他已经“安全”了，正如他强烈希望的那样。

7 月 16 日星期二，那是一个晴朗的夏日傍晚。他慢慢朝面包店走去，买了一包烟打发时间。离 7 点 30 分传递暗号时间还有十分钟，他站在了面包店外的人行道边上。大街上车水马龙，包括很多送政治局成员和克格勃官员回家的政府豪华轿车。他点了一根烟。站在人行道边似乎突然显得很傻，也很显眼。很多人到处闲逛，看着公告栏和公交车时刻表，或假装在看。这个地方人多得可疑。一辆黑色伏尔加轿车（克格勃最喜欢的汽车）开了过来，停在了人行道上。车上下来了两个穿深色西装的人。戈尔季耶夫斯基感到害怕。司机好像在盯着他。两人进了商店，出来时带了一个保险箱：这只是正常的收款。戈尔季耶夫斯基松了口气。他又点了根烟。

今天轮到亚瑟·吉查看暗号点，但路上交通很繁忙。

罗伊和妻子卡罗琳·阿斯科特此时正外出准备和一名苏联熟人吃饭，此人以前当过外交官。当他们乘坐的萨博（Saab）汽车驶入库图佐夫斯基大街并向东行驶时，一辆监视车一如既往地在后面跟着。克格勃的汽车很好辨认：不知为什么，克格勃汽车的雨刷器刷不到前挡风玻璃中部位置，因此每辆车的前挡风玻璃处都有一块明显的三角形污渍。阿斯科特看了一眼宽阔的大街，一下子呆住了：一个男人站在面包店前，手拿一个印有醒目红色商标的购物袋，“在单调的苏联购物袋中格外引人注目”。现在是 7 点 40 分。按照要求，戈尔季耶夫斯基在此处停留时间不能超过半个小时。

“亚瑟肯定没有看到，”阿斯科特想着，暗暗埋怨道，“我一下子紧张起来。”他捅了捅卡罗琳，指了指马路对面，在仪表盘上划了一个字母 P（代表“皮姆利科”）的形状。卡罗琳尽量不从座位上转身去看：“我绝对知道他的意思。”

阿斯科特有十秒钟的时间掉头回去，表示自己收到了暗
259 号。汽车杂物箱里有巧克力棒。但克格勃紧跟着他，任何反常行为都会立刻引起怀疑。克格勃通过窃听他的通话得知他们要去赴一场晚宴：如果他突然掉头下车，在人行道上边走边吃巧克力棒，会让克格勃对“皮姆利科”有所察觉。“我继续向前开，感觉整个世界一片黑暗，我做错了事，尽管是出于正确的原因。”晚宴糟透了。举办宴会的主人是一个思想陈旧的官僚，整晚“都在谈论斯大林有多么伟大”。阿斯科特想的全都是那个手拿西夫韦塑料袋的间谍，他等了半天也没等到手拿巧克力棒的人出现。

事实上，阿斯科特在库图佐夫斯基大街开车朝东走的同时，亚瑟也驾驶他的福特塞拉汽车（Ford Sierra）经过了面包店，他放慢了车速，查看了一下人行道。似乎有很多人在此闲逛，明显比以往工作日傍晚的人要多。此时，他几乎可以确定，在人行道边上，站着一个头戴尖顶皮帽的人，手里拿的购物袋也很特殊。但他不能确定购物袋上是否印了一个大大的红色字母 S。

吉继续向前开着，感到心跳加速，在大街尽头掉头进了一栋建筑，在停车场里停了车。为了尽量表现得不慌不忙，他坐电梯回了房间，扔下公文包，打电话大声告诉瑞秋：“我需要买些面包。”

瑞秋立刻明白了怎么回事。“我们的面包早就吃不完了。”

吉迅速换上灰色裤子，拿起哈罗德购物袋，从厨房抽屉里拿了一根玛氏巧克力棒。时间是 7 点 45 分。

电梯似乎走得格外慢。他压抑着奔跑的冲动，步行来到地下通道。戴尖顶皮帽的男人不见了。他怀疑自己是否真的认出了他，因为他只看过一张“皮姆利科”站在丹麦郊区一家肉铺门口的模糊照片。“我肯定看见了那里有个值得注意的人。”吉回忆道。他在面包店里排队，留意着街上的情况，街上似乎比刚才更加拥挤了。吉决定再试一次，一只手放在了口袋里的哈罗德购物袋上。此时他发现了“皮姆利科”。

一个手拿西夫韦塑料袋的中等身材男性，站在一家商店的暗处。他正在抽烟。吉犹豫了片刻。维罗妮卡从未说过“皮 260
姆利科”抽烟，她不应该遗漏这种重要的细节。

与此同时，戈尔季耶夫斯基也发现了吉。正准备离开的他又从人行道边退了回来。最先引起他注意的不是吉的灰色裤子，也不是他从口袋里掏出一个绿色购物袋，或者取出一根巧克力棒，撕掉黑色包装的动作，而是他的神态。在戈尔季耶夫斯基渴望的眼神中，这个朝他走来、嚼着巧克力棒的人有着毋庸置疑的英国派头。

他们相互看了对方不到一秒。戈尔季耶夫斯基听到自己内心正用最大的声音“静静地呐喊”：“没错！是我！”吉又故意咬了一口巧克力棒，慢慢地转过脸去，走开了。

两人都确信无疑，暗号已经成功发出，并得到了确认。

满身大汗、感到愧疚的戈尔季耶夫斯基差不多晚了两个钟头才到岳父家，阿利耶夫将军对此感到很生气。他专门准备的蒜蓉鸡炖过了头。但他的女婿似乎显得很“开心”，津津有味地吃着这顿烧焦的饭菜，看起来有些古怪。

直到午夜时分，阿斯科特夫妇才结束了那场令他们备受折磨的晚宴，在五辆监视车辆的陪同下回到家中。电话旁边是保姆留的一张便条，上面说亚瑟·吉打过电话并留了信息。

17 岁的德国网球运动员鲍里斯·贝克尔（Boris Becker）不久前首度赢得温布尔登锦标赛冠军。吉的电话留言是："本周晚些时候，你能来看看网球比赛的录像吗？"

喜出望外的阿斯科特把这一消息告诉了妻子。吉终究还是收到了潜逃暗号。"我很欣慰他看见了。但这也好似末日的来临。"

"皮姆利科"计划已经启动。

克格勃监视小组已经两次跟丢了戈尔季耶夫斯基。尽管这两次出行期间，他都在失踪不久后突然出现，但如果克格勃的监视人员称职的话，他们往后肯定会更加注意。但令人费解的是，他们还是无法掌握戈尔季耶夫斯基的行踪。

261 第一总局之所以决定使用自己的监视小组，而不是请第七局经验更为丰富的专业人员出面，是出于组织内部政治因素的考虑。维克多·格鲁什科不想让太多人知道戈尔季耶夫斯基的变节行为。第一总局副局长决心在内部解决这一令人尴尬甚至有可能极具破坏性的麻烦。但用于跟踪嫌疑人的小组成员的本职工作是跟踪中国外交官，这是一项不需要什么想象力或专业性的枯燥工作。他们不知道戈尔季耶夫斯基是谁，或者做过什么。他们也不知道自己在跟踪一个训练有素的间谍和危险的叛徒。因此，他们会觉得自己只是偶然被戈尔季耶夫斯基甩掉了。在克格勃，承认失败并不利于职业发展。于是，他们并没有报告两次跟丢嫌疑人的情况，而是对他再次出现感到解脱，并对自己的失职守口如瓶。

星期三早上，7 月 17 日，戈尔季耶夫斯基离开家中，奔赴共青团广场（Komsomolskaya Square）的列宁格勒车站买火车票，途中运用了反侦查手册记载的所有技巧。他在银行取了 300 卢布，思索着克格勃是否监控了他的账户。他穿过一座购物中心，然后奔往附近的一个住宅区，在两栋三层公寓楼之间，有一条狭窄的人行道。戈尔季耶夫斯基在人行道尽头拐弯，跑了三十码，走进最近的楼梯间，上了一段台阶。从落地窗里，他看见一个身穿夹克、系着领带的较胖男人正一阵小跑步入他的眼帘，然后停下脚步，慌乱地四处打量着人行道。戈尔季耶夫斯基躲进了暗处。这个男人通过对讲机的佩戴式话筒说了些什么，就跑走了。过了一会，一辆米色拉达（Lada，另一款克格勃喜欢的车）汽车轻快地沿着人行道驶来：坐在前排的男女都在使用对讲机通话。戈尔季耶夫斯基按捺住一种油然而生的恐惧。他知道克格勃在跟踪他。但这是他第一次公开摆脱盯梢。他们可能使用了一种经典的克格勃盯梢模式：一辆车走在前面，两辆车在旁边支援，两人一组，使用无线电联系，一组必要时步行跟踪，另一组开车跟踪。戈尔季耶夫斯基 262
等了五分钟，然后走下楼梯，快速走到主路上，上了公交车，然后乘坐出租车和地铁，最终抵达列宁格勒车站。他使用假名，用现金订了一张傍晚 5 点 30 分出发的四等票，准备坐隔夜火车去往列宁格勒，出发日期是 7 月 19 日星期五。到家时，他发现那辆米色拉达停在了街边不远处。

西蒙·布朗正在休假。戈尔季耶夫斯基的负责人逐渐意识到形势的严峻性：英国情报机构有史以来发展的最优秀的特工之一被召回了莫斯科，而且显然已经落入了克格勃的圈套。问题接踵而至：戈尔季耶夫斯基是如何被识破的？军情六处里还有内鬼吗？内部背叛的巨大恐惧感再次袭来。至于戈尔季耶夫斯基，如果他还活着的话，现在肯定在克格勃牢房里备受煎熬。特工与负责人之间的关系，是一种工作关系和私人情感的奇特结合。一名优秀的负责人能为特工提供心理保障、经济支持、鼓舞、希望和一种奇特的爱心；但负责人也要提供保护。在发展并使用一名间谍时，负责人还需要照顾他，履行一项隐性承诺：确保间谍的人身安全高于一切，风险不应大于回报。每一名间谍负责人都感到了自身责任的沉重，布朗是一个敏感的人，在这一点上尤为敏锐。他没做错什么，但此事如果出了差错，他最终要承担责任。布朗尽量不纠结于戈尔季耶夫斯基的可能遭遇，但也没什么别的可想了。失去一名特工，感觉就像被亲密的人背叛了。

7 月 17 日星期三早上 7 点 30 分，军情六处对苏行动部门 P5 的负责人正在自己位于世纪大厦的办公室，这时电话突然响了。驻莫斯科情报站连夜发来了一封双重加密电报，隐藏在外交部正常无线电通信中。电报写道："皮姆利科发出暗号。密切关注。启动潜逃计划。有何指示。"负责人立刻冲下楼，奔往局长办公室。克里斯托弗·柯温听了情况的详细介绍，立刻显得慌乱起来。

"我们有计划吗？"他说。

263 "是的，局长，"负责人说，"我们有计划。"

布朗此时正在花园里一边晒着太阳，一边看书散心。负责人打来电话说："我觉得你应该回来一下。"对面的声音听起来很正常。

放下电话几分钟后，布朗豁然开朗。“今天是星期三。这意味着星期二肯定发生了什么。一定是潜逃暗号。我一下子重拾希望。”戈尔季耶夫斯基可能还活着。

从吉尔福德到伦敦的火车旅程似乎格外漫长。布朗到十二楼办公室后发现，“诺克顿”小组成员们已经忙得不可开交。

“突然间，‘皮姆利科’计划就停不下来了。”布朗回忆道。

匆匆开了几次会后，马丁·肖福德就飞赴哥本哈根，通知丹麦情报机构做好准备，并对计划进行协调，然后赶往赫尔辛基展开前线准备工作。他联系了当地的军情六处情报站，雇了汽车，并对芬兰边境附近的会合点进行了侦察。

假如戈尔季耶夫斯基和他的家人成功穿过俄罗斯边境，潜逃计划将进入第二阶段，因为到达芬兰并不意味着戈尔季耶夫斯基安全了。正如阿斯科特所说的那样：“芬兰人与俄国人达成了一项协议，会将来自苏联的逃亡者移交给克格勃。”所谓“芬兰化”（Finlandization）指的是小国屈从于强大得多的邻国的压力，在表面上维持主权，实际上处于受支配的地位。芬兰在冷战中保持了中立，但苏联在很多方面对其进行了约束：芬兰不能加入北约，不得在领土上部署西方军队或武器系统，还要禁止出版发行反苏书籍和影片。芬兰人非常讨厌“芬兰化”一词，但它准确代表了一个国家被迫兼顾东西方时面临的一种窘境：既渴望被视作西方国家，也不愿且不能疏远苏联。芬兰漫画家卡里·索马莱宁（Kari Suomalainen）曾将芬兰的这种窘境描述为“一种屈服于东方，又不能糊弄西方的艺术”。

几个月前，军情六处苏东局负责人曾去芬兰和芬兰安全情报局（SUPO）局长赛博·蒂迪宁（Seppo Tiitinen）会面。军 264

情六处的访客提出了一个假设性问题："如果我们需要通过芬兰领土带走一名变节者，我想你们会愿意让我们带走他，只要不牵扯你们？"蒂迪宁答复道："没错。事后告诉我们情况。"

芬兰人不愿事先掌握任何情况，如果戈尔季耶夫斯基在芬兰被芬兰当局拦截，那他几乎肯定会被送回苏联。如果他没被抓到，且苏联人发现他在芬兰，那芬兰人就会面临抓捕戈尔季耶夫斯基的极大压力。如果他们没有逮到戈尔季耶夫斯基，克格勃很可能会派一支特种部队小分队去完成任务。众所周知，苏联人对芬兰机场实施监控，因此让戈尔季耶夫斯基一家坐飞机离开赫尔辛基可能性不大。

因此，两辆汽车会将逃亡者运到俄芬边境以北 800 英里的地方：维罗妮卡和西蒙负责驾驶其中一辆，另一辆则由两名丹麦情报官员驾驶：外号"阿斯泰里斯"、十年前曾与理查德·布罗姆黑德共事的延斯·埃里克森，以及他的搭档比约恩·拉尔森（Björn Larsen）。在特罗姆瑟（Tromsø）东南方向偏远的卡里加斯涅米（Karigasniemi）穿过边境之后，他们就进入了北约国家挪威的领土。小组成员对是否为本次行动派遣一架军用 C－130"大力神"（Hercules）运输机展开了争论，但他们最终决定让戈尔季耶夫斯基一行搭乘挪威的定期航班，以减少受关注度。他们会从位于北极圈内的欧洲最北端城市哈默费斯特（Hammerfest）飞往奥斯陆，然后搭乘另一架商业航班客机飞往伦敦。丹麦人的作用在行动中不可或缺，两名丹麦安全与情报局官员将驾驶另一辆逃亡汽车，陪同潜逃小组一路驶抵哈默费斯特。"这样做部分是出于礼貌，但我们也需要丹麦人的掩护进入挪威：万一遇到麻烦，同样来自斯堪的纳维亚国家的丹麦人能够帮忙。"

维罗妮卡·普赖斯取出一个标有“皮姆利科”字样的鞋盒，里面是为戈尔季耶夫斯基和他的家人准备的四张假丹麦护照，护照上的姓氏是汉森（Hanssen）。她也带上了驱蚊剂，干净的衣服和剃须工具。戈尔季耶夫斯基到时肯定需要刮胡子。她希望莫斯科小组记得带几个结实的备胎，以防爆胎。潜逃计划也考虑到了这一点。

将近两个月的时间里，“诺克顿”小组（现在更名为“皮 265
姆利科”）一直在沮丧、无助和焦虑中等待。现在他们感到兴奋，突然变得忙碌起来。

“气氛变得完全不同，”布朗回忆道，“感觉有点不可思议。这是我们准备多年要做的事。现在我们都在想：天哪，我们真的要干这件事了……这能行得通吗？”

在莫斯科英国使馆的安全讲话屋内，军情六处情报站人员聚在一起，对潜逃方案进行预演。

派两辆外交车辆前往芬兰需要一个很好的借口，让克格勃信以为真。令情况更加复杂的是，新任英国大使布莱恩·卡特利奇（Bryan Cartledge）爵士将于周四抵达莫斯科，使馆在周五晚上将举办一场欢迎他的招待酒会。两辆车需要在星期六下午2点30分准时抵达芬兰边境以南的会合点，但如果阿斯科特和吉，这两名卡特利奇手下名义上的高级外交官不去为他接风的话，会立即引起克格勃的怀疑。他们需要编造一个令人信服的临时借口。离家之前，吉给妻子递了一张便条，上面用厕纸写着：“你必须假装生病。”

故事将这样发展：瑞秋·吉突然感到背部剧痛。尽管她颇有活力，但她过去得过哮喘和其他疾病，耳听八方的克格勃也知道这一情况。她和丈夫将获准去赫尔辛基求医。她的好友卡罗琳·阿斯科特会提议她和丈夫也一起前往，“在那里过个周末”。两对夫妇将各开一辆车，约定同时在芬兰首都购物。阿斯科特夫妇将带上他们十五个月大的女儿弗洛伦斯，将另外两个孩子留给保姆照料。“我们觉得带上孩子是一种更好的掩护。”他们会参加周五的大使酒会，之后立即出发，连夜开车赶往列宁格勒，然后越过芬兰边境，赶在周六下午晚些时候去赫尔辛基与预约的医生见面。

266 表演在下午时开始，四名演员各司其职。在家中，瑞秋·吉开始对着隐藏的克格勃窃听器抱怨自己腰背部感到剧痛。后来她的呻吟声越来越大。“我必须演得逼真一些。”她说。她的朋友卡罗琳·阿斯科特过来看是否能帮上忙。“我一直在痛苦呻吟着，卡罗琳一直在可怜我。”瑞秋如此回忆道。她对一个痛苦女人的模仿是如此逼真，以至于碰巧从英国过来的婆婆也感到不安。吉带母亲出去散步，离开窃听器，向母亲解释说瑞秋其实根本没事。“瑞秋是一名出色的演员。”阿斯科特说。亚瑟·吉用受到窃听的电话给一名在芬兰的医生朋友打了电话，寻求一些帮助。他还给一些航空公司打了电话，询问航班的情况，但考虑到价格并未订票。“我们为什么不这么办呢?”当瑞秋告诉她要开车去芬兰时，卡罗琳说。现在场景转到了阿斯科特家中。当卡罗琳让自己的丈夫带着最小的孩子和她连夜开车去芬兰，带可怜的瑞秋去看医生，顺便在赫尔辛基购物时，阿斯科特露出一副极不情愿的表情——“哦，天哪，太无聊了。我们真的要去吗？新大使就要来了。我有很多事要做……”但他最终还是答应了。

在俄方档案库中的某个地方，仍收藏着在此期间留下的一系列窃听记录，它们构成了一出军情六处自导自演的荒诞剧情，它短小而怪异，目的只是为了麻痹克格勃的耳目。

阿斯科特和吉担心整场作秀完全是浪费时间，潜逃计划注定失败。吉说："我觉得有些不太对劲。"他和阿斯科特都发现周二晚上暗号点处的人流与车流尤为密集，大量的汽车与闲逛的行人可能意味着更多的监控。如果克格勃在他们前往芬兰边境途中保持严密监视，他们就根本不可能溜到停车处接走逃跑者而不被发现，行动届时将宣告失败。吉甚至不能肯定那个拿着西夫韦塑料袋的人真的是"皮姆利科"。也许克格勃已经发现了潜逃计划，派了一名替身，而真正的"皮姆利科"已经被拘留了。

使馆和外交官住所周围的监控似乎也更严密了。吉说： 267
"我担心这全都是圈套。"克格勃可能也在演戏：将军情六处引入陷阱，让其计划曝光，以"从事与身份不符活动"为由，将阿斯科特和吉驱逐出境，这一重大外交事件将让英国政府出丑，在关键时刻令英苏关系倒退。"即使我们正步入圈套，我也知道除了继续前进外，我们已经别无选择。因为潜逃暗号已经发出了。"阿斯科特仍不知道"皮姆利科"的身份，但伦敦此时决定透露他的真实身份：克格勃上校，长期为军情六处效力的特工，一个值得冒巨大风险营救的人。阿斯科特写道："这对士气是一种提振。"

军情六处莫斯科情报站向世纪大厦及时通报了准备情况，但往来于伦敦和莫斯科之间的电报数量保持在最低水平，以防克格勃发现通联的增多，并产生怀疑。

在伦敦，获悉"皮姆利科"计划已经展开的少数人对此感到不安。"有人认为这一行动太过危险。一旦出现差错，肯定会损害英苏关系。"一些外交部高官对潜逃计划持严重怀疑态度，包括外交大臣杰弗里·豪和新任驻苏大使布莱恩·卡特利奇爵士。

卡特利奇计划7月18日星期四抵达苏联。他在两个月前获悉了“皮姆利科”计划，但被告知该计划实施的可能性微乎其微。现在，他被告知军情六处计划在他抵苏两天后将一名克格勃高级军官装在汽车后备厢里带出苏联。军情六处解释说，潜逃方案经过了精心准备与排练，但仍具有很高的风险，无论是否成功，都将产生重大的外交影响。作为一名履历丰富的职业外交官，布莱恩爵士曾在瑞典、伊朗和苏联任职，后在匈牙利当过大使。被任命为驻苏大使是他职业生涯的辉煌时刻，但他并不为此感到高兴。“可怜的布莱恩·卡特利奇，”阿斯科特回忆，“他刚开始从事一项新的工作，就接过了这个烫手的山芋……他觉得自己当不成大使了。”如果潜逃小组成
268 员在行动中被当场抓住，那新大使很可能在向克里姆林宫递交国书之前就被宣布为“不受欢迎之人”，开创一项不光彩的外交先例。卡特利奇对此表示强烈反对，呼吁取消行动。

外交部召开了一次会议，与会人员包括代表军情六处的局长克里斯托弗·柯温、他的副手及军情六处苏联部负责人，还有多位外交部官员，包括布莱恩·卡特利奇和外交部常务副次官大卫·古道尔（David Goodall）。根据一名与会者的回忆，古道尔“显得非常恐慌”，一直在说“我们该怎么办？”卡特利奇仍十分恼火：“这绝对是一场十足的灾难。我明天就要去莫斯科了，但不到一周就会被赶回来。”军情六处副局长态度坚决：“如果我们放弃营救，军情六处以后就再也抬不起头了。”

此刻，内阁秘书长罗伯特·阿姆斯特朗爵士从马路对面的唐宁街赶到了会场。他重重地将他的皮制公文包放在桌上：

“我很确定，首相认为我们对于拯救他负有义不容辞的责任。”争论到此结束。当与会的外交部代表去通知刚参加完一场追悼会的外交大臣杰弗里·豪时，布莱恩·卡特利奇爵士看起来“像是要上绞刑架”一样。豪仍心存疑虑。“出了问题怎么办？”他问道，“如果汽车被搜查怎么办？”新大使也难得地开口说道：“我敢肯定这是一种严重的挑衅。我敢肯定他们会把那个家伙胡乱地丢进汽车后备厢。”

“嗯，”豪有些怀疑地说，“也许吧……”

“皮姆利科”行动仍需最高层的批准。撒切尔夫人必须亲自批准潜逃计划，但首相和女王此时正在苏格兰。

戈尔季耶夫斯基正在做准备，并尽可能让自己显得不像一个正在准备逃跑的人。对细节的关注帮助他控制自己的情绪。他现在要完成一项任务，自己不再是可怜的猎物，而是又变成了一名职业特工。他的命运现在掌握在自己手中。

星期四的大部分时间里，他都和妹妹玛丽娜及她的家人一 269
起待在他们位于莫斯科的家中。单纯、不谙世事的玛丽娜如果知道自己唯一活着的哥哥是一名为他国服务的间谍，肯定会大惊失色。戈尔季耶夫斯基还见到了自己孀居的母亲。奥尔加已经 78 岁，身体虚弱。在他的整个童年时代，母亲都代表了一种默默的反抗精神，与父亲的唯唯诺诺和盲目顺从形成了反差。所有家庭成员中，戈尔季耶夫斯基的母亲是最有可能理解他行为的人。她绝不会谴责他，但和所有母亲一样，如果知道真相，她会劝儿子不要走这条路。他拥抱了一下母亲，什么也没说，心里明白无论这次能否逃走，此生也许都再也见不到她了。回到家中，他给玛丽娜打了电话，让她下周早些时候再安排一次团聚：这是为了留下一条错误线索，假装自己在这周周末之后还会在莫斯科。他为将来所做的安排与约定越多，他不让克格勃察觉到他真实意图的概率就越大。他好像把家人和朋友当作了转移克格勃注意力的工具，但他们肯定能理解他，即便他们永远不会原谅他。

然后，戈尔季耶夫斯基做了一件非常鲁莽，同时又很有趣的事。

他给米哈伊尔·柳比莫夫打了电话，确认了他下周会去他的别墅待上几天。柳比莫夫表示了欢迎，还说他新交的女朋友塔尼娅也在。他们会在星期一上午 11 点 13 分，在兹韦尼哥罗德车站接他。

戈尔季耶夫斯基换了话题。

“萨默塞特·毛姆的《哈林顿先生送洗的衣服》你看了吗？”

这是艾舍登系列中的一个短篇故事。十年前，两人都在丹麦时，柳比莫夫向他介绍了毛姆的作品。戈尔季耶夫斯基知道柳比莫夫拥有毛姆的作品全集。

“这个故事很好。你应该再看一遍，”戈尔季耶夫斯基说，“在第四卷里。看一看，你会明白我的意思。”

又聊了一会，他们挂了电话。

戈尔季耶夫斯基使用加密的方式向柳比莫夫告别，并留下了一个明确的文学线索：《哈林顿先生送洗的衣服》讲的是一
270 名英国间谍通过芬兰逃离爆发革命的俄罗斯的故事。

在毛姆这篇背景设定在 1917 年的短篇小说中，英国秘密特工艾舍登乘跨西伯利亚列车去俄罗斯执行任务。旅途期间，他在车上认识了美国商人哈林顿先生，他的健谈讨人喜欢，但

个性极度严谨刻板。随着革命席卷俄罗斯，艾舍登敦促哈林顿在革命军逼近前坐火车北上，但这个美国人要等取回送洗的衣服后才肯离开。哈林顿刚刚取回衣服，就在大街上被暴徒射杀。这是一个关于风险的故事——“人们总是发现，牺牲自己的生命比学会乘法口诀并及时收手更加容易”。艾舍登最终搭乘火车，从芬兰逃离俄国。

克格勃监听人员不太可能熟知二十世纪早期的英国文学作品，更不可能在不到二十四小时的时间里破解这一线索。但这仍然是一种听天由命的做法。

戈尔季耶夫斯基的叛逆在某种程度上一直是一种文化上的叛逆，是对苏联庸俗风气的一种抗议。留下一个出自西方文学作品的模糊暗示，是他给出的最后一击，也表明了他在文化上的某种优越感。无论他能否逃脱，克格勃事后都将对他的通话内容进行梳理，意识到自己受到了嘲弄：他们会更加恨他，但也可能会欣赏他。

每年陪女王在巴尔莫勒尔（Balmoral）度假是玛格丽特·撒切尔最不喜欢的首相职责之一。撒切尔认为，首相每年夏天在苏格兰王室城堡客居数日的传统“纯属浪费时间”。女王也看不上撒切尔，嘲笑她的中产阶级腔调是“五十年代的皇家莎士比亚剧团标准发音”。撒切尔没有住在城堡主体建筑内，而是居住在空旷处的一间小舍里，整日与自己的红盒子和一个秘书为伴，尽量远离为风笛、惠灵顿长筒靴和柯基犬所充斥的王室世界。

7月18日星期四，克里斯托弗·柯温赴唐宁街10号，紧 271
急拜访了撒切尔的私人秘书查理·鲍威尔。在一间私人会议室里，军情六处局长解释说，“皮姆利科”行动已经启动，现在需要首相的授权。

查理·鲍威尔是撒切尔最信任的顾问，掌握了政府的核心机密。作为少数知晓“诺克顿”专案的官员，鲍威尔后来将这项潜逃计划形容为“我听过的最机密的事件”。他和撒切尔都不知道这个被首相称作“科林斯先生”的人的真实姓名。鲍威尔确信首相会批准行动，但潜逃计划“过于敏感，不能在电话里谈论”。必须有人当面向首相解释此事，而只有鲍威尔才能去问她。“我不能告诉唐宁街 10 号的任何人我在做什么。”

当天下午，鲍威尔离开了唐宁街 10 号，但没说要去哪；他坐火车前往希斯罗机场，自掏腰包购买机票，登上了去阿伯丁（Aberdeen）的飞机。（“这件事如此保密，以至于我后来报销开支时遇到了麻烦。”）到了阿伯丁，他租了辆车，在瓢泼大雨中一路向西奔去。巴尔莫勒尔城堡自 1852 年以来就是英国王室的避暑别墅，那是一座巨大的花岗岩建筑，周围修建了一些塔楼，占据了一片 50000 英亩的苏格兰沼泽地；在一个阴沉潮湿的傍晚，一般人很难找到这个地方。时间在一点点流逝，当鲍威尔最终开着他租来的小车，抵达城堡外巨大的大门时，他显得筋疲力尽、十分焦虑。

门楼的侍从武官正在接电话，就一件王室大事进行着高层讨论：女王想借太后的录像机看影片《老爸上战场》（*Dad's Army*）。看起来事情很棘手。

鲍威尔想打断通话，但对方露出冷淡的表情，于是他不再说话。侍从武官学校会专门向学员传授如何做出这种表情。

接下来的二十分钟里，鲍威尔一边跺脚，一边看着手表，而侍从武官仍在谈论着录像机的事，讨论它的确切下落以及为什么它一定从城堡的一个房间搬到另一个房间。问题最终解决了。鲍威尔说明了自己的身份，告诉他自己有急事要见首相。又是一阵漫长的拖延后，他被带进了女王私人秘书菲利普·摩尔（Philip Moore）爵士的房间。摩尔后来被封为伍尔弗科特 272
男爵（Baron Moore of Wolvercote），获赐巴斯勋章（GCB）、维多利亚大十字勋章（GCVO）、三等勋章（CMG）、女王服务勋章（QSO），也是枢密院成员（PC），他还是女王秘密的头号保守者。摩尔是一名骨子里很谨慎、恪守礼节的侍臣。退休后，他成为一名常任宫廷侍从（Permanent Lord-in-Waiting）。他做事喜欢不紧不慢。

“你为什么要见撒切尔夫人？”他问道。

“我不能告诉你，”鲍威尔说，“这是秘密。”

充满礼仪感的摩尔有些生气。“我们不能在不知道对方为何至此的情况下，让他们在巴尔莫勒尔乱逛。”

“你必须带我去，因为我现在要见首相。”

“你为什么要见她？”

“我不能告诉你。”

“你必须告诉我。”

“我不能。”

“无论你告诉首相什么，她都会告诉女王，陛下会告诉我。所以请告诉我你为何要见首相。”

“不行。如果首相想告诉女王，女王又想告诉你，那是她们的决定。但我不能告诉你。”

皇家侍臣有些恼火。如果你是一名私人秘书，没有什么比另一位私人秘书比你知道更多秘密更令你恼怒的了。

鲍威尔起身要走。“我自己去找首相。”

摩尔对这种无法容忍的不顾礼节之举感到生气，但还是叫来了一个仆人，带鲍威尔从一个小门去了潮湿的花园，沿一条小路到了一处“类似于花园棚的地方”。

玛格丽特·撒切尔正靠在床上，周围全是公文。

“她见我来了，非常惊讶。”

鲍威尔花了几分钟向她解释情况，撒切尔很快就批准了“皮姆利科”行动。这位不知道名字的间谍不顾个人安危，在她担任首相期间发挥了重要作用。她说：“我们必须对我们的特工信守承诺。”

273 鲍威尔后来评论道：“她非常欣赏戈尔季耶夫斯基，尽管这违背了她的某些原则——她讨厌叛徒。但是，戈尔季耶夫斯基不同。他身处不同的阵营。撒切尔非常尊重那些反抗苏联当局的人。”

这位“科林斯先生”——无论他是谁，都已经为西方阵营做出了重大贡献。现在他身处险境，英国必须竭尽所能地营救他，无论带来何种外交影响。

撒切尔夫人不知道——也从未发现的是——她批准了一项已经开始了的行动。一旦她拒绝批准营救计划，那就没有办法通知戈尔季耶夫斯基，在会合点也不会有人等着接应他。他就被抛弃了。

“皮姆利科”行动已不可阻挡。

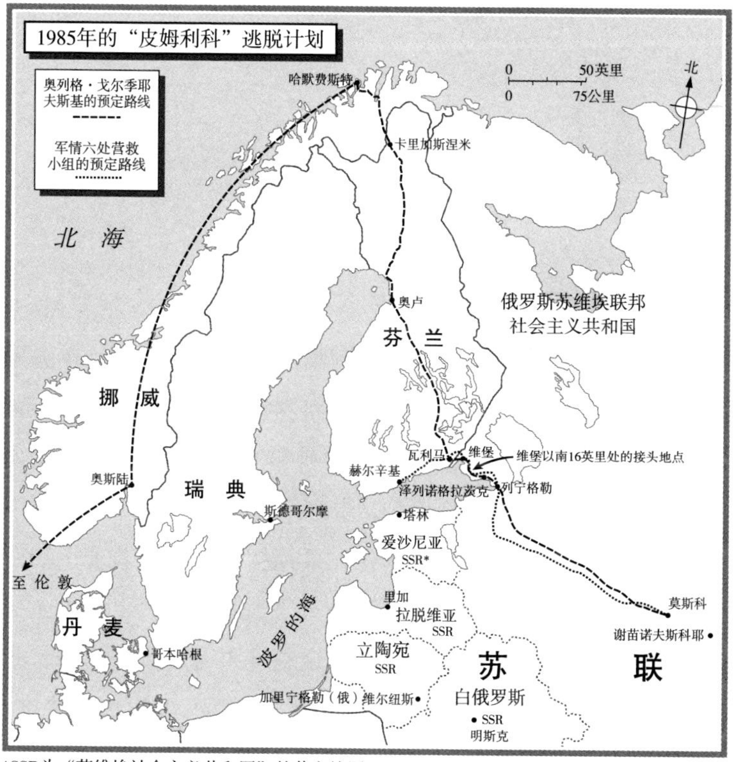

*SSR为“苏维埃社会主义共和国”的英文缩写。

14　7月19日星期五

莫斯科，英国使馆，上午10点

274 随着出发时间临近，罗伊·阿斯科特越来越兴奋，也愈发感到不安。他整晚大多数时间都在祈祷。“我非常肯定，无论我们准备得多么充分，在行动中都要靠上帝保佑。”军情六处此前从未成功将任何人偷偷带出苏联。“皮姆利科”自己一个人抵达会合点已经困难重重，但如果他按照计划带着妻子和两个孩子一起逃走，成功的概率更是微乎其微。“我想：他会被打死。计划不会成功。我们都知道这整件事有多么不靠谱。我们在兑现一个承诺，我们必须这样做，明知不可为也要为之。我认为成功的概率不超过百分之二十。”

世纪大厦发来一封电报。军情六处伦敦总部的高层在使馆的一些管理者当中“发现了动摇的迹象”，于是发来一封电报“坚定大家的信心”。电报写道：“首相已经亲自批准了行动，对你们开展行动的能力非常有信心。我们给予你们百分之百的支持，相信你们会取得成功。”阿斯科特给卡特利奇看了电报，表明了“伦敦高层对此事的一贯支持”。

但出现了另一个潜在的严重问题。为了开车离开苏联，外国外交官需要获得正式的许可与特别牌照。制作牌照的官方汽修厂只营业到周五中午。吉的福特车非常顺利地换上了特别牌照，但阿斯科特的萨博车却被退了回来，并被告知："对不起。我们不能给这辆车更换牌照，因为你的妻子没有驾照。"卡罗琳装有苏联驾照的手提包上个月被偷了，为了领一张新驾照，她把自己的英国驾照交给了领事当局。她的英国驾照尚未 275
被归还，新的苏联驾照也还没领到。外交官独自开车是不被允许的；没有一名拥有有效苏联驾照的副驾驶员，阿斯科特就无法获得官方牌照；而如果没有这些牌照，他们就无法离开苏联。"皮姆利科"行动眼看就要因一块小小的苏联官僚主义顽石而泡汤。上午11点，还有一个小时汽修厂就要关门了，当阿斯科特仍在绞尽脑汁地想办法时，他收到了一个来自苏联外交部的包裹，里面装有卡罗琳的英国驾照和新的苏联驾照。"我们有一个小时的时间及时更换车牌。我不敢相信，运气真是太好了。"但仔细一想，阿斯科特还是起了疑心，驾照被出乎意料且非常及时地送回，这到底是单纯的走运，还是克格勃的圈套："我们扫清了出发前的最后一个障碍，但一切似乎有点过于轻松了。"

莫斯科，列宁斯基大街，上午11点

戈尔季耶夫斯基花了整个上午，把家里彻底打扫了一遍。很快，克格勃就会把这里翻得底朝天，撕碎地板，把他的藏书一页页撕掉，将家具拆得七零八落。但某种奇怪的自尊心让他觉得，克格勃到这里进行破坏时，他的家应该看起来"井井有条"：他洗了碗，放好了餐具，在水槽里洗了衣服，并晾了起来。在台子上，他给莱拉留了220卢布，足够好几天的日常开销。这是一种小小的姿态……但代表什么呢？他长期的关心？道歉？遗憾？钱可能根本到不了莱拉手中。克格勃肯定会没收或私吞这笔钱。不过，如同仔细地清理房间一样，他这样或许留下了自己都没有意识到的信息：戈尔季耶夫斯基想被克格勃当作一个好人；他希望彻底被他蒙在鼓里的克格勃能够尊重他。他没有留下自我辩护的纸条，没有对背叛苏联的行为做出解释。如果他们抓住他，克格勃就会知道一切，而且肯定不会用吐真剂这种仁慈的手段。他留下了一间一尘不染的屋子，还有很多洗好的衣服。和哈林顿先生一样，如果不洗完衣服，他是不会逃走的。

接着，戈尔季耶夫斯基准备第四次，也是最后一次甩掉克
276 格勃的跟踪小队。时机的选择非常关键。如果他过早出门摆脱监控人员，他们最终可能会发现端倪，提高警惕。但如果他出门过晚，又可能无法摆脱盯梢，到火车站时还甩不掉克格勃的人。

他草草收拾了一下行李，把东西装进了一个普通塑料袋：一件薄外套，他的丹麦皮帽，镇静剂和一本苏联出版的便携道路地图集。地图集包括了芬兰边境地区的情况，由于当地是军事敏感区域，所以地图并不精确。

他忘了带鼻烟。

芬兰，瓦利马（Vaalimaa）的汽车旅馆，上午 11 点

在芬兰这边，“皮姆利科”行动正在按计划实施。小组成员在距苏联边境 10 英里处的一家小汽车旅馆里集合。维罗妮卡·普赖斯和西蒙·布朗使用假护照，于前一天晚上抵达赫尔辛基，在一家机场酒店过了夜。当他们到达汽车旅馆停车场时，负责与芬兰协调的军情六处年轻官员马丁·肖福德已经在那里等候了，几分钟后，丹麦安全与情报局官员埃里克森和拉尔森

也到了。碰巧的是，几辆车都是在机场的同一家租车公司租的，让肖福德害怕的是，停车场现在停了三辆一模一样的车：三辆鲜红的全新沃尔沃，车牌号紧挨着。“我们看起来像一支车队。太显眼了。”明天之前至少要更换一辆车。

维罗妮卡·普赖斯初次拟订计划时，就选好了芬兰边境一侧的会合点。穿过边境后往西北方向走5英里，在一条林间小径的尽头右转，进入森林。在森林里走1英里后靠左，是一小片停靠木材运输车的空地，周围都是树木，主路上看不到这个地方：这一地点距离边境不远，既能确保奥列格和他的家人不会在后备厢里待太久，也足够远离边境的安检区。

军情六处－丹麦安全与情报局联合小组仔细侦察了会合点 277
周围的环境。四周的芬兰松树林绵延不断。视野范围内没有房屋。他们将在此处和逃跑小队会合，迅速将逃亡者从军情六处的车中转移到租来的芬兰车辆里，然后分成两个小组。芬兰小组会在森林中继续走大约10英里，然后在第二处会合点休整，在那里他们可以查看逃亡者的健康状况，给他们换衣服，自由地交谈，不用担心在装有窃听器的外交车辆上遭到监听。同时，莫斯科小组会一路赶赴赫尔辛基，并在第一个加油站等候。逃亡小组此后开始北上芬兰－挪威边境的漫长之旅：莱拉和一个孩子乘坐丹麦人的汽车，戈尔季耶夫斯基和另一个孩子坐布朗和普赖斯的车。肖福德会在加油站和军情六处莫斯科小组会合，向阿斯科特和吉介绍情况，从加油站停车区的公共电话亭打一个重要的电话。

电话将自动转给对苏行动部门负责人接听，他将在世纪大厦和P5小组一同等候。加油站电话有可能被克格勃或芬兰情报机构监听，因此“皮姆利科”行动的结果必须以委婉的方式报告出去。如果戈尔季耶夫斯基和家人安全逃脱，肖福德会说他的垂钓假日收获颇丰。不过，如果营救失败，他会说自己一无所获。

仔细检查了会合点之后，小组成员开车返回赫尔辛基，将其中一辆鲜红的沃尔沃换成了其他车型，然后回到各自的酒店休息。

莫斯科，库图佐夫斯基大街，中午 12 点

在莫斯科的住所里，卡罗琳·阿斯科特和瑞秋·吉正在收拾东西。她们不能带个人衣物，因为汽车后备厢的所有空间都要用来安置“皮姆利科”和他的家人。因此，她们找了一些空的大旅行袋，装满坐垫后确实显得很占地方，但腾空的话可以叠平。七年前首次整理的逃跑装备，之前存放在英国使馆的
278 保险柜里：水瓶和儿童用的塑料“鸭嘴杯”（在局促的后备厢里，女孩儿们用它喝水更容易一些），用于小便的两个大空瓶子和四张“太空毯”，即具备热反射功能的塑料薄毯，以减少由于体温过低或体力消耗过大造成的热量流失。据说苏联边境检查站装有热传感器和红外摄像头，能检测出藏匿的人员，但军情六处没人知道这一技术的工作原理，或者这一技术是否真的存在。逃亡者必须脱到只剩内衣裤，然后再盖上毯子；后备厢里会很热，他们的体温越低，被嗅探犬发现的可能性就越小。

卡罗琳准备了野餐用品——袋装食物，毯子，三明治和薯片——他们可以在停车处进行野餐，以作为障眼法。逃亡者可能要花些时间从暗处出来。他们也许不会准时抵达会合点。停车处可能会有其他人在，如果四个外国人待在那里却没有明确的目的，可能会引起别人的怀疑。两对夫妇需要为半路停车提

供一个合理的解释，一次英式野餐将提供完美的掩护。卡罗琳还为弗洛伦斯准备了一个旅行包，里面装有衣服、婴儿食品和一些尿布。瑞秋·吉带两个孩子和婆婆去了公园。她会停下来，扶着后背，好像真的疼一样。她的表演如此逼真，以至于吉的母亲问他：“你确定她没病吗？我觉得她身体不太好，你明白的。”

莫斯科，英国使馆，下午3点

英国使馆的一名军事专家、海军武官助理刚从芬兰回到莫斯科，无意间给潜逃行动带来了一则坏消息：他报告说自己在进出苏联边境时，在维堡遭到了克格勃边防人员的刁难。边防人员不顾外交准则，要求搜查他的汽车，武官助理并未反对。“这个愚蠢的家伙让他们放狗搜查。”阿斯科特生气地说。如果边境当局违反惯例，使用嗅探犬搜查英国外交车辆，那潜逃计划就泡汤了。挤在两辆车后备厢里的四个人肯定气味很大。 279
在最不适当的时机，武官助理无意间开启了一个危险的先例。

阿斯科特急忙伪造了一份英国大使发给苏联外交部的正式抗议照会，表达了对武官车辆被搜查的不满，认为此举侵犯了英国的外交豁免权。照会并未发出，但阿斯科特带了一份，并用俄语写下了《维也纳公约》的相关条款。如果边境上的克格勃想搜查车辆，他会拿出这份伪造的文书。但他不能保证此举奏效：如果边防人员想看后备厢里有什么，任何官方抗议也阻止不了他们。

还有最后一份文书。军情六处秘书瓦奥莱特在一张可溶纸上敲出了计划的注意事项。如果克格勃逮捕他们，这份备忘录“可用水溶解，实在没有办法也可以嚼碎吞下”。极端紧急的情况下，军情六处小组成员可以将“皮姆利科”行动的证据吃掉。

莫斯科，列宁斯基大街，下午 4 点

戈尔季耶夫斯基穿了一件绿色薄毛衣，褪色的绿色灯芯绒裤子和一双旧的棕色鞋，这些衣物是从衣柜深处挑的，可能没有受到放射性灰尘或其他化学物质的沾染，不会引起嗅探犬的警觉。这身装扮看起来和他那身绿色的运动服很像，看门人（以及克格勃监视者）可能会觉得他只是出去跑步。他锁上了屋子的前门。克格勃几个小时后，就会再把门打开。“我不仅告别了我的住所和财物，也告别了我的家人与过往的人生。”他没有带上照片或任何情感上的纪念品。他没有给母亲或妹妹打最后一个电话，尽管他知道自己可能再也见不到她们了。他没有留下解释或辩解的纸条。在人生中最不同寻常的一天，他没有做什么不同寻常的事。当他走过走廊时，看门人并没有抬
280 头看他。他有整整一个半小时的时间穿过莫斯科市区到列宁格勒车站，最后一次甩掉盯梢。

此前几次摆脱盯梢时，他利用了附近的购物区。这次，他穿过大街，进入另一侧的一片树林，这片树林一直延伸至大街的尽头。在视线里看不见公路之后，他开始慢跑，并逐渐加快速度，最后几乎开始快速奔跑。那个胖胖的克格勃监视人员肯定跟不上他。到了公园尽头，他穿过公路，沿原路返回，从相反的方向进了一家商店。塑料袋在苏联比较罕见，有些过于显眼，因此他买了一个便宜的人造革旅行包，在里面装进少量个人物品，从后门离开了商店。之后他有条不紊且一丝不苟地实施了完整的摆脱跟踪步骤：在车门即将关闭时，跳上一列地

铁，在坐两站后下车，等下一班地铁到达，等站台上的所有乘客在车门关闭前全部上车后，才搭乘反方向的那班车；接着，他悄悄地穿过一条街，再沿另一条街原路返回，从一个入口进入一家商店，然后从后门出来。

列宁格勒车站人山人海，警戒森严。碰巧，来自157个国家的26000名左翼青年正涌入莫斯科参加下周开始的第十二届世界青年与学生大会，庆祝“反帝国主义阵营的团结、和平与友谊”。在一场群众集会上，戈尔巴乔夫将宣布：“在这里，伟大的列宁的故乡，你们能直接感受到，我们的年轻人是多么执着于人性、和平与社会主义的崇高理想。”大多数参加活动的人并非为列宁而来，而是为了音乐：表演者包括已经在东德定居、对苏联有好感的美国歌手迪恩·里德（Dean Reed），英国流行乐二人组“除了那女孩”（Everything But the Girl）以及受苏联诗人安德烈·沃兹尼森斯基（Andrei Voznesensky）之邀前来的鲍勃·迪伦（Bob Dylan）。很多青年代表来自斯堪的纳维亚国家，取道芬兰来到苏联。看到在车站巡逻的防暴警察，戈尔季耶夫斯基有些不安，但他随即安慰自己：有这么多人从北部边境赶来，卫兵们可能就顾不上从另一方向驶来的外交车辆。他在一个摊位买了面包和香肠。据他观察，没有人跟 281
踪他。

连夜开往列宁格勒的火车主要由四等卧铺车厢组成，每个隔间有六个铺位，挨着过道。戈尔季耶夫斯基的票是上铺。他找到一张干净的床单，铺好了床。车厢里的女乘务员是一名暑假期间兼职的学生，她似乎没有特别留意戈尔季耶夫斯基。5点30分，火车准时出发。戈尔季耶夫斯基坐在铺上，吃着寒酸的晚餐，尽量保持镇定，而下铺的几名乘客在玩着猜字游戏。他吃了两片安眠药，很快就在精神疲劳、恐惧与体内化学物质的作用下睡着了。

莫斯科，英国使馆，晚上7点

大使的就职酒会非常成功。昨晚刚到的布莱恩·卡特利奇爵士做了一段简短的发言，军情六处的与会者根本听不进去。瑞秋待在家中，冲着隐藏的窃听器呻吟，偶尔发出“奇怪的啜泣声”。在吊灯下一个小时的外交闲聊后，两名情报官员借故离开，解释说他们必须连夜开车去列宁格勒，带瑞秋去芬兰看医生。参加酒会的人中只有卡特利奇大使、大卫·拉特福德（David Ratford）代办和军情六处秘书瓦奥莱特·查普曼知道他们此行的真实目的。酒会结束后，瓦奥莱特从使馆中的军情六处保险箱取出了“皮姆利科”的“医药包”，交给了阿斯科特：里面是为大人准备的镇静剂，以及用来麻醉两个惊恐不安的小姑娘的一对注射器。

回到库图佐夫斯基大街，当男人们在往车上装东西准备出发时，瑞秋进了孩子们睡觉的卧室，亲吻了他们，道了晚安。她不知道何时才能再见到他们。“如果我们被抓住，”她回忆道，“我们很长时间都脱不了身。”吉扶着他后背僵硬、步履蹒跚的妻子走到福特塞拉车边，让她坐到了前排副驾驶处。

大约夜里11点15分左右，两辆车驶入宽阔的大街，向北
282 开去，吉的福特车打头，阿斯科特的萨博车跟在后面。为了在漫长的赫尔辛基之旅中打发时间，两对夫妇都带了很多音乐磁带。

监视他们的克格勃汽车只有一辆，在跟着他们走到了市郊的索科尔（Sokol）后就离开了。驶入宽阔的高速公路之后，

阿斯科特和吉没有发现明显的跟踪车辆。但这并不能让人放心。驾车盯梢并非克格勃监视车辆的唯一方法。在每条主路上，每隔一段距离都设有国家车辆检查局哨所，当受到关注的车辆驶过时，哨所会使用无线电提醒下一处哨所注意，如果必要的话，还会联系部署在视野以外的监视车辆。

车里的气氛超脱而又紧张。由于车内可能装有窃听器对讲话进行录音，并传到一辆带有无线电设备的克格勃汽车上，他们必须继续演下去。表演现在进入了第二阶段的移动场景。瑞秋依然在抱怨后背疼痛。阿斯科特则抱怨新大使刚到，自己就要带着一岁多的孩子驱车数百英里。没有人提到潜逃的事，尽管大家都希望现在戈尔季耶夫斯基已经上了开往列宁格勒的火车。

“这肯定是个圈套，”当瑞秋已经睡着的时候，吉思索着，“我们逃不掉的。”

7月20日星期六

从莫斯科开往列宁格勒的火车，凌晨3点30分

当戈尔季耶夫斯基醒来时，他发现自己躺在车厢地板上，头痛不已，有好一会儿不知道发生了什么。上铺的一个年轻人用一种奇怪的表情看着他，说：“你摔下来了。”安眠药让他睡得死沉，以至于火车突然停车时，他从上铺滚了下来，摔到了地板上，划伤了太阳穴。他的毛衣上都是血。他摇摇晃晃地来到过道，透透气。隔壁隔间，几名哈萨克斯坦来的年轻女性正兴高采烈地聊着天。他刚要张嘴说话，其中一个女人惊恐地 283
说：“如果你敢跟我说一句话，我就会大喊。”这时，戈尔季

耶夫斯基才意识到自己是什么样子：凌乱不堪，身上到处是血迹，站都站不稳。他退了回来，拿上自己的皮包，来到过道的尽头。还有一个多小时才到列宁格勒。其他乘客会觉得他喝醉了，向当局报告吗？他找到了列车警卫，给了她五卢布，说“谢谢你的帮助”，尽管她除了提供床单外，什么也没做。她困惑地看了他一眼，看起来像是一种责备。天刚蒙蒙亮，火车继续行驶着。

从莫斯科到列宁格勒的高速公路，凌晨4点

大约走了一半路程，到瓦尔代山（Valday Hills）时，潜逃小组看到了一幅壮美的拂晓景色，让阿斯科特顿生诗意：“一阵浓雾从湖水中升起，弥漫于山岭、树木和村庄之间。平缓的陆地和长满紫罗兰与玫瑰、满是泡沫的岸堤融为一体。三株鲜艳的植物非常对称地挺立着，一株长在左边，一株长在右边，还有一株在中间。我们看到已经有人在用镰刀割草，采摘草药或沿着斜坡和溪谷带牛去牧场。这是一幅令人惊叹的画面，一种充满诗意的时刻。很难相信有这么美好开端的一天，会有什么坏事发生。”

弗洛伦斯在汽车后排睡得很香。

阿斯科特是一个虔诚的天主教徒，也很有精神追求，他想：“我们走在这条路上，义无反顾——面前只有这一条路，我们必须继续走下去。”

在第二辆车上，亚瑟和瑞秋·吉也沉醉于眼前的景色之中，太阳正从地平线升起，阳光照在晨雾笼罩的俄罗斯高地上。

磁带正在播放“恐怖海峡”乐队（Dire Straits）的专辑

《手足情深》（*Brothers in Arms*），马克·诺弗勒（Mark Knopfler）的吉他演奏似乎带来了黎明。

这些薄雾笼罩的山峰 284
现在是我的归处
但我的家在低地
永远如此
有一天你会回到
你的山谷和你的农场
你不会再难过
我们手足情深

穿过这些毁灭的田野
经受战火的洗礼
我目睹了你所有的痛苦
战火愈发肆虐
尽管他们伤我很深
惊慌失措中
你没有离我而去
我们手足情深

“我头一次觉得：一切都会一帆风顺的。”瑞秋回忆道。

就在此时，一辆车头凹陷的棕色苏联产菲亚特，即“日古利”（zhiguli），标准的克格勃监视用车，正在他们车后大约200英尺处紧紧跟随。“我们被跟踪了。”

列宁格勒，火车总站，清晨5点

火车到站后，戈尔季耶夫斯基是最早下车的乘客之一。他快速走到出口，不敢回头看，不知道那个女警卫是否已经告诉车站工作人员有一个陌生乘客从上铺摔了下来，还多给了她小费。车站外没有出租车，但停了一些载客赚钱的私家车。戈尔季耶夫斯基进了一辆私家车，他说：“去芬兰火车站。”

5点45分，戈尔季耶夫斯基来到芬兰火车站。车站前几乎废弃的广场上伫立着一座巨大的列宁雕像，纪念这位伟大的革命理论家1917年从瑞士回国领导布尔什维克革命的重要历
285 史时刻。在共产主义者看来，芬兰火车站是革命自由及苏联诞生的标志；对戈尔季耶夫斯基而言，它也代表着一条通向自由之路，尽管其方向完全相反。

去往边境的第一列火车7点5分出发。火车开往位于列宁格勒西北30英里的泽列诺格拉茨克，从那里到芬兰边境只有十几英里。他可以在泽列诺格拉茨克搭乘公交车，沿主要道路去往维堡。戈尔季耶夫斯基上了火车，假装睡着。火车缓慢地行驶着。

莫斯科中心，克格勃总部，早上7点

克格勃发现戈尔季耶夫斯基消失的确切时间不甚清楚，但到了7月20日黎明，第一总局中国部的监视小组肯定感到非常焦虑。最后一次见到他是在周五下午，他拿着一个塑料袋，慢跑到列宁斯基大街的树林里。此前三次他消失后，都会几个小时内再次出现。但这次，他没有回家。他也没有和他的妹妹、岳父或他的朋友柳比莫夫在一起，任何已经掌握的地址都

找不到他。

此刻，最合理的做法应该是提高警觉。克格勃可以立即展开搜索，在他的家中仔细寻找有关他下落的线索，向他的所有朋友和亲戚进行质询，加大对英国外交人员的监视力度，然后封锁所有可能的空中、海上和陆上逃跑路线。然而，没有证据表明监视小组在 7 月 20 日早上做了这些事。这些在克格勃混日子的人害怕当局对失败者不分青红皂白地施加惩罚：他们什么也没做，指望着问题自动消失。

列宁格勒，早上 7 点 30 分

军情六处潜逃小组将车停在了列宁格勒阿斯托利亚（Astoriya）酒店外面。那辆棕色克格勃监视汽车一路跟踪他们到了列宁格勒市中心，然后消失了。“我觉得还有人在跟踪我们。”阿斯科特写道。他们打开后备厢，“故意在里面鼓弄着，告诉监视者我们没藏东西，后备厢里真的都是行李”。吉和两个女人进了酒店，给孩子喂饭并吃早餐（“煮老了的难吃鸡蛋和硬到咬不动的面包”），阿斯科特待在车里，假装睡觉。“克格勃在四处打探，我不想有人朝车里乱看。”两个人先后靠近了他的车，透过车窗仔细张望；阿斯科特都假装突然醒来，瞪着他们。 286

阿斯科特估计，北上前往指定停车点的车程有 100 英里，大约需要两个小时。因此，他们要在 11 点 45 分从列宁格勒出发，以留出充足的时间，在下午 2 点 30 分前抵达会合点。尾随他们来到列宁格勒的这辆车，以及现在在他车周围四处打探的人，表明克格勃已经注意到他们，这颇为令人担心。“那一刻，我知道他们会一直跟着我们到边境，这一下子激发了我的热情。”两辆动力强大的西方汽车，应该比一辆苏联造的克格勃汽车跑得快，足以甩掉跟踪、拐入会合点而不被发现。但如果克格勃在前方也安排了一辆监视车（他们有时会这样做）怎么办？如果“皮姆利科”无法摆脱跟踪，他们可能会落入圈套。“我最害怕的是，克格勃的两辆车准备在会合点对我们实施钳形包围。我仅存的一点乐观也烟消云散了。”

为了打发出发前两个小时的时间，阿斯科特建议利用这段工夫一起去斯莫尔尼学院与修道院（Smolny Institute and Convent）。此地原为斯莫尔尼贵族女子学院（Smolny Institute for Noble Maidens），是俄罗斯首批教育女性（仅限贵族女子）的学校之一，这座宏伟的帕拉第奥式（Palladian）大厦曾在十月革命期间被列宁当作指挥部，在迁至莫斯科克里姆林宫之前，此地一直是布尔什维克政府所在地。这里充满了阿斯科特所说的“列宁尼安纳（leniniana，列宁一词的变体形式，专指描写列宁生平的文艺作品）元素”。

在斯莫尔尼宫花园里，四人坐在一张长凳上，有意挤在一起看一本导游手册。“这是最后一次紧急会议，把计划整个过一遍。”阿斯科特如此说道。如果他们成功抵达会合点，那么汽车后备厢里的东西就需要放到他处，给戈尔季耶夫斯基和他
287 的家人腾地方。在阿斯科特和吉清空后备厢的同时，瑞秋将准备野餐物品。与此同时，卡罗琳将抱着弗洛伦斯，步行走到停车点入口处，查看道路情况。“如果有任何不对劲，她会摘下头巾。”但如果一切正常，吉会打开汽车引擎盖，向“皮姆利科”发出可以出来的信号。讲话会被窃听器听到，因此整个过程都会默默进行。如果只有戈尔季耶夫斯基一个人，那他就藏在吉那辆车的后备厢里。福特车的悬架比萨博车高，多出一

个人的重量不会过于明显。“亚瑟在前面带路驶出会合点，”阿斯科特写道，“我在后面保护，防止有人突袭后备厢。”

曾经的革命指挥部似乎成了一个恰如其分的密谋场所。“这真是对克格勃的一种挑衅。”

回到车上并开车出发前，四人沿着涅瓦河（Neva）河岸漫步，看着河水流过一座废弃的码头，“码头现在锈迹斑斑，到处是没有轮子的公交车和漂浮在水草中的破旧包装纸”。阿斯科特表示，这是一个与上帝进行简短交流的好机会。“我们四人都沉思了一阵。我们感受到了某种不一样的东西——我们真的需要这样。”

在列宁格勒郊区，他们路过了一座带有瞭望塔的大型检查哨所。过了一会，一辆载有两名男性、带着高高的无线电天线的蓝色拉达日古利汽车，悄悄地跟在了他们后面。“这让人沮丧，”阿斯科特写道，“但更糟的还在后面。”

泽列诺格拉茨克，上午8点25分

戈尔季耶夫斯基下了火车，四下看了看。泽列诺格拉茨克镇在1948年前被称为特里约基（Terijoki，当地的芬兰语名称），这里的居民眼下已经开始了新的一天，车站里人来人往。他在这里不太可能被人跟踪，但莫斯科的监视小组肯定已经提高了警觉。西北方向50英里外的维堡边境哨所可能已经加强了戒备。潜逃计划要求他搭乘公交车走完剩下的路，在836标记点下车（此处距莫斯科836公里，距边境城镇维堡则 288
还有16英里）。在公交车站，戈尔季耶夫斯基买了一张去维堡的车票。

老旧的公交车上坐了一半的乘客，驶离泽列诺格拉茨克时，戈尔季耶夫斯基尽量让自己在硬硬的座位上感觉舒服些，闭上了眼睛。一对年轻夫妇坐在他前面。他们很健谈，也很友好。而且同很多典型的俄罗斯人一样，在上午9点就喝了不少酒。“你去哪里？”他们打着嗝问道。戈尔季耶夫斯基支吾了一句。酗酒者有没话找话的习惯，他们又大声问了一遍同样的问题。戈尔季耶夫斯基说他去维堡附近的一个村庄看朋友，说了一个从迷你地图册上看到的村庄名字，连他自己听起来都不太靠谱。但这对夫妇似乎很满意，语无伦次、断断续续地说着，过了大概二十分钟，摇摇晃晃地起身下了车，高兴地朝他挥了挥手。

道路两边都是茂密的树林，针叶树中夹杂着灌木桦树和山杨树，偶尔会看到摆放着野餐桌的空地。在这里很容易迷路，但也很适合藏身。旅游巴士从反方向呼啸而过，带着来自斯堪的纳维亚国家的年轻人去参加音乐节。戈尔季耶夫斯基看到了很多军事车辆，包括装甲运兵车。边境地区高度军事化，正在进行着某种军事演习。

道路向右转弯，突然间，维罗妮卡·普赖斯给他看过很多次的照片中的画面似乎变得熟悉起来。他没有发现标记点，但确定就是这里。他站起身来，仔细看着窗户外面。公交车上几乎空了，司机通过后视镜奇怪地看着他。公交车到站停车了。戈尔季耶夫斯基犹豫了一下。车又开了。戈尔季耶夫斯基急忙跑过过道，一只手捂着嘴。“对不起，我有些不舒服。能让我下车吗？”司机很生气，再次停车并打开了车门。车开走时，戈尔季耶夫斯基弯腰来到路边沟旁，装作呕吐。他把自己弄得太过
289 于招摇了。现在至少有五六个人清楚地记得他：火车警卫，在火车上发现他掉到地板上的男人，刚才喝醉的夫妇和公交车司

机，司机肯定能想起一个不知道自己要去哪的生病的乘客。

停车点入口在前方300码处，有一块醒目的石头。入口处是一段100码长的宽阔D型环路，路边的树木和茂密的灌木丛提供了很好的遮挡。环路最宽处的一条军用小道通往右边的树林深处。停车点肮脏的路面上满是灰尘，但周围的土地很湿软，还有几摊积水。天气开始暖和起来，土地散发出一种刺鼻的臭味。他听到了蚊子嗡嗡直飞，感到被咬了一口。空旷的森林似乎很安静。现在才10点30分。军情六处接他的车还要四个钟头才能到，如果他们真的能来的话。

恐惧和紧张可能会对人的思想和胃口产生奇特的影响。戈尔季耶夫斯基应该躲在灌木丛里。他应该脱下外套，蒙在头上，让蚊子尽情肆虐。他应该在此等候。然而，他做了一件事后看来非常疯狂的事。

他决定去维堡，好好喝一杯。

从列宁格勒到维堡的高速公路，中午12点

军情六处的两辆车离开了列宁格勒郊区，一辆克格勃的蓝色日古利在后面跟着。突然间，一辆苏联警车插到了阿斯科特的萨博车前面，开到车队的前头。过了一会，对面驶来第二辆警车，在示意后掉头，并跟在了日古利车后。第四辆深黄色的日古利车开在了纵队最后。阿斯科特说："我们被包围了。"他焦虑地看了一眼卡罗琳，什么也没说。

大约十五分钟后，前面的警车突然驶离车队。与此同时，后面的日古利开始加速，超过了两辆英国汽车，占据了头车位置。前方一英里处，第一辆警车正在辅路等候。车队通过后，它开了过来，跟在了后面。军情六处的车又被包围了，但这次

290 是克格勃的车在前面，两辆警车在后面。现在出现了一种经典的苏联式以多打少的局面，对方使用无线电联络，进行了一场奇特的汽车群舞："克格勃向警方说：'你们可以跟着，但我们要完成这次行动。'"

无论车辆的前后顺序如何，这都是根本不加掩饰的跟踪行为。阿斯科特忧郁地开着车。"那一刻，我觉得我们受到了钳形包围。我看到我们在到了会合点之后会受到克格勃的'热烈'招待，会有很多埋伏在暗处、身穿制服的人蹦出来。"

离标记点越来越近了。"我没有应对眼下局面的对策：我根本想不到我们在开往会合点的路上，会有克格勃的车紧紧跟在我们前后。"一辆车在前面，三辆车跟在后面，这种情况下根本不可能拐到停车点。"如果到了会合点他们还跟着，"阿斯科特想，"那我们就不得不放弃了。""皮姆利科"和他的家人——如果他把他们带来了的话——届时将孤立无援；当然，这都建立在他成功离开了莫斯科的假设之上。

维堡南边的一家餐馆，中午 12 点 15 分

路上第一辆开往维堡的车是一辆拉达，在看到戈尔季耶夫斯基伸出拇指之后主动停了下来。搭便车在苏联很普遍，当局也鼓励这种行为。即使在军事区，一名孤单的搭车人也不一定会引起怀疑。这名年轻的司机聪明地穿了一身便装。戈尔季耶夫斯基后来回想，他可能是军人或克格勃，但即便如此，他对戈尔季耶夫斯基根本不感兴趣，什么也没问，大声播放着西方流行音乐，一路开到城镇边上。戈尔季耶夫斯基给了他三卢布，司机收下钱，什么也没说，开车扬长而去。几分钟后，戈尔季耶夫斯基已经开始享用他美味的午餐：两

瓶啤酒和一盘炸鸡。

喝完第一瓶酒后，随着紧张感消失，戈尔季耶夫斯基开始
感到昏昏欲睡。他觉得鸡腿是他吃过的最美味的食物之一。维 291
堡郊外这家空荡的餐厅似乎格外平庸，如同一个玻璃和塑料制成的泡沫。他点餐时，女服务员匆匆瞥了他一眼。他开始感到一种严格来说并非安心，而是有些奇怪的平静，并突然觉得很累。

维堡的主权在几个世纪以来几经易手，这里曾归属于瑞典、芬兰、沙俄，后并入苏联，此后虽一度回到芬兰手中，最终又归入苏联。1917 年，列宁曾作为布尔什维克代表团团长路过此地。二战前维堡有 8 万人口，绝大多数是芬兰人，也包括少数瑞典人、德国人、俄罗斯人、吉卜赛人、鞑靼人和犹太人。在 1939～1940 年的苏芬冬季战争期间，几乎所有居民都被疏散，一半以上的建筑物毁于战火。残酷的战争之后，苏军占领了维堡。在 1944 年苏联当局在驱逐完最后一批芬兰人并在此安置了苏联公民后，维堡被吞并。和所有遭受毁灭并草草重建起来的城镇一样，维堡也有着一种荒凉、死气沉沉的氛围。这里似乎根本不是一座真实的城镇，但这家餐馆让人感到温暖。

戈尔季耶夫斯基突然惊醒。他睡着了吗？他突然发现已经下午 1 点了。三个男人进了餐馆，盯着他看，戈尔季耶夫斯基满腹狐疑。三个人穿着得体。戈尔季耶夫斯基尽量表现得不慌不忙，拿起第二瓶啤酒，放进包里，把餐费放在桌子上，离开了餐馆。他努力振作起来，朝南慢悠悠地走着；走了 400 码后，他才敢回头看。几个男人还在餐馆里。但时间都去哪了？现在路上一片荒凉。随着午餐时间的到来，路上已经看不到车辆。他开始奔跑。跑了几百码后，他开始大汗淋漓，但还是加快了速度。戈尔季耶夫斯基仍是一名优秀的跑手。尽管过去两

个月受尽煎熬，他还是很健康。大步奔跑时，他能感觉到自己的心脏由于害怕与疲劳怦怦直跳。一个搭便车的人可能不怎么显眼，但一个沿着空无一人的马路疾奔的人肯定会引人侧目。至少他现在正往边境的反方向奔跑。他跑得更快了。自己为何不在会合点好好待着？他可能在一小时二十分钟的时间里，跑
292 完十六英里赶到停车点吗？似乎不太可能。但他还是拼命跑着。戈尔季耶夫斯基在为自己的生命奔跑。

芬兰，瓦利马村以北两英里，下午 1 点

在芬兰边境的另一侧，军情六处接待小组早已准备就绪。他们知道阿斯科特和吉昨天晚上已经准时从莫斯科出发，但此后没有收到任何消息。普赖斯和布朗将他们的红色沃尔沃汽车停在了路旁的空地边上。肖福德和丹麦人已经在道路两旁就位。如果阿斯科特一行驾驶的两辆车到达这里之后，克格勃还穷追不舍的话，埃里克森和拉尔森会用他们的车去阻挡或撞击追踪者。二人似乎对可能实施的拦截行动感到兴奋。天气很热，四周很安静，经过此前四天的紧张忙碌后，现在的氛围显得格外平和。

“我感到一种山雨欲来前的独特平静。”西蒙·布朗如此回忆道。他带了一本安妮塔·布鲁克纳（Anita Brookner）的布克奖获奖小说《湖畔酒店》（*Hotel du Lac*）。“我觉得带一本太厚的书有点冒险，因此我带了一本薄的。”丹麦人正在打盹。维罗妮卡·普赖斯又在心里过了一遍潜逃计划的全部内容。布朗慢悠悠地看着书，“尽量不去注意时间的流逝”。不祥的预感一直挥散不去：“我担心给孩子们注射了药物之后，她们可能就没命了。”

从列宁格勒到维堡的高速公路，下午1点30分

苏联的公路建设部门对列宁格勒到芬兰边境段的高速公路颇为自豪，这段公路是往来于斯堪的纳维亚国家与苏联的主要门户。这是一项面子工程，有着宽阔的拱形柏油路面，指示牌与路标干净醒目。小车队以120公里的时速顺利地行驶着，一辆克格勃的车开在最前面，军情六处的两辆车被夹在中间，两辆警车和第二辆克格勃的车跟在后面不远处。这对克格勃来说太容易了，因此阿斯科特决定给他们制造点麻烦。

“我被跟踪了好几年，我知道克格勃第七局的套路。他们 293
通常清楚你知道他们在跟踪你，而真正让他们恼火和尴尬的是，有人故意向克格勃表明你们已经被发现了：心理上，监视人员不喜欢被监视对象轻易发现，并在他们面前显得无能。他们不喜欢你摆出挑衅的姿态向他们叫嚣：‘我们知道你在那里，我们知道你要干什么。’”原则上，阿斯科特一般对克格勃的跟踪视而不见，无论他们表现得多么露骨。现在，他要第一次打破自己的规矩。

阿斯科特子爵将车速放慢至55公里每小时，后面的车不得不也减慢速度。在800公里指示点，阿斯科特再次减速，仅以45公里每小时的速度缓慢行驶着。前方的克格勃车辆也放慢速度，等着军情六处的车赶上来。车队后面开始排起了长队。

克格勃司机不喜欢这样。英国人在耍他们，故意制造麻烦。“最终，开在前面的克格勃司机绷不住了，开始全速行驶。他不喜欢被看笑话。”几英里外，这辆克格勃的蓝色日古利汽车在通往凯莫沃（Kaimovo）村的一条辅路上等候。它躲

在了其他监控车辆的后面。阿斯科特的萨博车再次冲到了前面。

阿斯科特开始慢慢加速。吉也开始加速，与前面的萨博车保持着五十英尺的距离。三辆跟踪的车开始掉队。前方道路通畅、视野良好。阿斯科特再次加速。他们现在的车速大约保持在 140 公里每小时。吉的车和几辆苏联车之间保持着 800 码以上的距离。826 公里指示点已经开过。会合点就在前方 10 公里处。

阿斯科特拐了个弯，踩了刹车。

大批军事车辆正从左往右横穿公路：坦克、榴弹炮、火箭发射器、装甲运兵车。一辆面包车已经停在前方，等候车队通过。阿斯科特将车停在了面包车后。吉停在了他的后面。几辆跟踪的车赶了上来，也停在了后面。坦克上的苏联士兵发现了外国汽车，举起了攥紧的拳头，大声叫喊着，这是一种具有讽刺意味的冷战式致意手势。

“完了，”阿斯科特想，“我们完蛋了。”

294 列宁格勒高速公路，维堡东南 10 英里，下午 2 点

戈尔季耶夫斯基还没看见车，就听到了身后卡车的隆隆声，他伸出了拇指。司机示意他上车。“你去那里干什么？那什么都没有。”司机问道。戈尔季耶夫斯基一边喘着气，一边解释说他要在 836 标记点下车。

戈尔季耶夫斯基看了司机一眼，果然看到了一种鬼鬼祟祟的神情。“树林里有几栋别墅。有一个美女在一栋别墅里等我。”卡车司机羡慕地哼了一声，会意地咧嘴一笑。

“这个可爱的家伙。”戈尔季耶夫斯基心想，十分钟后，司机把他搁在了会合点，好色地朝他眨了眨眼，收下三卢布后

就开车走了。“这个可爱的俄国男人。”

在停车点，戈尔季耶夫斯基爬进了灌木丛里。蚊子蜂拥而至。一辆载着妇女开往军事基地的客车拐到了停车点，沿路驶来；戈尔季耶夫斯基躺在潮湿的地面上，不知道自己是否被发现了。除了嗡嗡直飞的蚊子和他怦怦的心跳声外，一片寂静。他感到有点脱水，喝了第二瓶啤酒。2点30分已过。又到了2点35分。

2点40分时，戈尔季耶夫斯基又做了一件疯狂的事，他起身走到公路上，头朝着军情六处汽车应该驶来的方向。也许在路上见他们，能节省几分钟的时间。但没走几步，他恢复了理智。如果军情六处的车被克格勃跟着，他们都会被当场抓住。他跑回了停车点，再次藏在了灌木丛里。

“等待，”他告诉自己，“控制住自己。”

从列宁格勒到维堡的高速公路，826标记点，下午2点40分

军车车队的最后一辆车隆隆驶过了公路。阿斯科特启动了萨博车的引擎，绕过停着没动的面包车，拼命加速，吉的车在后面几码处紧紧跟着。克格勃的车开始打着火出发时，他们已经在100码开外了。前方道路畅通。阿斯科特把脚放到了车地 295
板上。磁带里播放的是亨德尔的《弥撒亚》（*Messiah*）。卡罗琳将音量调到了最大声。“在黑暗中行走的百姓看见了大光；住在死荫之地的人有光照耀他们。”阿斯科特不安地想：“但愿如此……”

军情六处的官员以前开车走过几次这条路，阿斯科特和吉都知道，拐弯处就在前方几英里。他们的车瞬间加速到140公

里每小时，尾随的几辆车已经被落了500码远，距离在逐渐拉大。在接近836标记点的地方，公路突然变直，出现了大约半英里长的低洼路段，然后路面又再次升高，并遇到了一个向右的急转弯。拐弯处在大约200码外的右侧。停车点会不会藏满了苏联人的伏兵？卡罗琳·阿斯科特不知道她的丈夫是要去接人，还是开过停车点继续向前走。吉也不知道。事实上，阿斯科特自己也不清楚。

开出低洼路段后，阿斯科特开进了弯道，吉看了一眼后视镜，发现蓝色的日古利车在后面半英里处的路面上大约半分钟的距离，也许更短。

那块巨大的岩石就在前面，几乎来不及多想，阿斯科特猛踩刹车，开进了停车点，在一阵刺耳声中刹住了车，吉就在后面几码远处跟着，两辆车侧滑的轮胎扬起了一阵灰尘。树木和巨石提供了遮挡，从公路上看不到他们。这是个废弃的地方。现在的时间是下午2点47分。“上帝啊，千万别让他们看到扬尘。”瑞秋想着。他们从车里出来后，听到了三辆拉达车的引擎声从主路上呼啸而过，离另一边的树木不到五十英尺远。“如果他们当中有一个人看一眼后视镜，”阿斯科特想，“他就会看见我们。”引擎声逐渐远去。扬尘已经散去。卡罗琳系上了头巾，抱起弗洛伦斯，往停车点入口处的警戒点走去。瑞秋按照剧本，拿出了袋装食物，铺好了野餐地毯。阿斯科特开始将后备厢的行李搬到后座，吉走到萨博车前头，准备在卡罗琳发出安全信号后，打开引擎盖。

此时，灌木丛里突然冒出了一个满脸胡子、邋遢的流浪汉，浑身沾满了泥、蕨草和灰尘，头发上带着干掉的血迹，一
296 只手里拿着一个普通的棕色皮包，脸上带着一种粗犷的表情。

“他看起来和照片一点都不像，”瑞秋想，“所有关于见到一位精明间谍的幻想立刻就消失了。”阿斯科特觉得眼前的人看起来像是“一只森林山精，或者格林童话里的樵夫”。

戈尔季耶夫斯基认出了吉就是那个拿着玛氏巧克力棒的人。吉当时只在面包店外匆匆瞥了他一眼，现在他满心疑虑，不知道眼前这个邋遢的幽灵般的人是不是当初在面包店外见到的那个人。片刻之间，在一条满是灰尘的俄罗斯林间小路上，间谍和派来营救他的人互相看着对方，犹豫不决。军情六处小组以为他们要救四个人，包括两个孩子，但皮姆利科明显是一个人赶来的；戈尔季耶夫斯基则以为有两名情报人员来接他。维罗妮卡压根没说女人的事，更不要说似乎正在准备某种正式的英国野餐、带着茶杯的女人了。那是一个小孩吗？军情六处真的敢在一次危险的营救行动中，带一个孩子吗？

戈尔季耶夫斯基看了看阿斯科特和吉，然后用英语嘟哝道：“我坐哪辆车？”

15 芬兰颂

297 阿斯科特指了指那辆开着后备厢的车。卡罗琳赶紧带着孩子从停车点入口处回来。瑞秋脱下了戈尔季耶夫斯基沾满泥巴、散发臭味，还有可能染上了放射性物质的鞋子，放进一个塑料袋里，扔到了汽车前排座位底下。戈尔季耶夫斯基爬进了塞拉车的后备厢，然后躺下。吉递给他水、医药包和一个空瓶子，做手势让他脱下衣服。在他身上盖了一张铝制毯子。瑞秋和卡罗琳把野餐用品放到后座。吉轻轻地关上后备厢，戈尔季耶夫斯基眼前一片黑暗。阿斯科特的车开在前头，两辆车又开上了主路，加速行驶。

接戈尔季耶夫斯基上车总共花了 80 秒。

在 852 标记点，另一座检查站映入眼帘，一下子让人紧张起来。深黄色的日古利车和两辆警车停在马路右边，车门开着。穿着便装的男性克格勃人员和五个民兵聊得火热。“我们一出现，他们立刻朝我们看过来。”当两辆英国汽车驶过时，他们张着嘴，盯着我们，脸上的表情既困惑又欣慰。“我们刚一过去，司机就急忙跑回车里，”阿斯科特写道，“他脸上一副困惑、难以置信的表情，我以为我们会被拦下来，至少会被询问我们去哪了。”但监视我们的几辆车还像之前一样跟在后面。他们是否用无线电通知了前方的边境检查站，提醒卫兵注意几个外国外交官？他们是否递交了报告，承认跟丢了一些英国外交官几分钟？或者他们会按照更传统的苏联方式，认为外国人只是在路边停车休息，就此掩盖他们好几分钟不知所踪的实情，隐瞒不报？问题的答案无从确知，却不难猜想。

瑞秋和亚瑟·吉能听到后备厢传来的微弱哼声与撞击声， 298
戈尔季耶夫斯基正努力在局促的空间里脱着衣服。接着是清楚的呕吐声，他把中午喝的啤酒吐了出来。瑞秋调大了音乐音量：播放的是美国摇滚乐队胡克博士（Dr. Hook）的专辑 *Greatest Hits*，包括歌曲《只有十六岁》（Only Sixteen）、《当你爱上一个漂亮女人（When You're in Love with a Beautiful Woman）》和《西尔维娅的母亲》（Sylvia's Mother）。人们通常认为胡克博士的音乐风格“悦耳可亲”，但戈尔季耶夫斯基一点也不这么觉得。即使挤在闷热的后备厢里，身处逃命之旅，他还有心思对这种庸俗的煽情音乐感到恼火。“这种音乐太可怕了，太可怕了。我讨厌它。”

但让瑞秋最担心的不是他们这位秘密乘客发出的声音，而是他身上散发的气味：一种汗水、香皂、香烟和啤酒混合的味道，从汽车后面传来。这股味道并不好闻，但很明显，也很强烈。“这是一种俄罗斯特有的味道，不应该出现在一辆普通的英国汽车里。”嗅探犬肯定会发现，汽车后面的味道和前面乘客的味道大不一样。

戈尔季耶夫斯基好不容易脱掉了衬衣和裤子，但累得喘不上气。后备厢里已经很热，每呼吸一次，里面的空气似乎就会污浊一分。他吃了一片安眠药。戈尔季耶夫斯基想象着一旦被边境卫兵发现，自己会面临怎样的下场。英国人会故作惊讶，声称这是被人栽赃的一种挑衅行为。他们会被一网打尽。他会被带到卢比扬卡，遭受严刑逼供，最后被处决。

莫斯科的克格勃肯定已经意识到事情不妙，但他们还没有采取行动封锁最近的陆上边境，或将戈尔季耶夫斯基的消失与两名英国外交官在前一天晚上提前离开使馆宴会、开车去芬兰联系起来。相反，克格勃最初认为戈尔季耶夫斯基肯定是自杀了，尸体沉到了莫斯科河河底，或者可能在一家酒吧喝醉了。所有大型政府机构的员工在周末通常都无精打采，二流员工去工作，领导们休息。克格勃开始寻找戈尔季耶夫斯基，但没有
299 特别着急。毕竟，他能跑到哪去呢？如果他已经自杀，还能有比这更能证明他有罪的证据吗？

在世纪大厦十二层，英国外交部负责情报事务的副次长德雷克·托马斯（Derek Thomas）在 P5 负责人的办公室等待着肖福德的电话，不知道他们在芬兰的“垂钓”结果怎样。在外交部，常务次官大卫·古道尔召集了他的高级顾问，静候来自托马斯的消息。到了下午 1 点 30 分，即俄罗斯时间 3 点 30 分，虔诚的罗马天主教徒古道尔看了一眼手表，然后宣布：“女士们先生们，他们现在应该正在通过边境。我觉得我们应该为他们祈祷。”在场的六名官员点了点头。

车辆缓慢地驶过维堡。如果克格勃打算制造一起交通事故逼他们下车，或撞击他们车辆的话，早在他们还在市中心的时候就可以这样做了。日古利车消失了。之后警车也不见了。“如果他们打算拦截我们，他们会在边境检查站行动。”吉想着。

瑞秋想起了他们此前经历的培训，在维罗妮卡的坚持下，他们在吉尔福德的树林里被塞进汽车后备厢，盖着太空毯，听着引擎声、汽车磁带播放的音乐和俄罗斯人的说话声，感受着一阵阵的颠簸与停顿。“当时我感觉这有些疯狂，”现在看起

来，这一切不无裨益，“我们都知道他现在的感受。”

戈尔季耶夫斯基又吃了一片药，感到精神和肉体上舒缓了一些。他把太空毯盖到了头上。尽管已经脱到只剩内衣，汗水还是顺着后背，滴落到后备厢的金属底板上。

维堡以西十英里，他们来到边境军事区的外围，一道围墙护栏上面布满了带刺铁丝网。边境地带大约二十公里宽。此处到芬兰境内的途中设有五个关卡，其中三个是苏联关卡，两个是芬兰的。

在第一个边境检查点，卫兵“严肃”地看了他们一眼，
但没有查看证件，就挥手让他们通过了。边境当局肯定知道英 300
国外交人员要来。在下一个检查点，阿斯科特扫了一眼卫兵的表情，“没有感到特别针对我们的紧张气氛”。

另一辆车里，亚瑟·吉感到了另一种焦虑。他感到了一种“熨斗是不是忘关了”般的强迫性恐慌。他不记得自己在匆忙之中是否锁上了后备厢。实际上，他甚至不确定自己关好了后备厢没有。吉脑海中突然浮现出后备厢盖在通过边境时弹开，蜷缩在里面的间谍一下子被发现的恐怖画面。他停了车，跳下车走到森林边上，在灌木丛里小便。走回来的路上，他尽量显得漫不经心地检查了一下后备厢，发现确实已经锁好了——正如熨斗已经关了一样。整个过程耽误了不到一分钟。

下一个检查站已经到了边境。人们把车并排停在出入境等候区装有护栏的停车场，然后在海关与出境检查亭排队。在苏联填写出境材料非常耗时。瑞秋和卡罗琳知道这要等很久。后备厢里没有发出声音。瑞秋待在座位上，尽量让自己看起来感到厌倦和痛苦。弗洛伦斯哭闹着，及时分散了注意力，掩盖了其他噪声。卡罗琳把她从座位上抱起来，开着车门站着和瑞秋

说话，轻轻摇着孩子。边境卫兵在车队里走着，左右巡视。如果他们打算搜查车辆的话，瑞秋准备“大发雷霆”。如果他们一意孤行，阿斯科特将出示他的抗议信和《维也纳公约》条款。如果他们坚决要打开后备厢，他会表示外交官式的愤慨，坚持立即开车返回莫斯科，发出正式的抗议。到了那一刻，他们可能都会被逮捕。

两辆旅游大巴停在了附近，车上的乘客在睡觉或者无聊地看着窗外。铁丝网围栏的四周，到处是野生的紫色柳兰。新割的干草的气味飘进了停车场。海关与出境检查亭的女职员脾气暴躁，效率低下，大声抱怨着青年节和醉醺醺的外国青年的涌
301 入带来的额外工作。阿斯科特用俄语和她寒暄着，尽量不去催她。边境卫兵正在仔细搜查其他车辆，主要是来自莫斯科的商人和回家的芬兰游客。

天气闷热。瑞秋听到了后备厢里传来一声低声咳嗽，戈尔季耶夫斯基动了一下，车轻轻晃了一下。戈尔季耶夫斯基不知道车已经到了边境，清了一下嗓子，确保喉咙通畅。瑞秋调大了音量。胡克博士的《只有十六岁》突兀地响彻停车场。此时来了一名领犬员，站在八码之外，专注地看着两辆英国汽车，用手轻抚着他的阿尔萨斯犬。还有一只嗅探犬正在检查一辆集装箱货车。第一只狗靠了过来，急巴巴地喘着气，领犬员用绳子拽着它。瑞秋顺手拿了一包薯片，打开了包装，给了卡罗琳一片，然后在地上扔了几片。

这种英国产的芝士洋葱味薯片味道独特。这是 1958 年由爱尔兰薯片巨头乔·墨菲（Joe Murphy，昵称“斯普德”）发明的一种薯片，味道辛辣，混合了洋葱粉、乳清粉、芝士粉、葡萄糖、盐、氯化钾、增味剂、味精、呈味核苷酸二钠、酵

母、柠檬酸和色素。卡罗琳从使馆商店买了进口的“金色奇迹”（Golden Wonder）薯片，那里还有马麦酱（Marmite）、消化饼干、橘子酱等在苏联买不到的英国食品。

苏联嗅探犬肯定从未闻过芝士洋葱薯片的味道。卡罗琳给一只狗递了一块薯片，立即被它狼吞虎咽地吃掉，表情严肃的领犬员急忙把狗拉走。不过，另一只狗正在闻塞拉车的后备厢。戈尔季耶夫斯基可以隐约听见苏联人在他头顶上说话的声音。

在狗围着后备厢转悠的同时，卡罗琳·阿斯科特使用了一件在冷战期间或其他任何场合都未用过的武器。她把弗洛伦斯放到了后备厢上正对着戈尔季耶夫斯基的地方，开始给她换尿布——这时弗洛伦斯正好尿尿了。卡罗琳把带着尿骚味的尿布 302
扔到了四处嗅闻的阿尔萨斯犬旁边，“嗅探犬悻悻地溜走了”。原定计划中绝没有这一招。尿布一计完全是急中生智，而且非常有效。

阿斯科特和吉办完离境文书后回来了。十五分钟后，一名边境卫兵带着他们的四本护照，逐一进行了核对，把护照还给了他们，礼貌地和他们告别。

七辆车在最后一道关卡前排着队，关卡竖着一道带刺铁丝网，高处有两个观察哨，卫兵架着机枪。过了大约二十分钟，他们才往前动了一点，观察哨里的哨兵，正用双筒望远镜仔细察看每一辆车。吉的车现在处在阿斯科特前头。“这是一个万分紧张的时刻。”

最后一个苏联关卡对护照的检查非常严格。苏联官员仔细检查了几名英国外交官的护照好久，才将他们放行。

他们实际上已经到了芬兰境内，但还要通过两道关卡：芬兰海关与移民检查站和芬兰护照管理检查站。苏联人只要打一个电话，就能让他们掉头回去。芬兰海关官员看了看吉的文书，说他的汽车保险还有几天就过期了。吉肯定地说，他们在保险到期前就会返回苏联。官员耸了耸肩，还是在文书上盖戳了。戈尔季耶夫斯基听到司机关了车门，颠簸了一下后，车又开动了。

汽车到了最后一个关卡。已经到了芬兰。吉通过护栏递交了护照。芬兰官员慢慢地检查着护照，然后递还给吉，走出检查站抬起栏杆。电话突然响了。他回到了检查站。亚瑟和瑞秋·吉默默地看着前面的车。时间似乎一下漫长起来，边境卫兵打着哈欠，回来抬起了栏杆。现在是莫斯科时间下午 4 点 15 分；芬兰时间下午 3 点 15 分。

后备厢里，戈尔季耶夫斯基听到了轮胎在温暖的柏油路面发出的摩擦声，福特加速行驶时，自己的身体猛地一震。

突然间，汽车里的磁带响起了最大音量的古典音乐，不再
303 是胡克博士的伤感流行乐，而是戈尔季耶夫斯基熟悉的令人振奋的管弦乐。亚瑟和瑞秋·吉还不能用语言告诉他们的乘客他自由了，但他们可以用声音告诉他，用芬兰作曲家让·西贝柳斯（Jean Sibelius）为自己的祖国创作的一首交响诗中令人难忘的开放式和弦告诉他。

他们播放的是《芬兰颂》（*Finlandia*）。

二十分钟后，两辆英国汽车已经行驶在了林间公路上，往森林深处开去。此处的景观和阿斯科特此前在伦敦时照片上看到的完全不同："新修了几条通往森林的小路，附近的停车点似乎停了很多不错的新车，车上的人我从未见过，一个个板着

面孔，盯着我们。”丹麦人埃里克森和拉尔森“准备应对苏联的追捕”。阿斯科特不是唯一一个对这一通常封闭的区域人迹突然增多感到不安的人。驶来一辆破旧的棕色宝马迷你车，车里是一名来采蘑菇的年长芬兰妇女。“她很害怕，知趣地开车离开了。”在森林里，阿斯科特看见了马丁·肖福德，“没错，就是那个金发碧眼的家伙”。他开车驶过一辆米色沃尔沃，准备停车时，看见了普赖斯的脸贴在了车窗上。她开口问道：“几个人？”阿斯科特伸出了一根手指。

戈尔季耶夫斯基感到车在林间小路颠簸着。

现在的场景像是一场无声的慢动作梦境。布朗和普赖斯的车开在前面。丹麦人为车队断后。布朗打开了汽车后备厢。戈尔季耶夫斯基躺在里面，浑身被汗水浸湿，没有失去意识但有些迷糊。“他半裸着躺在一摊水里：我当时感觉像是看到了一个羊水中的新生儿，目睹了一场意义非凡的重生。”

戈尔季耶夫斯基一时间被阳光晃得睁不开眼。他能看见的只有蓝天、白云和树木。在布朗的搀扶下，他摇摇晃晃地爬出后备厢，站在地上。维罗妮卡·普赖斯不是一个情感外露的人，但她明显很感动，“流露出一种认可和爱的表情”。她摇了摇手指，故作严肃，好像在说：“天啊，你可真有两下子。”

戈尔季耶夫斯基握住她的两只手，抬到嘴边，亲了亲，这 304
是俄罗斯人在重获自由时表达感激之情的典型动作。之后他晃悠悠地走到并肩站在一起的卡罗琳·阿斯科特和瑞秋·吉身边。他弯腰鞠躬，也亲吻了她们的双手。“起初我们看到这只公牛从灌木丛里出来，此刻突然做出了礼貌、温馨的举动。”他的肩膀上还披着太空毯。“他看起来就像一名刚跑完马拉松的运动员。”

维罗妮卡·普赖斯搀着他的胳膊，轻轻地带他走到十几码外的森林里，避开英国汽车里的窃听器。

此刻，戈尔季耶夫斯基终于说话了，他用普赖斯一直使用的假名称呼她："吉恩，我被人出卖了。"

他们没有时间进行更多的交流。

在第二处会合点，戈尔季耶夫斯基迅速换上了干净的衣服。他的脏衣服、鞋子、皮包和苏联报纸都被打包放进了肖福德汽车的后备厢，一起放到后备厢的还有为莱拉和两个女儿准备的假护照，以及多余的注射器和衣服。普赖斯驾驶租来的芬兰汽车，布朗和戈尔季耶夫斯基坐在后排。普赖斯开上高速公路，向北行驶。戈尔季耶夫斯基谢绝了普赖斯精心准备的三明治和果汁。"我想喝威士忌，"他后来说，"他们为什么不给我威士忌？"布朗本以为他会精疲力竭，但戈尔季耶夫斯基似乎"状态不错"。他开始讲述自己的经历，描述了被下药审讯的过程，谈到了如何甩掉跟踪以及克格勃监视他却不逮捕他的奇怪做法。"刚可以开口讲话——他就直接分析了情况，指出我们如何误判了形势。"布朗小心地问到了他的家人。"带上她们太冒险了。"戈尔季耶夫斯基一边平淡地说，一边看着窗外路边芬兰乡村的景色。

在去往赫尔辛基路上的加油站，肖福德下车见了阿斯科特和吉，听他们简要讲述了事情的经过，然后直奔电话亭。世纪大厦 P5 负责人桌上的电话响了。整个"皮姆利科"小组成员都围到了桌子周围。对苏行动负责人拿起了听筒。

305 "天气怎么样？"他问。

"天气好极了。"肖福德说，对苏行动负责人对围在桌子周围的大家重复着。"垂钓非常顺利。天气晴朗。我们有一位额外的客人。"

这一消息立刻引起困惑。这是意味着除了戈尔季耶夫斯基一家四口外，还有一位潜逃者吗？戈尔季耶夫斯基带了其他人吗？现在是五个人前往挪威吗？如果这样的话，这位“客人”是如何在没有护照的情况下穿过边境的？

肖福德重复了一遍。“不。我们只有一位客人。总共只有一位。”

通话结束后，大家齐声欢呼。但有人欢喜有人忧。为此事颇为操劳的军情六处秘书莎拉·佩琪现在已经怀有六个月的身孕，她对莱拉和孩子们十分同情。“哦，可怜的妻子和女儿啊，”她想，“她们被抛弃了。她们会遭遇到什么？”她对另一位秘书喃喃地说：“没跑出来的人怎么办？”

P5负责人给局长打了一通电话。局长将消息向唐宁街做了汇报。查理·鲍威尔把情况告诉了玛格丽特·撒切尔。对苏行动负责人驱车前往外交大臣杰弗里·豪在肯特的乡间别墅切夫宁府（Chevening House），告诉他戈尔季耶夫斯基已经穿过了苏联边境。出发前最后一刻，他决定不带香槟——这是一个明智的决定，因为从未全力支持“皮姆利科”计划的杰弗里·豪在听到消息之后并不感到高兴。他在桌子上铺开了一张大幅芬兰地图。对苏行动负责人在地图上指出了戈尔季耶夫斯基北上的必经之路。“沿途如果遇到克格勃的追杀小队，你们打算怎么办？”外交大臣问，“如果出了差池怎么办？芬兰人是什么态度？”

当晚，在赫尔辛基最高档的克劳斯·库尔基（Klaus Kurki）酒店顶层，肖福德为军情六处潜逃小组成员安排了一场晚宴。他们享用着烤雷鸟肉和红葡萄酒；不用担心窃听的军情六处莫斯科情报站人员第一次知道了“皮姆利科”的真名和他的事迹。如果克格勃还在监视，他们会发现令瑞秋·吉叫苦不迭的后背疼痛奇迹般地痊愈了。

306 两辆车连夜赶路，朝北极圈驶去。他们途中只为加油短暂停车一次，还有一次在一处山间小溪停留了片刻，让戈尔季耶夫斯基对着后视镜刮掉三天没刮的胡子。胡子刮了一半，他就被蚊子赶回了车里。“我们还不算彻底安全。如果苏联人愿意，他们还能搞些事出来。这完全在他们的能力范围内。但我们离边境越远，我们就越有信心。”丹麦情报人员紧跟在后。北极的太阳短暂地消失于地平线，很快又再度升起。戈尔季耶夫斯基迷迷糊糊，半睡半醒，脸上带着没刮干净的胡茬，不怎么说话。周日早上 8 点刚过，他们已经抵达卡里加斯涅米的芬兰 - 挪威边境，这是公路上的一个单向关卡。卫兵草草看了看三本丹麦护照和两本英国护照，就给车辆放行了。在哈默费斯特，他们在一家机场酒店里过了夜。

第二天早上，没有人特别留意汉森（戈尔季耶夫斯基的护照假名）先生，这位看起来非常疲惫的丹麦绅士，和那几位同他一起乘飞机去奥斯陆，然后转机去伦敦的英国朋友。

星期一晚上，戈尔季耶夫斯基已经身处南奥姆斯比大宅（South Ormsby Hall），这是位于林肯郡荒原（Lincolnshire Wolds）的一座恢宏的乡村别墅，到处是仆人、烛光、带镶板的豪华房间和等待向他献上祝贺的崇拜者。此处自 1638 年起就是马辛伯德 - 蒙迪（Massingberd-Mundy）家族的主宅，周围有一片 3000 英亩的绿地，完全不用担心爱管闲事的邻居的困扰。别墅的主人阿德里安·马辛伯德 - 蒙迪（Adrian Massingberd-Mundy）是一位军情五处的联络人，他非常乐意为一位情报机构的贵宾举行一场欢迎宴会。在得知客人的真实身份后，他非常惊讶，派了一名年迈的仆人骑自行车去附近的村庄，逛逛那里的酒吧，“听听有没有什么流言蜚语”。

四十八小时前，戈尔季耶夫斯基还躺在汽车后备厢里，服下安眠药，半裸着泡在自己的汗水中，充满恐惧。现在他成了座上宾。这一反差太大了。他问自己是否可以给身在苏联的妻子打电话。军情六处告诉他现在还不可以。打电话会让克格勃发现他在英国，但英国人现在还不准备透露这一消息。筋疲力 307
尽、焦虑不堪的戈尔季耶夫斯基，不知道为何被带到这个偏僻的英国宫殿，躺到了四柱床上。

当晚，军情六处给芬兰情报机构负责人赛博·蒂迪宁发了一封电报，解释说英国情报机构通过芬兰将一名苏联叛逃者偷偷带到了西方。对方回复道：“赛博很满意。但他想知道行动期间是否使用了武力。”军情六处向他保证，潜逃行动没有使用暴力，顺利完成。

在戈尔季耶夫斯基令人震惊的这场逃亡被曝光之前，英国冷战期间最成功的间谍营救行动的利弊，已经开始发酵。

莫斯科情报站的行动人员在赫尔辛基待了一天。在此期间，吉彻底清洗了一遍他的汽车，清除了戈尔季耶夫斯基在后备厢待过的证据，之后就迅速开车返回莫斯科了。他们知道，一旦克格勃发现真相，他们就会被宣布为“不受欢迎之人”，并被驱逐出苏联。但他们依然感到高兴。“我从未有过这样一种十足的喜悦感，”阿斯科特说，“我们即将回到苏联，我们戏耍了他们。在两年半的担惊受怕之后，在一种你知道自己总是赢不了的环境中，我们奇迹般地在他们的眼皮底下瞒天过海。”大卫·拉特福德代办高兴地绕着使馆跑了五分钟。不过，大使却并不高兴。

几天后，布莱恩·卡特利奇爵士正式向克里姆林宫递交了国书：他们拍摄了一张正式照片，使馆人员身穿全套外交礼服，和站在中间的新大使合了影。阿斯科特和吉也在其中——他们和大使都明白，他们在苏联待不长了。

星期一早上，米哈伊尔·柳比莫夫在兹韦尼哥罗德车站等候 11 点 13 分抵达的火车，但戈尔季耶夫斯基并不在最后一节车厢。下一辆从莫斯科出发的火车里也找不到他。柳比莫夫又生气又担心，回到了自己的别墅。一贯守时可靠的老朋友戈尔季耶夫斯基难道在家里喝得烂醉如泥，还是遭遇了更坏的情况？“喝酒这件事本来就不靠谱。”他难过地想。几天后，柳比莫夫被叫到克格勃总部接受质询。

308 戈尔季耶夫斯基失踪后，克格勃中谣言四起，有些是大胆的猜测，有些是蓄意传播的误导性消息。在好几周时间里，K 局都坚信戈尔季耶夫斯基还在国内，不是醉得不省人事就是已经死了。克格勃对莫斯科地区进行了搜索，检查了各处湖泊与河流。有人说巧妙伪装的戈尔季耶夫斯基使用假护照，从伊朗潜逃出境。布达诺夫明知戈尔季耶夫斯基在失踪前数周就已从谢苗诺夫斯科耶回来，还宣称“他从克格勃疗养院逃走后，被英国人安置到了一处安全屋内”。莱拉被从里海岸边叫了回来，在列夫特沃（Lefortovo）监狱接受质询：首次审问（此后又经历了很多次）持续了八个小时。“你丈夫在哪？”他们一遍遍地问道。莱拉不耐烦地回答道：“他是你们的人。你告诉我他在哪里。”当审问者透露戈尔季耶夫斯基被怀疑为英国情报机构工作时，莱拉拒绝相信。“这对我来说太荒唐了。”随着时间一天天流逝，戈尔季耶夫斯基音信全无，残酷的事实摆在眼前。她的丈夫走了。但莱拉仍不愿接受她听到的丈夫叛国的事实。“除非他亲自告诉我，否则我不会相信的，”她告诉克格勃审问者，“我很镇定，我很坚强。”戈尔季耶夫斯基提醒过她，不要相信任何针对自己的指控，而她做到了。

戈尔季耶夫斯基被从南奥姆斯比大厅转移到了军情六处在戈斯波特（Gosport）的培训基地蒙克顿堡（MTE，即军事培训机构）。在这座拿破仑式城堡的门楼上，他被安排到一间通常供情报主官下榻的宾客套房，装修简单而舒适。戈尔季耶夫斯基不想受到吹捧和宠爱；他想去工作，借此证明——首先向自己证明——此前做出的牺牲是值得的。但一开始，他似乎充满失落感而不能自拔，在第一次长达四个小时的情况汇报期间，他谈到的几乎都是自己的逃亡经历，以及妻子和孩子们的命运。他一杯接一杯地喝着浓茶和里奥哈（Rioja）红葡萄酒。他一遍遍地询问家人的消息，却什么也得不到。

接下来的四个月里，无人打扰、偏僻且守备森严的蒙克顿堡成了他的家。军情六处对这位神秘住户的身份严格保密。但很快，很多员工开始发现，这位得到贵宾礼遇的长期访客是一 309
位重要人物。

戈尔季耶夫斯基获得了一个新代号，也是最后一个，这一名称与成功营救戈尔季耶夫斯基的快乐时刻相符。从“阳光”到“诺克顿”再到“皮姆利科”，而现在，他的新代号是“喝彩”（OVATION）。代号“阳光”期间，戈尔季耶夫斯基提供了克格勃在斯堪的纳维亚国家行动的情报；代号“诺克顿”期间，他在伦敦提供的情报显著影响了唐宁街和白宫的战略决策；但“喝彩”将会是戈尔季耶夫斯基间谍生涯最有价值的阶段。他过去提供的多数情报太有价值，无法直接使用，因为其内容太过具体，有可能牵连到他。为了保护他的人身安全，军情六处对内容进行了压缩、重新包装与伪装，并严格控制了传播范围，只提供给极少数相关的情报用户。在戈尔季耶夫斯基派驻伦敦期间，他提供的情报产生了数百份独立报告——包括长篇报告、政治简报及具体的反情报报告——其中只有少数报告的内容在接受处理后与外国情报机构进行了共享。现在，法国人可以知道所有与法国相关的情报；德国人也可以知道，“优秀射手”演习期间，世界曾濒临核灾难；特雷霍尔特、霍维克和贝里林受到怀疑的详细情况，也可以告诉斯堪的纳维亚人了。现在，戈尔季耶夫斯基身处英国，安全无虞，他的间谍活动已经结束，过去十一年积累的大量情报因此也可以得到充分利用；摘取胜利果实的时刻终于到来了。英国掌握了大量机密情报。蒙克顿堡公寓成了军情六处开展有史以来最广泛的情报搜集、核对与发布活动的场所，很多情报官员、分析师和政府秘书都从戈尔季耶夫斯基间谍活动的成果中受益匪浅。

随着戈尔季耶夫斯基成功脱逃，一系列问题由此而生。军情六处应该就这项行动通知中情局和其他西方盟友吗？是否应该让媒体知道此事，又该以何种形式告诉它们？而且，最重要
310 的是，如何处理和苏联的关系？在戈尔季耶夫斯基的秘密帮助下，撒切尔和戈尔巴乔夫之间艰难建立起来的互信，能经受住间谍事件的巨大考验吗？首先，军情六处在思考能为莱拉和两个女孩做些什么。也许，经过精心的外交努力，英方可以说服莫斯科释放她们。让戈尔季耶夫斯基和家人团聚的持续性秘密行动代号为“盖特曼”（HETMAN，历史上哥萨克领袖的头衔）。

军情六处从未怀疑戈尔季耶夫斯基的忠诚，但有人对他的经历心存疑虑。在白厅，有些人怀疑“戈尔季耶夫斯基在莫

斯科期间被发展为双面特工，然后被故意派回英国”。他回到莫斯科时，为什么没有被逮捕并囚禁？分析师将其归因于克格勃的自负，死守教条的办事方式，让间谍和他的负责人落入圈套并当场擒获的决心，以及恐惧。“如果你身处克格勃内部，并且想要扳倒某人，你就必须掌握确凿的证据，因为你自己可能就是下一个受害者。克格勃太执着于得到确凿的证据了，而最终拯救了戈尔季耶夫斯基的正是这一点，以及他自己的勇气。”但戈尔季耶夫斯基关于自己在第一总局别墅里被下药并遭受审问的描述似乎不太可信。“事情的前后顺序存在疑点。总之就是太夸张了。”最终，在梳理完整件事的来龙去脉之后，还有一个最为令人不安的问题遗留下来：到底是谁出卖了他？

一起发生在一周后的事件证实了戈尔季耶夫斯基所叙述的经历。意想不到的是，这起事件也是从克格勃开始的。

8 月 1 日，一名叫作维塔利·尤尔琴科（Vitaly Yurchenko）的克格勃官员走进位于罗马的美国使馆，宣布投诚。尤尔琴科的叛变是情报史上最离奇的事件之一。第一总局 K 局五处副处长尤尔琴科将军是一位从业二十五年的克格勃资深情报官，负责调查克格勃情报人员可疑的间谍行动。此外，他还负责管理“海外特别行动”及“特殊药物”的使用。1985 年 3 月，他任第一总局第一处副处长，负责协调克格勃在美国和加拿大的特工招募行动。在莫斯科审问过戈尔季耶夫斯基的谢尔盖·戈卢别夫后来接替了他的职务。尤尔琴科仍参 311
与 K 局的活动，与戈卢别夫关系不错。

尤尔琴科的动机不明，但他的叛逃似乎和他与一名苏联外交官妻子之间失败的婚外情有关。四个月后，他又重新回到苏联，原因同样不明。苏联人后来声称尤尔琴科是被美国人绑架的，但美国人同样不确定该如何对待他。尤尔琴科也许精神失常，不过他知道很多非常重要的秘密。

尤尔琴科的叛逃被中情局视作一场重大胜利，他也是中情局迄今掌握的级别最高的克格勃官员。奉命去向这名苏联变节者了解情况的官员，正是中情局的苏联反情报专家奥德里奇·埃姆斯。

起初，埃姆斯对一名克格勃高级叛徒投诚的消息感到担心。尤尔琴科如果知道他为苏联人从事间谍活动怎么办？但他马上发现这个苏联人不知道自己的事。“他根本不知道我的事，”埃姆斯后来说，“如果他知道的话，我早就是他第一批在罗马指认的人之一了。”

8 月 2 日下午，当尤尔琴科坐飞机从意大利飞抵美国时，埃姆斯正在华盛顿附近的安德鲁斯空军基地等他。

离开停机坪之前，埃姆斯问尤尔琴科的第一件事，是每一名经过培训的情报官员，都会向主动投靠的间谍提出的问题：“关于克格勃安插在中情局内部的内鬼，你有没有掌握什么重要的头绪？”

尤尔琴科指认了美国情报机构内的两名苏联间谍（包括一名中情局官员），但他当晚透露的最重要情报，是关于他的前同事奥列格·戈尔季耶夫斯基的。这位伦敦情报站负责人涉嫌叛国被召回莫斯科，K 局的审问者给他下了吐真剂，对他进行了盘问。尤尔琴科在克格勃内部了解到的小道消息说，戈尔季耶夫斯基已经被软禁，有可能会被处决。尤尔琴科不知道戈尔季耶夫斯基已经逃到英国；埃姆斯当然也不知道。这个苏联变节者不知道是谁向克格勃出卖了戈尔季耶夫斯基，但埃姆斯知道。

听到戈尔季耶夫斯基被逮捕的消息，埃姆斯的第一反应证 312
明了对和自己经历相似的人，他还是心怀同情的。埃姆斯向克格勃出卖了戈尔季耶夫斯基。但在发现自己的行为造成的后果后，他的本能反应却是想提醒英国人，让他们知道自己的间谍遇到了麻烦。

“我的第一个想法是，天啊，我们必须尽一切办法营救他！我们必须给伦敦发电报告诉英国人。是我把戈尔季耶夫斯基的名字告诉了克格勃。他的被捕是我造成的……我真的担心他，但同时也知道是我自己出卖了他。我知道这听起来很疯狂，因为当时我还是一名为克格勃服务的特工。”他也许是在故意狡辩，但他也有可能并不是一个死心塌地的叛徒。

中情局向军情六处发送了一份电报：一名刚刚抵美的苏联变节者声称，一个名叫戈尔季耶夫斯基的高级克格勃官员因被怀疑是英国间谍而遭到下药盘问。军情六处能透露相关情况吗？中情局没有透露自己对戈尔季耶夫斯基为英国人从事间谍活动一事了如指掌。来自兰利的电报让“喝彩”小组松了口气：这是对戈尔季耶夫斯基所说情况的一种客观性核实。然而这也意味着，他们要告诉美国人戈尔季耶夫斯基已经逃到英国了。

当天下午，两名军情六处官员飞赴华盛顿。在机场，一名司机接上他们去了兰利。在中情局苏联东欧司主管伯顿·格伯的陪同下，驱车前往中情局局长比尔·凯西在马里兰州的住所，一起享用凯西的妻子索菲亚准备的一顿早晚餐。凯西晚些时候要去剧院。两名英国官员详细介绍了戈尔季耶夫斯基的情况：从一开始被发展为间谍，中间十多年为军情六处所做的卓有成效的工作，到最后令人屏息的逃亡。两人解释说，美国也应该感激他：有关“莱恩行动”的情报准确反映了克里姆林宫在东西方关系面临危险时的恐惧心理，而那些情报就是戈尔季耶夫斯基提供的。讲到一半时，索菲亚插话说，该去剧院了。“你去吧，”凯西说，“这是镇上最棒的演出了。”整个晚上，美国情报头目怀着崇敬、感激和好奇之情，听着英国人的讲述。他对戈尔季耶夫斯基的欣赏完全是发自内心的；但他并
313 不真的感到吃惊。比尔·凯西没有透露，中情局已经有了一份戈尔季耶夫斯基的档案，代号为“挠”。

9月16日，一架军用直升机掠过海面，飞向蒙克顿堡。直升机降落时，军情六处局长和一些高官正在停机坪等候。比尔·凯西走下了直升机。这位久经沙场的中情局局长秘密飞抵英国，来向一名刚刚潜逃至英国的间谍讨教。凯西之前是一名纽约的律师，从二战期间开始就非常熟悉英国。当时他在美国战略情报局（Office of Strategic Service，简称 OSS，是中情局的前身）驻伦敦机构服役，负责指导美国在欧洲的间谍。在参与了罗纳德·里根的竞选工作后，他被任命为中情局局长，用里根的话说，肩负着“重建美国情报力量”的重任。凯西有些驼背，长了一张猎犬般敏锐的脸庞，他即将卷入“伊朗门”（Iran-Contra）事件，并于两年后因脑瘤病逝。但此刻，他可谓世界上最有权势的间谍，对自己的能力有一种敏锐的理解。“我位于情报工作的顶层位置，”他在里根第二任期早期这样说道，“我拥有一种一旦掌握事实，就能审时度势，并做出决策的能力。”凯西来蒙克顿堡是要从戈尔季耶夫斯基口中得到一些事实，然后做出决策。里根很快就要在日内瓦美苏领

导人峰会上与米哈伊尔·戈尔巴乔夫进行首次会晤。就里根和这位苏联领导人谈话的内容，凯西想要听取这位前克格勃人士的专业意见。

两人在门楼上的宾客套间进午餐时，只有军情六处局长陪同，凯西就戈尔巴乔夫的谈判风格、他对西方的态度及他与克格勃的关系这几个问题询问戈尔季耶夫斯基。中情局局长在一本划有蓝线的黄色大笔记本上做着记录。凯西戴了假牙，他的美国腔调偶尔会让戈尔季耶夫斯基感到难懂；柯温尴尬地把美式英语翻译成英式英语，帮助戈尔季耶夫斯基理解。凯西“像一个学生”般认真地听着。首先，中情局局长想了解莫斯科关于核威慑的态度，特别是苏联对战略防御倡议中导弹防御系统的看法。安德罗波夫曾谴责“星球大战”计划是在蓄意破坏全球稳定，并将使西方能够攻击苏联而不必担心报复。戈尔巴乔夫也这样想吗？凯西建议进行某种角 314
色扮演，于是军情六处秘密培训基地中，上演了一场奇特的袖珍冷战剧。

“你是戈尔巴乔夫，”凯西说，“我是里根。我们希望销毁核武器。为了建立信任，我们打算让你们了解‘星球大战’计划。你觉得怎么样？”

凯西大胆地提出了相互确保安全，希望以此替代核武器的相互确保摧毁。

扮演戈尔巴乔夫的戈尔季耶夫斯基思考了片刻，然后用俄语明确地回答道：

“不（Nyet）！”

扮演里根的凯西大吃一惊。在他所设想的交易中，美国打算与苏联分享令核武器过时的防御技术，从而消除核战争的威胁。

“为什么不呢？我们打算告诉你们一切。”

“我不相信你。你绝不会告诉我们一切。你们会留一手，让自己保有优势。”

“那我该怎么办？”

“如果你全面放弃‘星球大战’计划，莫斯科就会相信你。”

“这不可能，”凯西一下子脱离了角色，“这是里根总统最看好的项目。我们该怎么办？”

“好吧，”戈尔季耶夫斯基说，“那就继续推进计划。你们继续施加压力。戈尔巴乔夫和苏联民众知道，他们无法在经济投入上超过你们。你们的技术比他们的先进。继续坚持。”戈尔季耶夫斯基补充道，莫斯科会拼命追赶“星球大战”计划，在一场根本赢不了的技术军备竞赛中，投入大量金钱。“从长远来看，‘星球大战’计划会摧毁苏联的体制。”

一些历史学家认为，蒙克顿堡会面是冷战中的另一个关键时刻。

此后，在 11 月举行的日内瓦峰会上，美国总统正如戈尔季耶夫斯基所建议的那样，拒绝在“星球大战”项目上让步，称其为“必要的防御手段”。峰会期间，美国宣布进行了该系统的首次试验。里根后来称这次会面为“炉边峰会”，反映了美苏领导人之间融洽的关系，但在自己最看好的项目上，他依
315 旧“立场坚定”。戈尔巴乔夫在离开日内瓦时，相信世界“变得更加安全了”，但他也认定苏联必须加速改革以赶上西方。“公开化”与“改革”接踵而至，导致了一系列动荡，最终，戈尔巴乔夫无力控制。戈尔季耶夫斯基在 1985 年对克里姆林

宫心理的准确解读并未导致苏联的解体，但可能起了推波助澜的作用。

与比尔·凯西的午餐仅仅是戈尔季耶夫斯基此后与中情局多次会面的开始。几个月后，戈尔季耶夫斯基在严密的保护之下飞往华盛顿，与美国国务院、国家安全委员会、国防部和情报机构的高官会面。戈尔季耶夫斯基遇到了数不清的问题，而他也耐心、专业地给出了空前详细的答复——他不是一个单纯的变节者，而是一个对克格勃有着百科全书般了解，并曾长期深度潜伏的特工。美国人对此印象深刻，非常感激。英国人也对于能够与盟友分享这位己方明星间谍的专业知识感到骄傲。“戈尔季耶夫斯基提供的情报非常出色。”里根政府的国防部长卡斯帕·温伯格（Caspar Weinberger）表示。

但有一个问题戈尔季耶夫斯基无法回答。谁出卖了他？

在兰利的中情局总部，戈尔季耶夫斯基向多位高官进行了一系列的情况说明。其中一次，他认识了一位个子高大、戴着眼镜并留着一点胡子的人，他似乎格外友好，“安静并耐心地听着”他说的每句话。多数中情局官员以为戈尔季耶夫斯基是一个相当严肃，甚至有点多疑的人，但眼前的这个人“似乎不太一样：他的脸上洋溢着温柔与友善。他给我留下了深刻印象，我觉得我遇到了美国价值观的代表人物：我看到了耳熟能详的坦率、真诚与尊重”。

十多年来，戈尔季耶夫斯基一直过着一种两面人生，是一名私下忠于敌方并发挥了重要作用的表面忠诚的职业情报官员。他精于此道，但奥德里奇·埃姆斯同样如此。

尾　声

16　“皮姆利科”的护照

戈尔季耶夫斯基脱逃后一个月，苏联驻巴黎使馆的科技参赞意外地受一名陌生的英国外交官之邀，去法语联盟（Alliance Francaise）总部喝茶。8 月 15 日下午，他来到指定地点，见到了一个此前从未见过的英国人。“我有一个非常重要的消息，请你转交给你们克格勃情报站的负责人。”陌生人说道。

苏联外交官的脸色变得苍白。他即将被卷入一场离奇的事件。

英国人镇定地告诉他，一名直到最近还是伦敦情报站站长的克格勃高级官员现在正在英国，他活得很好，并受到了严密的保护。“他很快乐，但他想要和家人团聚。”

将莱拉和两个女孩带到英国，让戈尔季耶夫斯基一家人团聚的“盖特曼”行动由此展开。

军情六处内部就如何开展这项行动进行了讨论。递交一封正式信函与克格勃进行交易的风险太大。“任何纸质文件都可能被篡改，并可能会伤害到我们自身。”大家一致同意给一名不在英国的真正的苏联外交官送一个口信，这名不幸的参赞被选为最佳对象。

“我从未见过一个人如此害怕，”军情六处送信人表示，“他浑身颤抖着走了。”

军情六处开出的条件很直白。因为戈尔季耶夫斯基的工作，英国人现在掌握了所有在英国的克格勃和格鲁乌官员的身份，这些人将不得不离开。但莫斯科可以“在一段较长的时间内慢慢地撤走他们，只要戈尔季耶夫斯基的家人能够得到释放”。这种方式可以给克里姆林宫留些面子，让他们在不引起外交纷争的情况下小心地撤走自己的间谍，同时让戈尔季耶夫斯基一家人团聚。如果莫斯科拒绝这一交易，拒不释放莱拉和
320 她的两个女儿，那么在伦敦的苏联间谍将被大规模驱逐出境。克格勃有两周时间答复。

戈尔季耶夫斯基对家人的担忧与日俱增。他打击了克格勃的尊严，开始被深深的负罪感替代。他深爱的人现在成了苏联的囚徒。玛格丽特·撒切尔与莫斯科进行一场秘密交易的提议独辟蹊径，正如戈尔季耶夫斯基在写给首相的一封信中承认的那样：“绕开正常程序，特别允许使用非官方的方式进行联络，是一种十分慷慨与人道的独特之举。”

然而，此举并未奏效。

莫斯科收到了秘密交易的提议，起初对此并不相信，接着感到愤怒。戈尔季耶夫斯基失踪后的一个月里，克格勃搜遍全国，不愿相信他已经逃走。克格勃不停地审问莱拉，追问她丈夫的下落，包括戈尔季耶夫斯基的妹妹和母亲在内的其他家人也受到讯问。玛丽娜吓坏了。奥尔加·戈尔季耶夫斯卡娅也惊恐万分。他的每一名同事和朋友都惴惴不安。莱拉仍表现得无所畏惧，坚称她的丈夫是某种阴谋或一场可怕误会的受害者。她无论走到哪里，都有六名克格勃监视人员跟着。她的女儿甚至在学校操场上受到了监视。莱拉几乎每天都会被叫到列夫特沃监狱接受审问。“你怎么可能不知道他是英国间谍?”他们

一遍遍地质问。最终，莱拉愤怒了。“听着。让我们搞清楚情况。我是一个妻子。我的工作是打扫屋子，做饭，购物，陪他睡觉，抚养孩子，与他同床共枕和做他的朋友。我做得很好。我很感激他没有告诉我一切。六年的生活中，我是一个完美的妻子。我为他付出了一切。你们克格勃有着成千上万领着薪水的人，他们的工作就是调查别人；他们反复核查过戈尔季耶夫斯基，证明了他的清白。你们现在要怪我吗？你们不觉得这听起来很愚蠢吗？你们的工作不称职。这不是我的事，是你们的责任。你们毁了我的生活。”

时间一长，她开始和审问者熟络了起来。一天，一名比较同情她的官员问道：“如果你当初知道你的丈夫打算逃走，你会怎么做?”莱拉想了半天，回答道：“我会让他走的。我会 321
给他三天的时间，然后，作为一名忠实公民，我会向政府报告。但在揭发他之前，我会确保他已经逃走。”审问者放下了手中的笔：“我觉得报告里就不写这些了。”莱拉的麻烦已经够多了。

米哈伊尔·柳比莫夫被 K 局叫来接受质询。“他可能在哪里?”他们逼问道，“他是和女人在一起吗？他是不是藏在库尔斯克某地的一间小屋里?”柳比莫夫当然不知道答案。“他们询问了与戈尔季耶夫斯基关系的方方面面，寻找他叛国的线索。”但和其他人一样，柳比莫夫也是一头雾水。“我的想法很简单，我只能根据最后一次见面时他的状态做出判断：我觉得他肯定精神崩溃了，可能会自杀。”

在巴黎会面十天后，克格勃中心给出了答复，电报还是由那名可怜的科技参赞转交，内容充满了“长篇指责”。戈尔季耶夫斯基是一个叛徒；他的家人会待在苏联；不会有什么交易。

英国方面也做好了应对准备，启动了“基座”（EMBASE）行动。9月，外交部发布了戈尔季耶夫斯基叛逃的消息（没有公开他那夸张的逃亡细节）。各大报纸马上刊载各种戏剧性的标题：“迄今为止最大的间谍”；“我们的朋友奥列格，间谍大师”；“俄国的间谍大师：投奔西方的超级间谍”；“我们在克格勃里的自己人”。就在当天，英国政府驱逐了二十五名被戈尔季耶夫斯基指认的克格勃和格鲁乌官员，对苏联间谍进行了大规模清洗。当天，撒切尔给罗纳德·里根写了封信：“以我本人的名义，我们已清楚地向苏联人表示，戈尔季耶夫斯基所揭露的这种情报活动是不可容忍的，但我们仍致力于与苏联维持建设性的关系。同时，我认为让戈尔巴乔夫在执政初期严酷地认识到苏联要为克格勃在西方国家进行规模如此之大、性质如此之恶劣的活动付出代价，也没有坏处。”

莫斯科的反应很迅速。英国大使布莱恩·卡特利奇爵士被苏联外国使馆事务负责人弗拉基米尔·帕夫洛维奇·苏斯洛夫（Vladimir Pavlovich Suslov）传唤到外交部。在他面前的办公桌上，苏斯洛夫放了一张新大使和使馆员工的合影：他面色凝
322 重，用两个手指指着罗伊·阿斯科特和亚瑟·吉。“这两个人是政治流氓。”他说。克格勃开始搞清事情的真相了。卡特利奇佯装不知：“这是怎么回事？”苏斯洛夫对英国使馆情报官员“厚颜无耻的行为”进行了谴责，并表示苏联当局“知道吉和阿斯科特这两名一等秘书在事件中所扮演的角色”。苏斯洛夫对瑞秋·吉“假装”背痛尤其感到恼火。接着，他念出了二十五名英国官员的名字，包括两名军情六处官员和他们的秘书瓦奥莱特·查普曼，指出他们应该在十月第三周前离开苏

联，这一时间与撒切尔夫人驱逐在伦敦的克格勃官员给出的最后期限一致。被驱逐的多数英国官员根本不是情报人员，更不会和潜逃事件有关。

布莱恩·卡特利奇爵士在安全讲话屋见了阿斯科特，对他大发雷霆。大使知道首相亲自批准了潜逃行动，但负面效应才刚刚开始显现。“当时他肯定非常愤怒，”阿斯科特回忆道，“他说我们在撒切尔和戈尔巴乔夫的关系开始变得融洽时（部分原因是因为我们的朋友戈尔季耶夫斯基，但我不能告诉布莱恩）却失去了整个使馆。有人在十分生气时，会变得能说会道。他向我说，他的曾祖父首相先生如果知道这件事，九泉之下也不得安宁。”不过，如果阿斯科特那位著名的祖先在坟墓中有何动作，他多半会因为高兴和自豪而大笑。

卡特利奇徒劳地发了一封严重违背外交礼仪的电报，敦促伦敦方面结束这种相互报复式的驱逐行动。他写道：“永远不要和臭鼬比赛撒尿：因为它拥有先天优势。”（当他的电报内容一字不差地出现在首相办公桌上时，也在唐宁街十号引发了一阵怒火。）但撒切尔还没有结束和苏联人的“撒尿比赛”。她的内阁秘书长罗伯特·阿姆斯特朗爵士建议再驱逐四名苏联人。撒切尔觉得这还“不够”，坚持再驱逐六名苏联官员。毫不意外的是，这立即导致另外六名英国外交官被苏联驱逐，结果英苏两国总共有六十二人被驱逐，双方各驱逐了对方三十一人。卡特利奇的担忧全部应验：“我一下子失去了所有在俄国的代言人……我们损失了一半的使馆员工。”

戈尔季耶夫斯基还藏身于蒙克顿堡。他偶尔会离开住所到 323
附近看一看，但每次出行都受到了严密保护。他每天会在军情六处官员马丁·肖福德的陪同下，绕着城堡或在新森林（New

Forest）跑步。他不能结交任何新朋友，或联系在英国的老朋友。军情六处尽量让他的生活显得正常，但他唯一的社交圈子就是情报界的人和他们的家人。他总是很忙，但非常孤独。与家人的分离给他带来了无法摆脱的痛苦，她们音信全无让他痛苦不堪，偶尔还令他陷入深深的自责。为压抑自己的痛苦，他全身心投入情况说明的工作之中，坚持操劳到深夜。他摇摆于沮丧和希望之间，对自己所取得的成就感到骄傲，也对个人所做的牺牲感到绝望。他向撒切尔写信说："尽管我祈祷着早日与妻子和孩子们团聚，但我完全接受和理解贵国采取决定性行动的原因……但我必须继续希望能找到某种方式，让我的家人得到释放，因为没有她们，我的人生毫无意义。"

撒切尔在回信中说："我们依然担心你的家人，不会忘记她们。我自己也有孩子，对你日日夜夜的感受，我有着切身体会。请不要说人生没有意义。总会有希望的。"撒切尔首相说希望有一天能见到他："我非常清楚你个人的勇气及你对自由与民主的坚守。"

在克格勃内部，戈尔季耶夫斯基叛逃到英国的消息引发了一场相互指责与推诿责任的风暴。克格勃主席切布里科夫和第一总局局长克留奇科夫对理论上负责内部安全与反情报行动的第二总局进行了指责。第一总局的领导批评了 K 局。格鲁什科批评了格里宾。所有人的矛头都指向了监视小组，因为他们官衔最低，不能再责怪别人。负责监视英国外交官的列宁格勒克格勃人员对这起事件负有直接责任，很多高级官员因此被开
324 除或降职，其中就包括弗拉基米尔·普京。当时的普京是列宁格勒的一名克格勃官员，他目睹了很多朋友、同事和上级因戈尔季耶夫斯基叛逃而受到直接处分。

对于这起潜逃事件，克格勃感到难堪且愤怒，并且仍不清楚戈尔季耶夫斯基到底是如何逃走的，于是他们制造了假消息，说他是在外交宴会期间经过巧妙的伪装或使用了假护照，被偷偷带出使馆的。他的官职和重要性被刻意掩盖了。克格勃后来宣称——正如军情六处对菲尔比的评价一样——他们一直怀疑戈尔季耶夫斯基不忠。俄罗斯前外长叶夫根尼·普里马科夫（Yevgeny Primakov）在他的回忆录中指出，戈尔季耶夫斯基在严格的审问之下已经答应再次为苏联效力。“戈尔季耶夫斯基就要招认了，他已经开始打探针对英国人积极开展间谍活动的可能性，甚至做出了多种担保，宣称自己可以成功地为苏联充当双面特工。克格勃领导当天知道了这一情况。对外情报官员对于他第二天坦白一切充满信心。但突然间，上面来了一道命令，要求停止对他的问讯，撤掉对他的监视，并让他去了一家疗养中心……他从那里越过边境，逃到了芬兰。”普里马科夫的说辞漏洞百出。如果戈尔季耶夫斯基只是“即将”坦白，他根本不会像普里马科夫所说的那样做；如果他没有承认自己是英国特工，他怎么能答应当一名双面特工呢？

普里马科夫和埃姆斯的首位克格勃负责人维克多·切尔卡申都坚称，戈尔季耶夫斯基回到莫斯科之前好几个月，克格勃就通过匿名渠道掌握了戈尔季耶夫斯基叛变的消息。不过，尽管用各种虚张声势的手段和捏造的事实进行搪塞，但克格勃领导人都对事情的真相一清二楚：他们一度控制了冷战中最有影响力的间谍，但还是让他从眼皮底下溜走了。

英苏外交风暴两天后，一列大约由二十辆车组成的漫长车队，行驶在从列宁格勒到维堡的高速公路上。其中八辆车是英国外交车辆，其他的车都是克格勃的监视车辆。英国外交官通过芬兰被驱逐出境：阿斯科特和吉又走了一遍当初的逃跑路线，只不过这次是“像举行胜利游行的囚犯一般”被护送离境。在自己的行李中，吉专门打包了一个哈罗德购物袋，以及
325 一盒录有西贝柳斯《芬兰颂》的磁带。当车队抵达巨石旁的停车点时，克格勃的汽车放慢了车速，车上的苏联官员都扭身看着此处，慢慢地开车驶过。“他们搞清楚是怎么回事了。”

直到最后还死守规定的克格勃并没有就此放过戈尔季耶夫斯基。1985 年 11 月 14 日，他被一家军事法庭缺席审判，被控叛国罪，判处死刑。七年后，接替克留奇科夫出任第一总局局长的列昂尼德·舍巴尔申在一次接受采访时表示，他希望戈尔季耶夫斯基在英国被暗杀，这听起来像是一种公开的威胁。他说：“从技术上讲，这没有什么特别的。”

奥列格·戈尔季耶夫斯基开始进行个人情报巡讲。他先后在多名军情六处看护人的陪同下走遍世界各地，介绍克格勃的情况，解密这一组织的最神秘之处。他去过新西兰、南非、澳大利亚、加拿大、法国、西德、以色列、沙特阿拉伯和斯堪的纳维亚各国。他逃亡三个月后，世纪大厦召开了一次会议，邀请了所有情报机构的代表及指定的政府官员和盟国代表，共同研究戈尔季耶夫斯基的情报成果及其对军控、东西方关系及未来情报规划的影响。数百份独立报告摆在了一张会议桌上，“像一份巨大的自助餐”，与会的间谍和间谍领导花了整整两天的时间，浏览并消化报告的内容。

在英国，军情六处为戈尔季耶夫斯基在伦敦郊区买了一栋房子，他以假名生活。对于针对他的死亡威胁，军情六处和军情五处不敢大意。在英国，戈尔季耶夫斯基发表演说，听音

乐，和历史学家克里斯托弗·安德鲁（Christopher Andrew）一起写书，后者详尽的学术著作至今仍被认为是对苏联情报史最为全面的记述。他甚至会戴上略显夸张的假发和假胡子参加电视访谈节目。克格勃知道他长什么样子，但冒险暗杀他已不值得。戈尔巴乔夫的改革已经开始席卷苏联，整个国家开始摇摇欲坠，戈尔季耶夫斯基的专业知识比以往更受欢迎了。

1986年5月，玛格丽特·撒切尔邀请戈尔季耶夫斯基来到她的官方乡间别墅契克斯。在近三个小时的时间里，撒切尔 326
和这个被她称作“科林斯先生”的人就军控问题、苏联的政治战略及戈尔巴乔夫进行了长谈。1987年3月，在撒切尔即将访问莫斯科之际，戈尔季耶夫斯基又在唐宁街受到了接见。同一年，里根在椭圆形办公室接见了他，他们谈到了苏联的间谍网，并让媒体进行了拍照。会谈持续了二十二分钟（戈尔季耶夫斯基得意地指出，他和里根的会面时间比工党领导人尼尔·金诺克与里根的会面时间要长四分钟）。“我们知道你，”里根说着，拥抱了一下面前的这位俄国人，“对于你为西方做出的贡献，我们十分感激。谢谢。我们记得你的家人，我们会为她们而斗争。”

赢得自由的头几年里，戈尔季耶夫斯基格外繁忙，但也常常感到凄惨无助。

克格勃报复心极强，戈尔季耶夫斯基的家人仍是他们的人质。他总是会做同样的梦，梦见自己和妻子和女儿在希斯罗机场的接机大厅愉快地团聚，但醒来会发现自己还是孑然一人。

在莫斯科，莱拉处于事实上的软禁之中，为了防止她逃跑，克格勃对她进行了严密的监视。她的电话被窃听。她的信件遭到了拦截。她无法找到工作，只能靠父母接济度日。她的朋友一个个离她而去。“这是一种彻底的真空状态。所有人都害怕见到我。我把孩子的名字改成了阿里耶夫，因为戈尔季耶夫斯基这个名字太扎眼了。我的女儿们会遭人排斥。”她不再理发，宣称直到和丈夫重逢之日，才会理发。几年后，当记者问她得知戈尔季耶夫斯基叛逃到英国是何感受时，她说：“知道他还活着，我很高兴。”戈尔季耶夫斯基犯下的叛国罪导致两人的共有财产都被没收：公寓、汽车、行李和从丹麦带回来的录像机。“垫子上带洞的野营床和熨斗也被没收了。他们特别喜欢家里的熨斗，因为这是一个进口的‘胡佛’牌熨斗。”莱拉说。

戈尔季耶夫斯基试着发过电报，但莱拉从未收到。他买过礼物，包括价格不菲的童装，并把它们精心包装好寄回莫斯
327 科。这些东西都被克格勃扣下了。他终于收到了一封莱拉写的信，他读了几行，就意识到这封信是她在克格勃授意下写的。“他们原谅你了，”莱拉写道，“你可以很容易地找到另一份工作。”这是一个诱骗他回去的陷阱吗？莱拉在和克格勃合谋吗？他通过一名苏联官员设法偷偷给她带了封信，信中仍坚称自己是克格勃内部阴谋的受害者，也许认为这样可以保护她。莱拉感到震惊。她知道这不是事实。“他告诉我说：他根本就无罪。他是一名诚实的官员，他是一名忠实的公民等等，他不得不逃到国外。我不知道他为何还在撒谎。这太令人难以置信了。我努力去理解。他还谈到了孩子，并且他说他依然爱我。但我想：‘你做了自己想做的事——我和孩子们还待在这里。你一走了之，但我们成了阶下囚。’”他们在相互欺骗。也许他们在欺骗自己。克格勃告诉莱拉，她的丈夫“和一个年轻的英国秘书有了婚外情”。

克格勃告诉莱拉，如果她正式和戈尔季耶夫斯基离婚，她的财产会被归还，包括那个熨斗。“他们说我应该为孩子们想想。”她同意了。克格勃叫了辆出租车带她去了离婚法庭，支付了离婚税。她改回了自己的娘家姓。她觉得自己再也见不到戈尔季耶夫斯基了。“生活还要继续，”她说，“孩子们去学校，她们很快乐。我从不敢当着孩子的面哭，或流露出我的真实感受。我总是感到自豪，脸上带着微笑。”但在一位持同情态度的西方记者对她进行一次简短的采访时，莱拉说她依然爱着她的丈夫，渴望和他在一起。“即使我法律上不再是他的妻子了，但我精神上仍是他的妻子。”

营救戈尔季耶夫斯基家人的行动坚持不懈地持续了六年，
但毫无效果。“我们试图通过芬兰人和挪威人与苏联进行沟
通，但我们没有筹码。”负责“盖特曼”行动的军情六处官员
乔治·沃克（George Walker）曾如是说，现在他是戈尔季耶
夫斯基与军情六处之间的主要联络人。“我们联系了中立国家
的有关方面和人权人士。我们接触了法国、德国、新西兰和能
想到的所有人，动员他们向苏联当局施加压力，释放他的家
人。英国外交部经常向驻莫斯科的大使提及此事。”1987 年 3
月，玛格丽特·撒切尔在会见戈尔巴乔夫时，当场提及了戈尔 328
季耶夫斯基家人的情况。查理·鲍威尔观察了苏联领导人的反
应。“他气得脸色发白，拒绝做出答复。”两人在第二年又见
了两次面。在这两次会面期间，撒切尔又提及此事，都被断然
拒绝。“但这并没吓到她，她根本没有气馁。”

克格勃不会善罢甘休。“奥列格完全愚弄了他们，”沃克说，“他们唯一能惩罚奥列格的一点就是不让他的妻子和孩子们离开。”

逃亡两年后，一名芬兰卡车司机带来了一封莱拉从赫尔辛基寄到伦敦的信。这封信用俄语写了整整三页纸，并不是按照克格勃的意思写的。信的内容诚恳，充满怒意。沃克说：“这是一个非常坚强、能干，并且非常愤怒的女人所写的一封信：‘你为什么不告诉我真相？你怎么能抛下我们？你做了什么来拯救我们？’”认为此事最终能皆大欢喜的所有希望都开始破灭了。背叛，长期的分离以及克格勃编造的假消息，侵蚀了两人婚姻间仅存的一点信任。偶尔他们会打电话联系，但说话很不自然，而且通话受到了监听和录音。两个女儿很害羞，不怎么说话。使用通话信号不好的电话进行的生硬的交流，似乎只会使他们身体上和心理上更加疏远。沃克注意到：“我知道从一开始，两人想要和解就很不容易。任何情况下都会非常困难。但我读了信之后，发现他们想要团聚基本不太可能了。”不过，“盖特曼”行动仍在继续。“我的工作就是确保我们仍然记得这个女人。”

戈尔季耶夫斯基的潜逃让克格勃震惊不已，也非常难堪，但遭殃的总是小人物。戈尔季耶夫斯基的直属领导**尼古拉·格里宾**被降职，尽管他对此事没有责任。1988 年，第一总局局长**弗拉基米尔·克留奇科夫**成为克格勃主席。他的副手**维克多·格鲁什科**也得到了提拔。主导了调查的**维克多·布达诺夫**被任命为 K 局负责人，并被晋升为将军。苏联解体后，布达
329 诺夫创立了“精英”安保公司（Elite Security）。2017 年，有报道称该公司赢得了一份价值 280 万美元的合同，为美国驻莫斯科使馆提供安保服务，米哈伊尔·柳比莫夫觉得这件颇具讽刺意味的事很好笑，他说华盛顿的俄罗斯使馆可不会雇用一家有中情局背景的公司。

在戈尔季耶夫斯基心中激起了叛逆涟漪的柏林墙在1989年被推倒，这在中东欧引发一系列政治浪潮。在“公开化”与“改革”政策的影响下，克格勃开始放宽对分崩离析的苏联的管控。克里姆林宫中持强硬路线的人对戈尔巴乔夫的改革愈发不满，1991年8月，以克留奇科夫为首的一群人企图夺权。他将所有克格勃人员的工资翻倍，命令他们结束休假回到岗位，并让他们保持戒备状态。政变在三天后失败。克留奇科夫和格鲁什科因叛国罪指控被逮捕。戈尔巴乔夫对苏联情报机构的敌人迅速采取了行动：二十三万克格勃人员的控制权被交给国防部，K局遭到解散，大多数高层领导被开除——但已经是将军的**根纳迪·蒂托夫**是个例外。政变发生时“鳄鱼”碰巧在休假，他此后被晋升为反情报机构负责人。“从事间谍工作比以往困难多了。”未遂政变几天后，他伤感地如此说道。

瓦季姆·巴卡京（Vadim Bakatin）接替了克留奇科夫出任克格勃主席，这位改革者着手解散这一多年来给苏联带来恐怖的间谍与安全组织。“我向总统递交了摧毁克格勃的计划。”巴卡京如此说道。克格勃的新主席成了这个组织的最后一任主席。很快，他就宣布戈尔季耶夫斯基一家人会重新团聚。“我觉得这是一个老问题，应该得到解决了，”巴卡京说，“当我就此事向克格勃将军们征求意见时，他们异口同声地说‘不！’，但我决定不顾他们的反对，把释放他的家人当作我在克格勃取得的第一场重大胜利。”

1991年9月6日，**莱拉·阿丽耶娃·戈尔季耶夫斯基**和她的两个女儿玛利亚（玛莎）与安娜抵达希斯罗机场，然后乘坐直升机飞往蒙克顿堡，戈尔季耶夫斯基正在那里等着接她们回家。他准备了鲜花、香槟和礼物。他在家里系满了黄丝 330

带，这在美国文化中象征着回家；他也给女儿们的床布置了全新的床单，打开了屋子里的每一盏灯，制造一种“欢乐的灯光氛围”。

戈尔季耶夫斯基一家人团聚三个月后，苏联解体了。报纸刊登了一家人欢乐地在伦敦散步的照片，在俄罗斯发生激烈政治剧变的时刻，展示了一幅家庭和谐与爱的力量的画面。但六年的天各一方，给戈尔季耶夫斯基一家人造成了深深的痛苦。玛莎现在已经 11 岁，几乎不怎么记得父亲了。对 10 岁的妹妹安娜来说，戈尔季耶夫斯基就是一个陌生人。奥列格希望莱拉能重回昔日的婚姻生活。他发现莱拉变得挑剔，充满敌意，“要求戈尔季耶夫斯基做出解释”。他指责莱拉故意让孩子们依赖于她。对莱拉而言，重返英国只是她失控人生的最新篇章。她的生活已经被政治风波和这个她曾深爱并无比信任，却从未完全了解过的男人做出的秘密选择所摧毁了。“他做了自己坚信正确的事，我尊重他的选择。不过他并没有问我。他在我不知情的情况下将我卷入其中。他没有给我选择的机会。他自认为是我的救星，但又是谁置我于如此的境地？他忘了这一切因何而起。你不能把人踢到悬崖边，然后伸出一只手说：‘我救你！’他真是个典型的俄罗斯人。”莱拉对自己的遭遇无法释怀。他们试图重新开始家庭生活，但逃亡之前的婚姻生活一去不复返，再也回不来了。最终，她觉得戈尔季耶夫斯基对一种信仰的忠诚已经凌驾于他对自己的爱。“个人和国家之间的关系是一回事，但两个爱人之间的关系完全不同。”莱拉多年后如此表示。两人依照苏联法律已经结束的婚姻，如今迅速迎来了苦涩的结局。奥列格写道：“一切都结束了。”1993 年，他们彻底分手了，他们的婚姻毁于克格勃和军情六处之间的斗争，毁于东西方两大阵营的对抗。两人的婚姻诞生于不可调和的冷战谍报风云中，也随着这场战争的终结而凋落。

莱拉此后奔波于俄罗斯与英国之间。他们的女儿玛利亚和 331
安娜就读于英国的中学和大学，并在英国定居。她们不再姓戈尔季耶夫斯基了。军情六处继续履行着照顾这一家人的责任。

戈尔季耶夫斯基在克格勃的朋友和同事也无法原谅他。**马克西姆·帕尔西科夫**被从伦敦召回，受到了克格勃的调查，并被解雇。他余生都想不明白，为什么戈尔季耶夫斯基竟成了叛徒。“奥列格确实是一名异见者。但在八十年代，有哪个理智的苏联人没点不同意见呢？伦敦情报站的大多数人或多或少都是异见者，我们都喜欢西方的生活。但只有奥列格最终成了一名叛徒。”**米哈伊尔·柳比莫夫**认为戈尔季耶夫斯基的背叛是对他个人的一种伤害：戈尔季耶夫斯基曾是他的朋友，他们一起分享秘密、音乐和萨默塞特·毛姆的作品。“戈尔季耶夫斯基刚一叛逃，我就感受到了来自克格勃的打击。几乎所有以前的同事都立刻不再和我联系，躲着不和我见面……我听到了可怕的传言，说克格勃将我视作戈尔季耶夫斯基叛逃的主要从犯。”直到这时，他才明白了戈尔季耶夫斯基在逃跑前留给他的“哈林顿先生送洗的衣服”这一线索的含义。尽管柳比莫夫并未成为俄罗斯的萨默塞特·毛姆，但他创作了小说、戏剧和回忆录，并保持了一种典型的冷战式混搭风格：忠于苏联，但保有一种老式的英国做派。对于戈尔季耶夫斯基在逃跑的关键时刻利用自己转移克格勃的注意力这件事，他深感厌恶，这让他成了自己所说的英文熟语中的“红鲱鱼”（red herring）。戈尔季耶夫斯基的做法让秉持英式公平竞争理念的他感到愤怒。他和戈尔季耶夫斯基此后从未联系。

布莱恩·卡特利奇爵士惊讶地发现，在相互驱逐外交官后，英苏关系迅速回暖。1988 年，他结束了在苏联的大使任期。回顾此事时，他认为戈尔季耶夫斯基的成功潜逃是“一场非凡的胜利”。戈尔季耶夫斯基提供了“关于克格勃组织架构和工作方法的知识宝库……让我们能够对他们进行长期而全
332 面的打击”。保守党中央办公室研究员**罗斯玛丽·斯宾塞**在得知当时自己应军情五处要求主动与其建立密切联络的那个有魅力的苏联外交官一直为军情六处工作后，感到十分惊讶。她嫁给了一名丹麦人，搬到了哥本哈根。

与戈尔季耶夫斯基相关的军情六处官员和负责人，彼此之间保持着联系，仍活跃于隐秘世界的隐秘组织中。其他官员——**理查德·布罗姆黑德**、**维罗妮卡·普赖斯**、**詹姆斯·史普纳**、**杰弗里·古斯科特**、**马丁·肖福德**、**西蒙·布朗**、**莎拉·佩琪**、**亚瑟·吉**、**瓦奥莱特·查普曼**和**乔治·沃克**——的身份，应他们本人的要求没有曝光，因此这些名字并不是他们的真名。在英国女王的一次秘密接见中，**阿斯科特**和**吉**被授予了官佐勋章（OBE），查普曼被授予了员佐勋章（MBE）。戈尔季耶夫斯基的第一个负责人、苏格兰人**菲利普·霍金斯**得知他潜逃到英国后，做出了一如既往的平淡反应：“哦，他真是为我们效力的间谍啊。我根本不相信。”

军情五处 K 机构负责人**约翰·德弗雷尔**后来负责军情五处在北爱尔兰的业务。1994 年，他乘坐的“支奴干”（Chinook）直升机在琴泰岬（Mull of Kintyre）坠毁，他和多名英国的北爱尔兰情报专家一同遇难。2015 年 3 月，**罗伊·阿斯科特**获得上议院席位后，他在上议院的一名同事，历史学家彼得·汉尼斯（Peter Hennessy）大张旗鼓地揭开了他的秘

密：“尽管我知道他为人谨慎，不愿提及此事，但尊贵的伯爵在情报史上占据了一个特殊的地位，当初是他暗中将杰出而勇敢的奥列格·戈尔季耶夫斯基从苏联带到了芬兰。”阿斯科特的女儿，那个靠脏尿布在冷战中发挥了奇特作用的婴儿，现在成了研究俄罗斯艺术的权威专家。克格勃肯定不敢相信，军情六处在一次潜逃行动中能带上一名婴儿作为掩护。

1998 年，**迈克尔·贝塔尼**获假释出狱，他此时已经在监狱度过了二十三年刑期中的十四年。1987 年，瑞典间谍**斯蒂格·贝里林**出狱去探望自己的妻子，他逃到了莫斯科，在那里他每个月能领到丰厚的 500 卢布津贴。一年后他去了布达佩斯，此后又去了黎巴嫩，成了德鲁兹（Druze）派民兵领袖瓦利德·朱姆布拉特（Walid Jumblatt）的安全顾问。1994 年，他给瑞典安全部门打了电话，说自己想回家。再度服刑三年 333
后，他因健康状况不佳被释放。2015 年，在养老院使用一支气枪误伤了一名护士后不久，贝里林死于帕金森症。1992 年，**阿恩·特雷霍尔特**在一家高度设防的监狱服刑八年后获释出狱并被挪威政府赦免（这一决定颇具争议性）。他的案件在挪威引发的争论延续至今。2011 年，挪威罪案评估委员会（The Norwegian Criminal Cases Review Commission）对判决重新进行了调查，采纳了特雷霍尔特的支持者宣称的说法，认定没有依据表明证据遭到了篡改。获释后，特雷霍尔特作为商人和顾问先后定居于俄罗斯和塞浦路斯。1995 年，**迈克尔·富特**就一篇文章起诉了《星期日泰晤士报》（*Sunday Times*），该报连载了戈尔季耶夫斯基的回忆录，所配的标题是：“克格勃：富特曾是我们的特工”。富特称文章为“麦卡锡式的诽谤”，并获得了巨额赔偿，其中一些钱被用于资助《论坛报》的运营。

富特于 2010 年去世，享年 96 岁。

对西方情报部门而言，戈尔季耶夫斯基的案例成了一个教科书般的典型案例，在发展和管理间谍，利用情报掌握和改善国际关系，以及在最极端的情况下拯救一名身处险境的间谍方面，都提供了很好的借鉴。但在是谁出卖了他这一问题上，他们仍没有得出答案。戈尔季耶夫斯基有自己的见解：可能是他的第一任妻子叶莲娜，或是他的捷克朋友斯坦达·卡普兰出卖了他；或许贝塔尼发现了是谁暴露了他军情五处内鬼的身份；抑或是阿恩·特雷霍尔特的被捕与受审让克格勃提高了警觉？戈尔季耶夫斯基或军情六处都没有怀疑那位在马拉松般漫长的中情局情况介绍会上，经常坐在桌子对面的友善的美国官员。

在罗马待了一阵后，**奥德里奇·埃姆斯**被调往中情局反情报中心分析小组工作，他接触了关于苏联特工的最新情报，将这些情报直接交给了克格勃。埃姆斯造成的损失仍在扩大，他在瑞士银行和美国银行的账户余额也在增长。他买了一辆全新的银色捷豹，后来又买了一辆阿尔法·罗密欧。他花了 50 万美元现金买了一处新房。他给被尼古宁染黄的牙齿上了牙套。罗萨里奥的贵妇姿态提供了掩护，他宣称这些钱来自她那些富
334 裕的亲戚。克格勃保证一旦他受到怀疑，可以帮助他逃走：“我们准备像英国人在莫斯科帮助戈尔季耶夫斯基逃走那样，让埃姆斯从华盛顿成功逃脱。”他的克格勃负责人表示。埃姆斯总共从苏联人那里挣了 460 万美元，而与这一数字同样惊人的是，他的中情局同事们长期以来都没有注意到他的高档衬衫和闪闪发光的新牙。

从表面上看，戈尔季耶夫斯基和埃姆斯两人的行为非常相似。两人都背叛了各自的组织和国家，都利用自己的情报能力

为敌对组织揪出间谍。他们都违背了从业之初自己立下的誓言，也都过着一种两面人生。但这是他们仅有的相似之处。埃姆斯从事间谍活动是为了钱，戈尔季耶夫斯基则不是。埃姆斯告密的受害者大多被克格勃处决，但戈尔季耶夫斯基揭发的人，比如贝塔尼和特雷霍尔特，只是遭到监视，截获，按程序接受审判、获刑并最终得到释放，重回社会。戈尔季耶夫斯基为了一项事业甘冒生命危险；埃姆斯只想要一辆更大的汽车。埃姆斯选择为一个他不抱有感情的政权服务，且他从未考虑在这样的一个国家里生活；戈尔季耶夫斯基品尝了在西方世界生活的好处，将支持和保护这种生活方式与文化视作自己的使命，最终在付出巨大个人牺牲的情况下到西方定居。总而言之，两人之间的差异关乎道德评判：戈尔季耶夫斯基为的是他所认为的正义，而埃姆斯只是为了自己。

起初，中情局将众多在苏特工的损失归咎于总部被安装窃听器，或密码被破译等因素，而非内部出了间谍。二十世纪六七十年代安格尔顿的内鬼调查造成了挥之不去的痛苦，让中情局不愿面对内部出现叛徒的可能性。然而，事态的最终发展清楚地表明，只有叛国才能造成如此严重的损失，到了 1993 年，埃姆斯奢侈的生活方式终于引起了注意。他受到了监视，一举一动被人跟踪，中情局还对他扔掉的垃圾进行了搜查，从中寻找线索。1994 年 2 月 21 日，埃姆斯和罗萨里奥被联邦调查局逮捕。“你们犯了一个严重的错误！”埃姆斯坚称，“你们肯定抓错人了！”两个月后，他承认自己犯有间谍罪，被判处终身监禁；经过辩诉交易，罗萨里奥因逃税和间谍同谋罪被判五年。法庭上，埃姆斯承认自己告发了“他所知道的中情局和 335
其他美国及外国情报机构的所有苏联特工”，并向苏联和俄罗斯提供了“有关美国外交、国防和安全政策的大量情报”。囚犯编号 40087－083 的瑞克·埃姆斯，现仍在印第安纳州特雷霍特（Terre Haute）的联邦监狱服刑。

得知自己眼中的一位美国爱国主义模范竟然想要害自己，戈尔季耶夫斯基十分惊讶。“他毁了我的事业和人生，”他写道，“但他没能杀掉我。”

1997 年，美国电视新闻记者泰德·科佩尔（Ted Koppel）采访了监狱中的埃姆斯。戈尔季耶夫斯基此前在英国接受了采访，科佩尔带来了戈尔季耶夫斯基的采访录像给埃姆斯看，并观察他的反应。被出卖的戈尔季耶夫斯基对出卖他的人毫不客气。屏幕上的戈尔季耶夫斯基说：“奥德里奇·埃姆斯是一个叛徒。”此时身穿狱服的埃姆斯正认真地盯着屏幕上的镜头。“他只为了钱。他就是一个贪婪的混蛋。他到死都会受到自己良知的折磨。你可以说：‘戈尔季耶夫斯基先生几乎原谅了你！’”

录像放完后，科佩尔看了看埃姆斯：“你相信他几乎原谅你了吗？”

“我想是的，”埃姆斯说道，“我觉得他所说的一切都深深触动了我。我曾说过，这个被我出卖的人做出了和我相似的抉择，并采取了相似的冒险之举。任何理性的人听我这样说都会认为：‘太傲慢了！’但这并非傲慢之言。”埃姆斯用一种自我辩护乃至炫耀式的口吻将自己的行为和其他间谍的行为在道德上相提并论。不过，戈尔季耶夫斯基的录像也促使埃姆斯说出了近乎懊悔之言：“这种强烈的羞耻感和悔恨感，永远只有我自己才能体会到。”

奥列格·戈尔季耶夫斯基仍然健在，他使用化名居住在英格兰某普通郊区街道旁的一座独栋房屋里，在他从苏联逃到英国后不久，那里就是他的安身之处。他的住所几乎毫不起眼，只有四周高高的围栏，以及一旦有人靠近就会发出响声的一道隐形电子警戒线提醒着人们，这里可能和附近的其他房屋不太一样。对戈尔季耶夫斯基的死刑判决仍然有效，军情六处继续 336
守护着这名最有价值的冷战间谍。克格勃的愤怒仍挥之不去。2015 年，时任俄罗斯总统办公厅主任的谢尔盖·伊万诺夫（Sergei Ivanov）指责戈尔季耶夫斯基毁了他的克格勃生涯：“戈尔季耶夫斯基害了我。尽管他无耻的背叛及投靠英国情报机构的行为，没有毁了我的人生，但确实给我的工作带来了问题。”2018 年 3 月 4 日，一位名叫谢尔盖·斯克里帕尔（Sergei Skripal）的前格鲁乌官员和他的女儿尤利娅（Yulia）被刺客使用某种神经毒剂毒杀未遂。和戈尔季耶夫斯基一样，斯克里帕尔也投靠了军情六处，但他在俄罗斯被逮捕，遭受了拷问与囚禁，因为 2010 年的一次间谍交换才来到英国。前克格勃保镖、涉嫌于十年前谋杀了变节者亚历山大·利特维年科（Alexander Litvinenko）的安德烈·卢戈沃伊（Andrei Lugovoi）在被问到给斯克里帕尔下毒的是不是俄方人员时，给出了一个耐人寻味的答复：“如果我们必须杀掉一个人，那他就是戈尔季耶夫斯基。他畏罪潜逃，已经被缺席判处死刑。”斯克里帕尔中毒事件发生后，英国方面加强了针对戈尔季耶夫斯基的安保措施。他的住所受到了 24 小时的监视。

如今戈尔季耶夫斯基很少出门，尽管军情五处和军情六处的朋友和前同事们经常来看他，但偶尔会有新人来拜见这位秘密情报机构的传奇人物。他仍被视作潜在的报复目标。在这里，他读书，写作，听古典音乐，密切关注政治动向，尤其是自己祖国的情况。自从 1985 年跨过芬兰边境之后，他从未回过俄罗斯，也表示过自己不想回去："我现在是英国人了。"他再也没有见过自己的母亲。奥尔加·戈尔季耶夫斯卡娅 1989 年去世，享年 82 岁。直到临终时，她还坚信自己的儿子是无辜的。"他不是一个双面特工，而是一个三面特工，他仍在为克格勃工作。"戈尔季耶夫斯基再也没有机会告诉她真相了。"我真的非常希望能告诉她事情的真相。"

无数间谍的可悲下场一再证实，从事间谍活动要付出高昂的代价。

奥列格·戈尔季耶夫斯基仍过着一种两面人生。在他的郊区邻居看来，这个静静地居住在高高的围栏后面、驼背且留着胡子的老人，就是一个靠领取养老金为生的普通老者，无足轻
337 重。但实际上他绝对不止这么简单，他是一个造成了深远历史影响的人，一个出色的人：桀骜不驯、精明能干、脾气暴躁，突然闪现的讽刺性幽默和他的忧郁气质相得益彰。他有时很难让人喜欢，但你不得不钦佩他。他说他没有遗憾，但他说话时会不时停下来，忧郁地看着只有他才能看见的远方。他是我见过的最勇敢的人之一，也是最孤独的人之一。

2007 年英国女王生日庆典上，戈尔季耶夫斯基因"对英国安全做出的贡献"被授予圣米迦勒及圣乔治三等勋章（CMG）——他喜欢说，虚构的詹姆斯·邦德也曾被授予一枚同样的勋章。莫斯科的媒体进行了错误的报道，说前戈尔季耶夫斯基同志今后就是"奥列格爵士"了。他的画像被悬挂在蒙克顿堡。

2015 年 7 月，戈尔季耶夫斯基成功潜逃三十周年那天，所有当年参与了行动并将他带出苏联的人齐聚一堂，向这位

76 岁的俄国间谍表示庆祝。那个当年被他一路带到芬兰的廉价人造革旅行包，现在正陈列在军情六处博物馆里。在三十周年庆祝会上，他获得了一件纪念品，一个新的旅行包。里面的东西包括一根玛氏巧克力棒，一个哈罗德塑料袋，一张俄罗斯西部的地图，“缓解忧虑、烦躁、失眠和压力”的药片，驱蚊剂，两瓶冰镇啤酒以及两盒磁带（胡克博士的专辑 *Greatest Hits* 和西贝柳斯的《芬兰颂》）。

最后，旅行包里还有一袋芝士洋葱薯片和一片婴儿尿布。

代号与化名

优秀射手 83	北约军事演习
布特	迈克尔·富特（克格勃）
科	贝塔尼案件（军情五处）
丹尼切克	斯坦尼斯拉夫·卡普兰（军情六处）
达里奥	不知名的克格勃特工（克格勃）
扰乱	营救捷克情报官员行动（军情六处）
德瑞姆	杰克·琼斯（克格勃）
艾利	雷奥纳德·隆（克格勃）
埃尔门	军情五处－军情六处有关贝塔尼一案的联合反情报行动（军情五处/军情六处）
基座	戈尔季耶夫斯基叛逃后驱逐克格勃及格鲁乌人员的行动（英国）
永别	弗拉基米尔·维特罗夫（法国本土警戒局）
浮士德	叶夫根尼·乌沙科夫（克格勃）
脚	驱逐克格勃及格鲁乌人员的行动（军情五处/军情六处）
弗雷德	捷克情报官员（军情六处）
雕刻	约瑟夫·斯大林（军情五处）
金翅雀	奥列格·利亚林（军情五处/军情六处）
高尔夫球场	大不列颠（德国人）

戈尔姆森	奥列格·戈尔季耶夫斯基（丹麦安全与情报局）
格诺夫	奥列格·戈尔季耶夫斯基（克格勃）
格罗莫夫	瓦西里·戈尔季耶夫斯基（克格勃）
格雷塔	贡沃尔·加尔通·霍维克（克格勃）
地面行动	向“达里奥”的转账（克格勃）
戈迪耶捷夫	奥列格·戈尔季耶夫斯基（克格勃）
盖特曼	释放莱拉·戈尔季耶夫斯基及其女儿们的行动（军情六处）
隐形行动	营救捷克科学家的行动（军情六处）
科巴	迈克尔·贝塔尼
科林	米哈伊尔·柳比莫夫（克格勃）
克罗宁	斯坦尼斯拉夫·安德罗索夫（克格勃）
拉姆帕德	军情五处－军情六处联合情报共享（军情五处/军情六处）
诺克顿	奥列格·戈尔季耶夫斯基（军情六处）
喝彩	奥列格·戈尔季耶夫斯基（军情六处）
皮姆利科	戈尔季耶夫斯基潜逃行动（军情六处）
帕克	迈克尔·贝塔尼（军情五处）
罗恩	理查德·戈特（克格勃）
莱恩行动	核导弹袭击（苏联）
阳光	奥列格·戈尔季耶夫斯基（军情六处）
挠	奥列格·戈尔季耶夫斯基（中情局）
古板	军情六处（中情局）
宙斯	赫特·彼得森（克格勃）
锯齿	埃迪·查普曼（军情五处）

致　谢

没有本书主人公的全力支持和合作，我根本写不了这本书。过去三年里，我在安全屋采访了戈尔季耶夫斯基二十多次，积累了一百多个小时的录音材料。他总是非常热情，无比耐心，还拥有惊人的记忆力。他的合作完全没有附加条件，也没有试图对本书的写作进行限制：我依据自己的理解对事件进行了阐述，其中如有不当之处，完全是我个人造成的。通过戈尔季耶夫斯基，我可以和每一个相关的军情六处官员对话，对于他们的帮助，我非常感激。他们同意在匿名的前提下，自由地交谈。书中对于仍在世的前军情六处官员以及一些前苏联和丹麦情报官员都使用了化名，包括一些身份已经公开的个人。其他所有的名字都是真的。很多与戈尔季耶夫斯基有关的前克格勃、军情五处和中情局的官员，也给予了我慷慨的帮助。本书没有得到军情六处的授权或资助，因此我无法接触到情报机构那些仍未解密的档案。

我要特别感谢两个人：他们为我安排了与各个当事人的会面，参加了对戈尔季耶夫斯基的采访，对手稿的真实性和准确性进行了核实，提供了精神上的养分，并经常让我大快朵颐，让复杂和本来让人担心的写作，在高效与无尽的轻松幽默中完成。他们的功劳值得大书特书；但令人称道的是，他们并不希望在这里被提及。

我还想感谢克里斯托弗·安德鲁、基思·布莱克默、约翰·布莱克、鲍勃·布克曼、凯伦·布朗、威尼西亚·巴特菲尔德、亚历克斯·凯莉、查尔斯·科恩、戈登·科雷拉、大卫·康威尔、卢克·科里根、查尔斯·卡明、露西·多纳休、圣约翰·唐纳德、凯文·道顿、莉萨·德万、查尔斯·埃尔顿、娜塔莎·费尔韦瑟、埃姆·费恩、史蒂芬·盖瑞特、蒂娜·戈杜安、波顿·戈贝尔、布兰奇·吉鲁阿尔、克莱尔·海格尔、比尔·汉米尔顿、罗伯特·汉斯、凯特·哈伯德、琳达·乔丹、玛丽·乔丹、史蒂夫·卡帕斯、伊恩·卡茨、黛西·路易斯、克莱尔·朗里格、凯特·麦金泰尔、玛格纳斯·麦金泰尔、罗伯特·麦克拉姆、克洛艾·麦格雷戈、奥莉·麦格雷戈、吉尔·摩根、维吉·纳尔逊、丽贝卡·尼科尔森、罗兰·菲利普斯、彼得·波梅兰采夫、伊戈尔·波梅兰采夫、安德鲁·普雷维特、贾斯丁·罗伯茨、费莉西蒂·鲁宾斯坦、梅利塔·萨莫利、米卡埃尔·希尔兹、莫莉·斯特恩、安格斯·斯图尔特、简·斯图尔特、凯文·沙利文、马特·怀特曼、达米安·怀特沃斯和卡罗琳·伍德。

我在《泰晤士报》的朋友和同事们给我提供了不可计量的支持、灵感以及我应得的冷嘲热讽。已故的艾德·维克多在这二十五年来一直是我优秀的经纪人，他将一直与我同在，强尼·盖勒很好地应对了挑战。维京和皇冠出版社的团队也非常出色。最后，我要向我的孩子们表达我的感谢和爱意，巴尼、芬恩和莫莉，是我认识的最懂事、最有趣的人。

精选书目

Andrew, Christopher, *The Defence of the Realm: The Authorized History of MI5*, London, 2009

—, *Secret Service: The Making of the British Intelligence Community*, London, 1985

Andrew, Christopher, and Oleg Gordievsky (eds.), *Instructions from the Centre: Top Secret Files on KGB Foreign Operations 1975–1985*, London, 1991

—, *KGB: The Inside Story of Its Foreign Operations from Lenin to Gorbachev*, London, 1991

Andrew, Christopher, and Vasili Mitrokhin, *The Mitrokhin Archive: The KGB in Europe and the West*, London, 1999

—, *The World was Going Our Way: The KGB and the Battle for the Third World*, London, 2005

Barrass, Gordon S., *The Great Cold War: A Journey through the Hall of Mirrors*, Stanford, Calif., 2009

Bearden, Milton, and James Risen, *The Main Enemy: The Inside Story of the CIA's Final Showdown with the KGB*, London, 2003

Borovik, Genrikh, *The Philby Files: The Secret Life of Master Spy Kim Philby – KGB Archives Revealed*, London, 1994

Brook-Shepherd, Gordon, *The Storm Birds: Soviet Post-War Defectors*, London, 1988

Carl, Leo D., *The International Dictionary of Intelligence*, McLean, Va, 1990

Carter, Miranda, *Anthony Blunt: His Lives*, London, 2001

Cavendish, Anthony, *Inside Intelligence: The Revelations of an MI6 Officer*, London, 1990

Cherkashin, Victor, with Gregory Feifer, *Spy Handler: Memoir of a KGB Officer*, New York, 2005

Corera, Gordon, *MI6: Life and Death in the British Secret Service*, London, 2012

Earley, Pete, *Confessions of a Spy: The Real Story of Aldrich Ames*, London, 1997

Fischer, Benjamin B., 'A Cold War Conundrum: The 1983 Soviet War Scare', https://www.cia.gov/library/center-for-the-study-of-intelligence/csi-publications/books-and-monographs/a-cold-war-conundrum/source.htm

Gaddis, John Lewis, *The Cold War*, London, 2007

Gates, Robert M., *From the Shadows: The Ultimate Insider's Story of Five Presidents and How They Won the Cold War*, New York, 2006

Gordievsky, Oleg, *Next Stop Execution: The Autobiography of Oleg Gordievsky*, London, 1995

Grimes, Sandra, and Jeanne Vertefeuille, *Circle of Treason: A CIA Account of Traitor Aldrich Ames and the Men He Betrayed*, Annapolis, Md, 2012

Helms, Richard, *A Look Over My Shoulder: A Life in the Central Intelligence Agency*, New York, 2003

Hoffman, David E., *The Billion Dollar Spy: A True Story of Cold War Espionage and Betrayal*, New York, 2015

Hollander, Paul, *Political Will and Personal Belief: The Decline and Fall of Soviet Communism*, New Haven, Conn., 1999

Howe, Geoffrey, *Conflict of Loyalty*, London, 1994

Jeffery, Keith, *MI6: The History of the Secret Intelligence Service 1909–1949*, London, 2010

Jones, Nate (ed.), *Able Archer 83: The Secret History of the NATO Exercise That Almost Triggered Nuclear War*, New York, 2016

Kalugin, Oleg, *Spymaster: My Thirty-Two Years in Intelligence and Espionage against the West*, New York, 2009

Kendall, Bridget, *The Cold War: A New Oral History of Life between East and West*, London, 2018

Lyubimov, Mikhail, *Записки непутевого резидента* (*Notes of a Ne'er-Do-Well Rezident or Will-o'-the-Wisp*), Moscow, 1995

—, *Шпионы, которых я люблю и ненавижу* (*Spies I Love and Hate*), Moscow, 1997

Moore, Charles, *Margaret Thatcher: The Authorized Biography*, vol. II: *Everything She Wants*, London, 2015

Morley, Jefferson, *The Ghost: The Secret Life of CIA Spymaster James Jesus Angleton*, London, 2017

Oberdorfer, Don, *From the Cold War to a New Era: The United States and the Soviet Union, 1983–1991*, Baltimore, 1998

Parker, Philip (ed.), *The Cold War Spy Pocket Manual*, Oxford, 2015

Philby, Kim, *My Silent War*, London, 1968

Pincher, Chapman, *Treachery: Betrayals, Blunders and Cover-Ups. Six Decades of Espionage*, Edinburgh, 2012

Primakov, Yevgeny, *Russian Crossroads: Toward the New Millennium*, New Haven, Conn., 2004

Sebag Montefiore, Simon, *Stalin: The Court of the Red Tsar*, London, 2003

Trento, Joseph J., *The Secret History of the CIA*, New York, 2001

Weiner, Tim, *Legacy of Ashes: The History of the CIA*, London, 2007

Weiner, Tim, David Johnston and Neil A. Lewis, *Betrayal: The Story of Aldrich Ames, an American Spy*, London, 1996

Westad, Odd Arne, *The Cold War: A World History*, London, 2017

West, Nigel, *At Her Majesty's Secret Service: The Chiefs of Britain's Intelligence Agency, MI6*, London, 2006

Womack, Helen (ed.), *Undercover Lives: Soviet Spies in the Cities of the World*, London, 1998

Wright, Peter, with Paul Greengrass, *Spycatcher: The Candid Autobiography of a Senior Intelligence Officer*, London, 1987

注 释

本书的多数内容来源于对当事人，军情六处、克格勃和中情局官员的采访，他们当中大多数人的姓名需要保密；对奥列格·戈尔季耶夫斯基、他的家人和朋友的采访，以及他 1995 年出版的回忆录《下一站处决》（*Next Stop Execution*）。其他的出处和重要引用情况如下。

1. 克格勃

"根本没有前克格勃人员这种说法"：Vladimir Putin, speaking to an FSB audience, December 2005, http://www.newsweek.com/chill-moscow-air-113415。

"宁可让十个无辜的人遭罪"：quoted in Sebag Montefiore, *Stalin*。

"俄国的哈佛"：quoted in *Encyclopedia of Contemporary Russian Culture* (ed. Tatiana Smorodinskaya, Karen Evans-Romaine and Helena Goscilo), Abingdon, 2007。

"情报人员的一举一动""加入……服役"：Leonid Shebarshin, 'Inside the KGB's Intelligence School', 24 March 2015, https://espionagehistoryarchive.com/2015/03/24/the-kgbs-intelligence-school/。

"他是一个地道的英国人"：Mikhail Lyubimov, quoted in Corera, *MI6*。

"你不会有丝毫顾虑"：Philby, *My Silent War*。

2. 戈尔姆森叔叔

米哈伊尔·柳比莫夫的回忆录收录于 *Notes of a Ne'er-Do-Well*

Rezident 和 *Spies I Love and Hate*；关于瓦西里·戈尔季耶夫斯基在捷克斯洛伐克的行动，参见 Andrew and Mitrokhin，*Mitrokhin Archive*。

3. “阳光”

对招募戈尔季耶夫斯基一事的描述可见于理查德·布罗姆黑德一本未出版的回忆录，‘*Wilderness of Mirrors*’（‘Gerontion’，T. S. Eliot）。

4. 绿色墨水与缩微胶卷

“寻找那些被……伤害之人”：Pavel Sudoplatov，cited in Hollander，*Political Will and Personal Belief*。

“依我的经验看，情报特工”：Malcolm Muggeridge，*Chronicles of Wasted Time*，part 2：*The Infernal Grove*，London，1973。

“一个出色的人”：Borovik，*Philby Files*，p. 29。

欲了解霍维克和特雷霍尔特的情况，请参阅 Andrew 和 Mitrokhin 的 *Mitrokhin Archive.* 有关克格勃驻哥本哈根情报站的活动，请参阅 Lyubimov 的 *Notes of a Ne'er-Do-WellRezident* 和 *Spies I Love and Hate*。

5. 塑料袋与玛氏棒

“就连那些进入这一机构的人”：Cavendish，*Inside Intelligence*。

“晚上感到恐惧”：Robert Conquest，*The Great Terror*：*A Reassessment*，Oxford，1990。

“不可能像在……”：Helms，*A Look Over My Shoulder*，quoted in Hoffman，*Billion Dollar Spy*。

“很少有值得一提的间谍”：Gates，*From the Shadows*，quoted in Hoffman，*Billion Dollar Spy*。

“可靠情报”：CIA assessment，1953，quoted in Hoffman，*Billion*

Dollar Spy。

“晦暗、非黑即白……单调”“提供情报所得报酬”：cited in AFP report, 28 June 1995。

“艾舍登欣赏美德”：W. Somerset Maugham, *Ashenden*, or, *The British Agent*, Leipzig, 1928。

6. 特工布特

“世界上最伟大的工会领袖之一”：Gordon Brown, *Guardian*, 22 April 2009。

“准备向苏联传递”“工党机密文件”：cited in Andrew, *Defence of the Realm*。

“将他所掌握的一切情报”：ibid。

“我很喜欢……那种神秘气息”“和很多记者一样”：Richard Gott, *Guardian*, 9 December 1994。

在《星期日泰晤士报》的档案室，可以从戈尔季耶夫斯基的访谈内容中找到“布特”档案的详细情况。

“柳比莫夫和布特”：Mikhail Lyubimov, in Womack (ed.) *Undercover Lives*。

“依旧强烈”：Michael Foot, http://news.bbc.co.uk/onthisday/hi/dates/stories/november/10/newsid_4699000/4699939.stm。

“富特……尽情地透露关于工人运动的情报”：Charles Moore, interview with Gordievsky, *Daily Telegraph*, 5 March 2010。

“俄国人的做法”：Michael Foot, speaking at Hyde Park rally, June 1968。

7. 安全屋

奥德里奇·埃姆斯生平信息的主要来源是 Earley, *Confessions of a Spy*; Weiner, Johnston and Lewis, *Betrayal*; 以及 Grimes and Vertefeuille, *Circle of Treason*。

“由于安格尔顿……狂热”：Gates, *From the Shadows*。

“这份工作很特别”：quoted in Bearden and Risen, *The Main Enemy*。

8. 莱恩行动

关于“莱恩”行动的主要信息来源是 Barrass, *Geat Cold War*; Foscher, “Cold War Conundrum”; Jones（ed.）, *Able Archer 83*。

“让克格勃取代了……统治地位”：Ion Mihai Pacepa, in *National Review*, 20 September 2004。

“这种计划根本不存在”：Andrew, *Defence of the Realm*。

“苏联领导人真的相信”：Howe, *Conflict of Loyalty*。

马克西姆·帕尔西科夫的描述出自一本未出版的回忆录。

“我不是间谍”：*The New York Times*, 2 April 1983。

9. “科巴”

有关贝塔尼的情况请参阅 Andrew, *Defence of the Realm*, 以及当时的报纸文章。

“他的穿着像一名银行家”：*The Times*, 29 May 1998。

10. 科林斯先生和撒切尔夫人

有关玛格丽特·撒切尔对戈尔季耶夫斯基的看法，请参阅 Moore, *Margaret Thatcher*.

里根议会演讲的内容：Ronald Reagan to the Houses of Parliament, 8 June 1982。

“享受了全然自诩正义的快感”：Henry E. Catto, Jr, Assistant Secretaryof Defense, quoted in the *Los Angeles Times*, 11 November 1990。

有关“优秀射手”演习的情况，参阅 Barrass, *Great Cold War*; Fischer, ‘*Cold War Conundrum*’; and Jones（ed.）, *Able Archer* 83。

“最危险的时刻”：Andrew，*Defence of the Realm*。

“戈尔季耶夫斯基让我们确信”：Howe，*Conflict of Loyalty*。

“我不明白他们为什么会这么想”：引自 Oberdorfer，*From the Cold War to a New Era*。

“最近三年的经历让我了解到了”：引自 *Washington Post*，24 October 2015。

“我对报告的第一反应”：Gates，*From the Shadows*。

“戈尔季耶夫斯基的情报让里根总统恍然大悟”：请参阅 Jones（ed.），*Able Archer* 83。

“视作珍宝”：Corera，*MI6*。

“看在上帝的分上”：Moore，*Margaret Thatcher*。

“我还能说什么呢?”：AP，26 February 1985。

“古克一直很谨慎”：Andrew，*Defence of the Realm*。

“一个胸肌发达的粗犷男人”：Bearden and Risen，*Main Enemy*。

“离开这个拥有……不可想象的”：引自 Gareth Stedman Jones，*Karl Marx*：*Greatness and Illusion*，London，2016。

“我在一个克格勃军官家庭长大”：radio interview with Igor Pomerantsev，Radio Liberty，7 September 2015。

“一个……独特的机遇”：Moore，*Margaret Thatcher*。

“克里姆林宫的苏联领导人拥有良知吗?”：https：//www. margaretthatcher. org/document/105450。

“我发现他是一个可以打交道的人”：Thatcher to Reagan，note released to UK National Archives，January 2014。

11. 俄罗斯轮盘赌

“中情局的情报”：请参阅 Jones（ed.），*Able Archer* 83。

“伯顿·格伯决心”：Bearden and Risen，*Main Enemy*。

“一名丹麦情报官员”：请参阅 Earley，*Confessions of a Spy*。

有关克格勃对埃姆斯的管理情况，参阅 Cherkashin，*Spy Handler*。

"是为了误导读者"：Grimes and Vertefeuille，*Circle of Treason*。

对维克多·布达诺夫的采访，2007 年 9 月 13 日，http://www.pravdareport.com/history/13-09-2007/97107-intelligence?0/。

有关"达里奥"的情况请参阅 Andrew and Gordievsky (eds.)，*Instructions from the centre*。

12. 猫鼠游戏

"绝不承认"：Philby，*My Silent War*。

"领导人放松与疗养"：*The New York Times*，8 February 1993。

有关奥列格·戈尔季耶夫斯基的思想状况，请参阅 Lyubimov 的 *Notes of a Ne'ertes of a N Rezident* 和 *Spies I Love and Hate*。

13. 摆脱盯梢

"我会让他走的"：radio interview with Igor Pomerantsev，Radio Liberty，7 September 2015。

"新仇旧恨，齐上心头"：*Hamlet*，Act IV，scene V。

"一种屈服于东方……艺术"：Kari Suomalainen，https://www.visavuori.com/fi/taiteilijat/kari-suomalainen。

"人们总是发现，牺牲自己的生命比学会乘法口诀并及时收手更加容易"：W. Somerset Maugham，'Mr Harrington's Washing'，in *Ashenden，or，The British Agent*，Leipzig，1928。

"纯属浪费时间"：*Daily Express*，14 June 2015。

14. 7 月 19 日星期五

"在这里，伟大的列宁的故乡"：Gorbachev's speech at 12th World Festival of Youth，27 July 1985：https://rus.ozodi.org/amp/24756366.html。

15. 芬兰颂

关于芝士洋葱薯片的更多信息，请参阅 Karen Hochman，‘A History of the Potato Chip’，http：//www. thenibble. com/reviews/main/snacks/chip-history. asp。

南奥姆斯比大宅对公众开放，http：//southormsbyestate. co. uk。

有关尤尔琴科的情况，请参阅‘The spy who returned from the cold’，*Time Magazine*，18 April 2005。

“我位于情报工作的顶层位置”：*The New York Times*，7 May 1987。

“戈尔季耶夫斯基提供的情报非常出色”：请参阅 Jones（ed.），*Able Archer* 83。

16. “皮姆利科”的护照

有关撒切尔和戈尔季耶夫斯基的通信，请查阅国家档案馆网站，http：//www. nationalarchives. gov. uk/about/news/newly-released-files-1985-1986/prime-ministers-office-files-prem-1985/。

相关的外交影响，请参阅 Churchill Archive Centre 对布莱恩·卡特利奇爵士的采访，https：//www. chu. cam. ac. uk/media/uploads/ files/Cartledge. pdf。

“戈尔季耶夫斯基就要招认了”：Primakov，*Russian Crossroads*。

“从技术上讲，这没有什么特别的”：*The Times*，10 March 2018。

“生活还要继续”：radio interview with Igor Pomerantsev，Radio Liberty，7 September 2015。

“从事间谍工作比以往困难多了”：*Los Angeles Times*，30 August 1991。

有关瓦季姆·巴卡京解散克格勃的情况，请参阅 J. Michael

Waller, ‘Russia: Death and Resurrection of the KGB’, *Demokratizatsiya*, vol. 12, no. 3 (Summer 2004)。

泰德·科佩尔对埃姆斯的采访，http://abcnews.go.com/US/video/feb-11-1997-aldrich-ames-interview-21372948。

谢尔盖·伊万诺夫对戈尔季耶夫斯基的指责，*The Times*, 20 October 2015。

“如果我们必须杀掉一个人”: Andrei Lugovoi in the *Sunday Times*, 11 March 2018。

索　引

（以下页码为原书页码，即本书页边码）

图书在版编目(CIP)数据

间谍与叛徒：改变历史的英苏谍战 / （英）本·麦金泰尔（Ben Macintyre）著；袁鑫译. -- 北京：社会科学文献出版社，2021.1（2023.7 重印）

书名原文：The Spy and the Traitor：The Greatest Espionage Story of the Cold War

ISBN 978-7-5201-6700-0

Ⅰ.①间… Ⅱ.①本… ②袁… Ⅲ.①间谍-情报活动-世界 Ⅳ.①D536

中国版本图书馆 CIP 数据核字（2020）第 092194 号

间谍与叛徒：改变历史的英苏谍战

著　　者 / ［英］本·麦金泰尔（Ben Macintyre）
译　　者 / 袁　鑫

出 版 人 / 王利民
组稿编辑 / 董风云
责任编辑 / 张金勇　徐一彤
责任印制 / 王京美

出　　版 / 社会科学文献出版社·甲骨文工作室（分社）（010）59366527
地址：北京市北三环中路甲 29 号院华龙大厦　邮编：100029
网址：www.ssap.com.cn
发　　行 / 社会科学文献出版社（010）59367028
印　　装 / 天津千鹤文化传播有限公司

规　　格 / 开　本：889mm×1194mm　1/32
印　张：14.5　插　页：1　字　数：321 千字
版　　次 / 2021 年 1 月第 1 版　2023 年 7 月第 5 次印刷
书　　号 / ISBN 978-7-5201-6700-0
著作权合同登记号 / 图字 01-2020-7220 号
定　　价 / 92.00 元

读者服务电话：4008918866